高等院校土木工程专业课程设计解析与实例丛书

道路工程课程设计解析与实例

唐兴荣　编著

机械工业出版社

本书是"高等院校土木工程专业课程设计解析与实例丛书"之一，书中对土木工程专业课程设计体系中道路工程专业方向的课程设计，根据作者多年来从事土木工程专业教学改革项目研究和实践所取得的成果，以及指导土木工程专业课程设计所积累的教学经验，按照国家现行的规范、规程、标准进行了设置和讲解，具体包括：绪论、道路勘测设计、路基挡土墙设计、路基路面设计、课程设计任务书五个部分的内容。解析了道路工程的设计方法、设计内容及基本要求，并辅以相应的课程设计实例供读者学习和参考使用。

本书可供高等院校土木工程专业及相关专业师生作为课程设计的教学辅导与参考用书，也可作为土木工程专业毕业生通向现实工作岗位的一座必要桥梁。

图书在版编目（CIP）数据

道路工程课程设计解析与实例/唐兴荣编著．—北京：机械工业出版社，2022.3
（高等院校土木工程专业课程设计解析与实例丛书）
ISBN 978-7-111-70026-5

Ⅰ．①道… Ⅱ．①唐… Ⅲ．①道路工程－课程设计－高等学校－教学参考资料 Ⅳ．①U41

中国版本图书馆 CIP 数据核字（2022）第 013391 号

机械工业出版社（北京市百万庄大街22号　邮政编码100037）
策划编辑：薛俊高　责任编辑：薛俊高　范秋涛
责任校对：刘时光　封面设计：张　静
责任印制：郜　敏
三河市骏杰印刷有限公司印刷
2022年3月第1版第1次印刷
210mm×285mm・15.75 印张・455 千字
标准书号：ISBN 978-7-111-70026-5
定价：49.00元

电话服务　　　　　　　网络服务
客服电话：010-88361066　机　工　官　网：www.cmpbook.com
　　　　　010-88379833　机　工　官　博：weibo.com/cmp1952
　　　　　010-68326294　金　书　网：www.golden-book.com
封底无防伪标均为盗版　机工教育服务网：www.cmpedu.com

总 序

土木工程专业实践教育体系由实验类、实习类、设计类和社会实践以及科研训练等多种领域组成，是土木工程专业培养方案中重要的教学环节之一。设计领域包括课程设计和毕业设计，课程设计是土木工程专业实践教育体系的重要环节，起到承上启下的纽带作用。一个课程设计实践环节与一门理论课程相对应，课程设计起着将课程基本理论、基本知识转化为课程实践活动的"桥梁"作用，也可为后续的毕业设计和学生今后的工作奠定坚实的基础。但是，由于课程设计辅导环节很难满足大规模学生的需求，缺少课程设计后期的答辩和信息反馈环节，加上辅导教师缺乏工程实践经验，往往使课程设计很难达到专业培养方案所提出的要求。为此，作者根据多年来从事土木工程专业教学改革项目研究和实践所取得的成果，以及指导土木工程专业课程设计所积累的教学经验，按照国家现行的规范、规程、标准等编写了这套"高等院校土木工程专业课程设计解析与实例丛书"。

土木工程专业课程设计体系包括实践单元、知识与技能点两个层次，由建筑设计、结构设计和施工技术与经济三个设计模块组成。据此，提出了土木工程各专业方向课程设计的内容以及其知识与技能点。

在本丛书的编写过程中，注重解析课程设计中的重点、难点及理论应用于实践的基本方法，培养学生初步的设计计算能力，掌握综合运用课程基础理论和设计方法。每个课程设计的内容均包括知识与技能点、设计解析、设计实例以及思考题等。书后还附有课程设计任务书，供教师教学时参考。

本丛书共七册，涵盖土木工程专业建筑工程、道路和桥梁工程、地下工程各设计模块中涉及的课程内容。第一册：《建筑设计课程设计解析与实例》，包括土木工程制图课程设计、房屋建筑学课程设计等；第二册：《施工技术与经济课程设计解析与实例》，包括施工组织设计、工程概预算课程设计等；第三册：《混凝土结构课程设计解析与实例》，包括混凝土梁板结构设计、单层厂房排架结构设计、混凝土框架结构设计、砌体结构设计等；第四册：《钢结构课程设计解析与实例》，包括组合楼盖设计、普通钢屋盖设计、平台钢结构设计、轻型门式刚架结构设计、钢框架结构设计等；第五册：《桥梁工程课程设计解析与实例》，包括桥梁结构设计、桥梁桩基础设计等；第六册：《道路工程课程设计解析与实例》，包括道路勘测设计、路基挡土墙设计、路基路面设计等；第七册：《地下建筑工程课程设计解析与实例》，包括地下建筑结构设计、隧道工程设计、基坑支护设计、桩基础工程设计等。

本丛书既可作为高等院校土木工程专业及相关专业师生的课程设计教学辅导与参考书，也可作为土木工程专业师生毕业设计的参考书，还可供从事土木工程专业及相关专业的工程技术人员参考。

由于编者的水平有限，书中难免会有疏漏之处，敬请读者批评指正。

编 者
2022 年元月

前　言

本书是"高等院校土木工程专业课程设计解析与实例丛书"之一。书中解析了土木工程专业课程设计体系中结构设计模块中的道路勘测设计、路基挡土墙设计、路基路面设计三个土木工程专业道路与桥梁工程方向的课程设计。

"道路勘测设计"系统解析了道路勘测设计的方法和步骤。学生完成公路等级确定，初步定线，线路平面设计，线路纵、横断面设计，土方量计算，以及道路勘测施工图绘制。通过课程设计，以使其对道路勘测设计内容和过程有较为全面的了解和掌握，并具有初步结构设计能力。

"路基挡土墙设计"系统解析了重力式挡土墙、悬臂式挡土墙以及加筋土挡土墙的设计方法和步骤。学生完成挡土墙的布置、荷载计算和荷载组合、挡土墙内力计算、挡土墙稳定性验算、挡土墙截面设计、附属设施设计，以及挡土墙结构施工图绘制。通过课程设计，以使其对路基挡土墙结构设计内容和过程有较为全面的了解和掌握，并具有初步结构设计能力。

"路基路面设计"系统解析了公路沥青混凝土路基路面、水泥混凝土路面设计方法和步骤。学生完成道路等级确定、路基设计、交通荷载等级确定、路面结构组合、路面结构验算、接缝设计，以及路基路面施工图绘制。通过课程设计，以使其对路基路面工程设计内容和过程有较为全面的了解和掌握，并具有初步结构设计能力。

本书内容根据《公路工程技术标准》（JTG B 01—2014）、《公路路线设计规范》（JTG D 20—2017）、《公路路基设计规范》（JTG D 30—2015）、《公路沥青路面设计规范》（JTG D 50—2017）、《公路水泥混凝土路面设计规范》（JTG D 40—2011）、《公路桥涵设计通用规范》（JTG D 60—2015）、《公路钢筋混凝土及预应力混凝土桥涵设计规范》（JTG 3362—2018）、《公路圬工桥涵设计规范》（JTG D 61—2005）、《公路桥涵地基与基础设计规范》（JTG 3363—2019）等国家现行的规范、规程、标准进行编写。本书可作为高等院校土木工程专业及相关专业师生课程设计的教学辅导与参考书，也可作为土木工程专业师生毕业设计的参考书，还可供从事土木工程专业及相关专业工程技术人员参考。

由于编者的水平有限，书中难免会有疏漏之处，敬请读者批评指正。

目 录

总序
前言

第1章 绪论 ································· 1	3.1.6 重力式挡土墙设计 ············· 100
1.1 课程设计的目的 ························ 1	3.1.7 悬臂式挡土墙设计 ············· 104
1.2 课程设计的基本要求 ···················· 2	3.1.8 加筋土挡土墙设计 ············· 107
1.3 土木工程专业课程设计体系和课程设计内容 ···································· 2	3.2 设计实例 ······························ 112
1.4 课程设计的成绩评定 ···················· 9	3.2.1 重力式挡土墙设计 ············· 112
1.5 课程设计教学质量的评估指标体系 ····· 11	3.2.2 悬臂式挡土墙设计 ············· 119
第2章 道路勘测设计 ······················· 13	3.2.3 加筋土挡土墙设计 ············· 124
知识与技能点 ·································· 13	思考题 ·· 134
2.1 设计解析 ································ 13	**第4章 路基路面设计** ······················ 135
2.1.1 公路设计控制指标 ·············· 13	知识与技能点 ································· 135
2.1.2 公路选线和定线 ················ 21	4.1 设计解析 ······························ 135
2.1.3 公路平面设计要点 ·············· 27	4.1.1 与设计有关的几个重要概念 ···· 135
2.1.4 平面线形设计 ··················· 35	4.1.2 路基设计 ······················· 143
2.1.5 公路纵断面设计 ················ 39	4.1.3 沥青混凝土路面结构设计 ····· 150
2.1.6 公路横断面设计 ················ 51	4.1.4 水泥混凝土路面结构设计 ····· 166
2.1.7 土石方工程数量计算 ··········· 68	4.2 设计实例 ······························ 181
2.2 设计实例 ································ 71	4.2.1 设计资料 ······················· 181
2.2.1 设计资料 ························ 71	4.2.2 道路等级确定 ·················· 182
2.2.2 确定公路等级 ··················· 71	4.2.3 路基设计 ······················· 182
2.2.3 纸上初步定线 ··················· 73	4.2.4 沥青混凝土路面设计 ·········· 185
2.2.4 线路平面设计 ··················· 73	4.2.5 水泥混凝土路面设计 ·········· 190
2.2.5 纵断面设计 ····················· 76	4.2.6 路基路面排水设计 ············· 196
2.2.6 横断面设计 ····················· 82	思考题 ·· 197
2.2.7 土方数量计算 ··················· 84	**第5章 课程设计任务书** ··················· 199
思考题 ·· 86	5.1 道路勘测课程设计任务书 ············ 199
第3章 路基挡土墙设计 ···················· 88	5.2 路基挡土墙课程设计任务书（Ⅰ）···· 200
知识与技能点 ·································· 88	5.3 路基挡土墙课程设计任务书（Ⅱ）···· 201
3.1 设计解析 ································ 88	5.4 路基挡土墙课程设计任务书（Ⅲ）···· 203
3.1.1 挡土墙的类型及其适用范围 ···· 88	5.5 路基路面工程课程设计任务书 ······ 204
3.1.2 挡土墙的布置 ··················· 90	**附录A 当量设计轴载换算计算** ········· 212
3.1.3 挡土墙的构造 ··················· 91	**附录B 沥青路面结构程序计算书** ······ 235
3.1.4 挡土墙荷载和荷载组合 ········· 93	**参考文献** ····································· 243
3.1.5 土压力计算 ····················· 94	

第1章 绪 论

1.1 课程设计的目的

课程设计是土木工程专业实践教学体系中的重要环节之一,其目的主要体现在以下几个方面:

1. 巩固与运用理论教学的基本概念、基础知识

一个课程设计实践环节与一门理论课程相对应,课程设计起着将课程基本理论、基本知识转化为课程实践活动的"桥梁"纽带。通过课程设计,可以加深学生对课程基本理论、基本知识的认识和理解,并学习运用这些基本理论、基本知识来解决工程实际问题。

2. 培养学生使用各种规范、规程、查阅手册和资料的能力

完成一个课程设计,仅仅局限于教材中的内容是远远不够的,需要查阅和运用相关的规范、规程、标准、手册、图集等资料。学生在完成课程设计的过程中进行文献检索,一方面有助于提高课程设计的质量,另一方面可以培养学生查阅各种资料和应用规范、规程的能力,为毕业设计(论文)打下坚实的基础。

3. 培养学生工程设计意识,提高概念设计的能力

课程设计实践环节使学生从基本理论、基本知识的学习到工程技术学习的过渡,通过课程设计,可培养学生工程设计意识,提高概念设计的能力。一个完整的结构设计过程,从结构选型、结构布置,到结构分析计算、截面设计,再到细部处理等环节,学生对所遇的问题依据建筑结构在各种情况下工作的一般规律,结合实践经验,综合考虑各方面因素,确定合理的结构分析、处理方法,力求取得最为经济、合理的结构设计方案。

4. 熟悉设计步骤与相关的设计内容

所有工程结构设计,无论是整个结构体系,还是结构构件设计的步骤有其共同性,通过课程设计教学环节的训练,可以使学生熟悉设计的基本步骤和程序,掌握主要设计过程的设计内容与设计方法。

5. 培养学生的设计计算能力

各门课程设计的计算除了涉及本课程的设计计算内容外,还要涉及其他专业课程、专业基础课程甚至基础课程的相关知识。课程设计对学生加深各门课程之间纵横向联系的理解,学会综合运用各门课程的知识完成工程设计计算是一项十分有益的训练。

6. 培养学生施工图的表达能力

在课程设计过程中,应引导学生查阅有关的构造手册,对规范中规定的各种构造措施要在图纸中有明确的表示,使学生认识到,图纸是工程师的语言,自己所绘的图纸必须正确体现设计计算,图纸上的每一根线条都要有根有据,不仅自己看得明白,还要让施工人员便于理解设计意图,最终达到正确施工的目的。

7. 培养学生分析和解决工程实际问题的能力

课程设计是理论知识与设计方法的综合运用。每份课程设计任务书的设计任务有所不同,要实现"一人一题",这样可以避免重复,同时减少学生间的相互依赖,使学生主动思考,自行设计。从而使学生既受到全面的设计训练,也通过具体工程问题的处理,提高学生分析问题和解决工程实际问题的能力。

8. 培养学生语言能力

在课程设计结束时，建议增加一个课程设计的答辩环节，以培养学生的语言组织能力、逻辑思维能力和语言表达能力，同时也为毕业设计（论文）答辩做好准备。

1.2　课程设计的基本要求

课程设计的成果一般包括课程设计计算书和设计图纸。课程设计计算书应装订成册，一般由封面、目录、课程设计计算书、参考文献、附录、致谢和封底等部分组成。设计图纸应符合规范，达到施工图要求。

1. 封面

封面要素包括课程设计名称、学院（系）及专业名称、学生姓名、学号、班级、指导教师姓名以及编写日期等。

2. 目录

编写目录时应注意与设计计算书相对应，尽量细致划分、重点突出。

3. 课程设计计算书

课程设计计算书主要记录全部的设计计算过程，应完整、清楚、整洁、正确。计算步骤要条理清楚，引用数据要有依据，采用计算图表和计算公式应注明其来源或出处，构件编号、计算结果（如截面尺寸、配筋等）应与图纸表达一致，以便核对。

当采用计算机计算时，应在计算书中注明所采用的计算机软件名称，计算机软件必须经过审定或鉴定才能在工程中推广应用，电算结果应经分析认可。荷载简图、原始数据和电算结果应整理成册，与手算计算结果统一整理。

选用标准图集时，应根据图集的说明，进行必要的选用计算，作为设计计算的内容之一。

4. 参考文献

参考文献中列出主要的参考文章、书籍，编号应与正文相对应。

5. 附录

附录包括课程设计任务书和其他主要的设计依据资料。

6. 致谢

对在设计过程中给予自己帮助的教师、学生等给予感谢。

7. 封底

施工图是进行施工的依据，是设计者的语言，是设计意图最准确、最完整的体现，也是保证工程质量的重要环节。

图纸要求：依据国家制图标准《房屋建筑制图统一标准》（GB/T 50001—2017）和《建筑结构制图标准》（GB/T 50105—2010），采用手绘或 CAD 软件绘制，设计内容满足规范要求，图面布置合理，表达正确，文字规范，线条清楚，达到施工图设计深度的要求。

1.3　土木工程专业课程设计体系和课程设计内容

1. 土木工程专业课程设计体系

土木工程专业各专业方向（建筑工程、道路与桥梁工程、地下工程、铁道工程等）构建由"建筑设计""结构设计""施工技术与经济"三个模块所组成的课程设计体系，如图 1-1 所示。

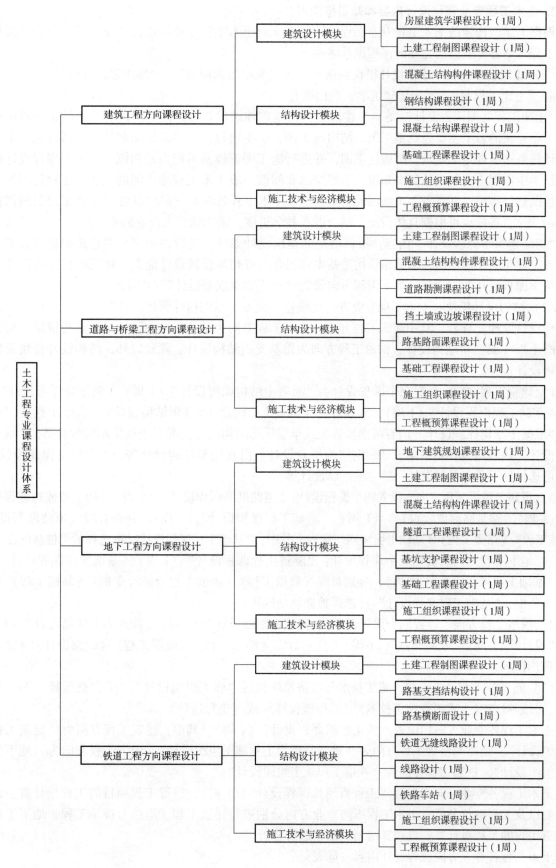

图 1-1 土建工程专业课程设计体系

2. 土木工程专业课程设计内容和知识技能点

根据上述所构建的土木工程专业课程设计体系，对土木工程专业课程设计加以适当组合，以反映土木工程专业各专业方向完整的课程设计体系。

（1）建筑设计模块　建筑设计模块包括"土木工程制图课程设计""房屋建筑学课程设计"，其分别对应《土建工程制图》《房屋建筑学》两门课程。

"土建工程制图课程设计"是一个建议新增的基础性课程设计，其设计内容为：给定一栋民用建筑或工业建筑的若干主要建筑施工图、结构施工图，学生通过运用建筑制图和结构制图标准，手工绘制设计任务书所规定的建筑、结构施工图，并进行施工图识读基本能力的训练。通过本课程设计的训练，使学生掌握土建制图的基本知识，掌握绘制和阅读一般土木工程施工图的方法，正确使用绘图仪器和绘图软件作图，并具备手工绘图的初步技能。土木工程各专业方向均设置"土建工程制图课程设计"（1周），各校也可根据具体情况，结合课程教学进度，采用课程大作业的形式进行。

"房屋建筑学课程设计"内容：根据给定的建筑设计条件，进行中小型公共建筑的建筑方案、功能布置、建筑施工图绘制，掌握建筑构造基本知识和具有初步建筑设计能力。建筑工程方向设置"房屋建筑学课程设计"（1周），地下工程方向设置"地下建筑规划设计"（1周）。

（2）结构设计模块　土木工程专业方向均设置"混凝土结构构件课程设计"（1周），对应《混凝土结构设计原理》课程。其中建筑工程方向、地下工程方向为梁、板结构设计，道路与桥梁工程方向为混凝土板（梁）桥结构设计，铁道工程方向为路基支挡结构设计。除此以外，结构设计模块设置以下课程设计：

1）建筑工程方向。设置三个课程设计："混凝土结构课程设计"（1周）"钢结构课程设计"（1周）"基础工程课程设计"（1周），分别对应《混凝土结构设计》《钢结构设计》《基础工程》三门课程。"混凝土结构课程设计"内容可选择装配式单层厂房结构设计、混凝土框架结构设计等。"钢结构课程设计"内容可选择钢屋架设计、钢结构平台设计、门式刚架结构设计等。"基础工程课程设计"内容可选择柱下条形基础设计、独立桩基础设计等。

2）道路与桥梁工程方向。设置四个课程设计："道路勘测课程设计"（1周）"挡土墙或边坡课程设计"（1周）"路基路面课程设计"（1周）"基础工程课程设计"（1周），分别对应《道路勘测设计》《路基工程》《路面工程》《基础工程》四门课程。其中，"基础工程课程设计"可选择桥梁桩基础设计。

3）地下工程方向。设置三个课程设计："隧道工程课程设计"（1周）"基坑支护课程设计"（1周）"基础工程课程设计"（1周），分别对应《隧道工程》《边坡工程及基坑支护》《基础工程》三门课程。其中，"基础工程课程设计"可选择独立桩基础设计。

4）铁道工程方向。设置四个课程设计："路基横断面设计"（1周）"铁道无缝线路设计"（1周）"线路设计"（1周）"铁路车站"（1周），分别对应《路基工程》《轨道工程》《线路设计》《铁路车站》四门课程。

（3）施工技术与经济模块　施工技术与经济模块包括"施工组织设计""工程概预算"两门课程设计，分别对应《土木工程施工技术》《工程概预算》或《工程造价》。

土木工程各专业方向均设置"施工组织课程设计"（1周），其中，建筑工程方向为"建筑工程施工组织设计"，道路与桥梁工程方向为"道路与桥梁工程施工组织设计"，地下工程方向为"地下工程施工组织设计"，铁道工程方向为"铁道工程施工组织设计"。

土木工程各专业方向均设置"工程概预算课程设计"（1周），进行工程项目的工程量计算、预算书编制以及工程造价分析。土木工程不同专业方向分别进行建筑工程、道路与桥梁工程、地下工程以及铁道工程的工程量计算、概预算编制、工程造价分析。

土木工程各专业方向课程设计内容一览表见表1-1。

土木工程各专业方向课程设计的知识技能点见表1-2。

表1-1 土木工程各专业方向课程设计内容一览表

序号	专业方向	课程设计名称	课程设计内容描述	对应课程	建议周数
1	建筑工程	土建工程制图课程设计	识图并手绘主要建筑、结构施工图	土建工程制图	1周
2		房屋建筑学课程设计	中小型公共建筑方案设计	房屋建筑学	1周
3		混凝土结构构件设计	（单、双向板）肋梁楼盖梁、板构件设计	混凝土结构设计原理	1周
4		钢结构设计	钢屋架设计或钢平台结构设计	钢结构设计	1周
5		混凝土结构设计	装配式混凝土单层厂房结构设计或多层混凝土框架结构设计	混凝土结构设计	1周
6		基础工程课程设计	柱下条形基础或独立柱下桩基础设计	基础工程	1周
7		施工组织课程设计	民用建筑或工业建筑施工组织设计	建筑工程施工	1周
8		工程概预算	房屋建筑工程的工程量计算、概预算编制、工程造价分析	建筑工程造价	1周
1	道路与桥梁工程	土建工程制图课程设计	识图并手绘主要建筑、结构施工图	土建工程制图	1周
2		混凝土结构构件设计	混凝土板（梁）桥结构设计	桥梁工程	1周
3		道路勘测设计	三级公路设计	道路勘测设计	1周
4		路基工程设计	挡土墙或边坡设计	路基路面工程	1周
5		路面工程设计	刚性路面或柔性沥青路面结构设计	路基路面工程	1周
6		基础工程课程设计	桥梁桩基础设计	基础工程	1周
7		施工组织课程设计	桥梁工程施工组织设计	道路桥梁工程施工技术	1周
8		工程概预算	道路工程或桥梁工程的工程量计算、概预算编制、工程造价分析	道路桥梁工程概预算	1周
1	地下工程	土建工程制图课程设计	识图并手绘主要建筑、结构施工图	土建工程制图	1周
2		地下建筑规划设计	典型地下建筑工程的规划设计	地下建筑规划设计	1周
3		混凝土结构构件设计	地下建筑（单、双向板）肋梁楼盖梁、板构件设计	混凝土结构设计	1周
4		地下建筑结构设计	浅埋式框架结构设计或盾构隧道结构设计	地下建筑结构	1周
5		基坑支护设计	基坑支护设计	基坑支护	1周
6		基础工程课程设计	独立桩基设计	基础工程	1周
7		施工组织课程设计	地下建筑工程施工组织设计	地下工程施工技术	1周
8		工程概预算	地下建筑工程的工程量计算、概预算编制、工程造价分析	地下工程概预算	1周
1	铁道工程	土建工程制图课程设计	识图并手绘主要建筑、结构施工图	土建工程制图	1周
2		路基支挡结构设计	挡土墙及边坡设计	路基工程	1周
3		路基横断面设计	铁道路基工程设计	路基工程	1周
4		铁道无缝线路设计	铁道无缝线路设计	轨道工程	1周
5		线路设计	普通铁道线路设计	线路设计	1周
6		铁路车站设计	铁路区段站设计	铁路车站	1周
7		施工组织课程设计	铁道工程施工组织设计	铁道工程施工技术	1周
8		工程概预算	铁道工程的工程量计算、概预算编制、工程造价分析	铁道工程概预算	1周

注：课程设计内容各学校可根据土木工程专业课程设置情况做适当的调整。

表 1-2 土木工程各专业方向课程设计的知识技能点

实践单元			知识与技能点		
序号	描述	序号	描述		要求
1	建筑工程方向课程设计	土建工程制图课程设计（1周）	1	建筑制图、结构制图的标准	熟悉
			2	绘制和阅读建筑、结构施工图的方法	掌握
2		房屋建筑学课程设计（1周）	1	中小型公共建筑方案设计	熟悉
			2	绘制建筑施工图（平、立、剖面及局部大样图）的方法	掌握
3		混凝土结构构件设计（1周）	1	楼盖结构梁板布置方法和构件截面尺寸估算方法	掌握
			2	按弹性理论、塑性理论设计计算混凝土梁、板构件	掌握
			3	楼盖结构施工图的绘制方法	掌握
4		钢结构设计（1周）	1	钢屋架形式的选择和主要尺寸的确定	掌握
			2	钢屋架支撑系统体系的布置原则及表达方法	掌握
			3	钢屋架荷载、内力计算与组合方法	掌握
			4	钢屋架各杆件截面选择原则、验算的内容及计算方法	掌握
			5	钢屋架典型节点的设计计算方法及相关构造；焊缝的计算方法及构造	掌握
			6	钢屋架施工图的绘制方法及材料用量计算	熟悉
5		混凝土结构设计（1周）	1	混凝土结构布置原则、构件截面尺寸估选方法	熟悉
			2	混凝土结构计算单元和计算简图的取用	掌握
			3	混凝土结构荷载、内力的计算和组合方法	掌握
			4	混凝土结构构件截面设计和构造要求	掌握
			5	绘制混凝土结构施工图	掌握
6		基础工程课程设计（1周）	1	设计资料分析、基础方案及类型的选择	熟悉
			2	地基承载力验算及基础尺寸的拟定；地基变形及稳定验算	掌握
			3	基础结构设计计算方法	掌握
			4	绘制基础结构施工图	掌握
7		施工组织课程设计（1周）	1	工程概况及施工特点分析；施工部署和施工方法概述	熟悉
			2	主要分部、分项工程施工方法的选择	掌握
			3	施工进度计划、施工准备工作计划	掌握
			4	安全生产、质量工期保证措施和文明施工达标措施	掌握
			5	设计并绘制施工现场总平面布置图	掌握
8		工程概预算（1周）	1	按照相应《工程计价表》中的计算规则进行详细的工程量计算	掌握
			2	按照相应《工程计价表》中的相应价格编制各分部分项工程的预算书	掌握
			3	按照相应地区的工程量清单计价程序和取费标准编制工程造价书	掌握

(续)

实践单元			知识与技能点		
序号	描述		序号	描述	要求
1	道路与桥梁方向课程设计	土建工程制图课程设计（1周）	1	建筑制图、结构制图的标准	熟悉
			2	绘制和阅读建筑、结构施工图的方法	掌握
2		混凝土结构构件设计（1周）	1	钢筋混凝土简支板（梁）桥结构布置原则和构件截面尺寸估选	掌握
			2	钢筋混凝土简支板（梁）的设计计算方法和构造要求	掌握
			3	结构施工图的绘制方法	掌握
3		道路勘测设计（1周）	1	道路选线的一般方法和要求	熟悉
			2	道路的线形设计（包括平、纵、横）	掌握
			3	道路线形施工图的绘制方法	掌握
4		路基工程设计（1周）	1	挡土墙结构类型选用	熟悉
			2	挡土墙结构设计计算方法	掌握
			3	绘制挡土墙结构施工图（包括挡土墙纵断面、平面、横断面详图）；计算有关工程数量	掌握
5		路面工程设计（1周）	1	路基设计计算方法	掌握
			2	路面结构设计参数确定方法	掌握
			3	路面结构设计计算方法	掌握
			4	路面结构施工图的绘制方法	掌握
6		基础工程课程设计（1周）	1	基础方案及类型的选择	熟悉
			2	地基承载力验算及基础尺寸的拟定；地基变形及稳定验算	掌握
			3	基础结构设计计算方法	掌握
			4	绘制基础结构施工图	掌握
7		施工组织课程设计（1周）	1	施工方案和施工方法的选择	熟悉
			2	下部、上部结构和特殊部位工艺流程和技术措施	掌握
			3	施工进度计划表；施工准备、工作计划	掌握
			4	安全生产、质量工期保证措施和文明施工达标措施	掌握
			5	设计并绘制施工现场总平面布置图	掌握
8		工程概预算（1周）	1	按照相应《工程计价表》中的计算规则进行详细的工程量计算	掌握
			2	按照相应《工程计价表》中的相应价格编制各分部分项工程的预算书	掌握
			3	按照相应地区的工程量清单计价程序和取费标准编制工程造价书	掌握

(续)

实践单元			知识与技能点		要求
序号	描述	序号	描述		
1	地下工程方向课程设计	土建工程制图课程设计（1周）	1	建筑制图、结构制图的标准	熟悉
			2	绘制和阅读建筑、结构施工图的方法	掌握
2		地下建筑规划设计（1周）	1	地下建筑工程的结构选型，主体工程的长度、宽度和高度等主要尺寸的估算	掌握
			2	通道、出口部等主要附属工程的结构形式与净空尺寸的估算	掌握
			3	绘制地下建筑的建筑施工图	掌握
3		混凝土结构构件设计（1周）	1	主体建筑结构选择，衬砌（支护）结构形式选择	熟悉
			2	外部荷载计算，主要结构的力学计算及校核，配筋计算等	掌握
			3	梁、板、柱等主要构件的设计计算方法	掌握
			4	绘制结构施工图	掌握
4		隧道工程设计（1周）	1	隧道断面布置	掌握
			2	隧道主体结构设计方法	掌握
			3	绘制隧道结构施工图	掌握
5		基坑支护设计（2周）	1	基坑支护类型的选择方法	熟悉
			2	土钉墙设计计算方法	掌握
			3	护坡桩设计计算方法	掌握
			4	基坑施工要求及安全监测的设计	熟悉
			5	基坑施工图绘制方法	掌握
6		基础工程课程设计（1周）	1	选择桩的类型和几何尺寸	掌握
			2	确定单桩竖向承载力特征值；确定桩的数量、间距和布置方式	掌握
			3	验算桩基承载力；桩基沉降计算；承台设计	掌握
			4	桩基础结构施工图绘制方法	掌握
7		施工组织课程设计（1周）	1	掘进和支护工序施工方案的选择、施工工艺与方法的设计、施工设备的选择	熟悉
			2	提升、运输、压气供应、通风、供水、排水等辅助系统的设计方法	掌握
			3	编制工程质量与安全措施	掌握
			4	设计并绘制施工方案图	掌握
8		工程概预算（1周）	1	按照相应《工程计价表》中的计算规则进行详细的工程量计算	掌握
			2	按照相应《工程计价表》中的相应价格编制各分部分项工程的预算书	掌握
			3	按照相应地区的工程量清单计价程序和取费标准编制工程造价书	掌握

(续)

实践单元			知识与技能点		
序号	描述	序号	描述		要求
1	土建工程制图课程设计（1周）	1	建筑制图、结构制图的标准		熟悉
		2	绘制和阅读建筑、结构施工图的方法		掌握
2	轨道无缝线路设计（1周）	1	路基、桥上无缝线路设计的基本原理、方法和步骤		掌握
		2	通过计算确定路基上无缝线路的允许降温和升温幅度，确定中和轨道温度（即无缝线路设计锁定轨温）		掌握
		3	计算单跨简支梁位于固定区的钢轨伸缩附加力，确定桥上无缝线路锁定轨温		掌握
3	线路设计（1周）	1	根据给定的客货运量，确定主要技术标准，求算区间需要的通过能力，计算站间的距离，进行车站分布计算		熟悉
		2	线路走向选择及平纵断面设计		掌握
		3	工程量和工程费用计算		掌握
		4	平纵断面图的绘制、编制设计说明书		掌握
4	路基横断面设计（1周）	1	设计资料分析、确定路基形式及高度		掌握
		2	确定路基面宽度及形状、基床厚度		掌握
		3	路基填料设计、路基边坡坡度确定		掌握
		4	路堤整体稳定性验算及路堤边坡稳定性验算		掌握
5	路基支挡结构设计（1周）	1	设计资料分析、确定路基横断面尺寸、初步拟定挡土墙高度		掌握
		2	支挡结构荷载分析、拟定挡土墙尺寸并进行土压力计算		掌握
		3	挡土墙的稳定性验算和截面应力验算		掌握
		4	绘制挡土墙结构施工图（包括挡土墙纵断面、平面、横断面详图）		掌握
6	铁路车站（1周）	1	分析资料、铁路区段站设计的各主要环节、分析区段站各项设备相互位置、选择车站类型		掌握
		2	确定各项运转设备数量、咽喉设计及计算		掌握
		3	坐标计算、绘图、编写说明书		掌握
7	施工组织课程设计（1周）	1	分析设计资料、工程概况及施工特点，按结构形式确定施工方案及施工方法		熟悉
		2	根据轨道或路基结构形式确定工艺流程和技术措施，编制资源需要量计划		掌握
		3	施工进度计划表、施工准备工作计划		掌握
		4	安全生产、质量工期保证措施和文明施工达标措施		掌握
		5	设计并绘制施工现场总平面图布置图		掌握
8	工程概预算（1周）	1	按照相应《工程计价表》中的计算规则进行详细的工程量计算		掌握
		2	按照相应《工程计价表》中的相应价格编制各分部分项工程的预算书		掌握
		3	按照相应地区的工程量清单计价程序和取费标准进行工程造价汇总		掌握

注：各学校可根据土木工程专业课程设置情况对课程设计内容做适当的调整。

1.4　课程设计的成绩评定

一般课程设计成绩由以下四部分组成：①计算书（权重50%）；②图纸（权重30%）；③设计答辩（权重10%）；④完成情况（权重10%），具体可参考表1-3。

表1-3 课程设计成绩评定表

项目	权重	分值	评分标准	评分
计算书 (X_1)	50%	90~100	结构计算的基本原理、方法、计算简图完全正确 荷载概念、思路清楚，运算正确 计算书内容完整、系统性强、书写工整、图文并茂	
		80~89	结构计算的基本原理、方法、计算简图正确 荷载概念、思路基本清楚，运算无误 计算书内容完整、计算书有系统性、书写清楚	
		70~79	结构计算的基本原理、方法、计算简图正确 荷载概念、思路基本清楚，运算正确 计算书内容完整、系统性强、书写工整	
		60~69	结构计算的基本原理、方法、计算简图基本正确 荷载概念、思路不够清楚，运算有错误 计算书无系统性、书写潦草	
		60以下	结构计算的基本原理、方法、计算简图不正确 荷载概念、思路不清楚，运算错误多 计算书内容不完整、书写不认真	
图样 (X_2)	30%	90~100	正确表达设计意图 图例、符号、线条、字体、习惯做法完全符合制图标准 图面布局合理，图纸无错误	
		80~89	正确表达设计意图 图例、符号、线条、字体、习惯做法完全符合制图标准 图面布局合理，图纸有小错误	
		70~79	尚能表达设计意图 图例、符号、线条、字体、习惯做法基本符合制图标准 图面布局一般，有抄图现象，图纸有小错误	
		60~69	能表达设计意图 图例、符号、线条、字体、习惯做法基本符合制图标准 图面布局不合理，有抄图不求甚解现象，图纸有小错误	
		60以下	不能表达设计意图 图例、符号、线条、字体、习惯做法不符合制图标准 图面布局不合理，有抄图不求甚解现象，图纸错误多	
设计答辩 (X_3)	10%	90~100	回答问题正确，概念清楚，综合表达能力强	
		80~89	回答问题正确，概念基本清楚，综合表达能力较强	
		70~79	回答问题基本正确，概念基本清楚，综合表达能力一般	
		60~69	回答问题错误较多，概念基本清楚，综合表达能力较差	
		60以下	回答问题完全错误，概念不清楚	
完成情况 (X_4)	10%	90~100	能熟练地综合运用所学的知识，独立全面出色完成设计任务	
		80~89	能综合运用所学的知识，独立完成设计任务	
		70~79	能运用所学的知识，按期完成设计任务	
		60~69	能在教师的帮助下运用所学的知识，按期完成设计任务	
		60以下	不能按期完成设计任务	
总分 (X)			$X=0.5X_1+0.3X_2+0.1X_3+0.1X_4$	

课程设计成绩采用优秀、良好、中等、及格和不及格五级制,五级制等级与百分制的对应关系见表1-4。

表1-4 五级制等级与百分制的对应关系

百分制分值	90~100	80~89	70~79	60~69	60分以下
五级制等级	优秀	良好	中等	及格	不及格

1.5 课程设计教学质量的评估指标体系

1. 课程设计教学质量评价的特点

构建科学、合理的本科课程设计教学质量评价体系,准确地评价本科课程设计教学质量是准确地评价本科人才培养质量的基础性工作之一。本科课程设计工作涉及面广,从工作层面来看,涉及学校、学院、系(教研室)、教师、学生五个不同层次的工作;从工作性质来看,涉及教学管理部门、教师、学生三个不同主体的工作。因此,课程设计教学质量的评价应体现层次性、多元性和综合性。

2. 课程设计教学质量评价的体系

根据课程设计教学质量评价的层次性、多元性、综合性等特点,对不同工作层次和不同工作对象进行分层次、分对象的评价,形成层次化、多元化的评价体系。建议从制度建设、组织管理、设计成果、学生情况、指导教师、教学条件等六个方面对本科课程设计教学质量进行综合评价,形成综合性评价体系。具体评估指标体系见表1-5。

表1-5 课程设计教学质量评价指标体系

序号	一级指标		二级指标		评价内容
	内容	权重	内容	权重	
1	制度建设	0.1	制度建设	0.3	学校是否制订了关于课程设计工作管理文件
				0.3	学院是否制订了课程设计工作的具体实施计划或工作方案
				0.4	学院或系(教研室)是否制订了符合本科教学要求的课程设计质量标准
2	组织管理	0.1	常规管理	0.6	校、院、系(教研室)对课程设计工作过程的管理
			教学资料	0.4	学生设计成果归档
3	设计成果	0.4	选题	0.1	选题是否紧扣专业的培养目标
			实际动手能力	0.1	设计能力:具有一定的工程技术实际问题的分析能力、设计能力
				0.1	计算能力:掌握计算方法的熟练程度以及计算结果的正确性
			综合应用知识能力	0.2	学生综合运用基本理论与基本技能的熟练程度,表述概念是否清楚、正确
			规范要求方面	0.3	图纸质量:绘图、字体规范准确,符合国家标准
				0.2	计算书质量:内容完整、概念清楚、条理分明、书写工整
4	学生情况	0.15	独立工作能力	0.4	按进度要求独立完成设计任务
			教师评价	0.6	学生纪律表现、态度、学风等
5	指导教师	0.15	任务书质量	0.2	任务书内容完整、科学、合理
			进度计划及执行	0.2	进度计划合理,执行情况好
			学生评价	0.4	教师工作态度、方法、效果等
			指导教师资格和指导人数	0.2	符合学校有关指导教师资格和指导人数的规定
6	教学条件	0.1	教学经费	0.2	课程设计经费满足要求
			图书资料	0.6	能满足课程设计需要资料(规范、规程、标准、手册及工具书等)的要求
			教学场地	0.2	固定的设计教室、设计所需的制图工具

3. 课程设计评价的主要内容

（1）课程设计管理工作质量评价　课程设计管理工作质量包括学校、学院、系（教研室）在不同层面对课程设计工作的过程管理，以及指导教师对学生的具体指导工作，因此对课程设计管理工作质量的评价既是对学校、学院、系（教研室）工作的评价，又是对教师指导工作的评价。

在学校、学院、系（教研室）对课程设计工作的管理方面主要评价制度建设、教学条件、过程管理等对课程设计工作的作用。制度建设主要看学校是否制订了有关课程设计工作的管理文件，学院是否制订了课程设计工作的具体实施计划或工作方案，学院或系（教研室）是否制订了符合本科教学要求的课程设计质量标准。教学条件是指课程设计工作在培养计划中的学时安排、经费支出、场地条件、图书资料等对于学生完成课程设计教学环节的支撑。过程管理主要评价从课程设计开始到课程设计答辩工作结束的整个过程中，学校、学院、系（教研室）对课程设计工作的常规管理，以及学生完成课程设计成果的归档管理。

对指导教师工作的评价，则侧重于课程设计任务书质量，计划进度和执行情况，评分的客观性、公正性，指导工作的到位情况，以及教师工作态度、方法、效果等，由学生评价的情况等。另外，指导教师的资格和指导学生的人数也应作为评价的因素。

（2）课程设计成果质量评价　对课程设计成果的评价主要应对学生选题、动手能力、综合应用基本知识与基本技能能力以及规范要求的评价。选题的正确性主要反映在题目是否紧扣专业的培养目标。在学生实际动手能力的评价中，主要考虑学生的计算能力和制图能力。在综合应用基本理论与基本技能的能力评价中主要考虑学生综合运用基本理论与基本技能的熟练程度，表述概念是否清楚、正确。在规范要求方面主要评价图纸是否符合国家现行的标准，计算书内容是否完整等。

另外，对学生工作的评价主要对学生独立工作能力以及学生纪律表现、态度、学风等，由教师评价。

第2章 道路勘测设计

【知识与技能点】
- 熟悉道路选线的一般方法和要求。
- 掌握道路线形的平面设计、纵断面设计和横断面设计要点。
- 掌握道路线形施工图的绘制方法。

2.1 设计解析

土木工程专业道路与桥梁工程方向设置"道路勘测设计课程设计"（1周），对应《道路勘测设计》课程。本章解析公路新线设计的一般方法和要求，重点介绍道路线形的平面设计、纵断面设计和横断面设计，并相应给出一个完整的设计实例。

2.1.1 公路设计控制指标

1. 公路技术等级及选用原则

（1）公路技术等级 《公路工程技术标准》（JTG B 01—2014）根据汽车运行质量、是否控制出入、车道数与车道内是否供汽车行驶等几个方面考虑，将公路分为高速公路、一级公路、二级公路、三级公路及四级公路等五个技术等级（表2-1）。

表2-1 各级公路各种汽车折合成小客车的年平均日设计交通量

公路等级 \ 车道数	各种汽车折合成小客车的年平均日交通量/辆				
	单车道	双车道	四车道	六车道	八车道
高速公路			>15000		
一级公路			>15000		
二级公路		5000～15000			
三级公路		2000～6000			
四级公路	<400	<2000			

高速公路：专供汽车分向、分车道行驶，全部控制出入的多车道公路。高速公路的年平均日设计交通量宜在15000辆小客车以上。

一级公路：供汽车分向、分车道行驶，并可根据需要控制出入的多车道公路。一级公路的年平均日设计交通量宜在15000辆小客车以上。

二级公路：供汽车行驶的双车道公路。二级公路的年平均日设计交通量宜为5000～15000辆小客车。

三级公路：主要供汽车、非汽车交通混合行驶的双车道公路。三级公路的年平均日设计交通量宜为2000～6000辆小客车。

四级公路：主要供汽车、非汽车交通混合行驶的双车道或单车道公路。双车道四级公路年平均日设计交通量宜在2000辆小客车以下；单车道四级公路年平均日设计交通量宜在400辆小客车以下。

（2）公路技术等级选用的基本原则　选择技术等级时，应首先根据公路网规划、地区特点、公路的交通特性等因素确定公路功能，然后根据功能结合交通量论证选用公路等级。

公路按照交通功能分为干线公路（主要干线公路、次要干线公路）、集散公路（主要集散公路、次要集散公路）和支线公路。

公路功能类别可按下列步骤确定：

1）按照行政属性、用地性质、交通需求等实施区域划分，并将区域抽象为节点。

2）确定节点重要度。节点重要度是定量描述区域内各节点间相对重要程度的指标，主要以总人口、工业总产值、人均收入等指标作为定量分析各节点重要度的指标。节点的层次结构见表2-2。当一条公路的主要控制点为 A 层节点时，该公路为主要干线公路；当主要控制点为 B 层节点时，该公路应为次要干线公路；当主要控制点为 C 层节点时，该公路为主要集散公路；当主要控制节点为 D 层节点时，该公路为次要集散公路；当主要控制点为 E 层节点时，该公路为支线公路。

表2-2　节点的层次结构

节点层次	中心节点	主要节点
A	北京	各省会、自治区首府、直辖市、特区
B	省会或自治区首府	各地市政府所在地
C	地市政府所在地	各县（市）政府所在地
D	县市政府所在地	各乡、镇政府所在地
E	乡镇府所在地	各行政村

3）当同一区域内存在主要控制点的两条或两条以上公路时，应通过路网服务指数确定其功能类别。路网服务指数为公路车公里比率与公路里程比率之比。路网服务指数越大，则公路功能类别越高。其计算方法为：规划区域内有 n 条公路，则第 $i(i=1,\cdots,n)$ 条公路的车公里比率 R_{VMT_i}、里程比率 R_{K_i} 及路网服务指数 R_i 按下列公式计算：

车公里比率
$$R_{\mathrm{VMT}_i} = \frac{\mathrm{VKT}_i}{\sum_i \mathrm{VKT}_i} \times 100\% \tag{2-1a}$$

里程比率
$$R_{K_i} = \frac{K_i}{\sum_i K_i} \times 100\% \tag{2-1b}$$

路网服务指数
$$R_i = \frac{R_{\mathrm{VMT}_i}}{R_{K_i}} \tag{2-1c}$$

式中　VKT_i——路网中第 i 条公路的车里程（pcu·km），即该公路上通过的车辆数与平均行驶距离的乘积；

$\sum_i \mathrm{VKT}_i$——规划区域路网中所有公路的车公里之和（pcu·km）；

K_i——第 i 条公路的里程（km）；

$\sum_i K_i$——规划区域内路网中所有公路的总里程（km）。

4）公路的功能分类指标包括区域层次、路网连续性、交通流特性和公路自身特性等定向和定量指标。不同地区经济发展水平与地形、地貌差异直接影响到分类指标的选取。各地区可根据规划区的实际情况自行确定。推荐的公路功能分类指标规定见表2-3。

表 2-3 公路功能分类指标

分类指标	功能分类				
	主要干线公路	次要干线公路	主要集散公路	次要集散公路	直线公路
适应地域与路网连续性	人口 20 万以上的大中城市	人口 10 万以上重要的市县	人口 5 万以上的县城或连接干线公路	连接干线公路与支线公路	直接对应于交通发生源
路网服务指数	≥15	10~15	5~10	1~5	<1
期望速度	80km 以上	60km 以上	40km 以上	30km 以上	不要求
出入控制	全部控制出入	部分控制出入或接入管理	接入管理	视需要控制横向干扰	不控制

公路功能与各级公路的对应关系见表 2-4，即主要干线公路应选用高速公路；次要干线公路应选用二级及二级以上公路；主要集散公路宜选用一、二级公路；次要集散公路宜选用二、三级公路；支线公路宜选用三、四级公路。

表 2-4 公路功能与各级公路的对应关系

公路功能	高速公路	一级公路	二级公路	三级公路	四级公路
主要干线	●				
次要干线		●	●		
主要集散		●	●		
次要集散			●	●	
支线公路				●	●

2. 公路设计控制

公路设计控制是指对公路几何设计起控制作用的因素，包括主要技术依据、自然条件、交通特性、服务水平以及公路建筑界限与公路用地等因素。

(1) 主要技术依据 《公路工程技术标准》（JTG B 01—2014），《公路路线设计规范》（JTG D 20—2017），《公路勘察规范》（JTG C 10—2007），《公路环境保护设计规范》（JTG B 04—2010），《公路工程基本建设项目设计文件编制办法》（交公路发〔2007〕第 358 号）等。

(2) 自然条件 影响公路的自然因素主要有地形、气候、水文、地质、土壤及植被等，这些自然因素是相互联系和相互制约的，并且处于不断变化的过程中。

1) 地形决定了选线条件，并直接影响公路的技术标准和指标。

2) 气候状况直接或间接地影响地面水的数量、地下水位高度、路基水温状况以及泥泞期、冬季积雪和冰冻期等，影响路线平面位置和竖向高度的确定。

3) 水文情况决定排水结构物的位置、数量和大小，水文地质情况决定了含水层厚度和位置，地基或边坡的稳定性。

4) 地质构造决定了地基和路基附近岩层的稳定性，决定路线方案和布设，同时也决定了土石方施工的难易程度和筑路材料的质量。

5) 土壤影响路基的形状和尺寸，也影响路面类型和结构的确定。

6) 地面的植物覆盖影响暴雨径流、水土流失程度，经济种植植被还影响到路线的布设。

(3) 交通特性

1) 设计车辆。设计车辆是指道路设计所采用的具有代表性的车辆。作为道路设计依据的车辆可分为五类：小客车、大型客车、铰接客车、载重汽车、铰接列车，其外轮廓尺寸见表 2-5 和图 2-1，其中前悬是指车体前端到前轮车轴中心的距离，轴距是指前轮轴中心到后轮轴中心的距离，后悬是指后轮车轴中心到车体后端的距离。

表 2-5 设计车辆外轮廓尺寸

车辆类型	总长/m	总宽/m	总高/m	前悬/m	轴距/m	后悬/m
小客车	6	1.8	2	0.8	3.8	1.4
大型客车	13.7	2.55	4	2.6	6.5 + 1.5	3.1
铰接客车	18	2.5	4	1.7	5.8 + 6.7	3.8
载重汽车	12	2.5	4	1.5	6.6	4
铰接列车	18.1	2.55	4	1.5	3.3 + 11	2.3

注：铰接列车的轴距 (3.3 + 11) m；3.3 为第一轴至铰接点的距离，11m 为铰接点至最后轴的距离。

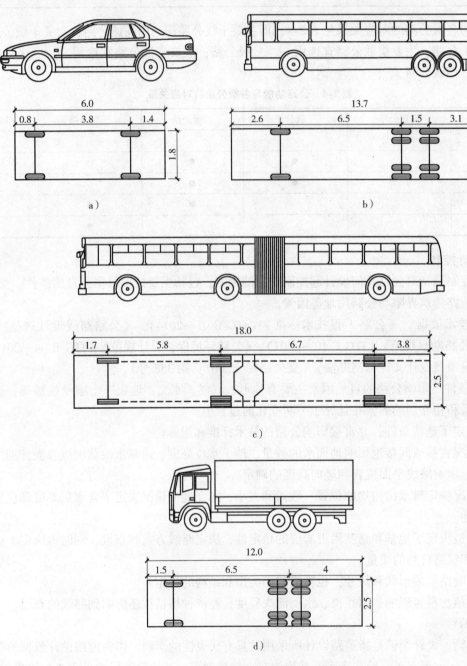

图 2-1 设计车辆外轮廓尺寸图（尺寸单位：m）
a) 小客车 b) 大型客车 c) 铰接客车 d) 载重汽车

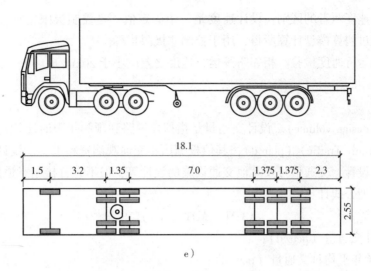

图 2-1 设计车辆外轮廓尺寸图（尺寸单位：m）（续）

e）铰接列车

2）设计速度与运行速度

①设计速度（design speed）。设计速度是指确定公路设计指标并使其相互协调的设计基准速度。一经选定，公路的所有相关要素（如平曲线半径、视距、超高、纵坡、竖曲线半径等指标）均与其配合以获得均衡设计。

《公路工程技术标准》（JTG B 01—2014）对各级公路规定了不同的设计速度分档（见表 2-6）。设计速度的选用应根据公路的功能与技术等级，结合地形、工程经济、预期的运行速度和沿线土地利用性质等因素综合论证确定，并应符合下列规定：

A. 高速公路设计速度不宜低于 100km/h，受地形、地质等条件限制时，可以选用 90km/h。

B. 作为干线的一级公路，设计速度宜采用 100km/h；受地形、地质等条件限制，可采用 80km/h。作为集散的一级公路，设计速度宜采用 80km/h；受地形、地质等条件限制，可采用 60km/h。

C. 高速公路和作为干线的一级公路的特殊困难局部路段，且因新建工程可能诱发工程地质病害时，经论证，该局部路段的设计速度可采用 60km/h，但长度不宜大于 15km，或仅限于相邻两互通立体交叉之间的路段。

D. 作为干线的二级公路，设计速度宜采用 80km/h；受地形、地质等条件限制，可采用 60km/h。作为集散二级公路，设计速度宜采用 60km/h；受地形、地质等条件限制，可采用 40km/h。

E. 三级公路设计速度宜采用 40km/h；受地形、地质等条件限制，可采用 30km/h。

F. 四级公路设计速度宜采用 30km/h；受地形、地质等条件限制，可采用 20km/h。

表 2-6 设计速度

公路等级	高速公路			一级公路			二级公路		三级公路		四级公路	
设计速度/(km/h)	120	100	80	100	80	60	80	60	40	30	30	20

②运行速度（operating speed）。运行速度是指路面平整、潮湿、自由流状态下，行驶速度累计分布曲线上对应于 85% 分位置的速度，用 v_{85} 表示。

运行速度是针对设计速度存在的不足，避免产生速度突变，保证汽车行驶的连续性而引入的，主要用于根据设计速度而定道路线形，通过测算模型计算路段运行速度，用速度差控制标准检查和修正线形，以修正后的运行速度为依据确定线路的其他设计指标。

运行速度与设计速度两者的区别：设计速度是一个固定值，是控制极限指标；而运行速度是根据设计速度所得线形通过测算模型计算所得，用于控制非极限指标。

公路设计应采用运行速度检验。相邻路段运行速度之差应小于20km/h，同一路段运行速度与设计速度之差宜小于20km/h。

3）交通量

①设计交通量（design volume）。设计交通量是指拟建道路到预测年限时所能达到的年平均日交通量（Annual Average Daily Traffic）（pcu/d），其值根据历年交通观测资料求得。设计交通量用于确定车道数、交叉口选型及设计，交通信号及其他交通设施的设计等，但不宜直接用于道路几何设计。

设计交通量按下列公式计算：

$$AADT = ADT(1+\gamma)^{n-1} \tag{2-2}$$

式中　AADT——设计交通量（pcu/d）；
　　　ADT——起始年平均日交通量（pcu/d）；
　　　γ——年平均增长率（%）；
　　　n——预测年限（年），按表2-7规定取用。

表2-7　预测年限　　　　　　　　　　　　　　　　　（单位：年）

公路等级	高速公路、一级公路	二、三级公路	四级公路
预测年限	20	15	根据实际情况确定

注：设计交通量预测年限的起算年为该项目可行性研究报告中的计划通车年。

②设计小时交通量（Directional Design Hourly traffic Volume）。设计小时交通量是指根据交通量预测所选定的作为道路设计依据的小时交通量。

设计小时交通量是确定公路等级、评价公路运行状态和服务水平的重要参数，设计小时交通量越小，所选用的车道数越少，公路的建设规模就越小，建设费用也就越低。但是不恰当地降低设计小时交通量会使公路的交通条件恶化、交通阻塞和交通事故增多，公路的综合经济效益降低。因此，《公路路线设计规范》（JTG D 20—2017）规定，公路设计小时交通量宜采用年第30位小时交通量，也可根据当地公路小时交通量的变化特征，采用年第20~40位小时之间最为经济合理时位的交通量。

高速公路、一级公路的设计小时交通量（DDHV）应按下式计算：

$$DDHV = AADT \times D \times K \tag{2-3a}$$

式中　DDHV——单向设计小时交通量（veh/h）；
　　　AADT——预测年度的年平均日交通量（veh/d）；
　　　D——方向不均匀系数，宜取50%~60%；
　　　K——设计小时交通量系数（%），为选定时位小时交通量与年平均日交通量的比值。

二级公路、三级公路的设计小时交通量（DHV）应按下式计算：

$$DHV = AADT \times K \tag{2-3b}$$

式中　DHV——设计小时交通量（veh/h）；
　　　AADT——预测年度的年平均日交通量（veh/d）；
　　　K——设计小时交通量系数（%），为选定时位小时交通量与年平均日交通量的比值。

新建公路的设计小时交通量系数K可参照公路功能、交通量、地区气候、地形等条件相似的公路观测数据确定，缺乏观测数据的地区可参照表2-8取值。

表2-8 各地区的设计小时交通量系数 K

地区		华北 京、津、冀、晋、蒙	东北 辽、吉、黑	华东 沪、苏、浙、皖、闽、赣、鲁	中南 豫、湘、鄂、粤、桂、琼	西南 川、滇、黔、藏、渝	西北 陕、甘、青、宁、新
近郊	高速公路（%）	8.0	9.5	8.5	8.5	9.0	9.5
	一级公路（%）	9.5	11.0	10.0	10.0	10.5	11.0
	二级公路 三级公路（%）	11.5	13.5	12.0	12.5	13.0	13.5
城间	高速公路（%）	12.0	13.5	12.5	12.5	13.0	13.5
	一级公路（%）	13.5	15.0	14.0	14.0	14.5	15.0
	二级公路 三级公路（%）	15.5	17.5	16.0	16.5	17.0	17.5

③车辆折算系数。车辆折算系数是指确定一种车型为标准车型，取其系数为1.0，根据各种车辆行车时所占用道路程度，分别确定其换算系数。《公路工程技术标准》（JTG B 01—2014）规定标准车型为小客车，用于道路规划与技术等级划分的机动车折算系数按表2-9采用。拖拉机和非机动车等交通量换算应符合下列规定：

A. 畜力车、人力车、自行车等非机动车按路侧干扰因素计。

B. 公路上行驶的拖拉机每辆折算为4辆小客车。

C. 公路通行能力分析所要求的车辆折算系数应针对路段、交叉口等形式，按不同的地形条件和交通量需求，采用相应的折算系数。

表2-9 各汽车代表车型与车辆折算系数

汽车代表车型	车辆折算系数	说明
小客车	1.0	座位≤19座的客车和载质量≤2t的货车
中型车	1.5	座位>19座的客车和2t<载质量≤7t的货车
大型车	2.5	7t<载质量≤20t的货车
汽车列车	4.0	载质量>20t的货车

（4）服务水平　公路服务水平分为六级，见《公路工程技术标准》（JTG B 01—2014）附录A。各级公路设计服务水平应不低于表2-10的规定，并应符合下列规定：

1）一级公路用作集散公路时，设计服务水平可降低一级。

2）长隧道及特长隧道路段、非机动车及行人密集路段、互通式立体交叉的分合流区段以及交织区段，设计服务水平可降低一级。

表2-10 各级公路设计服务水平

公路等级	高速公路	一级公路	二级公路	三级公路	四级公路
服务水平	三级	三级	四级	四级	—

（5）公路建筑界限与公路用地范围

1）公路建筑界限。公路建筑界限又称净空，是为保证车辆、行人的通行安全，对公路和桥面上以及隧道中规定的一定高度和宽度范围内不允许有任何障碍物侵入的空间界限。它由净高和净宽两部分组成。

净高是指在横断面范围内保证安全所必需的竖向高度。公路下穿时保证公路距构筑物底部任意点均应满足净高的需要。

净宽是指道路在横断面范围内保证安全通行所必须满足的横向宽度，包括行车带、路肩、中间带、绿化带等宽度。

公路建筑界限是横断面设计的重要依据。各级公路建筑界限规定如图2-2所示。图中：W为行车道宽度；L_1为左侧硬路肩宽度；L_2为右侧硬路肩宽度；S_1为左侧路缘带宽度；S_2为右侧路缘带宽度；L为侧向宽度，二级公路的侧向宽度为硬路肩宽度，三、四级公路的侧向宽度为路肩宽度减去0.25m，设置护栏时，应根据护栏需要的宽度加宽路基；$L_左$为隧道内左侧向宽度；$L_右$为隧道内右侧向宽度；C为安全带跨度，当设计速度大于100km/h时为0.5m，等于或小于100km/h时为0.25m；D为路缘石高度，小于或等于0.25m，一般情况下，高速公路可不设路缘石；M_1为中间带宽度；M_2为中央分隔带宽度；J为隧道内检修道宽度；R为隧道内人行道宽度；d为隧道内检修道或人行道高度；E为建筑限界顶角宽度，当$L \leq 1m$时，$E = L$；当$L > 1m$时，$E = 1m$；E_1为建筑限界顶角宽度，当$L_1 < 1m$时，$E_1 = L_1$，或$S_1 + C < 1m$，$E_1 = S_1 + C$；当$L \geq 1m$或$S_1 + C \geq 1m$时，$E_1 = 1m$；E_2为建筑限界顶角宽度，$E_2 = 1m$；$E_左$为建筑限界左顶角宽度，当$L_左 \leq 1m$时，$E_左 = L_左$；当$L_左 > 1m$时，$E_左 = 1m$；$E_右$为建筑限界右顶角宽度，当$L_右 \leq 1m$时，$E_右 = L_右$；当$L_右 > 1m$时，$E_右 = 1m$；H为净空高度。

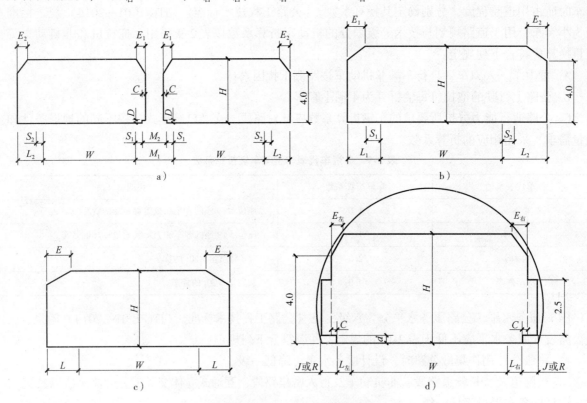

图2-2 各级公路建筑限界（长度单位：m）

a) 高速公路、一级公路（整体式） b) 高速公路、一级公路（分离式） c) 二、三、四级公路 d) 公路隧道

2) 公路用地范围。公路用地是指为修建、养护管理及布设沿线设施等而依照国家规定所征用的土地。在公路用地范围内不得修建非路用建筑物，如开挖渠道、埋设管道、电缆、电杆及其他设施。

《公路工程技术标准》（JTG B 01—2014）规定：公路用地范围为公路路堤两侧排水沟外边缘（无排水沟时为路堤或护坡道坡脚）以外，或路堑坡顶截水沟外缘（无截水沟时为坡顶）以外不小于1m的土地；在有条件的地段，高速公路和一级公路不小于3m，二级公路不小于2m范围内的土地为公路用地范围。

2.1.2 公路选线和定线

1. 选线

选线是根据路线基本走向和技术标准,结合地形、地质条件,考虑安全、环保、土地利用和施工条件,以及经济等因素,通过全面比较,选定路线中线的全过程。

(1) 选线的基本原则

1) 确定路线走廊带应考虑走廊带内各种运输体系及不同层次路网间的分工与配合,据以统筹规划、近远期结合、合理布局,充分发挥和提高公路总体综合效益。

2) 公路选线必须由面到带、由带到线,在对地形地貌、地质水文、气候气象、自然保护区等调查与勘察的基础上论证,确定路线方案。

3) 路线线位应考虑同农田与水利建设、城市规划的配合,尽可能避让不可移动文物、水源与自然保护区,保护环境且同当地景观相协调。

4) 各级公路应做好总体设计,正确处理公路与相关路网、交通节点的关系,合理设置各类出入口、交叉口和构筑物,各类构筑物的选型与布置应合理、实用、经济。

5) 路线设计应根据公路功能、技术等级和地形等条件,恰当选取设计速度,合理确定公路断面布置形式,正确运用各类技术指标,注意平纵线形组合、保持线形连续均衡,在确保行驶安全性的前提下,满足舒适、环保与经济等要求。

(2) 选线的方法和步骤 一条路线的起、终点之间有多条线路,选线的任务就是在诸多方案中选出一条符合设计要求、经济合理的最优方案。目前最有效的做法是通过分阶段、分步骤,由粗到细、反复比选来求最佳解。选线按工作内容一般分三步进行:

1) 路线方案选择。首先在小比例尺 (1:25000~1:100000) 地形图上从较大面积范围内找出各种可能的方案,收集各可能方案的有关资料,进行初步评选,确定数条可进一步比较的方案,然后进行现场勘察,通过多方案的比选得出一个最佳方案。

2) 路线带选择。在路线基本走向选定的基础上,按地形、地质、水文等自然条件选定出一些细部控制点。连接这些控制点,即构成路线带 (也称路线布局)。这些细部控制点的取舍,仍通过比选的办法确定。路线布局一般在 1:1000~1:5000 比例尺的地形图上进行。

3) 具体定线。定线是根据技术标准和路线方案,结合有关条件在有利的路线带内进行平、纵、横综合设计,具体定出道路中线的工作。

(3) 路线方案的拟定 路线方案是路线控制点的连线,是根据指定的路线总方向 (路线起、终点及和中间主要控制点) 和公路网规划、公路功能、等级,结合其他运输体系的布局,考虑社会、经济因素和复杂的自然条件等拟订的路线走向。

路线方案选择的目的是合理地解决涉及道路的起、终点和走向。一般新建公路的走向已在国家或当地路网规划中有了初步规划。在勘测设计过程中,要结合路线的性质及其在路网中的作用、政治经济控制点、近远期交通量、主要技术标准、自然条件等因素,进一步研究落实。

一条路线的起、终点和指定的特大桥、特长隧道位置,为路线基本走向的控制点;大桥、隧道、互通式立交、铁路交叉等的位置,原则上应服从路线基本走向,一般作为路线走向控制点;一般构筑物及中小桥涵的位置应服从路线走向。

(4) 路线方案的比选 对有比较价值的路线方案进行技术指标、工程造价、自然环境、社会环境等重要影响因素进行同等深度的技术经济论证及效益分析,通过调查、分析、比较、选择,提出合理的推荐方案。方案比较可按下列指标进行:

1) 技术指标 路线长度、圆曲线最小半径及个数、最大纵坡及长度、交叉个数及回头曲线个数等。

2）经济指标 土石方、排水和防护工程、路面、桥梁及隧道、涵洞、通道、征地及拆迁工程数量和工程造价指标等。

3）经济效益及社会效益分析。

2. 定线

定线是根据既定的技术标准和路线方案，结合地形、地质等条件，综合考虑路线的平面、纵断面、横断面，具体定出道路中线的工作。定线按工作对象的不同分为纸上定线、现场定线和航测定线。现场定线适用于标准较低或地形简单的路线；航测定线只在线路方案研究中有时采用。下面仅介绍纸上定线的步骤。

纸上定线是在大比例尺（一般用1:1000～1:2000）地形图上确定道路中线的具体位置，再将纸上路线通过实地放线敷设在地面上，供详细测量和施工之用。

（1）定线步骤

1）平原、微丘区定线步骤

①定导向点。在选线布局确定的控制点之间，根据平原、微丘区路线布设要点，通过分析比较，确定可穿越、应趋就和该绕避的点和活动范围，建立若干中间导向点。

②试定路线导向。参照导向点，试穿出一系列直线并交出交点，或直接将导向点作为交点，试定出路线导向。

③初定平曲线。读取交点坐标计算或直接量测转角和交点间距，其中纸上定线转角须用正切法量测计算，初定圆曲线半径和缓和曲线长度，计算平曲线要素。

④定线。检查各技术指标是否满足标准要求，以及平曲线线位是否合适，不满足时应调整交点位置或圆曲线半径和缓和曲线长度，直至满足为止。

2）山岭、重丘区定线步骤

①定导向线

A. 分析地形，找出各种可能的走法。在地图上仔细研究路线布局阶段选定的主要控制点间的地形、地质情况，选择有利地形（如平缓顺直的山坡、开阔的侧沟、利于回头的地点等），拟定路线各种可能的走法。

B. 放坡顶坡度线。由等高距 h 和选用的平均纵坡 $i_{均}$（5.0%～5.5%，视地形曲折程度和高差而定），按 $a = h/i_{均}$ 计算等高线间平距 a，使两脚规的张开度等于 a（按地形图比例尺），从某一固定点（A）开始，沿拟定走法依次截取每根等高线得 a、b、c…点，在 B 点附近回头后再向 D 点截取，当最后一点的位置和高程都与 D 点接近时，说明该方案成立，否则应修改走法或调整 $i_{均}$（在5.0%～5.5%内），重新放坡至方案成立为止。

连接 Aabc…D 为具有平均纵坡的折线，即为坡度线。

C. 分析坡度线利用地形、避让地物或不良地质情况，找出应穿越或应避开的中间控制点，分段调整纵坡，定导向线。

②修正导向线

A. 试定平面和纵断面。参考导向线定出直线和平曲线即平面试线，按地形变化特征点量出或读取桩号及地面高程，点绘纵断面图的地面线，参考地面线和前面分段安排的纵坡设计理想纵坡，量出或读取各桩的概略设计高程。

B. 定一次修正导向线。其目的是用纵断面修正平面，避免纵向大填大挖。在平面试线各桩的横断面方向上点出与概略设计高程相应的点，这些点的连接线是具有理想纵坡、中线上不填不挖的折线，称为一次修正导向线。当纵断面上填挖过大时，应进行修改。

C. 二次修正导向线。其目的是用横断面最佳位置修正平面，避免横向填挖过大。对一次修正导向线各点绘制横断面图，用路基模板逐点找出最经济或其控制作用的最佳中线位置及其可移动范围。根据最佳位置的性质分别用不同符号点回到平面图上，这些点的连线是具有理想纵坡、横向位置最佳的平面折线，称为二次修正导向线。

③定线。在二次修正导向线的基础上进行定线。二次修正导向线是一条平面折线，不满足技术标准的要求，必须适当取直，并用平曲线连接，定出中线的确切位置。定线必须按照二次修正导向线上各特征点的性质和可活动范围，经过反复试线才能定出满足要求的中线。定线可采用直线形定线法或曲线形定线法。这里仅介绍曲线形定线法，直线形定线法可参考有关教材。

（2）曲线形定线法　曲线形定线法是先根据地形、地物等条件设置合适的圆曲线，然后在相邻圆曲线间用适当的缓和曲线或直线段连接的定线方法，一般适用于地形复杂的山岭、重丘地区定线。

1）定线步骤

①参照导向线或控制点，徒手勾绘线形顺适、平缓并与地形相应的概略线位。

②用直尺或不同半径的圆曲线弯尺拟合徒手线位，形成一条由圆弧和直线组成的具有错位（设缓和曲线后圆曲线的内移值）的间断线形。

③在圆弧和直线上各采集两点坐标固定位置，通过试定或试算，用合适的缓和曲线将它们顺滑连接，形成连续的平面线形。

2）确定回旋线参数。曲线形定线法的缓和曲线采用回旋线（$rl=A^2$），常用计算回旋线参数 A 的方法：

①近似计算法。回旋线参数 A 的近似计算公式：

$$A = \sqrt[4]{24DR^3} \tag{2-4}$$

式中　D——基本形曲线时的内移值 p，S 形和卵形曲线（图 2-3）时为圆弧之间的距离；

　　　R——基本形为单圆曲线半径，S 形和卵形曲线为换算半径，分别按下式计算：

S 形曲线换算半径：　　　　　　　　$R = \dfrac{R_1 R_2}{R_1 + R_2}$

卵形曲线换算半径：　　　　　　　　$R = \dfrac{R_1 R_2}{R_1 - R_2}$

其中，R_1——大圆半径；R_2——小圆半径。

计算出 A 值后，应判别其大小是否满足 $A \geq A_{\min}$ 或 $R/3 \leq A \leq R$ 的要求，不满足时可调整圆弧位置，使 D 值变化重新计算 A 值，直到满意为止。

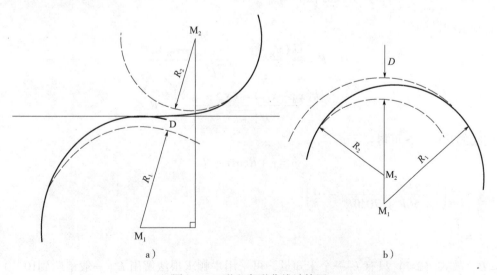

图 2-3　S 形和卵形曲线计算图

②解析计算法

A. 直线与圆曲线连接（图2-4）。给定直线上两点 $D_1(x_{D1}, y_{D1})$、$D_2(x_{D2}, y_{D2})$ 和圆曲线上两点 $C_1(x_{C1}, y_{C1})$、$C_2(x_{C2}, y_{C2})$，以及圆曲线半径 R。

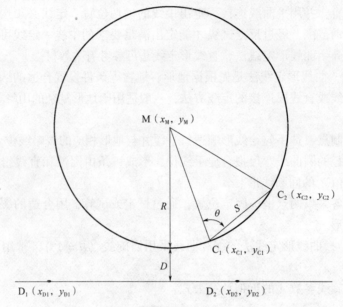

图2-4 直线与圆曲线连接计算图

由图2-4可得，$\cos\theta = \dfrac{S}{2R}$，即 $\theta = \cos^{-1}\dfrac{S}{2R}$

$C_1 M$ 方位角：$\alpha_m = \alpha_c (C_1 C_2$ 的方位角$) + \xi\theta$

圆心坐标 $M(x_M, y_M)$ 为：

$$x_M = x_{C1} + R\cos\alpha_m \tag{2-5a}$$
$$y_M = y_{C1} + R\sin\alpha_m \tag{2-5b}$$

式中，$R = |R|$，下同。

直线的斜率 $k = \dfrac{y_{D2} - y_{D1}}{x_{D2} - x_{D1}}$，则直线方程 $y - y_{D1} = k(x - x_{D1})$

则圆心到直线的间距

$$D + R = \dfrac{|k(x_M - x_{D1}) - (y_m - y_{D1})|}{\sqrt{1 + k^2}}$$

即

$$D = \dfrac{|k(x_M - x_{D1}) - (y_m - y_{D1})|}{\sqrt{1 + k^2}} - R \tag{2-6}$$

由回旋线的几何关系可得：

$$p = y + R\cos\tau - R \tag{2-7}$$

式中，$y = \dfrac{L_s^2}{6R}\left(1 - \dfrac{L_s^2}{56R^2} + \dfrac{L_s^4}{7040R^4} - \cdots\right)$

$\tau = \dfrac{L_s}{2R}$

因 $p = D$，故式（2-7）只有 L_s 一个未知量，可采用牛顿求根法解出 L_s（一般精确到 10^{-4}），则 A 的计算公式为

$$A = \sqrt{L_s R} \tag{2-8}$$

B. 两反向曲线连接（图2-3a）。给定两圆曲线上各两点坐标及相应的半径 R_1、R_2，用上述方法可算得圆心坐标为 $M_1(x_{M1}, y_{M1})$、$M_2(x_{M2}, y_{M2})$。

则
$$L_{M_1M_2} = R_1 + R_2 + D = \sqrt{(x_{M2} - x_{M1})^2 + (y_{M2} - y_{M1})^2} \tag{2-9}$$

也即
$$D = |L_{M_1M_2} - R_1 - R_2| = \left|\sqrt{(x_{M2} - x_{M1})^2 + (y_{M2} - y_{M1})^2} - R_1 - R_2\right|$$

式中，$R_1 = |R_1|$，$R_2 = |R_2|$，下同。

令 S 形两个回旋参数 A_1、A_2 的比值为 $k = A_1/A_2$，则由几何关系可得

$$L_{M_1M_2} = \sqrt{(R_1 + R_2 + p_1 + p_2)^2 + (q_1 + q_2)^2} \tag{2-10}$$

式中，$p_i = y_i + R_i\cos\tau_i - R_i$，$i = 1, 2$

$$q_i = x_i - R_i\sin\tau_i$$

$$x_i = 2R_i\tau_i\left(1 - \frac{\tau_i^2}{10} + \frac{\tau_i^4}{216} - \frac{\tau_i^6}{9360} + \cdots\right)$$

$$y_i = \frac{2}{3}R_i\tau_i^2\left(1 - \frac{\tau_i^2}{14} + \frac{\tau_i^4}{440} - \frac{\tau_i^6}{25200} + \cdots\right)$$

$$\tau_2 = \frac{1}{k^2}\left(\frac{R_1}{R_2}\right)^2\tau_1$$

由式（2-9）和式（2-10）可建立含 τ_1 的方程，解算出 τ_1，并计算 τ_2 后按下式计算 A 参数：

$$A_1 = R_1\sqrt{2\tau_1}, \quad A_2 = R_2\sqrt{2\tau_2} \tag{2-11}$$

S 形两个回旋参数 A_1 与 A_2 宜相等，当采用不同参数时，A_1 与 A_2 之比宜小于 2.0，有条件时以小于 1.5 为宜。

C. 两同向曲线连接（图2-3b）。求得圆心 M_1 和 M_2 的坐标后，可得

$$D = |R_1 - R_2 - L_{M_1M_2}|$$

$$L_{M_1M_2} = \sqrt{(R_1 + p_1 - R_2 - p_2)^2 + (q_2 - q_1)^2}$$

同样可建立含 τ_1 的方程，解算出 τ_1 后，按下式计算 τ_2 和参数 A：

$$\tau_2 = \left(\frac{R_1}{R_2}\right)^2\tau_1 \tag{2-12}$$

$$A = R_1\sqrt{2\tau_1}$$

因近似法计算中只保留了级数展开式中的第一项，所以计算简单但精度不高，适用于初定线位或精度不高的定线。解析法精度较高但计算复杂，需借助计算机计算，适用于精细定线。

(3) 坐标计算

1) 直线与圆曲线衔接点坐标计算。如图 2-5 所示，ZH、HZ 点到圆心 $M(x_M, y_M)$ 的方位角为：

$$\alpha_{ZM} = \alpha_1 + \xi\varphi \tag{2-13a}$$

$$\alpha_{HM} = \alpha_2 + 180 - \xi\varphi \tag{2-13b}$$

式中，$\varphi = \arctan\dfrac{y_M}{q}$

$$y_M = |R| + p$$

$$q = x - |R|\sin\tau$$

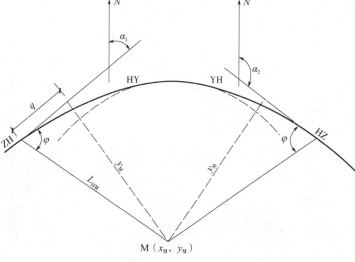

图 2-5　直线与圆连接

$$\tau = \frac{90L_s}{\pi R}$$

各衔接点坐标计算公式为：

$$\begin{cases} x_{ZH(HZ)} = x_M + L_{HM}\cos[\alpha_{ZM(HM)} + 180] \\ y_{ZH(HZ)} = y_M + L_{HM}\sin[\alpha_{ZM(HM)} + 180] \end{cases}$$

$$\begin{cases} x_{HY} = x_{ZH} + x\cos\alpha_1 - \xi y\sin\alpha_1 \\ y_{HY} = y_{ZH} + x\sin\alpha_1 + \xi y\cos\alpha_1 \end{cases}$$

$$\begin{cases} x_{YH} = x_{HZ} - \cos\alpha_2 - \xi y\sin\alpha_2 \\ y_{YH} = y_{HZ} - x\sin\alpha_2 x + \xi y\cos\alpha_2 \end{cases} \tag{2-14}$$

式中，$L_{HM} = \sqrt{q^2 + y_M^2}$

$$\begin{cases} x = L_s\left(1 - \dfrac{L_s^2}{40R^2} + \dfrac{L_s^4}{3456R^4} - \dfrac{L_s^6}{599040R^6} + \cdots\right) \\ y = \dfrac{L_s^2}{6|R|}\left(1 - \dfrac{L_s^2}{56R^2} + \dfrac{L_s^4}{7040R^4} - \cdots\right) \end{cases} \tag{2-15}$$

各衔接点的桩号：

$$S_{ZH} = S_0 + 起点至 ZH 点的距离$$
$$S_{HY} = S_{ZH} + L_s$$
$$S_{YH} = S_{HY} + L_c$$
$$S_{HZ} = S_{YH} + L_s$$

式中　L_c——HY 点至 YH 点的圆弧长度。

2）直线上加桩坐标（图 2-6）。设 $S_0(x_0, y_0)$ 为直线上已知点，$S(x, y)$ 为任意点桩号，α 为该直线的方位角，则

$$\begin{cases} x = x_0 + (L_{SS_0})\cos\alpha \\ y = y_0 + (L_{SS_0})\sin\alpha \end{cases} \tag{2-16}$$

式中　L_{SS_0}——S_0 点至 S 点的直线长度。

3）圆曲线上加桩坐标（图 2-7）。α_0 为 $S_0(x_0, y_0)$ 点的切线方位角，α 为 $S(x, y)$ 点的切线方位角，则

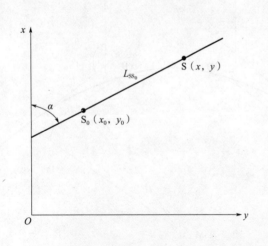

图 2-6　直线上点的坐标计算

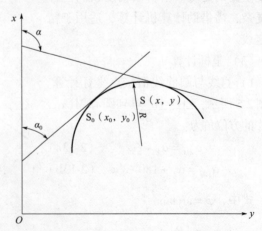

图 2-7　圆曲线上点的坐标计算

$$x = x_0 + R\left[\sin\left(\alpha_0 + \frac{L_{SS_0}}{R} \times \frac{180}{\pi}\right) - \sin\alpha_0\right]$$
$$y = y_0 + R\left[\cos\left(\alpha_0 + \frac{L_{SS_0}}{R} \times \frac{180}{\pi}\right) - \cos\alpha_0\right]$$
(2-17)

式中 R——圆曲线半径，右转为正，左转为负；

L_{SS_0}——S_0 点至 S 点的圆弧长度。

2.1.3 公路平面设计要点

公路的平面线形在选线、定线时已结合纵断面、横断面综合考虑基本确定，即转角点间的距离和圆曲线所采用的半径已基本确定。平面设计是在此基础上进一步确定直线与曲线或曲线与曲线连接部分的几何要素，进行超高、加宽、缓和曲线、超高加宽缓和段等线形几何要素的详细设计与计算，以及平面视距的计算与保证。必要时也可对线形位置及圆曲线半径做适当地移动及修正以至完善。最后绘制路线平面图。

1. 直线长度的选定

在道路平面线形设计中，一般应根据沿线地形、地物、驾驶员的视觉、心理感受以及保证驾驶安全等因素，合理布设直线路段，对直线路段的最大长度和最小长度应有所限制。

（1）直线的最大长度 合理的直线长度应根据驾驶员的心理反应和视觉效果确定，各国普遍从经验出发，根据调查结果规定直线的最大长度。鉴于我国地域辽阔，地形差异较大，且在混合交通的道路上，超车、会车、错车以及避让非机动车和行人的机会甚多，驾驶员的感觉与国外不尽相同，因此尚未统一规定直线的最大长度，设计者可根据地形、地物、自然景观以及经验等决定直线的最大长度。但必须强调，无论是高速路还是低速路，在任何情况下都要避免追求长直线的错误倾向。

一般在城镇及其附近或其他景色有变化的地点，直线的最大长度大于 $20v$ 是可以接受的，但在景色单调的地点最好控制在 $20v$ 以内。

（2）直线的最小长度

1）同向曲线间直线的最小长度（图 2-8a）。若在两个转向相同的圆曲线中间用直线连接时，当直线长度（是指前一曲线终点到后一曲线起点之间的距离）较短时，在视觉上容易形成直线与两端曲线构成反弯的错觉；当直线过短甚至把两个曲线看成是一个曲线，破坏了线形的连续性，形成"断背曲线"，易造成驾驶员操作失误，应尽量避免。《公路路线设计规范》（JTG D 20—2017）规定，当设计速度≥60km/h 时，同向圆曲线间的直线最小长度（以 m 计）以不小于设计速度 v（以 km/h 计）的 6 倍为宜。对设计速度 v≤40km/h 的低速道路可参考执行。在受条件限制时，宜将同向曲线改为大半径曲线或将两曲线做成复曲线、卵形曲线或 C 形曲线。

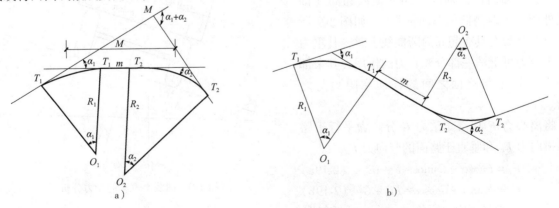

图 2-8 曲线间的直线
a) 同向曲线 b) 反向曲线

2) 反向曲线间直线的最小长度（图2-8b）。因反向曲线两弯道转弯方向相反，考虑超高和加宽过渡的需要，以及驾驶员操作的方便，其间直线的最小长度应予以限制。《公路路线设计规范》（JTG D 20—2017）规定，当设计速度≥60km/h时，反向圆曲线间的直线最小长度（以 m 计）以不小于设计速度 v（以 km/h 计）的2倍为宜。当曲线两端设有缓和曲线时，也可以直接相连，构成S形曲线。

3) 直线的应用。平面线形采用直线时应注意线形与地形的关系，并应符合直线的最大长度和最小长度的要求；在运用直线线形并决定其长度时，原则是"宜直则直、宜曲则曲"。

在采用直线路段时，应注意：
① 必须采用长直线时，相应纵坡不应过大。
② 若两侧地形过于空旷，宜采取植树或设置一定建筑物等技术措施予以改善。
③ 定线时应将能引起兴趣的自然风景或建筑物纳入驾驶员的视线范围。
④ 在长直线尽头设置的平曲线，除曲线半径、超高、视距等符合规定外，还必须采取设置标志、增大路面抗滑能力等安全保障措施，以确保行车安全。

在下述情况路段上可采用直线：
① 路线完全不受地形、地物限制的平坦地区或山间的宽阔河谷地带。
② 城镇及其近郊道路，或以直线为主体进行规划的地区。
③ 长大桥梁、隧道等构筑物路段。
④ 路线交叉点及其附近。
⑤ 双车道公路提供超车的路段。

2. 圆曲线半径的选定

(1) 汽车行驶的横向稳定性

1) 公式 $\mu = \dfrac{v^2}{127R} - i_h$ 推导。汽车在圆曲线上行驶时会产生离心力 F，其作用点在汽车重心，方向为水平背离圆心，其大小为：

$$F = \frac{G}{g}\frac{v^2}{R} \tag{2-18}$$

式中 G——汽车重力（N）；
R——圆曲线半径（m）；
v——汽车行驶速度（m/s）；
g——重力加速度（m/s²）。

离心力可能使汽车向外侧滑移或倾覆，为了抵消或减小离心力的作用，保证汽车在圆曲线上稳定行驶，必须使圆曲线上路面横向超高（即做成外侧高、内侧低的单向横坡）。如图2-9所示，汽车行驶在具有超高的圆曲线上时，其重力的水平分力可抵消一部分离心力的作用，其余部分由汽车轮胎与路面之间的横向摩阻力与之平衡。

将离心力 F 和汽车重力 G 分解为平行于路面的横向力 F_x 和垂直于路面的竖向力 F_y，即

$$F_x = F\cos\alpha - G\sin\alpha \approx F - Gi_h \tag{2-19a}$$
$$F_y = F\sin\alpha + G\cos\alpha \approx Fi_h + G \tag{2-19b}$$

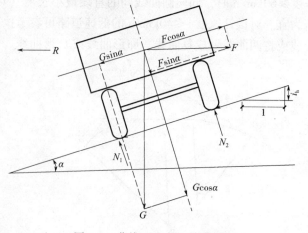

图2-9 曲线上汽车的受力分析

（注：一般路面横向倾角 α 较小，可近似取 $\cos\alpha \approx 1.0$，$\sin\alpha \approx \alpha \approx \tan\alpha = i_h$，$i_h$ 为横向超高坡度，即超高值）

令横向力系数 $\mu = \dfrac{F_x}{G}$，将式（2-18）代入式（2-19a）整理可得

$$\mu = \frac{F_x}{G} = \frac{v^2}{gR} - i_h$$

用 v（以 km/h 计）表达上式可得

$$\mu = \frac{v^2}{127R} - i_h$$

即
$$R = \frac{v^2}{127(\mu + i_h)} \tag{2-20}$$

式（2-20）表达了横向力系数（μ）与车速（v）、圆曲线半径（R）及超高值（i_h）之间的关系。

2）横向倾覆条件。为使汽车不产生绕外侧车轮接触点向外横向倾覆，必须使倾覆力矩小于或等于稳定力矩，即

$$F_x h_g \leqslant F_y \frac{b}{2} = (Fi_h + G)\frac{b}{2}$$

因 Fi_h 比 G 小得多，可略去不计，则

$$\mu = \frac{F_x}{G} \leqslant \frac{b}{2h_g} \tag{2-21}$$

式中 b——汽车轮距（m）；

h_g——汽车重心高度（m）。

将式（2-21）代入式（2-20）并整理得

$$R \geqslant \frac{v^2}{127\left(\dfrac{b}{2h_g} + i_h\right)} \tag{2-22}$$

式（2-22）即为横向倾覆条件。

3）横向滑移条件。为使汽车不产生横向滑移，必须使横向力小于或等于轮胎和路面之间的横向摩阻力，即

$$F_x \leqslant F_y \varphi_h = (Fi_h + G)\varphi_h$$

因 Fi_h 比 G 小得多，可略去不计，则

$$\mu = \frac{F_x}{G} \leqslant \varphi_h \tag{2-23}$$

式中 φ_h——横向摩阻系数，一般取 $\varphi_h = (0.6 \sim 0.7)\varphi$，$\varphi$ 为附着系数。

将式（2-23）代入式（2-20）并整理得

$$R \geqslant \frac{v^2}{127(\varphi_h + i_h)} \tag{2-24}$$

式（2-24）即为横向滑移条件。

4）横向稳定性的保证。由式（2-21）和式（2-23）可知，汽车在圆曲线上行驶时的横向稳定性主要取决于横向力系数值 μ_h 的大小。一般 $b \approx 2h_g$，即 $\dfrac{b}{2h_g} \approx 1$，而 $\varphi_h < 0.5$，所以 $\varphi_h < \dfrac{b}{2h_g}$，即汽车在圆曲线上行驶时，在发生横向倾覆之前先产生横向滑移现象。

由此可见，在道路设计中应保证汽车不产生横向滑移，同时也就保证了横向倾覆的稳定性。只要设计采用的 μ 值满足式（2-23）条件，一般满载情况下就能保证横向行车的稳定性，但装载过高时可能发生倾覆现象。

（2）圆曲线半径 由式（2-20）可知，在指定车速 v 下，最小半径 R_{min} 取决于最大横向力系数 μ_{max} 和该圆曲线的最大超高值 $i_{h(max)}$。

横向力系数 μ 的取用值关系到行车的安全、经济与舒适，为了计算最小圆曲线半径，应考虑各方面因素采用一个合适的数值，一般 $\mu_{max}=0.10\sim0.16$，车速高时取低值，车速低时取高值。

为防止因超高值过大，超出轮胎与路面间的横向摩阻力系数，使车辆在路面最大合成坡度有下滑的危险，必须满足：

$$i_{h(max)} \leqslant \varphi_w \tag{2-25}$$

式中　φ_w——一年中气候恶劣季节路面的横向摩阻力系数。

《公路路线设计规范》（JTG D 20—2017）规定了各级公路圆曲线的最大超高值（表2-11），二级公路、三级公路、四级公路接近城镇且混合交通量较大的路段，车速受到限制时，其最大超高值可按表2-12执行。

表2-11　各级公路圆曲线的最大超高值

公路技术等级	高速公路、一级公路	二级公路、三级公路、四级公路
一般地区（%）	8 或 10	8
积雪冰冻地区（%）	6	
城镇区域（%）	4	

注：一般地区公路，圆曲线最大超高应采用8%；以通行中小型客车为主的高速公路和一级公路，最大超高采用10%。

表2-12　车速受限制时最大超高值

设计速度/(km/h)	80	60	40	30	20
超高值（%）	6	4	2		

1）圆曲线最小半径

①圆曲线最小半径"极限值"确定。极限最小半径是指为保证车辆设计速度安全行驶规定的圆曲线半径最小值。《公路工程技术标准》（JTG B 01—2014）中的极限最小半径是在规定设计速度时，$i_h=4\%\sim10\%$，$\mu=0.10\sim0.17$，按式（2-20）计算取整得到的（见表2-13）。

表2-13　圆曲线最小半径　　　　　　　　（单位：m）

设计速度/(km/h)		120	100	80	60	40	30	20
横向力系数 μ		0.10	0.12	0.13	0.15	0.15	0.16	0.17
最大超高	4%	810	500	300	150	65	40	20
	6%	710	440	270	135	60	35	15
	8%	650	400	250	125	60	30	15
	10%	570	360	220	115	—	—	—
不设超高最小半径	路拱≤2.0%	5500	4000	2500	1500	600	350	150
	路拱>2.0%	7500	5250	3350	1900	800	450	200

注："—"为不考虑采用最大超高的情况。

②不设超高的圆曲线最小半径的确定。圆曲线半径大于一定数值时，可以不设置超高，而允许设置等于直线路段路拱的反超高。从行驶的舒适性考虑，必须把横向力系数控制到最小值。

《公路工程技术标准》（JTG B 01—2014）中，当路拱≤2.0%情况下，横向力系数按 $\mu=0.035\sim0.040$ 取用，并规定当路拱横坡为1.5%时，横向力系数 μ 采用0.035；当路拱横坡为2%时，横向力系数 μ 采用0.040。

《公路工程技术标准》（JTG B 01—2014）中，采用 $i_h=-0.015$，$\mu=0.035$ 代入式（2-20）进行计算整理得到的不设超高最小半径值作为路拱大于2.0%的情况使用。这样，当路拱横坡为2.5%时，

横向力系数 μ 采用 0.040；当路拱横坡为 3.0% 时，横向力系数 μ 采用 0.045；路拱横坡为 3.5% 时，横向力系数 μ 采用 0.050。不设超高圆曲线最小半径见表 2-13。

③公路圆曲线的最大超高。公路项目拟采用的最大超高（值）主要根据交通量、交通组成和公路行车环境等条件确定。公路圆曲线半径小于表 2-13 "不设超高最小半径" 时，应设置圆曲线超高。一般地区，圆曲线最大超高应采用 8%；积雪冰冻地区，最大超高值应采用 6%；以通行中、小型客车为主的高速公路和一级公路，最大超高可采用 10%；城镇区域公路，最大超高值可采取 4%。

2）圆曲线半径的选用。各级道路不论转角大小均应设置圆曲线，在选用圆曲线半径时应注意下列事项：

①选定圆曲线半径应与弯道本身所在位置的地形地物条件相适应，以采用超高值为 2%~4% 的圆曲线半径为宜。

②《公路工程技术标准》（JTG B 01—2014）给出了直接影响形成安全性的圆曲线最小半径的两种值，即 "最小值" 和 "不设超高最小半径"。公路线形设计时，应根据沿线地形、地物等情况，合理选用不小于 "最小值" 的圆曲线半径。在不得已情况下，方可使用 "最小值"。

③选用曲线半径时，既要适应沿线地形地物条件变化，同时应注重前后线形协调，不应突然采用小半径曲线。长直线或大半径曲线路段，不能采用最小曲线半径。从地形条件好的路段进入地形条件较差的区段时，线形技术指标应该逐渐过渡，防止突变。

④驾驶者在大半径圆曲线上行驶时，方向盘几乎与直线上一样无须调整。当圆曲线半径大于 9000m 时，视线集中在 300~600m 范围内的视觉效果同直线没有区别。因此，选用圆曲线半径时，最大半径值一般不宜超过 10000m。

3. 缓和曲线的选用

缓和曲线是设置在直线和圆曲线间或半径相差较大、转向相同的两圆曲线间的一种曲率连续变化的曲线。设置缓和曲线可使曲率连续变化，便于车辆行驶顺畅；使汽车离心加速度逐渐变化，旅客感觉会更加舒适；使超高及加宽逐渐变化，行车会更加平稳；与圆曲线配合，还可增加线形的美观。

（1）缓和曲线的形式　缓和曲线的主要形式有回旋线、三次抛物线、双纽线等，目前国际上普遍采用回旋线作为缓和曲线。

1）回旋线（图 2-10）。回旋曲线的基本公式：

$$rl = A^2 \tag{2-26}$$

式中　r——回旋线上某点的曲率半径（m）；

l——回旋线上某点到原点的曲线长（m）；

A——回旋线参数。

在回旋线内 r 随 l 的变化而变化，在回旋线起点曲率为零，曲率半径为无穷大，在回旋线终点处，$l = L_s$，$r = R$，则 $RL_s = A^2$，即

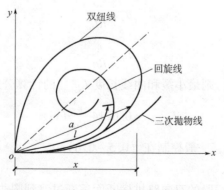

图 2-10　回旋线、三次抛物线和双纽线

$$A = \sqrt{RL_s} \tag{2-27}$$

式中 R——回旋线所连接的圆曲线半径（m）；
L_s——回旋线形缓和曲线长度（m）。

2）三次抛物线（图2-10）。三次抛物线的方程：

$$r = \frac{C}{x} \tag{2-28}$$

若仅取回旋线坐标方程中的第一项，可得三次抛物线上各点的直角坐标方程

$$x = l \tag{2-29}$$

$$y = \frac{x^3}{6C} \tag{2-30}$$

式中 l——汽车自直线终点开始转弯，经 $t(\text{s})$ 后行驶的弧长（m）；$C = RL_s$。

三次抛物线的曲率半径随着长度由无穷大逐渐减小，但当缓和曲线角 β 达到24°后，又开始增加，因此三次抛物线用作缓和曲线的条件为 $\beta \leq 24°$。

3）双纽线（图2-10）。双纽线的方程：

$$r = \frac{C}{a} \tag{2-31}$$

式中 a——弧长 l 的弦长。

双纽线的极角为45°，曲率半径最小，此后半径增大至原点，全程转角达到270°。

由图2-10可见，在极角 β 较小（5°~6°）时，回旋线、三次抛物线和双纽线几乎没有差异。随着极角 β 增大，三次抛物线的长度增加最快，回旋线增加最慢。回旋线的曲率半径减小最快，三次抛物线则减小最慢。从保证汽车平顺行驶，三种曲线均可作为缓和曲线，但国外使用回旋线居多。

《公路工程技术标准》（JTG B 01—2014）规定，高速公路、一、二、三级公路的直线与小于表2-13所列"不设超高最小半径"的圆曲线相衔接处，应设置缓和曲线，缓和曲线采用回旋线。四级公路的直线与小于不设超高的圆曲线最小半径相衔接处，可不设置缓和曲线，用超高、加宽缓和段径相连接。

(2) 缓和曲线的最小长度 缓和曲线最小长度 $L_{s(\min)}$ 的确定应综合考虑以下几个方面：

1）旅客感觉舒适。在 $t(\text{s})$ 时间内汽车从缓和曲线的起点达到缓和曲线的终点，曲率半径 r 由 ∞ 均匀地变化到 R，离心加速度由零均匀地增加到 v^2/R，则离心加速度的变化率为

$$a_s = \frac{a}{t} = \frac{v^2}{Rt}$$

当汽车做等速行驶时，$t = \dfrac{L_s}{v}$，代入上式得

$$a_s = \frac{v^3}{RL_s}$$

即

$$L_s = \frac{v^3}{Ra_s}$$

以 $v(\text{km/h})$ 表示设计速度，则最小缓和曲线长度 $L_{s(\min)}$ 的计算公式：

$$L_{s(\min)} = 0.0214 \frac{v^3}{Ra_s} (\text{m}) \tag{2-32}$$

式中 a_s——离心加速度变化率，一般控制在 $(0.5 \sim 0.6) \text{m/s}^3$；
v——设计速度（km/h）。

2）超高渐变率适中。由直线段的双向路拱横断面逐渐过渡到圆曲线段的全超高单向横断面，其间必须设置超高过渡段。《公路路线设计规范》（JTG D 20—2017）规定了适中的超高渐变率，由此可计

算出过渡段最小长度 $L_{s(\min)}$ 计算公式：

$$L_{s(\min)} = \frac{B'\Delta i}{p}(\text{m}) \quad (2\text{-}33)$$

式中　B'——旋转轴至行车道（设路缘带时为路缘带）外侧边缘的宽度（m）；

　　　Δi——超高坡度（超高值）与路拱坡度代数差（%）；

　　　p——超高渐变率（见表2-14）。

表 2-14　超高渐变率

设计速度/(km/h)	超高旋转轴位置		设计速度/(km/h)	超高旋转轴位置	
	中线	边线		中线	边线
120	1/250	1/200	40	1/150	1/100
100	1/225	1/175	30	1/125	1/75
80	1/200	1/150	20	1/100	1/50
60	1/175	1/125			

3）行驶时间不宜过短。缓和曲线上汽车行驶的时间不宜过短，一般认为汽车在缓和曲线上的行驶时间至少应有3s，即

$$L_{s(\min)} = vt = \frac{v}{1.2}(\text{m}) \quad (2\text{-}34)$$

式中　v——设计速度（km/h）。

根据上述影响缓和曲线长度的因素，《公路路线设计规范》（JTG D 20—2017）给出了缓和曲线的最小长度，见表2-15，其中表2-15中规定的最小值是由式（2-34）计算并取整得到，若采用最小值则不一定满足超高渐变率的要求，经验算后取整为5或10倍数确定采用值。

表 2-15　缓和曲线最小长度

设计速度/(km/h)	120	100	80	60	40	30	20
缓和曲线最小长度/m	100	85	70	50	30	25	20

注：四级公路为超高、加宽过渡段长度。

回旋线最小长度基本满足以双车道中线为旋转轴设置超高过渡的长度；但对以车道边缘线为旋转轴，或者行车道数较多或较宽的公路，则可能超高所需过渡长度应更长一些，因此应视计算结果而采用其中较长的一个。

（3）回旋线参数A值　回旋曲线的形状只有一种，只要改变参数A值就能得到不同大小的回旋线，A相当于回旋线的放大系数。由$RL_s = A^2$可知，给定了缓和曲线的最小长度，也就确定了最小参数A。因此，在进行平面线形设计时，可选用缓和曲线长度，也可选定回旋线参数A。

研究表明，回旋线参数A与连接的圆曲线半径之间，只要保持$R/3 \leq A \leq R$，便可获得视觉上协调、舒顺的线形。当R接近100m时，宜取$A = R$；若$R < 100$m，则选择$A \geq R$。反之，在圆曲线半径较大或接近3000m时，可选择A在$R/3$左右；若R超过3000m，即使A小于$R/3$，在视觉上也是舒顺的。

（4）不设缓和曲线的情况　在直线和圆曲线之间设置缓和曲线后，圆曲线产生内移值p按式（2-35）确定。由式（2-35）可知，在L_s一定的情况下，p与圆曲线半径R成反比，当R大到一定程度时，p值很小，即使直线与圆曲线相连接，汽车也能完成曲率渐变行驶。所以《公路路线设计规范》（JTG D 20—2017）规定，下列情况下可不设缓和曲线：

1）在直线与圆曲线间，当圆曲线半径大于或等于"不设超高的最小半径"时。

2）半径不同的同向圆曲线径相连接处，应设置回旋线。但符合下列条件时可不设回旋线：

① 小圆半径大于表 2-13 规定时，即小圆半径大于表 2-13 "不设超高的最小半径"时。
② 小圆半径大于表 2-16 中所列复曲线中小圆临界曲线半径，且符合下列条件之一时：
A. 小圆按最小缓和曲线长度设回旋线时，大圆与小圆的内移值之差小于 0.10m。
B. 设计速度 ≥80km/h 时，大圆半径 R_1 与小圆半径 R_2 之比小于 1.5。
C. 设计速度 <80km/h 时，大圆半径 R_1 与小圆半径 R_2 之比小于 2.0。

表 2-16 复曲线中小圆临界圆曲线半径

设计速度/(km/h)	120	100	80	60	40	20
临界圆曲线半径/m	2100	1500	900	500	250	130

4. 公路平面设计图

根据《公路工程基本建设项目设计文件编制办法》（交公路发〔2007〕第 358 号）规定，体现路线设计的成果主要是路线设计的图纸和表格。

（1）公路平面设计的表格　反映路线平面线形设计成果的主要表格：直线、曲线及转角表、逐桩坐标表、导线点一览表、路线固定表等。

1）直线、曲线及转角表。直线、曲线及转角表是路线平面设计的重要成果之一，它集中反映了道路平面设计的成果和数据，是施工放线和复测的主要依据。表 2-17 给出了直线、曲线及转角表的通用形式，表中数据应包括交点号、交点里程、转角、曲线要素值、曲线主点桩号、直线长、计算方位角、断链等。

表 2-17 直线、曲线及转角表

交点号	交点坐标/m		交点桩号	转角值	曲线要素值/m					
	X	Y			半径	缓和曲线长度	切线长度	曲线长度	外距	校正值
1	2	3	4	5	6	7	8	9	10	11
起点										
2										
3										
4										
……										
10										
终点										

2）逐桩坐标表。逐桩坐标表（表 2-18）及各个中桩的坐标表，是等级较高道路平面设计的重要成果之一，是道路中线放样的重要资料。各中桩坐标按"从整体到局部"的原则进行计算和测量，一般是根据导向线坐标用全站仪或 GPS 测量路线各点坐标或从图上直接量取（纸上定线时）交点坐标，计算交点转角和方位角、交点间距；再根据计算结果、选定的圆曲线半径和缓和曲线长度，计算中线上各桩坐标。

表 2-18 逐桩坐标表

桩号	坐标/m		方向角	桩号	坐标/m		方向角
	X	Y			X	Y	
K0+000							
K0+020							
K0+040							
……							
K0+500							

(2) 公路路线平面设计图　公路路线平面设计图是公路设计文件的主要图纸之一，它综合反映了路线的平面位置、线形和几何尺寸，反映沿线人工构筑物和重要工程设施的布置及公路与沿线地形、地物和行政区划的关系等。

公路路线平面设计图的比例一般为 1:2000~1:5000，图中内容除应按图例规定表明路线两侧一定宽度范围内的带状地形、地物情况外，尚应包括：

1) 路线在平面上的位置和走向，路线起点、终点里程桩号及百米桩的位置（当地形图比例尺较小，路宽无法按比例绘出时，可绘以粗直线来表示路线）。

2) 绘路线弯道，并在转角旁标明转角编号，另于图上空白处列表说明转角序号、偏角大小、平曲线半径、切线长、曲线长、外距以及曲线起、终点里程桩号等。如果能在表上同时注明超高、加宽和缓和曲线长度，则更方便。

3) 标明公路排水、桥涵及其人工构筑物的位置、桩号、结构类型和主要尺寸。

4) 示出特大桥、大中桥、隧道、路线交叉的名称、桩号与处理方式。

5) 地形图指北针图式、比例尺和单位。

2.1.4 平面线形设计

1. 平面线形设计要点

1) 平面线形应直捷、流畅，与地形、地物相适应，与周围环境相协调，满足美学、经济和环境保护的要求。

2) 除满足汽车行驶力学上的基本要求外，还应满足驾驶员和乘客在视觉和心理上的要求。

高速公路、一级公路以及计算行车速度大于 60km/h 的公路，应注重立体线形设计，尽量做到线形连续、指标均衡、视觉良好、景观协调、安全舒适。计算行车速度越高，线形设计所考虑的因素就越应周全。

3) 保持平面线形的均衡与连续，避免出现技术指标的突变。

为使一条公路上的车辆尽量以均匀的速度行驶，应注意各线形要素保持连续性，避免出现技术指标的突变。以下几点在设计时应充分注意：

①直线与平面曲线的组合。直线与平曲线应连续、均衡，圆曲线半径和长度与相邻直线长度相适应。设计时应避免长直线尽头接小半径平曲线、短直线接大半径平曲线的组合。根据国外设计经验，从视觉及安全考虑，当直线与平曲线相接时，圆曲线半径 R 与其前后的直线长度 L_s 满足下列关系时，是一种比较好的直线与平曲线组合。

$$L_s \leqslant 500m \text{ 时}, R \geqslant L_s$$

$$L_s > 500m \text{ 时}, R \geqslant 500m$$

②平曲线与平曲线组合。相邻平曲线之间的设计指标应连续、均衡，避免突变。在条件许可时，相邻圆曲线大半径（$R_大$）与小半径（$R_小$）之比 $R_大/R_小$ 宜小于 2.0，相邻回旋线参数之比宜小于 2.0。

③高、低标准之间要有过渡。当同一等级道路因地形变化而采用不同的指标，或同一条道路按不同设计速度的各设计路段之间的技术标准变化时，除应满足有关设计计算路段在长度和梯度上的要求外，还应结合地形变化，使路线的平面线形指标逐渐过渡，避免出现突变。

4) 注意平曲线与纵断面设计相协调。在进行平面线形设计时，应考虑道路纵剖面设计的特殊性，为纵断面设计留有活动余地，以利于平纵线形组合设计。

5) 平曲线应有足够的长度。如平曲线太短，汽车在曲线上行驶时间过短会使驾驶员操纵来不及调整，一般都应控制平曲线（包括圆曲线及其两端的缓和曲线）的最小长度。

最小平曲线长度一般应按下列条件确定：

①驾驶员操作从容、乘客感觉舒适要求的平曲线最小长度。平曲线一般由前后直线和中间圆曲线

三段组成。根据经验,在每段曲线上驾驶员操作转向盘不感到困难至少3s的行程为宜,如中间平曲线长度为零,也需要6s行程。因此,按6s行程时间确定最小平曲线长度是适宜的。平曲线最小长度不应小于表2-19规定。

表2-19 各级公路平曲线最小长度

设计速度/(km/h)		120	100	80	60	40	30	20
平曲线最小长度/m	一般值	600	500	400	300	200	150	100
	最小值	200	170	140	100	70	50	40

注:"一般值"为正常情况下的采用值;"最小值"为条件受限时可采用的值。表中一般值按10s行程计算取整确定。

②转角 α 小于7°时的平曲线长度。按路线直捷要求,平曲线转角小一些为宜。但转角过小时,即使半径较大,驾驶员也会将平曲线长度看成比实际的短,给其造成急转弯的错觉。因此,当路线转角小于等于7°时,应设置较长的平曲线。小转角平曲线长度的确定:当转角小于7°时,平曲线仍按由两段回旋线组成的平曲线长度,使 $\alpha<7°$ 的平曲线外距 E 与 $\alpha=7°$ 时的外距 E 相等,此时其长度应大于表2-20规定的"一般值"。当地形条件及其他特殊情况限制时,可采用表中的"最小值"。

表2-20 转角小于或等于7°时的平曲线长度

设计速度/(km/h)	120	100	80	60	40	30	20
一般值/m	$1400/\alpha$	$1200/\alpha$	$1000/\alpha$	$700/\alpha$	$500/\alpha$	$350/\alpha$	$280/\alpha$
最小值/m	200	170	140	100	70	50	40

注:表中 α 为路线转角值(°),当 $\alpha<2°$ 时,按 $\alpha=2°$ 计算。

2. 平面线形要素组合设计

(1) 平面线形要素组合类型 由平面线形的三要素(直线、圆曲线和曲线)可得到基本型、S形、卵形、凸形、复合型、C形和回头形曲线等多种道路平面线形的组合形式,详见表2-21。

表2-21 平曲线形要素组合类型

曲线类型	平面要素	曲线示意图	基本参数	备注
基本型曲线	按直线—回旋线(A_1)—圆曲线—回旋线(A_2)—直线顺序的组合形式		回旋线参数、圆曲线最小长度均应符合有关规定 回旋线长度:圆曲线长度:回旋线长度=1:1:1~1:2:1,并注意满足设置基本型曲线的几何条件:$2\beta\leq\alpha$,其中 β 为回旋线角(°),α 为路线转角(°)	当 $A_1=A_2$ 时,称为对称基本型 当 $A_1\neq A_2$ 时,称为非对称基本型 当 $A_1=A_2=0$ (不设缓和曲线)时,称为简单型
S形曲线	两个反向圆曲线用两段反向回旋线连接的组合形式		相邻两回旋线参数 A_1 和 A_2 宜相等,当采用不等参数时,$A_1/A_2<2.0$,以1.5为宜。两反向回旋线以径相连接为宜。当两回旋线相重合时,其重合段的长度 $L\leq(A_1+A_2)/40(m)$(A_1、A_2 为大、小圆的回旋线参数) 两圆曲线半径之比 $R_2/R_1=1\sim1/3$(R_1、R_2 为大、小圆半径)	

(续)

曲线类型	平面要素	曲线示意图	基本参数	备注
卵形曲线	用一个回旋线连接两个同向圆曲线的组合形式		回旋线参数 A 宜在 $R_2/2 \leq A \leq R_2$ (R_2 为小圆半径) 两圆曲线半径之比 $R_2/R_1 = 0.2 \sim 0.8$，两圆曲线的间距 $D/R_2 = 0.003 \sim 0.03$ (D 为两圆曲线之间的最小距离) 卵形曲线大圆应能完全包住小圆。卵形曲线的回旋线是一段曲率从 $1/R_1$ 到 $1/R_2$ 的不完整回旋线	
凸形曲线	两个同向回旋线间不插入圆曲线而径相衔接的组合形式		凸曲线的回旋线参数及其连接点的曲率半径应分别符合最小回旋线参数和圆曲线最小半径的规定 连接点附近最小 $0.3v$（以 m 计；其中，v 为设计速度，以 km/h 计）的长度范围内，应保持以连接点曲率半径确定的超高（或路拱）横坡度	只在路线严格受地形、地物限制处采用凸形曲线
复合型曲线	两个以上的同向回旋线在曲率相等处相互连接的组合形式		相邻回旋线参数之比宜小于 1.5；复合型曲线的回旋线的曲率和参数是变化的	适用于互通式立体交叉匝道线形，以及在受地形或其他特殊原因限制时线形
C 形曲线	两同向回旋线在曲率为零处径向连接的组合形式		两个回旋线参数可相等，也可不相等 C 形曲线连接处的曲率为零，即 $R=\infty$（相当于两基本型同向曲线间直线长度为零）	仅限于地形条件特殊困难，路线严格受限时方可采用
回头形曲线	主曲线和辅曲线的组合形式		上线辅曲线半径 R_1 与主曲线半径 R_0 比值不宜大于 2.0 主曲线技术指标规定应满足表 2-22 规定 两相邻回头曲线间应尽可能拉开距离，一个回头曲线（主曲线）的终点至下个回头曲线的起点距离，当路线设计速度为 40km/h、30km/h、20km/h 时，分别应不小于 200m、150m、100m	适用于三、四级公路在自然展线无法争取到需要的距离以克服高差，或因地形、地质条件所限不能采用自然展线时，或高差较大的山坡道路

(2) 基本型曲线要素组合计算

1) 对称型曲线（图 2-11）。曲线几何元素计算公式如下：

内移值：$p = \dfrac{L_s^2}{24R} - \dfrac{L_s^4}{2384R^3}$ (m)　(2-35)

切线增长值：$q = \dfrac{L_s}{2} - \dfrac{L_s^3}{240R^2}$ (m)　(2-36)

缓和曲线角：$\beta_0 = \dfrac{L_s}{2R} \dfrac{180°}{\pi}$ (°)　(2-37)

切线长度：$T = (R+p)\tan\dfrac{\alpha}{2} + q$ (m)　(2-38)

平曲线长：$L = R\alpha\dfrac{\pi}{180°} + L_s$ (m)　(2-39)

外距：$E = (R+p)\sec\dfrac{\alpha}{2} - R$ (m)　(2-40)

切曲差：$D = 2T - L$ (m)　(2-41)

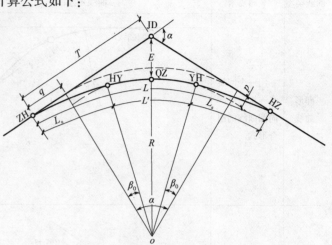

图 2-11　按回旋线敷设缓和曲线（对称基本型）

式中　L_s——缓和曲线长度 (m)；
　　　R——圆曲线半径 (m)；
　　　α——转角 (°)。

2) 非对称型曲线（图 2-12）

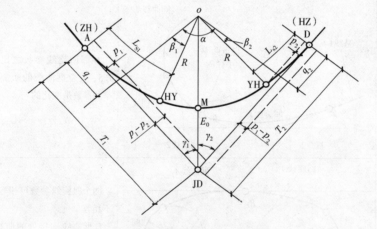

图 2-12　按回旋线敷设缓和曲线（非对称基本型）

第一切线长：$T_1 = (R+p_1)\tan\dfrac{\alpha}{2} + q_1 - \dfrac{p_1-p_2}{\sin\alpha}$ (m)　(2-42)

第二切线长：$T_2 = (R+p_2)\tan\dfrac{\alpha}{2} + q_2 - \dfrac{p_1-p_2}{\sin\alpha}$ (m)　(2-43)

平曲线长：$L = R\alpha\dfrac{\pi}{180°} + \dfrac{L_{s1}+L_{s2}}{2}$ (m)　(2-44)

式中　L_{s1}、L_{s2}——第一、第二缓和曲线长度 (m)；
　　　p_1——L_{s1} 对应的曲线内移值 (m)，采用式 (2-35) 计算；
　　　p_2——L_{s2} 对应的曲线内移值 (m)，采用式 (2-35) 计算；
　　　q_1——L_{s1} 对应的切线增长值 (m)，采用式 (2-36) 计算；
　　　q_2——L_{s2} 对应的切线增长值 (m)，采用式 (2-36) 计算。

因两边切线不等长，曲中点可取圆曲线中点或全曲线中点。为计算和测设方便，可取交点和圆心的连线与圆曲线的交点 M 作为曲线中点（QZ），其要素按下式计算：

$$\gamma_1 = \arctan\frac{R+p_1}{T_1-q_1} \quad (2\text{-}45\text{a})$$

$$\gamma_2 = \arctan\frac{R+p_2}{T_2-q_2} \quad (2\text{-}45\text{b})$$

$$E_0 = \frac{R+p_1}{\sin\gamma_1} - R \quad (2\text{-}45\text{c})$$

式中 γ_1、γ_2——圆心和交点的连线与前后导线边的交角（°）；

E_0——非对称型单曲线外距（m）。

表 2-22 回头曲线技术指标

主线设计速度/(km/h)	40		30	20
回头曲线设计速度/(km/h)	35	30	25	20
圆曲线最小半径/m	40	30	20	15
回旋线最小长度/m	35	30	25	20
超高横坡度（%）	6	6	6	6
双车道路面加宽值/m	2.5	2.5	2.5	3.0
最大纵坡（%）	3.5	3.5	4.0	4.5

3. 平、纵线形组合设计要点

平、纵线形组合设计总要求：设计速度 $v \geqslant 60\text{km/h}$ 的道路，必须重视平、纵线形的合理组合，尽量做到线形连续、指标均衡、视觉良好、景观协调、安全舒适。设计速度越高，线形设计考虑的因素应越周全。设计速度 $v \leqslant 40\text{km/h}$ 的道路，应在保证行车安全的前提下，正确运用线形要素指标，在条件允许时力求做到各种线形要素的合理组合，并尽量避免和减轻不利组合。

通过分解立体线形要素，平、纵线形有以下六种组合形式：

1) 平面要素：直线 + 纵断面要素：直坡线——恒等坡度的直线。这种组合线形简单、行车枯燥，视景缺乏变化，易使驾驶员产生疲劳和频繁超出、超速。设计时应采用画车道线、设标志、绿化，并与路侧设施配合等方式调节单调的视觉，增进视线诱导。

2) 平面要素：直线 + 纵断面要素：凹形竖曲线——凹下去的直线。这种组合线形具有较好的视距条件，能给驾驶员以动的视觉效果，行车条件较好。设计时应避免采用较短的凹形竖曲线，在连续两个凹形竖曲线间注意避免插入短的直坡段，在长直线末端不宜插入小半径的凹形竖曲线。

3) 平面要素：直线 + 纵断面要素：凸形竖曲线——凸起的直线。这种组合线形视觉条件差，线形单调，应注意避免。无法避免时应采用较大的竖曲线半径，若长直线上反复凸凹时，应注意避免出现"驼峰""暗凹"和"浪形"等不良视觉现象。

4) 平面要素：曲线 + 纵断面要素：直坡线——恒等坡度的平曲线。这种组合线形只要圆曲线半径选择适当，纵坡不过陡，可获得较好的视觉和心理感受，设计时须检查合成坡度是否超限。

5) 平面要素：曲线 + 纵断面要素：凹形竖曲线——凹下去的平曲线。

6) 平面要素：曲线 + 纵断面要素：凸形竖曲线——凸起的平曲线。

5)、6) 组合线形是较复杂的组合形式。若平、纵线形要素大小适宜，位置适当，均衡协调，可获得视觉舒顺、视线诱导良好的立体线形。

2.1.5 公路纵断面设计

1. 纵断面线形组成要素

沿道路中线竖向剖切再行展开即为路线纵断面。在纵断面图上有两条主要线，①地面线，是根据中线上各桩点的高程而绘制的一条不规则的折线，反映了沿中线原地面的起伏变化情况；②设计线，是设计者经过技术上、经济上以及美学上等方面比较后定出的一条具有规则形状的几何线，反映了道路路线的起伏变化情况。

纵断面设计线由直坡线和竖曲线组成。直坡线（即均匀坡度线）有上坡和下坡，其大小用纵坡和坡长表示，纵断面上同一坡段两点间的高差与其水平距离（即坡长）的比值称为纵坡，以百分数计。

为平顺过渡，不同纵坡转折处（变坡点）要设置竖曲线。竖曲线有凹形、凸形，其大小用半径和水平长度表示。

路线纵断面图上的设计高程即路基设计高程，《公路路线设计规范》（JTG D 20—2017）规定，新建公路的路基设计高程：高速公路和一级公路宜采用中央分隔带的外侧边缘高程；二、三、四级公路宜采用路基边缘高程，在设置超高、加宽路段为设超高、加宽前该处边缘高程。

2. 直坡线的纵坡和坡长限制

（1）纵坡的限制

1）理想最大纵坡（i_1）。是指设计车型在油门全开启的情况下，持续以理想速度v_1（理想速度对小客车为设计速度，对载重汽车为汽车的最大行驶速度）等速行驶所能克服的纵坡。

$$i_1 = \lambda D_1 - f \tag{2-46}$$

式中 D_1——理想速度v_1时的动力因数；

λ——动力因数D_1的海拔荷载修正系数；

f——滚动阻力系数，与路面类型、轮胎结构和行驶速度等有关，一般由试验确定。

2）不限长度最大纵坡（i_2）。是指设计车型在油门全开情况下，持续以容许速度v_2（容许速度一般为设计速度的1/2~2/3）等速行驶所能克服的纵坡。

$$i_2 = \lambda D_2 - f \tag{2-47}$$

式中 D_2——容许速度v_2时的动力因数；

λ——动力因数D_2的海拔荷载修正系数。

3）最大纵坡（i_{max}）。是指根据道路等级、自然条件、行车要求等因素所限定的路线纵坡最大值。确定最大纵坡时，不仅考虑汽车的动力特性、道路等级、自然条件，还要考虑工程和运营的经济等。《公路工程技术标准》（JTG B 01—2014）规定的最大纵坡见表2-23。

表2-23 各级公路最大纵坡

设计速度/(km/h)	120	100	80	60	40	30	20
最大纵坡（%）	3	4	5	6	7	8	9

注：设计速度为120km/h、100km/h、80km/h的高速公路，受地形条件或其他特殊情况限制时，经技术经济论证，最大纵坡可增加1%。

（2）坡长的限制 坡长是纵断面相邻坡点的桩号之差，即水平距离。纵坡长度的限制包括最大坡长限制和最小坡长限制。

1）最大坡长限制。最大坡长限制是指控制汽车在坡道上行驶，当车速下降到最低容许速度时所行驶的距离。最低容许速度v_2对应的纵坡为不限长度最大纵坡i_2，凡大于i_2的纵坡其长度都应加以限制。《公路工程技术标准》（JTG B 01—2014）规定的最大坡长见表2-24。

表2-24 不同纵坡的最大坡长 （单位：m）

纵坡坡度（%）	设计速度/(km/h)						
	120	100	80	60	40	30	20
3	900	1000	1100	1200	—	—	—
4	700	800	900	1000	1100	1100	1200
5	—	600	700	800	900	900	1000

(续)

纵坡坡度（%）	设计速度/(km/h)						
	120	100	80	60	40	30	20
6	—	—	500	600	700	700	800
7	—	—	—	—	500	500	600
8	—	—	—	—	300	300	400
9	—	—	—	—	—	200	300
10	—	—	—	—	—	—	200

2）缓和坡段。在各级道路为连续上坡或下坡路段，应在不大于规定的纵坡长度之间设置缓和坡度。其作用是恢复在较大纵坡上降低的速度；减少下坡制动次数，保证行车安全；确保道路通行质量。在缓坡上汽车加速行驶，缓坡的长度应适应该加速过程的需要。

《公路路线设计规范》（JTG D 20—2017）规定，各级公路的连续上坡路段，应根据载重汽车上坡时的速度折减变化，在不大于表2-24规定的纵坡长度之间设置缓和坡段，其设置应符合：设计速度小于或等于80km/h时，缓和坡段的纵坡应不大于3%；设计速度大于80km/h时，缓和坡段的纵坡应不大于2.5%。缓和坡段的长度应大于表2-25的规定。

缓和坡段宜设置在平面的直线或较大半径的平曲线上。在必须设置缓和坡段而地形又困难地段，可将缓和坡段设于半径比较小的平曲线上，但应适当增加缓和坡段的长度，以使缓和坡段端部的竖曲线位于小半径平曲线之外。

3）最小坡长限制。从汽车行驶的平顺性要求坡长不宜过短；从路容美观、相邻竖曲线的设置和纵面视距等也要求坡长应有一定的长度。

最小纵坡规定汽车以设计速度9~15s的行程为宜，9s可满足行车及几何线形布设的要求，在低速路上应取大值。《公路路线设计规范》（JTG D 20—2017）规定了各级公路的最小坡长见表2-25。

表2-25 各级公路的最小坡长

设计速度/(km/h)	120	100	80	60	40	30	20
最小坡长/m	300	250	200	150	120	100	60

(3）最小纵坡、平均纵坡和合成纵坡

1）最小纵坡。最小纵坡是为纵向排水的需要，对横向排水不畅的路段所规定的纵坡最小值。在长路堑、低填方和其他横向排水不畅的路段，为了保证行车安全和排水要求，防止积水渗入路基而影响其稳定性，应设置不小于0.3%的纵坡（一般以不小于0.5%为宜）。对于干旱地区，以及横向排水良好、不产生路面积水的路段，也可不受最小纵坡的限制。

2）平均纵坡。平均纵坡（i_p）是指一定长度路段两端点的高差（H）与该路段长度（L）的比值，即$i_p = H/L$，它是衡量纵断面线形质量的一个重要指标。

限定平均纵坡是为了合理运用最大纵坡、坡长限制及缓和坡段的规定，保证车辆安全顺适行驶。《公路工程技术标准》（JTG B 01—2014）规定，二级及二级以下公路越岭路线连续上坡（或下坡）路段，相对高差为200~500m时，平均纵坡不应大于5.5%；越岭路线相对高差大于500m时，平均纵坡不应大于5.0%。任意连续3km路段的平均纵坡不应大于5.5%。

对于高速公路、一级公路的平均纵坡，目前尚无规定。

3）合成纵坡。合成纵坡是指道路纵坡和横坡的矢量和，其计算公式为

$$I = \sqrt{i^2 + i_h^2} \tag{2-48}$$

式中 I——合成纵坡（%）；

i——路线纵坡（%）；

i_h——超高值(%)。

《公路路线设计规范》(JTG D 20—2017)规定,在设有超高的平曲线上,超高与纵坡的合成坡度值不得超过表2-26的规定。

表2-26 各级公路的合成坡度值

公路技术等级	高速公路、一级公路				二级公路、三级公路、四级公路				
设计速度/(km/h)	120	100	80	60	80	60	40	30	20
合成坡度值(%)	10.0	10.0	10.5	10.5	9.0	9.5	10.0	10.0	10.0

当陡坡与小半径曲线相重叠时,宜采用较小的合成坡度。在冬季路面有结冰、积雪的地区、自然横坡较陡峻的傍山路段以及非汽车交通量较大的路段,其合成坡度必须小于8%。

为了保证路面排水,还规定了各级公路的最小合成坡度不宜小于0.5%;在超高过渡的变化处,合成坡度不应设计为0%。当合成坡度小于0.5%时,应采取综合排水措施,以保证路面排水畅通。

3. 竖曲线的半径和水平长度限制

(1)竖曲线要素的计算公式 在图2-13的xoy坐标系中,设边坡点相邻两直线纵坡分别为i_1和i_2,它们的代数差(ω)称为坡差,即$\omega = i_2 - i_1$,当$\omega > 0$时,表示凹形竖曲线;当$\omega < 0$时,表示凸形竖曲线。

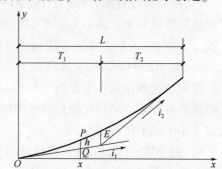

图2-13 竖曲线要素示意图

在图2-13坐标系下,二次抛物线一般方程为

$$y = ax^2 + bx + c \tag{2-49}$$

式中 a、b、c——系数,按下列边界条件确定。

当$x = 0$时,$y = 0$,代入上式可得$c = 0$

当$x = 0$时,$y' = i_1$,代入上式可得$b = i_1$

当$x = L$时,$y' = i_2$,代入上式可得$a = \dfrac{i_2 - i_1}{2L} = \dfrac{\omega}{2L}$

则式(2-49)可表示为

$$y = \frac{\omega}{2L}x^2 + i_1 x \tag{2-50}$$

抛物线上任一点的曲率半径R:

$$R = \frac{\left[1 + \left(\dfrac{dy}{dx}\right)^2\right]^{3/2}}{\dfrac{d^2y}{dx^2}}$$

其中,$\dfrac{dy}{dx} = i = \dfrac{\omega}{L}x + i_1$,$\dfrac{d^2y}{dx^2} = \dfrac{\omega}{L}$,代入上式得

$$R = \frac{\left[1 + \left(\dfrac{dy}{dx}\right)^2\right]^{3/2}}{\dfrac{d^2y}{dx^2}} = \frac{L}{\omega}(1 + i^2)^{3/2}$$

由于i介于i_1和i_2之间,且i_1、i_2均很小,因此i^2可以忽略不计,则

$$R \approx \frac{L}{\omega}$$

竖曲线上任一点竖距h:

$$h = y_P - y_Q = \frac{\omega}{2L}x^2 + i_1 x - i_1 x = \frac{\omega}{2L}x^2 = \frac{1}{2R}x^2 \tag{2-51}$$

因 $T = T_1 \approx T_2$，则
$$T = \frac{L}{2} = \frac{R\omega}{2} \tag{2-52}$$

竖曲线外距 E：
$$E = \frac{T_1^2}{2R} = \frac{T^2}{2R} \text{ 或 } E = \frac{R\omega^2}{8} = \frac{L\omega}{8} = \frac{T\omega}{4} \tag{2-53}$$

(2) 竖曲线的最小半径

1) 缓和冲击。汽车行驶在凹形竖曲线上时，产生的离心力使汽车增重，在凸形竖曲线上时，产生的离心力使汽车减重，这种增重与减重达到某种程度时，旅客就有不舒适的感觉，同时对汽车的悬挂系统也有不利影响，所以在确定竖曲线半径时，对离心加速度应加以控制。汽车在竖曲线上行驶的离心加速度为：

$$a = \frac{v^2}{R} (\text{m/s}^2)$$

用 $v(\text{km/h})$ 表示并整理，得

$$R = \frac{v^2}{13a} (\text{m})$$

根据试验，离心加速度 a 限制在 $0.5 \sim 0.7 \text{m/s}^2$ 比较合适，考虑到舒适性及视觉平顺等要求，取 $a = 0.278 \text{m/s}^2$。

$$R_{\min} = \frac{v^2}{3.6} \text{ 或 } L_{\min} = \omega R_{\min} = \frac{v^2 \omega}{3.6} (\text{m}) \tag{2-54}$$

2) 行驶时间不过短。汽车从直坡线行驶到竖曲线上，若坡差较小时，竖曲线长度很短，使汽车倏忽而过，驾驶员产生边坡很急的错觉，旅客也感到不舒服。因此，应限制汽车在竖曲线上的行驶时间不过短，最短应满足 3s 行程，即：

$$L_{\min} = \frac{v}{3.6} t = \frac{v}{1.2} (\text{m}) \tag{2-55}$$

3) 满足视距要求。汽车行驶在竖曲线上，若为凸形竖曲线，如半径过小，会阻挡驾驶员的视线。若为凹形竖曲线，对地形起伏较大地区的道路，在夜间行车时，若竖曲线半径过小，前灯照射距离近，影响行车速度和安全。为了保证行车安全，对竖曲线的最小半径和最小长度应加以限制。

①凸形竖曲线的最小半径和最小长度。凸形竖曲线最小长度应以满足停车视距要求为主，按竖曲线长度 L 和停车视距 S_T 的关系分成两种情况。

A. 当 $L < S_T$ 时（图 2-14a）

$$h_1 = \frac{d_1^2}{2R} - \frac{t_1^2}{2R}, \text{ 则 } d_1 = \sqrt{2Rh_1 + t_1^2}$$

$$h_2 = \frac{d_2^2}{2R} - \frac{t_2^2}{2R}, \text{ 则 } d_2 = \sqrt{2Rh_2 + t_2^2}$$

式中　R——竖曲线半径（m）；

h_1——驾驶员视距高，即目高 $h_1 = 1.2\text{m}$；

h_2——障碍物高，即物高 $h_2 = 0.1\text{m}$。

由 $t_1 = d_1 - l = \sqrt{2Rh_1 + t_1^2} - l$，得

$$t_1 = \frac{Rh_1}{l} - \frac{l}{2}$$

由 $t_2 = d_2 - (L - l) = \sqrt{2Rh_2 + t_2^2} - (L - l)$ 得

$$t_2 = \frac{Rh_2}{L - l} - \frac{L - l}{2}$$

视距长度 $$S_T = t_1 + L + t_2 = \frac{Rh_1}{l} + \frac{L}{2} + \frac{Rh_2}{L-l}$$

令 $\frac{dS_T}{dl} = 0$,解得 $l = \frac{\sqrt{h_1}}{\sqrt{h_1} + \sqrt{h_2}} L$,代入上式,得

$$S_T = \frac{R}{L}(\sqrt{h_1} + \sqrt{h_2})^2 + \frac{L}{2} = \frac{(\sqrt{h_1} + \sqrt{h_2})^2}{\omega} + \frac{L}{2}$$

$$L_{min} = 2S_T - \frac{2(\sqrt{h_1} + \sqrt{h_2})^2}{\omega} = 2S_T - \frac{4}{\omega}$$

将 $h_1 = 1.2m$, $h_2 = 0.1m$ 代入上式,可得

$$L_{min} = 2S_T - \frac{4}{\omega} \tag{2-56}$$

B. 当 $L \geq S_T$ 时(图2-14b)

$$h_1 = \frac{d_1^2}{2R}, \text{则} \ d_1 = \sqrt{2Rh_1}$$

$$h_2 = \frac{d_2^2}{2R}, \text{则} \ d_2 = \sqrt{2Rh_2}$$

$$S_T = d_1 + d_2 = \sqrt{2R}(\sqrt{h_1} + \sqrt{h_2})$$

$$L_{min} = R\omega = \frac{S_T^2 \omega}{2(\sqrt{h_1} + \sqrt{h_2})^2}$$

将 $h_1 = 1.2m$, $h_2 = 0.1m$ 代入上式,可得

$$L_{min} = \frac{S_T^2 \omega}{4} \tag{2-57}$$

比较以上两种情况,式(2-57)的计算结果大于式(2-56),应以式(2-57)作为有效控制。

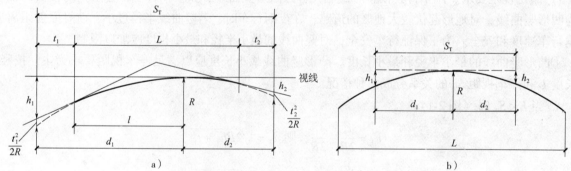

图2-14 凸形竖曲线计算图式

a) $L < S_T$ b) $L \geq S_T$

根据缓和冲击、行驶时间及视距要求三个限制因素,可计算出各设计速度时的凸形竖曲线最小半径和竖曲线长度,见表2-27。《公路工程技术标准》(JTG B 01—2014)规定的"一般最小半径"为"极限最小半径"的1.5~2.0倍,在条件许可时应尽量采用大于一般最小半径的竖曲线为宜。竖曲线最小长度相当于各级公路设计速度3s行程,即用式(2-54)计算取整而得。

表2-27 凸形竖曲线最小半径与竖曲线长度

设计速度/(km/h)	120	100	80	60	40	30	20
停车视距 S_T/m	210	160	110	75	40	30	20

缓和冲击 $L_{min}=\frac{v^2\omega}{3.6}$(m) ($v$,km/h)		4000ω	2778ω	1778ω	1000ω	444ω	250ω	111ω
视距要求 $L_{min}=\frac{S_T^2\omega}{4}$(m)		11025ω	6400ω	3025ω	1406ω	400ω	225ω	100ω
凸形曲线半径 /m	一般值	17000	10000	4500	2000	700	400	200
	极限值	11000	6500	3000	1400	450	250	100
竖曲线长度 /m	一般值	250	210	170	120	90	60	50
	极限值	100	85	70	50	35	25	20

注：表中所列"一般值"为正常情况下的采用值；"极限值"为条件受限制时，经技术经济论证后的采用值。

② 凹形竖曲线的最小半径和最小长度。凹形竖曲线的最小长度应满足两种视距的要求：保证夜间行车安全，前灯照明应有足够的距离；保证跨线桥下行车有足够的视距。

A. 夜间形成前灯照射距离要求。当 $L < S_T$ 时（图2-15a），$S_T = L + l$，则 $l = S_T - L$

$$h + S_T\tan\delta = \frac{(L+l)^2}{2R} - \frac{l^2}{2R} = \frac{\omega(2S_T - L)}{2}$$

解得

$$L_{min} = 2\left(S_T - \frac{h + S_T\tan\delta}{\omega}\right)$$

将车前灯高度 $h = 0.75$m，车前灯光束扩散角 $\delta = 1.5°$代入上式，得

$$L_{min} = 2\left(S_T - \frac{0.75 + 0.026S_T}{\omega}\right) \tag{2-58}$$

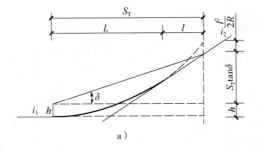 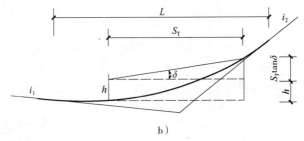

图2-15 车前灯照射距离

a) $L < S_T$ b) $L \geq S_T$

当 $L \geq S_T$ 时（图2-15b）

$$h + S_T\tan\delta = \frac{S_T^2}{2R} = \frac{S_T^2\omega}{2L}$$

解得

$$L_{min} = \frac{S_T^2\omega}{2(h + S_T\tan\delta)}$$

将车前灯高度 $h = 0.75$m，车前灯光束扩散角 $\delta = 1.5°$代入上式，得

$$L_{min} = \frac{S_T^2\omega}{1.5 + 0.0524S_T} \tag{2-59}$$

比较式（2-59）和式（2-58），应以式（2-59）作为有效控制。

B. 跨线桥下行车视距要求。当 $L < S_T$ 时（图2-16a）

$$h_0 = \frac{(L+t_2)^2}{2R} - \frac{t_2^2}{2R} = \frac{L(L+2t_2)}{2R}$$

$$L_{AB} = h_1 + \frac{h_2 - h_1}{S_T}(t_1 + l)$$

$$L_{BD} = h_0 \frac{t_1 + l}{S_T} = \frac{L(L + 2t_2)}{2R} \frac{t_1 + l}{S_T}$$

$$L_{CD} = \frac{l^2}{2R}$$

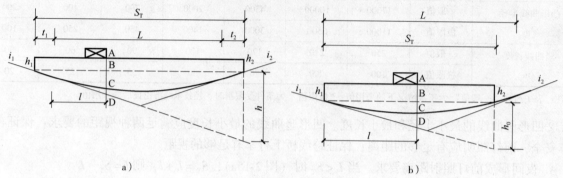

图 2-16 跨线桥下行车视距
a) $L < S_T$ b) $L \geq S_T$

因为 $S_T = t_1 + L + t_2$,则 $t_2 = S_T - t_1 - L$

$$\begin{aligned} h &= L_{AB} + L_{BD} - L_{CD} \\ &= h_1 + \frac{h_2 - h_1}{S_T}(t_1 + l) + \frac{L(t_1 + l)}{2RS_T}(2S_T - 2t_1 - L) - \frac{l^2}{2R} \end{aligned}$$

由 $\dfrac{\mathrm{d}h}{\mathrm{d}l} = 0$ 解出 $l = \dfrac{1}{S_T}\left[R(h_2 - h_1) + \dfrac{L}{2}(2S_T - 2t_1 - L)\right]$,代入上式并整理得

$$h_{\max} = h_1 + \frac{1}{2RS_T^2}\left[2S_T t_1 + R(h_2 - h_1) + \frac{L}{2}(2S_T - 2t_1 - L)\right]\left[R(h_2 - h_1) + \frac{L}{2}(2S_T - 2t_1 - L)\right]$$

由 $\dfrac{\mathrm{d}h_{\max}}{\mathrm{d}t_1} = 0$ 解出 t_1,代入上式,得

$$h_{\max} = h_1 + \frac{[2R(h_2 - h_1) + (2S_T + L)]^2}{8RL(2S_T - L)}$$

解此,得

$$L_{\min} = 2S_T - \frac{4h_{\max}}{\omega}\left[1 - \frac{h_1 + h_2}{2h_{\max}} + \sqrt{\left(1 - \frac{h_1}{h_{\max}}\right)\left(1 - \frac{h_2}{h_{\max}}\right)}\right]$$

将桥下设计净空 $h_{\max} = 4.5\mathrm{m}$,驾驶员视线高度 $h_1 = 1.5\mathrm{m}$,障碍物高度 $h_2 = 0.75\mathrm{m}$,代入上式,整理得

$$L_{\min} = 2S_T - \frac{26.92}{\omega} \tag{2-60}$$

当 $L \geq S_T$ 时(图 2-16b)

$$h_0 = \frac{S_T^2}{2R}$$

$$L_{AB} = h_1 + \frac{h_2 - h_1}{S_T}l$$

$$L_{BD} = h_0 \frac{l}{S_T} = \frac{S_T}{2R}l$$

$$L_{CD} = \frac{l^2}{2R}$$

$$h = L_{AB} + L_{BD} - L_{CD} = h_1 + \frac{h_2 - h_1}{S_T}l + \frac{S_T}{2R}l - \frac{l^2}{2R}$$

由 $\frac{dh}{dl} = 0$ 解出 $l = \frac{R(h_2 - h_1)}{S_T} + \frac{S_T}{2}$，代入上式，得

$$h_{\max} = h_1 + \frac{1}{2R}\left[\frac{R(h_2 - h_1)}{S_T} + \frac{S_T}{2}\right]^2$$

解此，得

$$L_{\min} = \frac{S_T^2 \omega}{[\sqrt{2(h_{\max} - h_1)} + \sqrt{2(h_{\max} - h_2)}]^2}$$

将桥下设计净空 $h_{\max} = 4.5\text{m}$，驾驶员视线高度 $h_1 = 1.5\text{m}$，障碍物高度 $h_2 = 0.75\text{m}$，代入上式，整理得

$$L_{\min} = \frac{S_T^2 \omega}{26.92} \tag{2-61}$$

比较式（2-61）和式（2-60），应以式（2-61）作为有效控制。

根据影响竖曲线最小半径的三个限制因素，可计算出凹形竖曲线最小半径，见表2-28。表中显示凹形竖曲线最不利情况是径向离心力的冲击，故应以式（2-54）作为有效控制。《公路路线设计规范》（JTG D 20—2017）规定的"一般最小半径"为"极限最小半径"的1.5~2.0倍。凹形竖曲线最小长度同凸形竖曲线。

表2-28 凹形竖曲线最小半径

设计速度 /(km/h)	停车视距 S_T/m	缓和冲击/m $\frac{v^2\omega}{3.6}$ (v, km/h)	夜间行车照明/m $\frac{S_T^2\omega}{1.5+0.0524S_T}$	桥下视距/m $\frac{S_T^2\omega}{26.92}$	《公路路线设计规范》规定值/m 一般值	极限值
120	210	4000ω	3527ω	1683ω	6000	4000
100	160	2778ω	2590ω	951ω	4500	3000
80	110	1778ω	1666ω	449ω	3000	2000
60	75	1000ω	1036ω	209ω	1500	1000
40	40	444ω	445ω	59ω	700	450
30	30	250ω	293ω	33ω	400	250
20	20	111ω	157ω	15ω	200	100

注：表中所列"一般值"为正常情况下的采用值；"极限值"为条件受限制时，经技术经济论证后的采用值。

4. 纵断面线形设计

纵断面线形设计的主要内容是根据道路等级、沿线自然条件和构筑物控制高程等，确定路线合适的高程、各坡段的纵坡和坡长，并设计竖曲线。

(1) 纵断面线形设计要点

1) 纵坡极限值的运用。设计时，不可轻易采用根据汽车动力特征和考虑经济等因素制定的极限值，应留有余地。合理的设计应尽量考虑人的视觉、心理要求，使驾驶员有足够的安全感、舒适感和视觉上的美观。一般纵坡缓些为宜，但考虑路面和边沟排水，最小纵坡不应小于0.3%~0.5%。

通过对工程和环境、道路通行能力、车辆行驶速度三个方面综合分析，当在工程经济和环境保护

方面表现良好，且通行能力和车辆行驶速度均能满足要求时，采用陡坡设计方案；当工程经济和环境保护可行，而通行能力和车辆行驶速度不能满足要求时，应调整纵坡设计，或设置爬坡车道或紧急避险车道。

2）最短坡长。坡长不宜过短，以不小于设计速度9s的行程为宜。对连续起伏路段，纵坡应尽量小，坡长和竖曲线应争取到极限值的1倍或2倍以上，避免锯齿形的纵断面，以使增重与减重变化和缓。

3）竖曲线半径的选用。设计速度大于或等于60km/h的公路，竖曲线设计宜采用长的竖曲线和长直线坡段的组合。有条件时宜采用大于或等于表2-29所列视觉所需要的竖曲线半径值。

表 2-29　视觉要求的最小竖曲线半径值

设计速度/(km/h)	120	100	80	60
凸形竖曲线半径/m	20000	16000	12000	9000
凹形竖曲线半径/m	12000	10000	8000	6000

竖曲线应选用较大半径，当受限制时，可采用大于或接近于竖曲线最小半径的"一般值"；地形条件特殊困难而不得已时，方可采用竖曲线最小半径的"极限值"。

4）相邻竖曲线的衔接。相邻两个同向凹形或凸形竖曲线，尤其是同向的凹形竖曲线之间，如直坡段不长应合并为单曲线或复曲线，避免出现断背曲线（图2-17a）。

相邻反向竖曲线之间，中间最好插入一段直坡段。若两竖曲线半径接近极限值时，这段直坡段至少应为设计速度的3s行程。当半径比较大时，也可直接连接（图2-17b）。

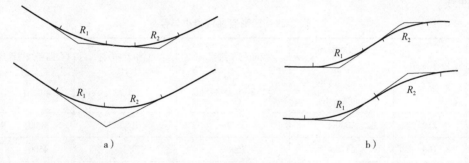

图 2-17　相邻竖曲线的衔接

5）各种地形条件下的纵坡设计：

①平原、微丘地形的纵坡应均匀平缓，注意保证最小填土高度和最小纵坡的要求。丘陵地形应避免过分迁就地形而起伏过大，纵坡应顺适，不产生突变。

②山区沿河线应尽量采用平缓纵坡，坡长不应超过限制长度，纵坡不宜大于6%，并注意路基控制高程的要求。

③越岭线的纵坡力求均匀，尽量不采用极限或接近极限的纵坡，更不宜在连续采用极限长度的陡坡之间夹短的缓和坡段。

④山脊线和山腰线除结合地形不得已采用较大纵坡外，在可能条件下纵坡应缓和些。

6）纵断面线形设计中的高程控制条件。纵断面线形设计应考虑洪水位、地下水位、特殊地质路段、桥涵通道净高度、隧道等对纵断面线形设计高程的特殊要求。

①路基对纵断面的控制。沿河及受水浸淹的路线，路基设计高程一般应高出根据规定确定洪水频率计算水位0.5m以上。

沿水库上游岸边的路线，路基设计高程应考虑水库水位升高后地下水位壅升，水库淤积后壅水曲线太高和浪高的影响。

大、中桥头引道（在洪水泛滥范围内）的路基设计高程，一般应高于该桥设计洪水位（包括壅水和浪高）至少 0.5m；小桥涵附近的路基设计高程应高于桥（涵）前壅水水位至少 0.5m（不计浪高）。

为了保证路基的强度和稳定性不受地下水及地表积水的影响，要求路基保持干燥或中湿状态，路槽底距地下水及地表积水的高度要大于或等于干燥、中湿状态所对应的路基临界高度。

②桥涵和通道对路线高程的控制。桥涵要求的最低路基设计高程由水文条件、净空高度和桥涵构造决定。

桥梁最低设计高程 $H_{\min}$ 应满足

$$H_{\min} = H_1 + H_2 + H_3 \tag{2-62}$$

式中　H_1——梁底控制点高程（m）；

　　　H_2——桥梁上部建筑结构高度（m）；

　　　H_3——桥上路面结构厚度（m）。

桥下为河流时梁底控制点高程 H_1 按下列要求确定：

A. 跨过不通航物流筏的梁底高程，根据计算水位（即设计水位加壅水和浪高）或最高流冰水位确定。在不通航河流上，桥下净空不应小于表 2-30 的规定。当河流中有形成流冰阻塞的危险或有漂浮物通过时，桥下净空按当地具体情况确定。对有淤积的河流，桥下净空应适当加高。

表 2-30　非航道河流桥下净空

桥梁的部位	高出计算水位/m	高出最高流水冰面/m
梁底	0.50	0.75
支承垫石顶面	0.25	0.50
拱脚	0.25	0.25

注：无铰拱的拱脚可被设计洪水淹没，但不宜超过拱圈高度的 2/3，且拱顶底面至计算水位的净高不得小于 1.0m。

B. 在通航和流放木筏的河流上，梁底高程为设计通航水位加通航净空高度。通航河流的桥下净空，应根据《内河通航标准》（GB 50139—2014）的有关规定执行。

③隧道对路线纵断面的控制。隧道部分路线的纵坡应满足：

A. 隧道内纵坡不应小于 3%，但短于 100m 的隧道不受此限。中、短隧道当条件限制时，经技术经济论证，最大纵坡可适当加大，但不宜大于 4%。为满足隧道内排水，纵坡不宜小于 0.3%。

B. 隧道内的纵坡可设置成单向坡，地下水发育的隧道及特长和长隧道可用人字坡。

C. 紧接隧道洞口的路线纵坡应与隧道内纵坡相同，其长度不宜小于 3s 行程。

隧道内路线纵断面设计应注意以下的问题：

A. 在需设机械通风的隧道内，纵坡宜缓一些，以提高汽车行驶速度，有利运营通风。

B. 有条件时宜将隧道内纵坡的上坡方向与常年风向一致，利于通风。

C. 纵坡受限路段，连续上坡的长隧道，宜将纵坡设计成先缓后陡的折线坡，以提高车辆过洞速度，加大隧道内通行能力，改善隧道内通风条件。

（2）纵断面线形设计的一般原则

1）应符合《公路工程技术标准》（JTG B 01—2014）中对最大纵坡、最小纵坡、坡长限制、纵坡最小长度、缓和坡段、合成纵坡、平均纵坡及纵坡折减等规定。

2）纵坡应具有一定的平顺性，起伏不宜过大及过于频繁，尽量避免采用极限纵坡值。在连续采用极限长度的陡坡之间，不宜夹用最短的缓和坡段。

3）越岭线垭口处的坡度应尽量放缓一些，以保证良好的视距。在连续升坡及降坡路段应避免设置倒坡。

4）尽量避免不必要的大填大挖，力求填挖平衡，从而降低工程造价。要全线或分段做通盘考虑，填挖平衡在纵向需要考虑远距料场及弃土堆。

5）在路堑地段应有 0.5% 的最小纵坡，有困难时，也不应小于 0.3%，以利于排水。

6）坡线与桥涵标高的连接要协调和平顺，以免对行车产生颠簸与冲击，边坡要满足主要控制点的标高。

7）通过稻田或低湿地带的路段，必须保持最小填土高度，以保证路基稳定。

8）长期冰冻地区，须避免采用大坡，以防止行车侧滑。

9）竖曲线与平曲线重合应注意保持均衡，应尽量避免在竖曲线的顶部或底部插入平面急弯或设反向曲线接头。

10）大、中桥上不宜设置竖曲线，桥头两端的竖曲线其起、终点应设在桥头 10m 以外。

11）拉坡时应受"控制点"或"经济点"制约，导致纵坡设计起伏过大，纵坡不够理想，或者土方数量太大，经调整后仍难解决时，则可用纸上移线的方法改善纵断面线形。

(3) 纵断面设计的方法、步骤　路线纵断面设计主要是指纵坡设计（也称拉坡）和竖曲线设计。在室内进行纵断面设计时，一般要根据实地选（定）线的纵坡，选择合适的竖曲线半径，计算出各桩设计高程和填挖值。其方法和步骤如下：

1）拉坡前的准备工作。在熟悉有关设计标准的基础上，先在纵断面图上绘出每个中桩的位置、平曲线示意图（起讫点位和半径等），写出每个中桩的地面高程，并绘出地面线。

2）标注控制点位置。控制点是指影响纵坡设计的高程控制点，如路线的起讫点的接线高程、大中桥涵、地质不良地段的最小填土高度和最大挖方深度、沿溪线的洪水位、隧道进出口、路线交叉点、重要城镇通过点以及其他路线高程必须通过的控制点位等，都应作为纵坡设计的控制依据。

在山区还应根据路基填挖平衡选择控制中桩处填挖的高程点，称为"经济点"，如纵坡设计线通过"经济点"，则相应横断面上形成横向填挖面积大致相等的设计。

3）试坡。在已标出"控制点"和"经济点"的纵断面图上，根据技术标准、选线意图，结合地面起伏情况，本着以"控制点"为依据，照顾多数"经济点"的原则，在这些点位间进行穿插和裁弯取直，试定出若干直坡线。经对各可能直坡线方案反复比较，选出既符合技术标准，又满足控制点要求，且土石方数量较省的设计线作为初定直坡线，将前后直坡线延长交会，定出各变坡点的初始位置。

4）调整。试定纵坡后，将所定纵坡与选（定）线时考虑的纵坡进行比较，两者应基本符合。若有较大差异，则应全面分析，找出原因，对照标准检查设计的最大纵坡、合成坡度、坡长限制等是否超过规定，平面线形与纵断面线形的配合是否适宜等。调整时应以少脱离控制点、少变动填挖值为原则，以使调整后的纵坡与试定纵坡变化不过大。

5）核对。根据调整后的直坡线，选择有控制作用的重点横断面（如高填深挖、陡峭山坡路基、挡土墙、重要桥涵等断面），在纵断面上直接读出对应中桩的填（挖）高度，按该填（挖）值用"模板"在横断面图上"戴帽子"，检查是否有填挖过大、坡脚落空或挡土墙工程过大等情况。若发现问题，应调整纵坡。

6）定坡。经调整核对无误后即可放线。定坡是逐段将直坡线的纵坡值、变坡点位置（桩号）和高程确定。变坡点一般要调整到 10m 整桩位上，变坡点的高程是根据纵坡、坡长依次计算确定。

(4) 纵断面图的绘制　路线纵断面图是公路设计重要技术文件之一，它反映路线所经地区中线地面与设计标高之间的关系，把路线的纵断面线形结合起来，就能反映出公路路线的空间位置。

纵断面图采用直角坐标，以横坐标表示距离，纵坐标表示高程。为了明显表示地形起伏，通常横坐标的比例尺采用 1:2000，纵坐标采用 1:200，纵断面图上各栏格式自下而上分别为直线及平曲线、桩号、地面高程、填高、挖深、坡度及距离、土壤地质等。

在直线及平曲线栏内绘出平曲线位置及转向（左偏开口向上，右偏开口向下），并注明平曲线资料，一般只注转角号、偏角值和平曲线半径。

纵断面设计线通常是指路基边缘各点设计高的连接，它是由直线和竖曲线组成的。设计线的斜率称为设计纵坡度，以百分数表示。在设计线的变坡点处一般均设置圆形竖曲线予以平顺连接。

纵断面上任一点的设计高程与地面高程之差称为施工高度。施工高度的正负即决定了路堤的填高或路堑的挖深。当设计线在地面线以下时为路堑（挖方），设计线在地面线以上时为路堤（填方）。

纵断面设计的最终成果以纵断面图表示，一般在纵断面图上应表示以下内容：
1) 地面高程与地面线、设计高程与设计线以及施工高度（填高与挖深值）。
2) 设计线的纵坡度与坡长。
3) 竖曲线及其要素，平曲线及其要素。
4) 设计排水边沟沟底及其坡长、距离、高程、流水方向。
5) 沿线桥涵及人工构造物的位置、类型、孔径和主要尺寸。
6) 与公路、铁路交叉的桩号及路名。
7) 沿线跨越的河流名称、桩号、现有水位及最高洪水位。

2.1.6 公路横断面设计

路线横断面设计的主要任务是确定各段路基的断面形式和尺寸，为路基土石方数量计算及路基施工提供资料。路基横断面形式实际上选线时在现场就应对各段的路基处理问题做了考虑，在纵断面设计时又根据定线意图及地形条件逐段对路基的合理填挖，特别是对个别工程艰巨的路段做了分析研究，拟定了断面方案。因此，横断面设计是在总结上述工作的基础上，进一步具体化，并绘制出有关横断面设计图纸，以指导施工。

横断面设计必须从实际出发，本着节约用地的原则，根据使用要求，结合路线平、纵线形、地面自然横坡以及地质、水文、气候等条件，选用合理的断面形式，以满足行车顺适、工程经济、路基稳定且便于施工和养护的要求。

1. 公路横断面组成及类型

公路横断面是指中线上任意一点的法线切面，它是由横断面设计线和地面线组成。路线设计研究的横断面设计只限于与行车直接有关的路幅部分，即两侧路肩外缘之间各组成部分的宽度、横向坡度等问题。

(1) 公路横断面组成　高速公路和一级公路应根据地形、地貌等实际条件，因地制宜选用（或分段选用）整体式和分离式断面形式。在山岭、丘陵地段或地形受制约地段，采用整体式断面工程量过大时，宜采用分离式断面形式。在沙漠、戈壁和草原等地区，有条件时宜采用分离式断面形式或宽中央分隔带的整体式断面形式。多车道公路当双向车道数达到十条及以上时，不宜采用整体式断面，推荐采用内、外幅分离的复合式断面布置形式。

高速公路和一级公路整体式断面必须设置中间带。中间带由中央分隔带和两条左侧路缘带组成。整体式断面包括行车道、中间带、路肩以及紧急停车带、爬坡车道、避险车道、变速车道等部分组成。分离式断面除不包括中间带外，其余组成同整体式断面。

二、三、四级公路为典型的双车道公路（四级公路可能出现单车道的情况），采用无分隔的双向混合交通组织方式，一般应采用整体式断面形式，包括行车道、路肩以及错车道等组成部分。

公路横断面的组成如图 2-18 所示。

公路在直线段和小半径平曲线段路基宽度不同，在小半径平曲线上，路基宽度还包括行车道加宽的宽度。

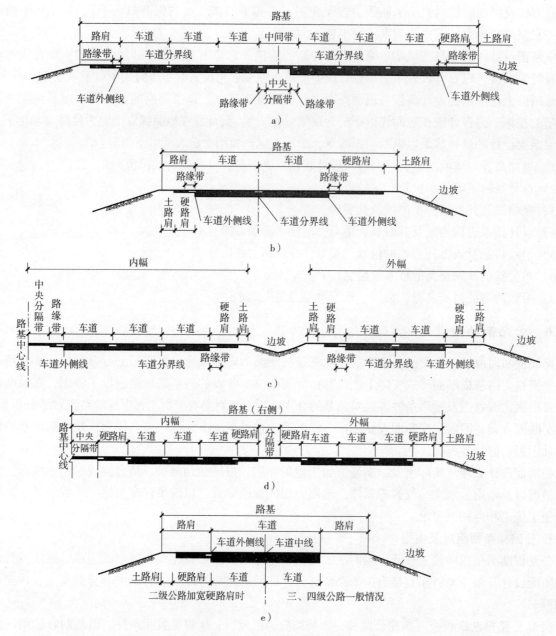

图 2-18 公路横断面的组成
a) 高速公路、一级公路一般整体式断面形式 b) 高速公路、一级公路一般分离式断面形式（右幅断面）
c) 高速公路分离复合式断面形式（右幅断面） d) 高速公路整体复合式断面形式（右幅断面）
e) 二级、三级、四级公路一般路基断面形式

(2) 公路横断面类型　公路横断面类型有单幅双车道、多幅多车道和单车道，详见表 2-31。

表 2-31　公路横断面类型

横断面类型	定义	适用范围
单幅双车道	是指整体式供双向行车道公路	二级、三级公路和一部分四级公路
多幅多车道	是指设分隔带的或分离的四车道及其以上多车道公路	高速公路、一级公路
单车道	采用设错车道的单车道公路（错车道处的路基宽度≥6.5m，有效长度>20m）	地形困难的四级公路

2. 横断面设计参数

（1）机动车道、路肩与中间带

1）机动车道行车宽度

①一般双车道公路行车道宽度（图2-19）。双车道公路一条单向行驶的车道宽度按下式计算：

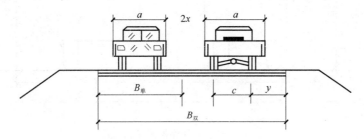

图 2-19　双车道公路的行车道宽度

$$B_{单} = \frac{a+c}{2} + x + y \tag{2-63}$$

两条车道宽度：

$$B_{双} = 2B_{单} = a + c + 2x + 2y$$

式中　a——车厢宽度（m），取 $a=2.5\mathrm{m}$；

c——汽车轮距（m），取 $c=1.8\mathrm{m}$；

$2x$——两辆车厢的安全间隙（m），按式（2-64）计算；

y——轮胎与路面边缘之间的安全距离（m），按式（2-64）计算。

$$x = y = 0.50 + 0.0005v\,(\mathrm{m}) \tag{2-64}$$

式中　v——行驶速度（km/h）。

行车道的富裕宽度与车速有关，此外还与路侧环境、驾驶员心理、车辆状况等有关。当设计速度 $v=80\mathrm{km/h}$ 时，取一条车道宽度 3.75m，对车速较低的公路可取较小宽度。各级公路行车道车道宽度见表 2-32。

表 2-32　车道宽度

设计速度/(km/h)	120	100	80	60	40	30	20
车道宽度/m	3.75	3.75	3.75	3.50	3.50	3.25	3.00

注：1. 八车道及以上公路在内侧车道（内侧 1、2 车道）仅限小客车通行时，其车道宽度可采用 3.50m。
　　2. 以通行中、小型客车车辆为主且设计速度为 80km/h 及以上的公路，经论证车道宽度可取 3.5m。
　　3. 四级公路采用单车道时，车道宽度应采用 3.5m。
　　4. 设置慢车道的二级公路，慢车道宽度应采用 3.5m。
　　5. 需要设置非机动车道和人行道的公路，非机动车道和人行道等的宽度，宜视实际情况确定。

②有中央分隔带公路行车道宽度。高速公路、一级公路有四条以上车道，一般设中央分隔带，分隔带两侧的行车道只有同向行驶的汽车（图2-20）。

单侧两条行车道宽度

$$B = y + D + M + 2c - w_z - w_y \tag{2-65}$$

式中　D——两汽车后轮外缘之间的安全距离（m），按下式计算

$$D = 0.000066(v_2^2 - v_1^2) + 1.49$$

M——左后轮外缘与车道（或路缘带）左侧之间的安全距离（m），按下式计算

$$M = 0.0103v_2 + 0.46$$

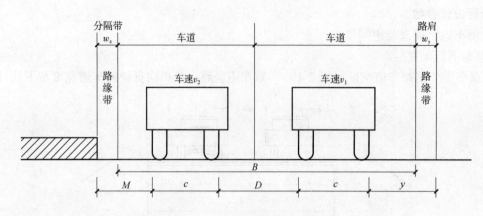

图 2-20 有中央分隔带的车道宽度

y——右后轮外缘与车道（或路缘带）右侧之间的安全距离（m），按下式计算

$$y = 0.0103v_1 + 0.56$$

v_1、v_2——被超车与超车的车速（km/h）；

w_z、w_y——车道左侧与右侧路缘带宽度（m）；

c——汽车后轮外缘间距（m）。

由上式计算可见，设计速度 $v \geqslant 80$km/h 时，每条车道的宽度可采用 3.75m；当 $v<80$km/h 时，每条车道的宽度可采用 3.50m，见表 2-32。

2）路肩宽度。路肩是指位于行车道外缘至路基边缘具有一定宽度的带状部分。路肩从构造上可分为硬路肩（是指进行铺装的路肩）、土路肩（是指不加铺装的土质路肩）。道路一般应设右路肩。

路肩宽度应符合表 2-33 的规定，并应符合下列规定：

①高速公路和一级公路应在右侧硬路肩宽度内设右侧路缘带，其宽度为 0.50m。

②高速公路和一级公路采用分离式断面时，应设置左侧硬路肩，其宽度不应小于表 2-33 的规定值。左侧硬路肩宽度包含左侧路缘带宽度。

③八车道及以上高速公路宜设置左侧硬路肩，其宽度应不小于 2.5m。左侧硬路肩宽度包含左侧路缘带宽度。

高速公路和作为干线的一级公路右侧硬路肩宽度小于 2.50m 时，应设置紧急停车带。紧急停车带宽度应为 3.50m，有效长度不应小于 40m，间距不宜大于 500m。

高速公路、一级公路以及二级公路的连续上坡路段，当通行能力、运行安全受到影响时，应设置爬坡车道。爬坡车道宽度不应小于 3.50m。六车道以上的高速公路，可不设置爬坡车道。

表 2-33 路肩宽度

公路技术等级（功能）		高速公路			一级公路（干线公路）	
设计速度/(km/h)		120	100	80	100	80
右侧硬路肩宽度/m	一般值	3.00 (2.50)	3.00 (2.50)	3.00 (2.50)	3.00 (2.50)	3.00 (2.50)
	最小值	1.50	1.50	1.50	1.50	1.50
土路肩宽度/m	一般值	0.75	0.75	0.75	0.75	0.75
	最小值	0.75	0.75	0.75	0.75	0.75
公路技术等级（功能）		一级公路（集散功能）和二级公路			三级公路、四级公路	
设计速度/(km/h)		80	60	40	30	20

(续)

公路技术等级（功能）		一级公路（集散功能）和二级公路		三级公路、四级公路		
右侧硬路肩宽度/m	一般值	1.50	0.75	—	—	—
	最小值	0.75	0.25			
土路肩宽度/m	一般值	0.75	0.75	0.75	0.50	0.25（双车道）
	最小值	0.50	0.50			0.50（单车道）

注：1. 正常情况下，应采用"一般值"；在设爬坡车道、变速车道及超超车道路段，受地形、地物等条件限制路段及多车道特大桥，可论证采用"最小值"。
2. 高速公路和作为干线的一级公路以通行小客车为主时，右侧硬路肩宽度可采用括号内数据。
3. 高速公路局部设计速度采用60km/h的路段，右侧硬路肩宽度不应小于1.5m。

分离式断面高速公路和一级公路左侧路肩宽度见表2-34。

表2-34 分离式断面高速公路和一级公路左侧路肩宽度

设计速度/(km/h)	120	100	80	60
左侧硬路肩宽度/m	1.25	1.00	0.75	0.75
左侧土路肩宽度/m	0.75	0.75	0.75	0.50

3）路拱横坡度。路面中央高于两侧具有一定横坡的拱起形状称为路拱，其倾斜的大小以百分率表示。不同类型路面因其表面平整度和透水性不同，根据自然条件可选用不同的路拱坡度，见表2-35规定的数值。

表2-35 路拱横坡度

路面类型	路拱横坡度（%）	路面类型	路拱横坡度（%）
水泥混凝土路面、沥青混凝土路面	1.0~2.0	碎、砾石等粒料路面	2.5~3.5
其他黑色路面、整齐石块	1.5~2.5	低级路面	3.0~4.0
半整齐石块、不整齐石块	2.0~3.0		

路拱的形式有抛物线形、直线形、直线接抛物线、折线形等。根据路面宽度及类型，低等级公路可采用抛物线形路拱；高等级公路一般采用直线形或直线接抛物线形路拱；多车道的水泥混凝土路面可采用折线形路拱。

高速公路、一级公路整体式路基的路拱宜采用双向路拱坡度，由路中央向两侧倾斜。位于中等强度降雨地区时，路拱坡度宜为2%；位于降雨较大地区时，路拱坡度可适当增大。

高速公路、一级公路分离式路基的路拱，宜采用单向横坡，并向路基外侧倾斜，也可采用双向路拱坡度。积雪冰冻地区，宜采用双向路拱坡度。

二级公路、三级公路、四级公路的路拱应采用双向路拱坡度，由路中央向两侧倾斜。路拱坡度应根据路面地形和当地自然条件确定，但不应小于1.5%。

硬路肩、土路肩横坡的设计应符合下列规定：
①直线路段的硬路肩应设置向外倾斜的横坡，其坡度值应与车道横坡值相同。路线纵坡平缓，且设置拦水带时，其横坡值宜采用3%~4%。
②曲线路段内，外侧硬路肩横坡的横坡值及其方向：当曲线超高小于等于5%时，其横坡值和方向应与相邻车道相同；当曲线超高大于5%时，其横坡值应不大于5%，且方向相同。
③硬路肩的横坡应随邻近车道的横坡一同过渡，其过渡段的纵向渐变率应控制在1/300~1/150。
④土路肩的横坡：位于直线路段或曲线路段内侧，且车道或硬路肩的横坡值大于或等于3%时，土路肩的横坡应与车道或硬路肩横坡值相同；小于3%时，土路肩的横坡应比车道或硬路肩的横坡值

大1%~2%。位于曲线路段外侧的土路肩横坡,应采用3%或4%的反向横坡值。

⑤中型以上桥梁及隧道区段的硬路肩横坡值,应与车道相同。

非机动车道一般为单面坡,横坡度可根据路面面层类型参考表2-35选用。

人行道宜采用单面坡,横坡度为1.0%~2.0%。路缘带横坡与路面相同。

4）中间带安全侧向净距。多车道公路的中间带和中央分隔带,在构造上起到分隔对向交通的作用,对提高高速行车安全性和发挥公路项目的功能具有关键性作用。高速公路、一级公路整体式断面必须设置中间带。中间带由中央分隔带和两条左侧路缘带组成。中央分隔带由防护设施和两侧对应的余宽C组成,中央分隔带的两侧设置左侧路缘带。

左侧路缘带和余宽C提供了安全行车所必需的侧向余宽,并能引导驾驶员的视线。侧向余宽是公路通行车辆在高速行车时,行车道两侧需要预留的一定的富余宽度,即车道边线到障碍物之间的距离,如图2-21所示。

中央分隔带宽度应从对向隔离、安全防护的主要功能出发,综合考虑中央分隔带护栏形式和防护能力确定。

①高速公路和作为干线的一级公路整体式断面的中央分隔带护栏形式选择和宽度确定时,应着重考虑护栏的防护功能需要,选择可有效防止车辆失控冲过中央分隔带的护栏形式及对应的中央分隔带宽度。

②作为集散的一级公路,中央分隔带宽度应根据中间物理隔离措施的宽度确定。中间物理隔离措施是指可不具备安全防护功能,仅具有物理隔离功能的护栏等措施。

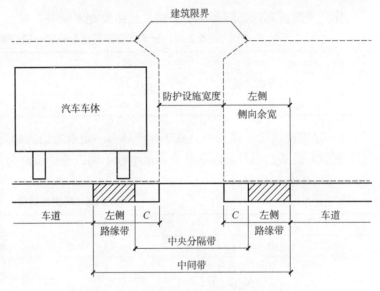

图2-21 中间带示意图

③左侧路缘带宽度不应小于表2-36的规定。设计速度为120km/h、100km/h,受地形、地物限制的路段或多车道公路内侧车道仅限小型车辆通行的路段,左侧路缘带可论证采用0.50m。

表2-36 左侧路缘带宽度

设计速度/(km/h)	120	100	80	60
左侧路缘带宽度/m	0.75	0.75	0.50	0.50

高速公路、一级公路的一般路基路段和中、小型桥梁构造物路段,通常应尽量避免因采用不同的中央分隔带引起公路线形和车辆行驶轨迹的频繁变化。中间带的宽度一般应保持等宽。对于路基与整体式结构的桥梁路段,在采用不同的中央分隔带（宽度）前后,均应设置必要的过渡段,以保持行车轨迹的连续性。

为便于养护作业、临时调整行车方向和某些车辆必要的掉头,中央分隔带应按一定的距离设置开口部。开口部一般以2km的间距设置为宜。开口端的形状,常采用半圆形和弹头形两种。对窄的中央分割带（$M<3.0m$）可用半圆形,宽的（$M\geq 3.0m$）可用弹头形(图2-22)。图2-22中,R、R_1和R_2为控制设计半径,R_1一般采用25~120m,R的最小值为15m,弹头尖端圆弧半径R_2可采用分隔带宽度的1/5,外观比较悦目。

中间带各组成部分如图2-23所示。设车辆在车道中间行驶,侧向净距J（是指路缘带与车道边线到护栏面的间距）、内侧净距C（是右后轮外侧面到护栏面的间距）、车道宽度B及后轮总宽a满足式(2-66)。

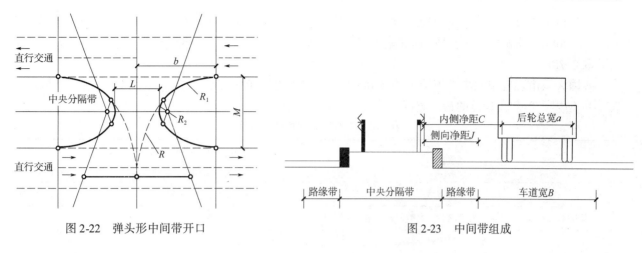

图 2-22 弹头形中间带开口　　　　　　图 2-23 中间带组成

$$J = C - (B - a)/2 \tag{2-66}$$

根据设计速度和中间带路缘石形式，道路中间带安全侧向净距推荐值见表 2-37。

表 2-37　中间带安全侧向净距推荐值

设计速度/(km/h)	路缘石凸起，位于护栏外侧		路缘石与路面平齐	
	一般值/m	最小值/m	一般值/m	最小值/m
120	1.35	1.10	1.15	1.00
100	1.15	0.95	1.00	0.90
80	0.95	0.80	0.85	0.80
60	0.90	0.65	0.80	0.70

（2）非机动车道、人行道与路缘石

1）非机动车道。非机动车道的单一车道宽度，根据车身宽度和车身两侧所需横向安全距离而定。根据调查，各种非机动车特征及所需的车道宽度见表 2-38。

表 2-38　各种非机动车特征及所需的车道宽度

车辆类型	自行车	三轮车	大板车	小板车	兽力车
长/m	1.90	2.60	6.00	2.60	4.20
宽/m	0.50	1.20	2.00	0.90	1.60
高/m	2.25	2.50	2.50	2.50	2.50
最小纵向间距/m	1.0~1.5	1.0	0.60	0.60	1.50
单车道通行能力/(辆/h)	800~1000	300	200	380	150
所需车道宽度/m	1.50	2.00	2.80	1.60	2.60

由表 2-38 可见，一条自行车道的宽度为 1.50m，两条自行车道的宽度为 2.5m，三条自行车道的宽度为 3.5m，四条自行车道的宽度为 4.5m，以此类推。

城市非机动车道基本宽度推荐采用 5.0m（4.5m）、6.5m（6.0m）、8.0m（7.5m）。在规划、设计非机动车道宽度时，宜适当留有余地（尤其是与机动车分离的非机动车道），一般不宜小于以上推荐的最小值。当机、非混行的道路断面上借画线分离时，非机动车道宽度不小于 2.5m。当交通量不大，且机动车道和非机动车道之间可以互相调剂使用时，其宽度可适当减小。

2）行人道宽度。行人道宽度为步行道宽度、绿带宽度和设施带宽度之和，此外还应考虑人行道下埋设管线所需的宽度。为使道路各部分宽度相互协调，街道宽与单侧人行道宽之比在 5:1~7:1 范围内比较合理。

①步行道宽度。一个步行的行人所占用宽度与人手携带物品的大小和携带方式有关，一般在 0.60~0.90m。车站、码头、大型商场附近的道路以及全市性干道上，一条步行带宽度取 0.90m，其余情况取 0.75m。

我国大城市现有单侧步行道宽度为 3.0~10.0m，中等城市为 2.5~8.0m，小城市为 2.0~6.0m。表 2-39 给出了单侧步行道的最小宽度。

表 2-39 单侧步行道的最小宽度

项目	步行道的最小宽度/m	
	大城市	中、小城市
各级道路	3.0	2.0
商业区、文化中心区以及大型商店、大型公共文化机构集中路段	5.0	3.0
火车站、码头附近路段	5.0	4.0
长途汽车站	4.0	4.0

②绿带宽度。人行道上靠行车道一侧应种植行道树。行道树的株距一般为 4.0~6.0m，树池采用 1.5m 的正方形或 1.2m×1.8m 的矩形，也可种植草皮和花丛。

③设施带宽度。设施带宽度包括设置行人护栏、照明灯柱、标志牌、信号灯等的宽度。常用宽度为护栏 0.25~0.50m，杆柱 1.0~1.5m。

3) 路缘石。在城市道路的分隔带与路面之间、行人道与路面之间一般都需设路缘石；在公路的中央分隔带边缘、行车道右侧边缘或路肩外侧边缘常需设置路缘石。

路缘石的形状有立式、斜式和平式等几种。当高速公路的分隔带因排水必须设路缘石时，不宜设立式路缘石，应使用低矮光滑的斜式或平式路缘石，高度宜小于 12cm。城市道路的路缘石为排水一般采用立式，人行道及人行横道宽度范围内宜做成低矮坡面较为平缓的斜式，便于儿童车、轮椅及残疾人通行。

路缘石宜高出路面 10~20cm，缘石宽度宜为 10~15cm。

(3) 平曲线加宽设计　平曲线加宽是指为满足汽车在平曲线上行驶时后轮轨迹偏向曲线内侧的需要，平曲线内侧相应增加路面、路基宽度。

1) 加宽值计算。普通汽车的加宽值 b 可由图 2-24 所示的几何关系求得

$$b = R - (R_1 + B) = R - \sqrt{R^2 - A^2} = R\left(1 - \sqrt{1 - \frac{A^2}{R^2}}\right) = \frac{A^2}{2R} + \frac{A^3}{8R^3} + \cdots$$

$$\left(注：\sqrt{1-x} = 1 - \frac{x}{2}x' - \frac{x^2}{8}x'' - \cdots\right)$$

上式第二项及以后的数值很小，可省略不计，则一条车道的加宽为：

$$b_单 = \frac{A^2}{2R} \tag{2-67}$$

式中　A——汽车后轴至前保险杠的距离（m）；
　　　R——圆曲线半径（m）。

汽车转弯加宽还与车速有关，一个车道摆动加宽值 b' 计算的经验公式为：

$$b' = \frac{0.05v}{\sqrt{R}} \tag{2-68}$$

式中　v——汽车转弯时行驶速度（km/h）。

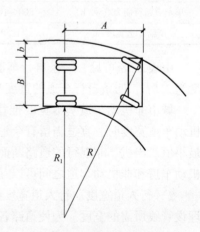

图 2-24　普通汽车的加宽

第 2 章 道路勘测设计

考虑车速影响,圆曲线上路面的加宽值按下式计算:

$$b = \frac{A^2}{2R} + \frac{0.05v}{\sqrt{R}}$$

对于 N 个车道的行车道,加宽值 b 可按下式计算:

$$b = N\left(\frac{A^2}{2R} + \frac{0.05v}{\sqrt{R}}\right) \tag{2-69}$$

根据小客车、载重汽车和铰接列车三种标准车型轴距加前悬的长度分别为 4.6m、8.0m 和 5.38m + 9.05m,分别计算并整理,可得不同半径对应的三类加宽值。表 2-40 给出了《公路工程技术标准》(JTG B 01—2014) 规定的双车道路面加宽值。

二级公路、三级公路、四级公路的圆曲线半径小于或等于 250m 时,应设置加宽。双车道公路路面加宽值应符合表 2-40 的规定。圆曲线加宽值应根据公路功能、技术等级和实际交通组成确定,并应符合下列规定:

①作为干线的二级公路,应采用第 3 类加宽值。
②作为集散的二级公路和三级公路,在考虑铰接列车通行时,应采用第 3 类加宽值;不考虑通行铰接列车时,可采用第 2 类加宽值。
③作为支线的三级公路、四级公路可采用第 1 类加宽值。
④有特殊车辆通行的专用公路应根据特殊车辆验算确定其加宽值。

表 2-40 双车道路面加宽值 （单位:m）

加宽类别	设计车辆	圆曲线半径/m								
		200~250	150~200	100~150	70~100	50~70	30~50	20~30	20~25	15~20
第 1 类	小客车	0.4	0.5	0.6	0.7	0.9	1.3	1.5	1.8	2.2
第 2 类	载重汽车	0.6	0.7	0.9	1.2	1.5	2.0	—	—	—
第 3 类	铰接列车	0.8	1.0	1.5	2.0	2.7	—	—	—	—

注:单车道公路路面加宽值应为表列规定值的一半。

对 $R > 250$m 的圆曲线,因其加宽值甚小,可不加宽。圆曲线上的路面加宽应设置在圆曲线的内侧,各级公路的路面加宽后,路基也应相应加宽。双车道公路在采取强制性措施实行分向行驶的路段,其圆曲线半径较小时,内侧车车道的加宽值应大于外侧车道的加宽值,设计时应通过计算分别确定。

2) 加宽过渡。加宽过渡段是为使路面由直线上的正常宽度过渡到圆曲线上设置了加宽的宽度,而设置的宽度变化段。加宽过渡的设置根据路面性质和等级可采用不同的方法,见表 2-41。

表 2-41 加宽过渡设置方法、适用范围

过渡方式	加宽值计算公式	适用范围	备注
比例过渡	加宽过渡段内任意点的加宽值 $b_x = \frac{L_x}{L} b$	二级公路、三级公路、四级公路	1. L_x 为任意点距过渡段起点的距离 2. L 为加宽过渡段长度 3. b 为圆曲线上的全加宽
高次抛物线过渡	抛物线上任意点的加宽值 $b_x = b\left[4\left(\frac{L_x}{L}\right)^3 - 3\left(\frac{L_x}{L}\right)^4\right]$	高速公路、一级公路及对路容有要求的其他公路	
回旋线过渡	—	高速公路和一、二级公路的下列路段:①位于大城市近郊的路段;②桥梁、高架桥、挡土墙、隧道等构筑物处;③设置各种安全防护设施的路段	

3)加宽过渡段长度。设置回旋线或超高过渡段时,加宽过渡段长度应采用与回旋线或超高过渡段长度相同的数值;不设回旋线或超高过渡段时,加宽过渡段长度应按渐变率为1:15且长度不小于10m的要求设置。

对复曲线的大圆和小圆之间设有缓和曲线的加宽过渡段,均可按上述方法处理。

(4)平曲线超高设计 为了抵消或减小车辆在平曲线上行驶时所产生的离心力,在该路段横截面上做成外侧高于内侧的单向横坡形成,称为平曲线超高。

1)超高值计算。根据汽车在曲线上行驶时力的平衡可得:

$$i_h = \frac{v^2}{127R} - \mu \tag{2-70}$$

式中 i_h——圆曲线的超高值,当 $i_h < i_G$(路拱横坡)时,取 $i_h = i_G$;当 $i_h > i_{hmax}$(最大超高)时,取 $i_h = i_{hmax}$;

R——圆曲线的半径(m);

v——汽车实际行驶速度(km/h),为设计速度的70%~90%,高速路取低值,低速路取高值;对应用运行速度设计的道路,宜采用运行速度计算差高值。

μ——横向力系数,其值随圆曲线半径的增大而减小,按表2-42计算公式确定。

《公路工程技术标准》(JTG B 01—2003)规定的圆曲线极限最小半径、一般最小半径和不设超高最小半径分别采用的 μ 值见表2-42。

表2-42 横向力 μ 值及圆曲线半径 R 值 (单位:m)

设计速度/(km/h)		120	100	80	60	40	30	20
μ/R	极限最小半径	0.10/650	0.11/400	0.12/250	0.13/125	0.14/60	0.15/30	0.16/15
	一般最小半径	0.05/1000	0.05/700	0.06/400	0.06/200	0.06/100	0.05/65	0.05/30
	不设超高最小半径	0.035/5500	0.035/4000	0.035/2500	0.035/1500	0.035/600	0.035/350	0.035/150

μ 值主要与圆曲线半径有关,且随半径的增大而减小。任意圆曲线半径对应的横向力系数 μ 值可由表2-42的三个特征点拟合计算获得。μ 与 R 的关系式见表2-43。

表2-43 μ 与 R 的关系式

设计速度/(km/h)	μ 与 R 的关系式	设计速度/(km/h)	μ 与 R 的关系式
120	$\mu = \frac{54932.4988}{R^2} - \frac{46.5869}{R} + 0.04165$	40	$\mu = \frac{600.0000}{R^2} - \frac{4.0000}{R} + 0.0400$
100	$\mu = \frac{19232.3232}{R^2} - \frac{19.5555}{R} + 0.03869$	30	$\mu = \frac{143.5238}{R^2} - \frac{1.4208}{R} + 0.03789$
80	$\mu = \frac{7804.2328}{R^2} - \frac{10.7275}{R} + 0.03804$	20	$\mu = \frac{45.6250}{R^2} - \frac{1.2625}{R} + 0.04139$
60	$\mu = \frac{2395.1049}{R^2} - \frac{7.8030}{R} + 0.03914$		

2)超高过渡方式。若超高值 $i_h = i_G$(路拱横坡度),路面由直线上双向倾斜路拱形式过渡到圆曲线上具有超高的单向倾斜形式,只需行车道外侧绕中线逐渐抬高,直至与内侧横坡相等为止(图2-25)。

若超高值 $i_h > i_G$(路拱横坡度)时,可分别采用以下三种过渡方式:

①绕内边线旋转。先将外侧车道绕路中线旋转,待达到与内侧车道构成单向横坡后,整个断面再绕

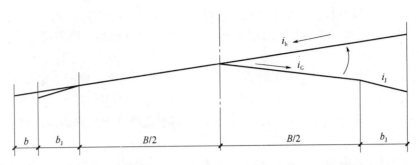

图 2-25 超高值等于路拱时的过渡

未加宽前的内侧车道边线旋转,直至超高值(图2-26a)。因行车道内侧不降低,利于路面纵向排水,一般适用于新建工程。

②绕中线旋转。先将外侧车道绕路中线旋转,待达到与内侧车道构成单向横坡后,整个断面仍绕中线旋转,直至超高值(图2-26b)。这种方法可保持中线高程不变,且在超高值一定情况下,外侧边缘的抬高值较小,多用于旧路线改造。

③绕外边线旋转。先将外侧车道绕外边线旋转,内侧车道随中线的降低而降低,待达到单向横坡后,整个断面仍绕外侧车道边线旋转,直至超高值(图2-26c)。这是一种特殊设计,仅用于某些改善路容的地点。

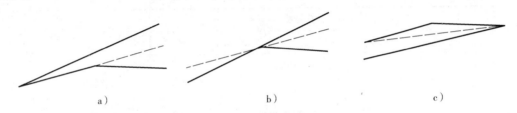

图 2-26 无中间带道路的超高过渡方式
a) 绕内边线旋转 b) 绕中线旋转 c) 绕外边线旋转

3) 超高过渡段长度。双车道公路最小超高过渡段长度 L_c 按下式计算:

$$L_c = \frac{B'\Delta_i}{p} \tag{2-71}$$

式中 L_c——最小超高过渡段长度(m),L_c 取 5m 的整数倍,并不小于 10m;

B'——旋转轴至行车道(设路缘带时为路缘带)外侧边缘的宽度(m),当绕内边线旋转时,$B' = B$;当绕中线旋转时,$B' = B/2$,B 为行车道宽度;

Δ_i——超高坡度与路拱横坡度的代数差(%),当绕内边线旋转时,$\Delta_i = i_h$;当绕中线旋转时,$\Delta_i = i_h + i_G$,i_G 为路拱横坡度,i_h 为超高值;

p——超高渐变率,即旋转轴线与行车道(设路缘带时为路缘带)外边线之间相对坡度,其最大值见表 2-44。

表 2-44 最大超高渐变率 p_{max}

设计速度/(km/h)	超高旋转轴位置		设计速度/(km/h)	超高旋转轴位置	
	中线	内边线		中线	内边线
120	1/250	1/200	40	1/150	1/100
100	1/225	1/175	30	1/125	1/75
80	1/200	1/150	20	1/100	1/50
60	1/175	1/125			

为了行车舒适，超高过渡段应不小于按式（2-71）计算的长度。但从利于排除路面雨水考虑，横坡度由2%（或1.5%）过渡到0%路段的超高渐变率不得小于1/330，即超高过渡段不能设得过长。确定超高过渡段长度 L_c 时应注意：

①在确定缓和曲线长度时，已考虑了超高过渡段所需的最短长度，因此应取超高过渡段 L_c 与缓和曲线长度 L_s 相等，即 $L_c = L_s$。

②若计算的 $L_c > L_s$，应修改平面线形，使 $L_s \geq L_c$。当平面线形无法修改时，可将超高过渡起点前移，超高过渡在缓和曲线起点前的直线路段开始。

③若 $L_s > L_c$，但只要超高渐变率 $p \geq 1/330$，仍取 $L_c = L_s$。否则，超高过渡可设在缓和曲线某一区段内，全超高断面宜设在缓圆点或圆缓点处。

④四级公路不设缓和曲线，但若圆曲线上设有超高，则应设超高过渡段，其长度仍由式（2-71）计算。超高过渡段应设在紧接圆曲线起（终）点的直线上。受地形或其他特殊情况限制时，如直线长度不足，容许超高过渡段在直线和圆曲线上各分配一半。

4）横断面超高值计算。平曲线设超高后，道路中线和内、外侧边线与设计高程之差 h，应计算并列于"路基设计表"中，以便于施工。

无中间带的道路常用超高方式为绕内边线旋转和绕中线旋转，其道路超高值计算公式分别列于表2-45和表2-46，可参见图2-27。

表2-45　绕内边线旋转超高值计算公式

超高位置		计算公式		备注
		$x \leq x_0$	$x > x_0$	
圆曲线上	外缘 h_c	$b_J i_J + (b_J + B) i_h$		1. 计算结果均为与设计高之差 2. 临界断面距过渡段起点：$x_0 = \dfrac{i_G}{i_h} L_c$ 3. x 距离处的加宽值 $b_x = \dfrac{x}{L_c} b$ 4. 内、外侧边线降低和抬高值是在 L_c 内按线形过渡，路容有要求时可采用高次抛物线过渡
	中线 h'_c	$b_J i_J + \dfrac{B}{2} i_h$		
	内缘 h''_c	$b_J i_J - (b_J + b) i_h$		
过渡线上	外缘 h_{cx}	$b_J (i_J - i_G) + [b_J i_G + (b_J + B) i_h] \dfrac{x}{L_c}$ 或 $\approx \dfrac{x}{L_c} h_c$		
	中线 h'_{cx}	$b_J i_J + \dfrac{B}{2} i_G$	$b_J i_J + \dfrac{B}{2} \dfrac{x}{L_c} i_h$	
	内缘 h''_{cx}	$b_J i_J - (b_J + b_x) i_G$	$b_J i_J - (b_J + b_x) \dfrac{x}{L_c} i_h$	

表2-46　绕中线旋转超高值计算公式

超高位置		计算公式		备注
		$x \leq x_0$	$x > x_0$	
圆曲线上	外缘 h_c	$b_J (i_J - i_G) + \left(b_J + \dfrac{B}{2}\right)(i_G + i_h)$		1. 计算结果均为与设计高之差 2. 临界断面距过渡段起点：$x_0 = \dfrac{2 i_G}{i_G + i_h} L_c$ 3. x 距离处的加宽值 $b_x = \dfrac{x}{L_c} b$ 4. 内、外侧边线降低和抬高值是在 L_c 内按线形过渡，路容有要求时可采用高次抛物线过渡
	中线 h'_c	$b_J i_J + \dfrac{B}{2} i_G$		
	内缘 h''_c	$b_J i_J + \dfrac{B}{2} i_G - \left(b_J + \dfrac{B}{2} + b\right) i_h$		
过渡线上	外缘 h_{cx}	$b_J (i_J - i_G) + \left(b_J + \dfrac{B}{2}\right)(i_G + i_h) \dfrac{x}{L_c}$ 或 $\approx \dfrac{x}{L_c} h_c$		
	中线 h'_{cx}	$b_J i_J + \dfrac{B}{2} i_G$		
	内缘 h''_{cx}	$b_J i_J - (b_J + b_x) i_G$	$b_J i_J - \left(b_J + \dfrac{B}{2} + b_x\right) \dfrac{x}{L_c} i_h$	

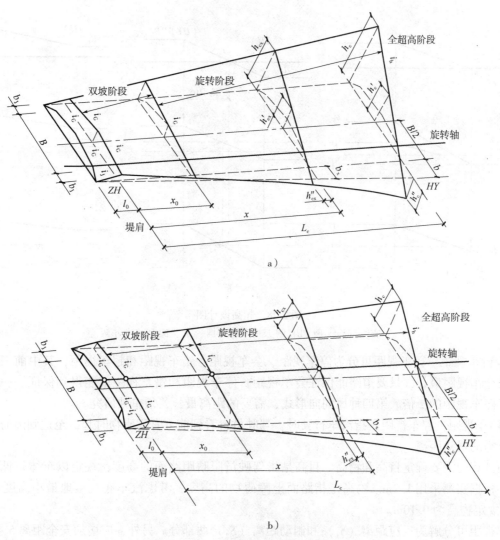

图 2-27 超高过渡方式图
a) 绕内边线旋转 b) 绕中线旋转

图中，B 为路面宽度；b_J 为路肩宽度；i_G 为路拱横坡度；i_J 为路肩横坡度；i_h 为超高横坡度；L_c 为超高过渡段长度（或缓和曲线长度）；l_0 为路肩横坡度 i_J 变为 i_G 所需的距离，一般可取 1.0m；x_0 为与路拱同坡度的单向超高点到过渡段起点的距离；h_c 为路基外缘最大抬高值；h'_c 为路中线最大抬高值；h''_c 为路基内缘最大降低值；h_{cx} 为 x 距离处路基外缘最大抬高值；h'_{cx} 为 x 距离处路中线最大抬高值；h''_{cx} 为 x 距离处路基内缘最大降低值；b 为圆曲线加宽值；b_x 为 x 距离处路基加宽值。

5）超高设计图。超高设计图是以旋转轴为横坐标，纵坐标为相对高程，为使超高更加清晰，纵坐标比例应大于横坐标比例。

图 2-28a 为基本形曲线的超高设计图。从缓和曲线（等于超高过渡段长）起点开始超高，外侧逐渐抬高，内侧逐渐降低，至缓和曲线终点超高达到全值，其间是按直线变化，符合缓和曲线上的曲率变化规律，也符合行车离心力的变化规律。

图 2-28b 所示两相邻曲线是反向曲线。由一个曲线的全超高过渡到另一个曲线的反向全超高，中间是面到面的过渡。在此整个过渡中，横断面始终是单坡断面，没有固定旋转轴。这样只出现一次零坡断面，排水和路容较好。

图 2-28c 所示相邻曲线是同向曲线。由一个曲线的全超高过渡到另一个曲线的同方向全超高，中间是面到面的过渡。在此整个过渡中，外侧路面始终向内倾斜，与内侧路面构成单坡断面。这样处理不出现零坡断面，对排水、路容和行车都有利。

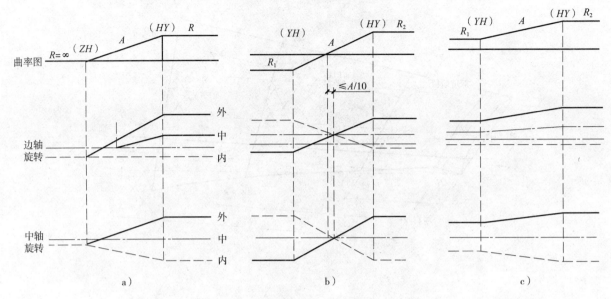

图 2-28 超高设计图
a) 直线-回旋线-圆　b) 圆-反向回旋线-圆　c) 大圆-回旋线-小圆

(5) 行车视距　行车视距可分为停车视距、会车视距、错车视距和超车视距，其中前三种属对向行驶，以会车视距最长，只要道路能保证会车视距，停车视距和错车视距就能得到保证。一般会车视距约等于停车视距的 2 倍。第四种属同向形式，需要的距离最长，须单独研究。

1) 停车视距。停车视距是指汽车行驶时，驾驶员自看到前方有障碍物时起，至达到障碍物前安全停止，所需的最短距离。

视距计算中需要确定目高和物高。目高是指驾驶员眼睛距路面的高度，规定以车体较低的小客车为标准，根据实测采用 1.2m。物高是指路面上障碍物的高度，考虑汽车底盘离地最小高度在 0.14～0.20m，规定物高为 0.10m。

停车视距可分解为反应距离（S_1）和制动距离（S_2）两部分。另外，应增加安全距离 5～10m。

反应距离（S_1）是指驾驶员发现前方的障碍物，经判断决定采取制动措施的瞬间到制动器真正起作用的瞬间汽车行驶的距离。这段时间包括感觉时间（为 1.5s）和反应时间（1.0s），总时间 $t = 2.5s$，在该时间内汽车行驶的距离 S_1：

$$S_1 = \frac{v}{3.6}t \tag{2-72}$$

式中　v——行驶速度（km/h）。

制动距离（S_2）是指汽车从制动生效到汽车完全停止，这段时间内所行驶的距离。

$$S_2 = \frac{v^2}{254(\varphi + \psi)} \tag{2-73}$$

式中　φ——路面与轮胎的附着系数，主要取决于路面的粗糙程度和潮湿泥泞程度、轮胎的花纹和气压以及车速和荷载等，按表 2-47 选用；
　　　ψ——道路阻力系数，$\psi = f + i$；
　　　f——滚动阻力系数，与路面的类型、轮胎结构和行驶速度等有关，一般应由试验确定，在一定类型的轮胎和一定车速范围内，可视为只和路面状况有关的系数，见表 2-48；
　　　i——道路纵坡，上坡为正，下坡为负。

表 2-47 各类路面上的附着系数 φ 的平均值

路面类型	路面状况			
	干燥	潮湿	泥泞	冰滑
水泥混凝土路面	0.7	0.5	—	—
沥青混凝土路面	0.6	0.4	—	—
过渡式及低级路面	0.5	0.3	0.2	0.1

表 2-48 各类路面滚动阻力系数 f 值

路面类型	水泥及沥青混凝土路面	表面平整的黑色碎石路面	碎石路面	干燥平整的土路	潮湿不平整的土路
f 值	0.01~0.02	0.02~0.025	0.03~0.05	0.04~0.05	0.07~0.15

则停车视距 S_T：

$$S_T = S_1 + S_2 = \frac{v}{3.6}t + \frac{v^2}{254(\varphi+\psi)} \text{(m)} \tag{2-74}$$

一般按路面在潮湿状态下的 φ 值计算。行驶速度 v：设计速度为 120~80km/h 时，采用设计速度的 85%；60~40km/h 时，采用设计速度的 90%；30~20km/h 时，采用设计速度。公路的停车视距见表 2-49。

表 2-49 公路的停车视距

设计速度/(km/h)	120	100	80	60	40	30	20
停车视距/m	210	160	110	75	40	30	20

各级公路对视距的要求：

①各级公路的每条车道均应满足停车视距的要求。

②高速公路、一级公路采用停车视距，二、三、四级公路应满足会车视距要求，其长度不小于停车视距的 2 倍；受地形条件或其他特殊情况限制而采用分道措施的路段，可采用停车视距。

③公路停车视距计算没有考虑纵坡对货车制动的影响。货车空载时，会产生制动性能差、轴间荷载难以保证均匀分布、一条车轴侧滑会引起其他车轴失稳、半挂车铰接制动不灵等现象。所以，在高速公路、一级公路及大型车比例高的二级、三级公路下坡路段，应按货车停车视距对相关路段进行检验。货车停车视距计算中的目高和物高规定为：目高 2.0m，物高 0.10m。下坡段的货车停车视距规定见表 2-50。

表 2-50 下坡段的货车停车视距 （单位：m）

设计速度/(km/h)		120	100	80	60	40	30	20
下坡纵坡(%)	0	245	180	125	85	50	35	20
	3	265	190	130	89	50	35	20
	4	273	195	132	91	50	35	20
	5		200	136	93	50	35	20
	6			139	95	50	35	20
	7				97	50	35	20
	8						35	20
	9							20

2）会车视距。会车视距是指在同一车道上两对向汽车相遇，从相互发现时起，至同时采取制动措施使两车安全停止，所需的最短距离。会车视距计算图式如图 2-29 所示。由图 2-29 可见，会车视距 S_H 由反应距离 S_1

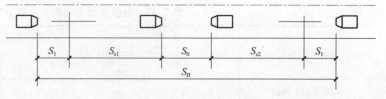

图 2-29 会车视距计算图式

（双向驾驶员及车辆）、制动距离 S_z（双向车辆）和安全距离 S_0（双向车辆保持间距）三部分构成。

二级公路、三级公路、四级公路的视距应采用会车视距。受地形条件或其他特殊情况限制而采用分道行驶措施的路段，可采用停车视距。会车视距约等于 2 倍的停车视距（表 2-51）。

表 2-51　二级、三级、四级公路会车视距　　　　　　　　　　　　　　（单位：m）

设计速度/(km/h)	80	60	40	30	20
会车视距/m	220	150	80	60	40

3）超车视距。超车视距计算图式如图 2-30 所示。由图 2-30 可见，超车视距的全程可分为四个阶段：

①加速行驶距离 S_1。当超车汽车经判断认为有超车的可能，便加速行驶移向对向车道，在进入该车道之前的行驶距离 S_1：

$$S_1 = \frac{v_0}{3.6} t_1 + \frac{1}{2} a t_1^2 \qquad (2\text{-}75)$$

式中　v_0——被超汽车的速度（km/h）；
　　　t_1——加速时间（s）；
　　　a——平均加速度（m/s²）。

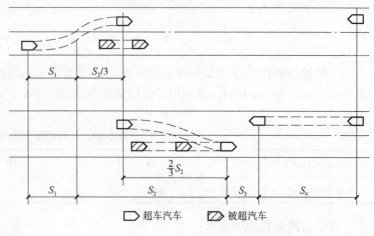

图 2-30 超车视距计算图式

②超车汽车在对向车道上行驶距离 S_2：

$$S_2 = \frac{v}{3.6} t_2 \qquad (2\text{-}76)$$

式中　v——超车汽车的速度（km/h）；
　　　t_2——在对向车道上行驶的时间（s）。

③超车完成后，超车汽车与对向汽车之间的安全距离 S_3：

$$S_3 = 15 \sim 100 \text{m} \qquad (2\text{-}77)$$

④超车汽车从开始加速到超车完成时对向汽车行驶距离 S_4：

$$S_4 = \frac{v}{3.6}(t_1 + t_2) \qquad (2\text{-}78)$$

理想的全超车视距 $S_c = \sum_{i=1}^{4} S_i$ 较长，在地形比较复杂的地段很难实现。在计算 S_4 所需时间中，只要考虑超车汽车从完全进入对向车道到超车完成所行驶的时间能保证安全。因尾随在慢车道后的快车驾驶员往往在未看到前面的安全区段就开始超车作业，如进入对向车道后发现迎面来车而距离不足时还可返回自己的车道。因此，取对向汽车行驶时间大致为 t_2 的 2/3，且不考虑 t_1 行驶时间，即

$$S_4' = \frac{2}{3} S_2 = \frac{2}{3} \frac{v}{3.6} t_2 = \frac{v}{5.4} t_2 \qquad (2\text{-}79)$$

则最小必要超车视距 S_c 为

$$S_c = S_1 + S_2 + S_3 + S_4' \qquad (2\text{-}80)$$

在地形困难或其他原因不得已时,最小必要超车视距 S_c 可按下式计算:

$$S_c = \frac{2}{3}S_2 + S_3 + S_4' \quad (2\text{-}81)$$

设超车汽车和对向汽车均以设计速度行驶,被超汽车的速度 v_0 较设计速度低 5~20km/h,实测各阶段的行驶时间 $t_1 = 2.9 \sim 4.5s$,$t_2 = 9.3 \sim 10.4s$,以此计算超车视距最小值见表2-52。

表 2-52 超车视距最小值 （单位：m）

设计速度/(km/h)	80	60	40	30
一般值	550	350	200	100
极限值	350	250	150	70

注："一般值"为正常情况下的采用值；"极限值"为条件受限时可采用值。

二级公路、三级公路、四级公路双车道公路,应间隔设置满足超车视距的路段,具有干线功能的二级公路,宜在3min的行驶时间内,提供一次超车视距要求的超车路段。

2. 路基横断面的设计

（1）路基横断面设计的主要内容

1）根据各桩横断面地面线图（实测或等高线地形图上量出）,按已定纵断面设计的施工高度,用戴帽子的方法来判断与归纳可能出现的横断面形式和处理方式,其中有关路基路面宽度在批准的初步设计报告已按公路等级基本确定下来,非特殊需要,一般可不再验算。

2）路基断面形式：对于一般路基可参照路基标准横断图（或称典型横断面）进行设计。在标准横断面图中,一般要包括路堤、路堑、半填半挖、护坡路基、挡土墙路基等断面。断面路幅内行车道、路肩的宽度和横坡度以及中间带的尺寸应具体确定。断面中路基边坡坡率、边沟尺寸、挡土墙断面等应满足《公路路基设计规范》（JTG D 30—2015）的规定。横断面图一般采用1:100比例。

对于特殊地段路基,如路线通过不良地质地区或经过深谷悬崖的高填深挖处,其路基特殊处理的,应按具体情况单独进行设计。

3）路基边坡设计是横断面设计的关键内容之一。路基设计边坡的陡缓,不仅直接影响土石方工程量大小,而且还关系到路基的稳定,因此必须审慎对待。路基边坡坡度按当地的土壤类别、岩石构造和风化程度、水文条件、填方材料、施工方法及边坡高度等因素分段设计。

另外,为防止路基边坡风蚀或被水冲刷,必要时应进行坡面防护。

4）为保证路基稳定,设计时应根据公路沿线地面水和地下水等具体情况,设置必要的排水设备,以形成良好的排水系统。

路面及路肩应设置一定的横坡；挖方路段及低填方格路段均须设置边沟；在沿陡山坡筑路基时,必要时可根据技术经济比较,设置挡土墙或其他支挡建筑物。

（2）横断面设计方法

1）路线CAD方法。按路基标准横断面输入各组成部分尺寸、分段起止桩号,显示设计横断面,逐一检查、修改设计断面,绘制路基横断面设计图,输出路基设计表、土石方工程数量表等。

2）传统方法

①在计算纸上绘制横断面地面线。地面线可从大比例尺地形图上内插获得。横断面图的比例一般是1:200。

②从"路基设计表"（样式见表2-53和表2-54）中抄入"路基中心填挖高度""左高""右高""左宽""右宽"等数据。

③根据现场调查的"土壤、地质、水文资料",参照"标准横断面图",绘出路幅宽度、填或挖的边坡线,在需要设置各种支挡工程和防护工程等处绘出该工程结构的断面示意图。

④根据综合排水设计,绘出路基边沟、截水沟等位置和断面形式,必要时须注明各部分的尺寸;此外,还应绘出取土坑、弃土堆、绿化、碎落台等。经检查无误后,修饰描绘。

表 2-53 路基设计表(一般公路)

桩号	平曲线	边坡点高程桩号及纵坡坡度、坡长	竖曲线	地面高程/m	设计高/m	填挖高度/m	路基宽/m		路边及中桩与设计高的高差/m			施工时中桩/m	边坡1:m		边沟					坡脚坡口至中桩距离/m		备注
															坡度(%)	形状	底宽/m	沟深/m	内坡			
						填	挖	左	右	左	中桩	右	左	右	左	右					左	右	
1	2	3	4	5	6	7	8	9	10	11	12	13	14	15	16	17	22	23	24	25	26	27	28	29	30

表 2-54 路基设计表(高速公路、一级公路)

桩号	平曲线		纵坡及竖曲线		地面高程/m	设计高程/m	填挖高度/m		路基宽度/m							以下各点与设计高肢高差/m						边沟								坡脚坡口至中桩距离/m		备注
									左侧			中分带	右侧			左侧			右侧			左侧				右侧						
	左	右	凹	凸			挖	填	W1	W2	W3	W0	W3	W2	W1	A1	A2	A3	A3	A2	A1	坡度(%)	底宽/m	沟深/m	坡度(%)	底宽/m	沟深/m	左	右	

(3) 绘制横断面图

1) 绘制横断面地面线图,从地形图上每一桩号读取横断面上地形变化点的标高及距路中线的距离,其方法与绘制纵断面相同,比例尺纵横向都用 1∶200,其宽度视路基宽度及地面横坡确定,应大于路基设计所需的宽度。

2) 绘制横断面设计线,方法同第 2.1.3。

2.1.7 土石方工程数量计算

路基土石方是修建公路的一项主要工程,在公路修建费用中占相当大的比例。由于路基的自然地面起伏多变,路基填挖方体积不是简单的几何体系,若精确计算其体积往往很复杂,测量工作将很繁重,而结果实用意义不大,因此常采用近似计算方法。

1. 横断面面积计算

路基填挖的断面面积是指横断面图中原地面线与路基设计线所围面积,高于地面线的为填方,低于地面线为挖方,填挖面积应分别计算。横断面面积的计算可采用积距法、坐标法、几何图形法、数方格法、求积仪法等。

(1) 积距法(图 2-31) 将断面按单位横宽划分为若干梯形与三角形条块,每个小块近似面积为

bh_i,则横断面面积 F 为：

$$F = bh_1 + bh_2 + \cdots + bh_n = b\sum_{i=1}^{n} h_i \qquad (2\text{-}82)$$

当 $b = 1\text{m}$ 时，F 等于各小条块平均高度之和 $\sum_{i=1}^{n} h_i$。

（2）坐标法（图 2-32） 已知断面图上各转折点坐标 (x_i, y_i)，则断面面积 F 为：

$$F = \frac{1}{2}\sum_{i=1}^{n}(x_i y_{i+1} - x_{i+1} y_i) \qquad (2\text{-}83)$$

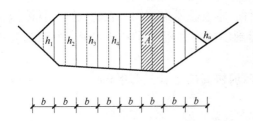
图 2-31 横断面面积计算（积距法）

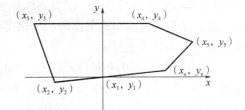
图 2-32 横断面面积计算（坐标法）

2. 土石方数量计算

若相邻两断面 F_1 和 F_2 均为填方或均为挖方且面积大小相近，则可假设断面之间为一棱柱体（图 2-33），其体积 V 的计算公式为：

$$V = \frac{1}{2}(F_1 + F_2)L \qquad (2\text{-}84)$$

式中　V——体积（m^3），即为土石方数量；
　　　F_1、F_2——相邻两断面的面积（m^2）；
　　　L——相邻断面之间的距离（m）。

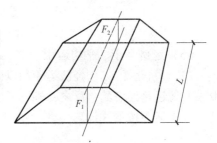
图 2-33 体积计算

若 F_1 和 F_2 相差甚大，则与棱台更为接近，其体积 V 的计算公式为：

$$V = \frac{1}{3}(F_1 + F_2)L\left(1 + \frac{\sqrt{m}}{1 + m}\right) \qquad (2\text{-}85)$$

式中　$m = \dfrac{F_1}{F_2}$，其中 $F_2 > F_1$。

3. 路基土石方调配

土石方调配的目的是为了确定填方用土的来源、挖方弃土的去向以及计价土石方的数量和运量等。通过调配，合理地解决了各路段土石方平衡与利用，使从路堑挖出的土石方，在经济调运条件下移挖做填，避免不必要的路外借土和弃土，以减少耕地占有，降低道路造价，减轻对环境的破坏。

（1）土石方调配原则

1）在半填半挖断面中，应先考虑在本路段内移挖做填进行横向平衡，再做纵向调配，以减少总的运输量。

2）土石方调配应考虑桥涵位置对施工运输的影响，一般大沟不做跨越调运，尽可能避免和减少上坡运土。

3）为使调配合理，必须根据地形和施工条件，选用适当运输方式，确定合理经济运距，用以分析工程用土是调运还是外借。

4）土方调配"移挖做填"要考虑经济运距，综合考虑弃土或借方占地、赔偿青苗损失及对农业生产的影响等。

5）不同的土方和石方应根据工程需要分别调配，以保证路基稳定和人工构筑物的材料供应。

6）位于山坡的回头曲线路段，优先考虑上下线的土方竖向调运。

7）土方调配对借土和弃土应事先同地方政府协商，妥善处理。

（2）土石方调配方法　土方调配分方法包括累积曲线法、调配图法及土石方计算表调配法等。目前，生产上多采用土石方计算表调配法，具体步骤：

1）调配前应将可能影响运输调配的桥涵位置、陡坡、大沟等注在表旁，供调配时参考。

2）掌握各桩号间路基挖方情况并做横向平衡，确定利用、填缺与挖余数量。

3）在做纵向调配前，应根据施工方法及可能采用的运输方式定出合理经济运距，供调配时参考。

4）根据填缺挖余分布情况，结合路线纵坡和自然条件，本着技术经济和支农的原则，具体拟定调配方案。方式是逐桩逐段将毗邻路段的挖余就近纵向调运到填缺内利用，并将具体调运方向和数量用箭头标注在纵向利用调配栏中。

5）经纵向调配，如仍有填缺或挖余，则应会同当地政府协商确定借土或弃土地点，将借土或弃土的数量和运距分别填注到借方或废方栏内。

6）土石方调配后，应按下式复合检查：

$$横向调运 + 纵向调运 + 借方 = 填方$$
$$横向调运 + 纵向调运 + 弃方 = 挖方$$
$$挖方 + 借方 = 填方 + 弃方$$

（3）经济运距、平均运距

1）经济运距 $L_{经}$。经济运距用以确定借土或调运的限界及距离。当调运距离小于经济运距时，采取纵向调运是经济的；反之，则可考虑就近借土。

经济运距按下式计算：

$$L_{经} = \frac{B}{T} + L_{免} \tag{2-86}$$

式中　$L_{经}$——经济运距（km）；

B——借土单价（元/m³）；

T——远运运费单价 [元/(m³·km)]；

$L_{免}$——免费运距（km）。

2）平均运距。平均运距是指土石方调配时从挖方体积重心到填方体积重心的距离。为简化设计计算，按挖方路段中心至填方路段中心的距离计算。

在纵向调配时，当其平均运距超过定额规定的免费运距（免费运距是指不计运费的规定距离），应按其超运距计算土石方运量。

（4）运量　土石方运量为平均运距×土石方调配数量。

在生产中，工程定额是将平均运距每 10m 划分一个运输单位，称之为"级"，20m 为两个运输单位，称为二级，余类推。在土石方计算表内可用符号"①""②"表示，不足 10m 时，仍按一级计算或四舍五入。

$$总运量 = 调配(土石方)方数 \times n \tag{2-87}$$

式中　n——平均运距单位（级），其值为：

$$n = \frac{L - L_{免}}{10} \tag{2-88}$$

式中　L——平均运距（m）；

$L_{免}$——免费运距（m）。

在土石方调配中，所有挖方无论是"弃"或"调"，都应计价；但对填方要根据用土来源决定是否计价。若是路外借土要计价，若是移挖做填调配利用则不应再计价，否则形成双重计价。因此，计价土石方数量为：

计价土石方数量 = 挖方数量 + 借方数量

一般包括路基工程、排水工程、临时工程、小桥涵工程等项目的土石方数量。对独立大、中桥梁、长隧道的土石方数量应另外计算。

2.2 设计实例

2.2.1 设计资料

1. 设计题目

某公路新线设计。

2. 设计资料

1) 平面地形图：按编号对应，比例1:2000。

2) 气象资料：该路所处自然区划为Ⅳ1区，属亚热带湿润季风气候，年平均气温15～22℃，年平均降水量800～1900mm，每年5～6月降水量最多，夏秋之交多台风，常有暴雨。

3) 地质资料：该区土质表层为素填土层，厚度0.4～2.0m，其下层为碎石土及黏土层，厚1.0～15m。地下水埋深为2.0～5.0m，公路沿线有丰富的砂砾，附近有小型采石场和石灰厂，筑路材料丰富，路面所用水泥和沥青均需外购。

4) 地震基本烈度：本项目沿线地震烈度相当于Ⅵ度区，属基本稳定至稳定区。

5) 路线起点、中间控制点和终点（具体见地形图）。

6) 交通量资料。根据最新路网规划，近期交通组成与交通量见表2-55。交通量年平均增长率为5%。

表2-55 近期交通组成与交通量

车型	解放 CA10B	尼桑 CK20L	东风 EQ-140	菲亚特 650E	太脱拉 138	日野 KB-222	吉尔 130	依法 H6	斯柯达 760R	小轿车
辆/日	210	150	300	180	130	150	210	130	100	700

3. 设计内容

（1）路线设计

1) 根据所给地形图在指定的起讫点定出公路的中线位置，起讫点按要求确定。

2) 路线平面设计。在地形图上选择控制点，进行平面试线，确定路线平面布置，进行方案比选，要重点说明所确定方案的原因。确定方案后，要求确定平曲线半径、缓和曲线长度，计算出平曲线要素、公路里程等。

3) 路线纵断面设计。按照50m间距在地形图上定出各个控制点位置，读出其地面高程，在这些控制点间穿插，初步定出坡度线。调整坡度线，注意路面排水，保证路面处于干燥状态。在完成拉坡的断面图上，通过坡度和坡长计算纵断面上的设计高程，绘制纵断面图，比例：里程1:2000，高程1:200。

4) 路线横断面设计。每50m绘制横断面图（外加主点桩号处），横断面主要由行车道、路肩、边沟、排水沟、截水沟等组成。根据要求确定出路基宽度、车行道宽度、硬路肩宽度、土路肩宽度以及路拱及拱横坡等。比例1:200。

（2）设计表格部分　包括直线、曲线及转角表；路基设计表；路基土石方数量表等。

2.2.2 确定公路等级

1. 确定设计交通量

根据本设计实例所提供的近期交通组成与交通量（表2-55），将表2-55中的汽车对应到相应的代表车型，再根据《公路工程技术标准》（JTG B 01—2014）有关各级公路车辆折算系数，对各车辆进行折算，得到折算交通量 AADT(pcu/d)（见表2-56）。

表2-56 折算交通量计算

车型	解放 CA10B	尼桑 CK20L	东风 EQ-140	菲亚特 650E	太脱拉 138	日野 KB-222	吉尔 130	依法 H6	斯柯达 760R	小轿车
辆/日	210	150	300	180	130	150	210	130	100	700
代表车型	中型	大型	中型	中型	大型	大型	中型	中型	大型	小型
折算系数	1.5	2.0	1.5	1.5	2.0	2.0	1.5	1.5	2.0	1.0
折算交通量/(pcu/d)	315	300	450	270	260	300	315	195	200	700

根据表2-55可得起始平均日均交通量 $ADT = \sum ADT_i$

$ADT = \sum ADT_i = 315 + 300 + 450 + 270 + 260 + 300 + 315 + 195 + 200 + 700 = 3305(\text{pcu/d})$

设计交通量预测年限15年，即 $n = 15$；由交通资料可知，交通量年平均增长率 $\gamma = 5\%$。设计交通量 AADT 可按下式计算：

$$AADT = ADT \times (1 + \gamma)^{n-1} = 3305 \times (1 + 5\%)^{15-1} = 6543.67(\text{pcu/d})$$

2. 道路等级及技术指标的确定

（1）确定道路等级 《公路工程技术标准》（JTG B 01—2014）将公路根据功能和使用的交通量分为五个等级，对于二级公路能适应将各种车辆折合成小汽车的年平均日交通量为 5000~15000。

本设计实例，设计交通量 AADT = 6543.67pcu/d。

综上，可确定本设计实例的道路等级为二级公路。

（2）确定技术指标 二级公路的设计速度有80km/h和60km/h两种，其对应的技术指标也各不相同。由于所设计的公路在山区，考虑了方方面面的因素，选择设计速度为60km/h，其相应的主要技术指标列于表2-57。

表2-57 二级公路的主要技术指标

设计速度 /(km/h)	车道数 /条	路基宽度 /m	停车视距 /m	圆曲线半径/m		最大纵坡 (%)
				一般值	最小值	
60	2	10.0	75	200	125	6%

1) 直线的最大长度。取直线的最大长度（以 m 计）不超过 $20v = 20 \times 60\text{m} = 1200\text{m}$。

2) 同向曲线间直线的最小长度。《公路路线设计规范》（JTG D 20—2017）规定，当设计速度 ≥ 60km/h 时，同向圆曲线间的直线最小长度（以 km/h 计）以不小于设计速度（以 km/h 计）的6倍为宜。

即取同向曲线间直线的最小长度 $= 6v = 6 \times 60\text{m} = 360\text{m}$。

3) 反向曲线间直线的最小长度。《公路路线设计规范》（JTG D 20—2017）规定，当设计速度 ≥ 60km/h 时，反向圆曲线间的直线最小长度（以 km/h 计）以不小于设计速度（以 km/h 计）的2倍为宜。

即取反向曲线间直线的最小长度 $= 2v = 2 \times 60\text{m} = 120\text{m}$。

4) 圆曲线的最小半径。《公路路线设计规范》（JTG D 20—2017）规定，当不设超高的最小半径，路拱 ≤ 2%，取 $\varphi_h = 0.035$，$i_h = -0.015$，按式（2-24）计算取整得到。

$$R = \frac{v^2}{127(\varphi_h + i_h)} = \frac{60^2}{127 \times (0.035 - 0.015)} = 1417.32(\text{m})，取整1500\text{m}（见表2-13）。$$

当路拱>2%，取 $\varphi_h = 0.04$，$i_h = -0.025$，按式（2-24）计算取整得到。

$$R = \frac{v^2}{127(\varphi_h + i_h)} = \frac{60^2}{127 \times (0.04 - 0.025)} = 1889.76(\text{m})，取整 1900\text{m}（见表 2-13）。$$

5）缓和曲线的最小长度。由表 2-15 可见，设计速度 $v = 60\text{km/h}$ 时，各级公路缓和曲线最小长度，一般值取 80m，最小值取 60m。

6）平曲线的最小长度。由表 2-19 可见，设计速度 $v = 60\text{km/h}$ 时，各级公路平曲线最小长度，一般值取 300m，最小值取 100m。

2.2.3 纸上初步定线

1）分析地形，找出一个比较合适的走法。

2）放坡定坡度线。由地形图可知，等高距 $h = 2\text{m}$，选取平均纵坡 $i_{均} = 5.0\%$，则等高线间平距 $a = h/i_{均} = 2/5.0\% = 40$（m）。用两脚规张开度等于 a（按地形图比例尺 1:2000，得到实际张开度为 20mm），从起点 A 开始，沿拟定走法依次截取每根等高线得 a、b、c⋯点，向 C 点截取，最后一位的点位置和高程与 D 点接近，方案成立，然后将点依次连起来，得到均坡线。

3）定导向线。确定中间控制点，分段调整纵坡，定导向线，导向线的大致走法如图 2-34 所示。由于在过河处地形条件较差，且河流宽度较小，此处做成斜桥。

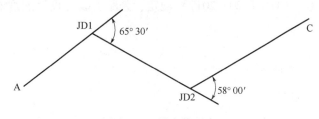

图 2-34 导向线示意

2.2.4 线路平面设计

1. 直线

（1）直线的最大长度 合理的直线长度应根据驾驶员的心理反应和视觉效果确定，在城镇及其附近或其他景色有变化的地点大于 20v 是可以接受的，在景色单调的地点最好控制在 20v 以内；而在特殊的地理条件下应特殊处理，若做某种限制是不现实的。

（2）直线的最小长度 《公路路线设计规范》（JTG D 20—2017）第 7.2.2 条第 1 款规定，当设计速度≥60km/h 时，同向圆曲线间的最小直线长度（以 km 计）以不小于设计速度（以 km/h 计）的 6 倍为宜；反向圆曲线间的最小直线长度（以 km 计）以不小于设计速度（以 km/h 计）的 2 倍为宜。

2. 圆曲线

（1）横向稳定性的保证 汽车在圆曲线上行驶时，在发生倾覆之前先产生横向现象，为此，在道路设计中应保证汽车不产生横向滑移，同时也就保证了横向倾覆的稳定性。即设计采用的横向力系数 $\mu \leq \varphi_h$（φ_h 为横向摩阻系数），同时应限制装载高度。

（2）圆曲线半径 由表 2-13 可知，设计速度 60km/h 时，二级公路圆曲线最小半径列于表 2-58，同时，圆曲线的最大半径一般不宜超过 10000m。

表 2-58 二级公路（60km/h）圆曲线最小半径

设计速度/(km/h)	最小半径/m（极限值）	最小半径/m（一般值）	不设超高的最小半径/m	
			路拱≤2%	路拱>2%
60	125	200	1500	1900

3. 缓和曲线

（1）缓和曲线的形式　目前缓和曲线采用的形式有回旋线、三次抛物线以及双纽线等形式，《公路工程技术标准》（JTG B 01—2017）推荐的缓和曲线为回旋线。

（2）缓和曲线的最小长度

1）旅客感觉舒适的缓和曲线最小长度按式（2-32）计算，即

$$L_{s(\min)} = 0.0214 \frac{v^3}{R\alpha_s}(\mathrm{m})$$

2）超高渐变率适中的缓和曲线最小长度按式（2-33）计算，即

$$L_{s(\min)} = \frac{B'\Delta i}{p}(\mathrm{m})$$

3）一般汽车在缓和曲线扇格的行驶时间至少应有3s，此时缓和曲线最小长度按式（2-34）计算，即

$$L_{s(\min)} = \frac{v}{1.2}(\mathrm{m})$$

4）依据视觉条件，回旋线参数 A 与连接的圆曲线半径之间，只要保持 $R/3 \leqslant A \leqslant R$，便可获得视觉上协调、舒顺的线形，也即 $R/9 \leqslant L_s \leqslant R$。

5）《公路线形设计规范》（JTG D 20—2017）规定，公路二级（设计速度60km/h）缓和曲线的最小长度为50m（见表2-15）。

4. 平面设计成果

（1）平面线形　如图2-35所示。

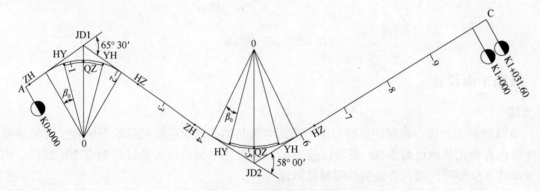

图2-35　路线平面图示意

（2）计算平面要素

1）计算公式。对称形曲线（图2-11）的几何元素按式（2-35）~式（2-41）计算，具体如下：

内移值：

$$p = \frac{L_s^2}{24R} - \frac{L_s^4}{2384R^3}(\mathrm{m})$$

切线增长值：

$$q = \frac{L_s}{2} - \frac{L_s^3}{240R^2}(\mathrm{m})$$

缓和曲线角：

$$\beta_0 = \frac{L_s}{2R}\frac{180°}{\pi}(°)$$

切线长：

$$T = (R+p)\tan\frac{\alpha}{2} + q(\mathrm{m})$$

平曲线长：

$$L = R\alpha\frac{\pi}{180°} + L_s(\mathrm{m})$$

外距: $$E=(R+p)\sec\frac{\alpha}{2}-R(\text{m})$$

切曲差: $$D=2T-L(\text{m})$$

式中 L_s——缓和曲线长度（m）；

R——圆曲线半径（m）；

α——转角（°）。

2）平曲线中的曲线要素

①JD1（图2-36a）。由圆曲线相关规定，取 $R=140\text{m}$；由缓和曲线的相关规定，取 $L_s=80\text{m}$，则

内移值: $$p=\frac{L_s^2}{24R}-\frac{L_s^4}{2384R^3}=\frac{80^2}{24\times140}-\frac{80^4}{2384\times140^3}=1.8985(\text{m})$$

切线增长值: $$q=\frac{L_s}{2}-\frac{L_s^3}{240R^2}=\frac{80}{2}-\frac{80^3}{240\times140^2}=39.8912(\text{m})$$

缓和曲线角: $$\beta_0=\frac{L_s}{2R}\frac{180°}{\pi}=\frac{80}{2\times140}\times\frac{180°}{\pi}=16.37°$$

切线长: $T=(R+p)\tan\frac{\alpha}{2}+q=(140+1.8985)\times\tan\frac{65.5}{2}+39.8912=131.1634(\text{m})$

平曲线长: $L=R\alpha\frac{\pi}{180°}+L_s=140\times65.5\times\frac{\pi}{180°}+80=240.0467(\text{m})$

外距: $E=(R+p)\sec\frac{\alpha}{2}-R=(140+1.8985)\times\sec\frac{65.5}{2}-140=28.7181(\text{m})$

$$L_Y=80.05\text{m}$$

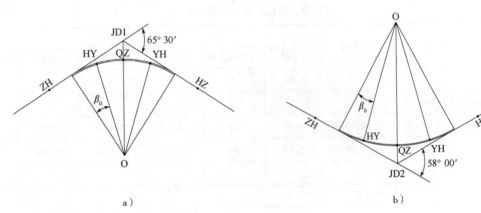

图2-36 计算平面要素
a) JD1 b) JD2

②JD2（图2-36b）。由圆曲线相关规定，取 $R=180\text{m}$；由缓和曲线的相关规定，取 $L_s=80\text{m}$，则

内移值: $$p=\frac{L_s^2}{24R}-\frac{L_s^4}{2384R^3}=\frac{80^2}{24\times180}-\frac{80^4}{2384\times180^3}=1.4785(\text{m})$$

切线增长值: $$q=\frac{L_s}{2}-\frac{L_s^3}{240R^2}=\frac{80}{2}-\frac{80^3}{240\times180^2}=39.9342(\text{m})$$

缓和曲线角: $$\beta_0=\frac{L_s}{2R}\frac{180°}{\pi}=\frac{80}{2\times180}\times\frac{180°}{\pi}=12.73°$$

切线长: $T=(R+p)\tan\frac{\alpha}{2}+q=(180+1.4785)\times\tan\frac{58.0}{2}+39.9342=140.5294(\text{m})$

平曲线长: $L=R\alpha\frac{\pi}{180°}+L_s=180\times58.0\times\frac{\pi}{180°}+80=262.2123(\text{m})$

外距: $E = (R+p)\sec\dfrac{\alpha}{2} - R = (180 + 1.4785) \times \sec\dfrac{58.0}{2} - 180 = 27.4942(\text{m})$

$$L_Y = 102.23\text{m}$$

(3) 平曲线桩号计算

1) JD1。JD1 桩号: K0 + 140(由图中量出),则

ZH 桩号: $\quad$ K0 + 140 − T = K0 + (140 − 131.1634) = K0 + 008.84

HY 桩号: $\quad$ K0 + 008.84 + L_s = K0 + (008.84 + 80) = K0 + 088.84

QZ 桩号: K0 + 088.84 + $\dfrac{L_圆}{2}$ = K0 + $\left[088.84 + \dfrac{(65.5/2 \times \pi/180) \times 140}{2}\right]$ = K0 + 128.85

YH 桩号: K0 + 128.85 + $\dfrac{L_圆}{2}$ = K0 + $\left[128.85 + \dfrac{(65.5/2 \times \pi/180) \times 140}{2}\right]$ = K0 + 168.86

HZ 桩号: $\quad$ K0 + 168.86 + L_s = K0 + (168.86 + 80) = K0 + 248.86

2) JD2。ZH 桩号: K0 + 248.86 + $L_直$ = K0 + (248.86 + 126) = K0 + 374.86

HY 桩号: $\quad$ K0 + 374.86 + L_s = K0 + (374.86 + 80) = K0 + 454.86

QZ 桩号: K0 + 454.86 + $\dfrac{L_圆}{2}$ = K0 + $\left[454.86 + \dfrac{(58/2 \times \pi/180) \times 180}{2}\right]$ = K0 + 500.41

YH 桩号: K0 + 500.41 + $\dfrac{L_圆}{2}$ = K0 + $\left[500.41 + \dfrac{(58/2 \times \pi/180) \times 180}{2}\right]$ = K0 + 545.96

HZ 桩号: $\quad$ K0 + 545.96 + L_s = K0 + (545.96 + 80) = K0 + 625.96

(4) 直线、曲线及转角表 见表 2-59。

表 2-59 直线、曲线及转角表

交点号	交点坐标/m		交点桩号	转角值	曲线要素值/m					
	X	Y			半径	缓和曲线长	切线长度	曲线长度	外距	校正值
1	2	3	4	5	6	7	8	9	10	11
起点			K0 + 000.00							
2			K0 + 140.00	右 65°30′00″	140	80	131.16	240.05	28.72	
3			K0 + 517.73	左 58°00′00″	180	80	140.53	262.23	27.49	
终点			K1 + 031.60							

交点号	曲线位置					直线长度/m	交点间距/m	计算方位角或计算方向角	测量		备注
	第一缓和曲线起点	第一缓和曲线终点或圆曲线起点	曲线中点	第二缓和曲线终点或圆曲线起点	第二缓和曲线起点				桩号	增减长度/m	
1	12	13	14	15	16	17	18	19	20	21	22
起点											
2	K0 + 008.84	K0 + 088.84	K0 + 128.85	K0 + 168.86	K0 + 248.86	8.84	140.00				
3	K0 + 374.86	K0 + 454.86	K0 + 500.41	K0 + 545.96	K0 + 625.96	126.00	400.00				
终点						380.49	513.87				

2.2.5 纵断面设计

1. 汽车的纵向稳定性

汽车在坡道上行驶,纵向滑移先于纵向倾覆,则纵向稳定条件: $i < i_f = G_{kf}/G$,另外,应限制汽车

装载的高度。

2. 纵断面相关系数

（1）坡长限制

1）最大坡长限制。最大坡长限制是指控制汽车在坡道上行驶，当车速下降到最低容许速度时所行驶的距离。根据表 2-24 可知，设计速度为 60km/h 时，公路的纵坡长度限制（表 2-60）。

表 2-60 公路的纵坡长度限制　　　　　　　　　　　　　　　　（单位：m）

设计速度/(km/h)	纵坡坡度（%）			
	3	4	5	6
60	1200	1000	800	600

2）缓和坡段。《公路路线设计规范》（JTG D 20—2017）第 8.3.3 条规定，设计速度小于或等于 80km/h 时，缓和坡段的纵坡应不大于 3%，设计速度大于 80km/h 时，缓和坡段的纵坡应不大于 2.5%，其长度应不小于最小坡长。

缓和坡段宜设在平面的直线或较大半径的平曲线上，在必须设置缓和曲线而地形又困难的地段，可将缓和坡段设置于半径比较小的平曲线上，但应适当增加缓和坡段的长度。

3）最小坡长限制。最小坡长规定汽车以设计速度 9~15s 的行程为宜。《公路路线设计规范》（JTG D 20—2017）规定了各级公路的最小坡长，由表 2-25 可知，当设计速度 60km/h 时，路纵坡的最小坡长 150m。

（2）坡度

1）最小坡长。为保证行车安全和排水安全，防止积水渗入路基而影响其稳定性，应设置不小于 0.3% 的纵坡（一般以不小于 0.5% 为宜）。

2）平均纵坡 i_p。《公路工程技术标准》（JTG B 01—2014）第 4.0.20 条第 3 款规定，二级、三级、四级公路越岭路线连续上坡（或下坡）路段相对高差为 200~500m 时，平均纵坡不应大于 5.5%；越岭路线相对高差大于 500m 时，平均纵坡不应大于 5.0%，且任意连续 3km 路段的平均纵坡不应大于 5.5%。

（3）竖曲线半径　《公路工程技术标准》（JTG B 01—2014）规定的一般最小半径为极限最小半径的 1.5~2.0 倍，在条件许可时应尽量采用大于一般最小半径的竖曲线为宜。竖曲线最小长度相当于各级公路设计速度的 3s 行程。由表 2-27、表 2-28 可知，当设计速度为 60km/h 时，凸形竖曲线最小半径和最小长度见表 2-61，凹形竖曲线的最小半径见表 2-62。

表 2-61 凸形竖曲线最小半径和最小长度

设计速度/(km/h)	竖曲线半径/m		竖曲线长度/m	
	一般值	极限值	一般值	极限值
60	2000	1400	120	50

表 2-62 凹形竖曲线最小半径

设计速度/(km/h)	竖曲线最小半径/m	
	极限值	一般值
60	1000	1500

3. 纵断面设计方法和步骤

（1）拉坡前的准备工作　先在纵断面图上点绘出每个中桩的位置、平面线示意图，写出每个中桩的地面高程，并绘出地面线。

（2）标注控制点位置　根据影响路线纵坡设计的高程点来确定控制点，并标注出来。

(3) 试坡　试坡主要是在已标出"控制点"和"经济点"的纵断面上，根据技术标准、选线意图，结合地面起伏情况，本着以"控制点"为依据，照顾多数"经济点"的原则，在这些点位间进行穿插和裁弯取值，试定出若干直坡线。

(4) 调整　将所定纵坡与选线时的纵坡进行比较，若相差太大，应根据《公路工程技术标准》(JTG B 01—2014)检验调整。

(5) 定坡核对　根据调整后的直坡线，选择有控制作用的重点横断面，在纵断面图上直接读出对应中桩的填（挖）高度，检查是否有填挖过大、坡脚落空或挡土墙工程太大等情况，若发现问题，应调整纵坡。

经调整核对无误后即可定坡。定坡是逐段将直坡线的纵坡值、边坡点位置（桩号）和高程确定。

4. 纵断面设计成果

(1) 公路纵断面图　如图2-37所示。

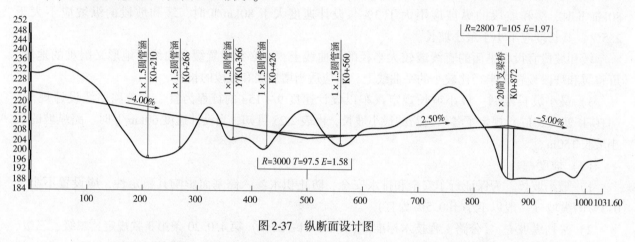

图2-37　纵断面设计图

(2) 纵断面数据调整　三坡段的坡度、坡长分别为 -4.00%、500m；+2.50%、372m；-5.00%、128m。20m一个桩号，将相关数据列于表2-63。

表2-63　各桩号的相关数据

	里程桩号	地面高程/m	设计高程/m	填挖高差/m		里程桩号	地面高程/m	设计高程/m	填挖高差/m
	K0+000	232.00	224.00	-8.00		K0+520	211.00	205.50	-5.50
	K0+020	232.20	223.20	-9.00		K0+540	205.40	205.55	+0.15
	K0+040	232.20	222.40	-11.80		K0+560	202.50	205.73	+3.23
	K0+060	235.00	221.60	-12.40		K0+580	204.80	206.05	+1.25
	K0+080	232.00	220.80	-11.20		K0+600	209.00	206.50	-2.50
	K0+100	228.80	220.00	-8.80		K0+620	209.90	207.00	-2.90
-4% 500m	K0+120	225.00	219.20	-5.80	+2.5% 372m	K0+640	210.00	207.50	-2.50
	K0+140	218.00	218.40	+0.40		K0+660	211.20	208.00	-3.20
	K0+160	210.00	217.60	+7.60		K0+680	214.40	208.50	-5.90
	K0+180	204.00	216.80	+12.80		K0+700	217.00	209.00	-8.00
	K0+200	198.00	216.00	+18.00		K0+720	221.00	209.50	-11.50
	K0+220	197.00	215.20	+18.00		K0+740	226.00	210.00	-16.00
	K0+240	198.00	214.40	+16.40		K0+760	227.00	210.50	-16.50
	K0+260	199.60	213.60	+14.00		K0+780	223.80	210.97	-12.83

(续)

	里程桩号	地面高程/m	设计高程/m	填挖高差/m		里程桩号	地面高程/m	设计高程/m	填挖高差/m
	K0+280	204.00	212.80	+8.80	+2.5% 372m	K0+800	216.00	211.31	-4.69
	K0+300	212.00	212.00	+0.00		K0+820	210.00	211.50	+1.50
	K0+320	218.00	211.20	-6.80		K0+840	200.00	211.55	+11.55
	K0+340	213.00	210.40	-2.60		K0+860	190.00	211.46	+21.46
-4% 500m	K0+360	205.00	209.60	+4.60		K0+880	190.00	211.22	—
	K0+380	205.60	208.80	+3.20		K0+900	190.00	210.84	+21.22
	K0+400	204.00	208.00	+4.00		K0+920	190.22	210.32	+20.10
	K0+420	201.00	207.25	+6.25	-5.0% 128m	K0+940	191.67	209.66	+17.99
	K0+440	205.60	206.63	+1.03		K0+960	192.75	208.85	+16.10
	K0+460	211.00	206.15	-4.85		K0+980	193.90	207.90	+14.00
	K0+480	216.00	205.80	-10.20		K1+000	196.40	206.90	+10.50
	K0+500	217.00	205.58	-11.42		K1+020	197.40	205.90	+8.50
						K1+031.6	198.00	205.32	+7.32

注：设计高程 = 初始设计高程 + $20n \times i_p$ (m)

(3) 竖曲线要素计算

1) i_1 与 i_2 相交处的圆曲线。$i_1 = -4.00\%$，$i_2 = 2.50\%$，则

$\omega = i_2 - i_1 = 6.50\% > 0$，为凹曲线（图2-38）。

由相关规定，取 $R = 3000 \text{m}$

曲线长　　$L = R\omega = 3000 \times 6.5\% = 195.0 (\text{m})$

切线长　　$T = L/2 = 195.0/2 = 97.5 (\text{m})$

外距　　$E = \dfrac{T^2}{2R} = \dfrac{97.5^2}{2 \times 3000} = 1.58 (\text{m})$

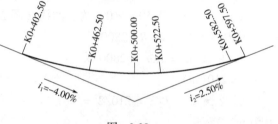

图 2-38

综上，第一个变坡点处的竖曲线要素见表2-64。

计算设计高程：

竖曲线起点桩号 = $(K_0 + 500) - 97.5 = K_0 + 402.50$

竖曲线起点高程 = $204 + 97.5 \times 4\% = 207.90 (\text{m})$

表2-64　第一个变坡点处的竖曲线要素（凹形）

R/m	L/m	T/m	E/m
3000	195	97.5	1.58

①桩号 K0+462.5 处

横距 $x_1 = 60 \text{m}$

竖距 $h_1 = \dfrac{x_1^2}{2R} = \dfrac{60^2}{2 \times 3000} = 0.6 (\text{m})$

切线高程 = $207.9 - 60 \times 4\% = 205.50 (\text{m})$

设计高程 = $205.50 + 0.6 = 206.10 (\text{m})$

②桩号 K0+522.50 处

横距 $x_2 = 120 \text{m}$

竖距 $h_2 = \dfrac{x_2^2}{2R} = \dfrac{120^2}{2 \times 3000} = 2.40(\mathrm{m})$

切线高程 $= 207.9 - 120 \times 4\% = 203.10(\mathrm{m})$

设计高程 $= 203.10 + 2.40 = 205.50(\mathrm{m})$

③桩号 K0+582.50 处

横距 $x_3 = 180\mathrm{m}$

竖距 $h_3 = \dfrac{x_3^2}{2R} = \dfrac{180^2}{2 \times 3000} = 5.40(\mathrm{m})$

切线高程 $= 207.9 - 180 \times 4\% = 200.70(\mathrm{m})$

设计高程 $= 200.70 + 5.40 = 206.10(\mathrm{m})$

综上，各桩的设计计算高程见表2-65。

表2-65 各桩的设计计算高程

桩号	K0+402.50	K0+462.50	K0+500.00	K0+522.50	K0+582.50	K0+597.50
横距 x/m	0	60.0	97.5	120.0	180.0	195.0
竖距 h/m	0	0.60	1.58	2.40	5.40	6.34
切线高程/m	207.90	205.50	204.00	203.10	200.70	200.10
设计高程/m	207.90	206.10	205.58	205.50	206.10	206.44

2) i_2 与 i_3 相交处的圆曲线。$i_2 = 2.5\%$，$i_3 = -5.0\%$，则

$\omega = i_3 - i_2 = -7.50\% < 0$，为凸曲线（图2-39）。

由相关规定，取 $R = 2800\mathrm{m}$

曲线长 $L = R\omega = 2800 \times 7.5\% = 210(\mathrm{m})$

切线长 $T = L/2 = 210/2 = 105(\mathrm{m})$

外距 $E = \dfrac{T^2}{2R} = \dfrac{105^2}{2 \times 2800} = 1.97(\mathrm{m})$

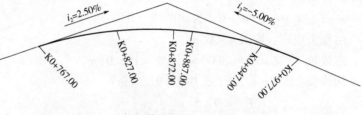

图 2-39

综上，第二个变坡点处的竖曲线要素见表2-66。

计算设计高程：

竖曲线起点桩号 $= (\mathrm{K0}+872) - 105 = \mathrm{K}_0 + 767$

竖曲线起点高程 $= 213.30 - 105 \times 2.5\% = 210.68(\mathrm{m})$

表2-66 第二个变坡点处的竖曲线要素（凸形）

R/m	L/m	T/m	E/m
2800	210	105	1.97

①桩号 K0+872 处

横距 $x_1 = 60\mathrm{m}$

竖距 $h_1 = \dfrac{x^2}{2R} = \dfrac{60^2}{2 \times 2800} = 0.64(\mathrm{m})$

切线高程 $= 210.68 + 60 \times 2.5\% = 212.18(\mathrm{m})$

设计高程 $= 212.18 - 0.64 = 211.54(\mathrm{m})$

②桩号 K0+887 处

横距 $x_2 = 120\mathrm{m}$

竖距 $h_2 = \dfrac{x_2^2}{2R} = \dfrac{120^2}{2 \times 2800} = 2.57(\mathrm{m})$

切线高程 $= 210.68 + 120 \times 2.5\% = 213.68(\mathrm{m})$

设计高程 $= 213.68 - 2.57 = 211.11(\mathrm{m})$

③桩号 K0+947 处

横距 $x_3 = 180\mathrm{m}$

竖距 $h_3 = \dfrac{x_3^2}{2R} = \dfrac{180^2}{2 \times 2800} = 5.79(\mathrm{m})$

切线高程 $= 210.68 + 180 \times 2.5\% = 215.18(\mathrm{m})$

设计高程 $= 215.18 - 5.79 = 209.39(\mathrm{m})$

综上，各桩的设计计算高程见表2-67。

表 2-67　各桩的设计计算高程

桩号	K0+767.00	K0+827.00	K0+872.00	K0+887.00	K0+947.00	K0+977
横距 x/m	0	60	105	120	180	210
竖距 h/m	0	0.64	1.97	2.57	5.79	7.89
切线高程/m	210.68	212.18	213.30	213.68	215.18	215.93
设计高程/m	210.68	211.54	211.33	211.11	209.39	208.04

(4) 桥位标高计算　《公路工程水文勘测设计规范》（JTG C 30—2015）第7.4.1 条规定，不通航河流的桥面设计高程，按设计水位计算桥面最低高程时，应按下式计算：

$$H_{\min} = H_s + \sum \Delta h + \Delta h_j + \Delta h_0 \tag{2-89}$$

式中　$H_{\min}$——桥面最低高程（m）；

H_s——从设计水位（m）；

$\sum \Delta h$——考虑壅水、浪高、波浪壅高、床面淤高、漂流物高度等因素的总和（m）；

Δh_j——桥下净空安全值（m），应按表2-68的规定；

Δh_0——桥梁上部构造建筑高度（m），应包括桥面铺装高度。

表 2-68　非通航河流桥下净空 Δh_j

桥梁的部位		高出计算水位/m	高出最高流冰面/m
梁底	洪水期无大漂流物	0.50	0.75
	洪水期有大漂流物	1.50	—
	有泥石流	1.00	—
支承垫石顶面		0.25	0.50
有铰拱拱脚		0.25	0.25

本实例设计水位 $H_s = 1.5\mathrm{m}$。

由表2-68可知，非通航河流桥下最小净空 $\Delta h_j = 0.5\mathrm{m}$。

考虑各种因素水位升高之和 $\sum \Delta h = 1.0\mathrm{m}$。

桥梁选用跨径20m 的简支梁桥，主梁的高度 Δh_{01}：

$$\Delta h_{01} = \left(\dfrac{1}{11} \sim \dfrac{1}{16}\right)l = \left(\dfrac{1}{11} \sim \dfrac{1}{16}\right) \times 20 = 1.82 \sim 1.25\mathrm{m}，取简支梁桥的高度取 \Delta h_{01} = 1.5\mathrm{m}。$$

铺装层厚度高度 $\Delta h_{02} = 0.1\mathrm{m}$。

桥梁上部构造建筑高度（包括桥面铺装高度） $\Delta h_0 = \Delta h_{01} + \Delta h_{02} = 1.6(\mathrm{m})$

由式 (2-89) 可得 $H_{\min} = 1.5 + 0.5 + 1.0 + 1.6 = 4.6(\mathrm{m})$

桥梁选用 1×20 简支梁，桩号 K0 + 872。

(5) 涵洞设计

1) 涵洞构造形式选择：

管涵：圆管涵直径一般为 $0.5 \sim 1.5 \mathrm{m}$，受力情况和适应基础较好，仅需设置端墙，不需墩台，圬工数量小，造价低，但清淤不便，设计流量在 $10 \mathrm{m}^3 / \mathrm{m}$ 左右时宜采用。

盖板涵：在低填土路基上设置有利，还可以做成明涵，设计流量在 $20 \mathrm{m}^3 / \mathrm{m}$ 以上时宜采用。

拱涵：设计流量大时宜采用，特别是当路堤较高时宜采用，超载潜力大。

箱涵：适用于软土地基，施工困难，造价高，一般不采用。

2) 涵洞洞口建筑。洞口建筑用以连接洞身与上下游河道，使水能顺畅通过涵洞，确保涵洞与洞口衔接的路基边坡的稳定和安全，必须根据涵洞类型、河床及洞口的地形和地质条件、水流特征、路基断面形式等合理选择洞口建筑形式。最常用的涵洞洞口建筑形式为八字翼墙式、端墙式（一字式）、锥坡式和流线形洞口等。

洞基础一般为刚性基础，且采用分离式基础。

3) 确定洞涵的位置及技术指标。按照涵洞位置选择的原则，本设计路段共设置了 4 道涵洞，其位置为 K0 + 210、K0 + 268、K0 + 366、K0 + 426、K0 + 560。所设涵洞各项技术指标的确定采用套用标准图集法，设计过程中参考《桥涵水文》（薛明编著，同济大学出版社，2005 年 9 月）表 9-18，选用 $1 \mathrm{m} \times 1.5 \mathrm{m}$ 钢筋混凝土圆管涵，圆管涵直径为 $1.5 \mathrm{m}$，填土厚度取 $0.5 \mathrm{m}$，路基路面厚度取 $0.7 \mathrm{m}$。

2.2.6 横断面设计

1. 横断面相关参数

(1) 横断面标准图 二级公路横断面包括行车道、路肩组成，其路基标准断面如图 2-40 所示。

图 2-40 二级公路路基标准断面

(2) 车道宽度 由表 2-32 各级公路行车道宽度可知，二级公路的行车道宽度列于表 2-69。

表 2-69 二级公路行车道宽度

设计速度/(km/h)	车道数/条	车道宽度/m	行车道宽度/m
60	2	3.50	7.0

(3) 路肩宽度 除高速公路、一级公路以外，其他各级公路的路肩宽度根据条件可采用 $2.25 \mathrm{m}$、$2.00 \mathrm{m}$、$1.75 \mathrm{m}$、$1.00 \mathrm{m}$、$0.75 \mathrm{m}$、$0.50 \mathrm{m}$。本设计选用路肩宽度为 $1.50 \mathrm{m}$。

(4) 路拱横坡度 为了利于路面横向排水，将路面做成中央高于两侧具有一定横坡的拱起形状，称为路拱。对路拱大小和形状的设计应兼顾有利排水和行车舒适两个方面的因素。不同类型的路面因其表面平整度和透水性不同，根据当地自然条件可选用不同的路拱横坡度。

本设计选用水泥混凝土路面，由表 2-35 可知，路拱横坡度 $1.0\% \sim 2.0\%$。

土路肩的排水性低于路面，其横坡度较路面宜增大 $1.0\% \sim 2.0\%$。

(5) 行车视距

1) 停车视距。停车视距包括反应距离和制动距离两部分。由表 2-49 可知，设计速度 60km/h 时，公路停车视距 75m。

由表 2-50 下坡段货车停车视距，得设计速度 60km/h 时，货车停车视距要求列于表 2-70。

表 2-70　下坡段货车停车视距　　　　　　　　　　　　　　（单位：m）

设计速度/(km/h)	下坡纵坡（%）					
	0	3	4	5	6	7
60	85	89	91	93	95	97

2) 超车视距。双车道公路应考虑超车视距，超车视距包括加速行驶距离 S_1、超车汽车在对向车道上行驶距离 S_2、超车完成后超车汽车与对向汽车之间的安全距离 S_3 以及超车汽车从开始加速到超车完成时对向汽车行驶距离 S_4'。根据表 2-52 可知，设计速度 60km/h 时，超车视距取一般值 350m，低限值 250m。

2. 典型横断面图

(1) 全挖典型图　如图 2-41 所示。

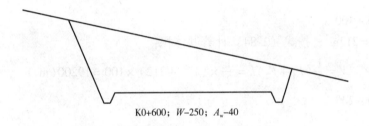

K0+600；W-250；A_w-40

图 2-41　全挖典型图（比例尺 1:200）

(2) 全填典型图　如图 2-42 所示。

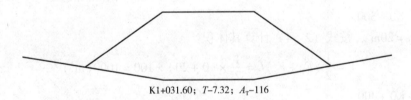

K1+031.60；T-7.32；A_T-116

图 2-42　全填典型图（比例尺 1:200）

(3) 半填半挖典型图　如图 2-43 所示。

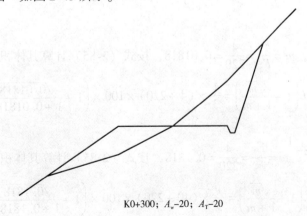

K0+300；A_w-20；A_T-20

图 2-43　半填半挖典型图（比例尺 1:200）

2.2.7 土方数量计算

(1) 计算原理　若相邻两断面 F_1 和 F_2 均为填方或均为挖方且面积大小相近，其体积 V 按式 (2-84) 计算，即

$$V = \frac{1}{2}(F_1 + F_2)L$$

若相邻两断面 F_1 和 F_2 相差甚大，其体积 V 可按式 (2-85) 计算，即

$$V = \frac{1}{3}(F_1 + F_2)L\left(1 + \frac{\sqrt{m}}{1+m}\right)$$

式中　V——体积（m^3），即为土石方数量；

F_1、F_2——相邻两断面的面积（m^2）；

L——相邻断面之间的距离（m）；

$$m = \frac{F_1}{F_2}, \text{ 其中 } F_2 > F_1。$$

(2) 土石方量计算

1) 挖方量计算

① K0+000~K0+100

$F_1 = 172 m^2$、$F_2 = 212 m^2$，按式 (2-84) 计算其体积：

$$V = \frac{1}{2}(F_1 + F_2)L = \frac{1}{2} \times (172 + 212) \times 100 = 19200 (m^3)$$

② K0+100~K0+200

$F_1 = 0$、$F_2 = 172 m^2$，$m = \frac{F_1}{F_2} = 0$，按式 (2-85) 计算其体积：

$$V = \frac{1}{3}(F_1 + F_2)L\left(1 + \frac{\sqrt{m}}{1+m}\right) = \frac{1}{3} \times (0 + 172) \times 100 \times \left(1 + \frac{\sqrt{0}}{1+0}\right) = 5733 (m^3)$$

③ K0+200~K0+300

$F_1 = 0 m^2$、$F_2 = 20 m^2$，按式 (2-84) 计算其体积：

$$V = \frac{1}{2}(F_1 + F_2)L = \frac{1}{2} \times (0 + 20) \times 100 = 1000 (m^3)$$

④ K0+300~K0+400

$F_1 = 4 m^2$、$F_2 = 20 m^2$，按式 (2-85) 计算其体积：

$$V = \frac{1}{2}(F_1 + F_2)L = \frac{1}{2} \times (4 + 20) \times 100 = 1200 (m^3)$$

⑤ K0+400~K0+500

$F_1 = 4 m^2$、$F_2 = 220 m^2$，$m = \frac{F_1}{F_2} = \frac{4}{220} = 0.01818$，按式 (2-85) 计算其体积：

$$V = \frac{1}{3}(F_1 + F_2)L\left(1 + \frac{\sqrt{m}}{1+m}\right) = \frac{1}{3} \times (4 + 220) \times 100 \times \left(1 + \frac{\sqrt{0.01818}}{1+0.01818}\right) = 8455 (m^3)$$

⑥ K0+500~K0+600

$F_1 = 40 m^2$、$F_2 = 220 m^2$，$m = \frac{F_1}{F_2} = \frac{4}{220} = 0.1818$，按式 (2-85) 计算其体积：

$$V = \frac{1}{3}(F_1 + F_2)L\left(1 + \frac{\sqrt{m}}{1+m}\right) = \frac{1}{3} \times (40 + 220) \times 100 \times \left(1 + \frac{\sqrt{0.1818}}{1+0.1818}\right) = 11794 (m^3)$$

⑦ K0+600~K0+700

$F_1 = 40\text{m}^2$、$F_2 = 132\text{m}^2$，$m = \dfrac{F_1}{F_2} = \dfrac{40}{132} = 0.3030$，按式（2-85）计算其体积：

$$V = \dfrac{1}{3}(F_1 + F_2)L\left(1 + \dfrac{\sqrt{m}}{1+m}\right) = \dfrac{1}{3} \times (40 + 132) \times 100 \times \left(1 + \dfrac{\sqrt{0.3030}}{1+0.3030}\right) = 8156(\text{m}^3)$$

⑧ K0+700～K0+800

$F_1 = 64\text{m}^2$、$F_2 = 132\text{m}^2$，$m = \dfrac{F_1}{F_2} = \dfrac{64}{132} = 0.4848$，按式（2-85）计算其体积：

$$V = \dfrac{1}{3}(F_1 + F_2)L\left(1 + \dfrac{\sqrt{m}}{1+m}\right) = \dfrac{1}{3} \times (64 + 132) \times 100 \times \left(1 + \dfrac{\sqrt{0.4848}}{1+0.4848}\right) = 9597(\text{m}^3)$$

⑨ K0+800～K0+900

$F_1 = 0\text{m}^2$、$F_2 = 64\text{m}^2$，$m = \dfrac{F_1}{F_2} = 0$，按式（2-85）计算其体积：

$$V = \dfrac{1}{3}(F_1 + F_2)L\left(1 + \dfrac{\sqrt{m}}{1+m}\right) = \dfrac{1}{3} \times (0 + 64) \times 100 \times \left(1 + \dfrac{\sqrt{0}}{1+0}\right) = 2133(\text{m}^3)$$

⑩ K0+900～K0+1000

$F_1 = 0\text{m}^2$、$F_2 = 0\text{m}^2$，则 $V = 0$

⑪ K1+000～K1+031.60

$F_1 = 0\text{m}^2$、$F_2 = 0\text{m}^2$，则 $V = 0$

2）填方量计算

① K0+000～K0+100

$F_1 = 0\text{m}^2$、$F_2 = 0\text{m}^2$，则 $V = 0$

② K0+100～K0+200

$F_1 = 0\text{m}^2$、$F_2 = 416\text{m}^2$，$m = \dfrac{F_1}{F_2} = 0$，按式（2-85）计算其体积：

$$V = \dfrac{1}{3}(F_1 + F_2)L\left(1 + \dfrac{\sqrt{m}}{1+m}\right) = \dfrac{1}{3} \times (0 + 416) \times 100 \times \left(1 + \dfrac{\sqrt{0}}{1+0}\right) = 13867(\text{m}^3)$$

③ K0+200～K0+300

$F_1 = 12\text{m}^2$、$F_2 = 416\text{m}^2$，$m = \dfrac{F_1}{F_2} = \dfrac{12}{416} = 0.02885$，按式（2-85）计算其体积：

$$V = \dfrac{1}{3}(F_1 + F_2)L\left(1 + \dfrac{\sqrt{m}}{1+m}\right) = \dfrac{1}{3} \times (12 + 416) \times 100 \times \left(1 + \dfrac{\sqrt{0.02885}}{1+0.02885}\right) = 16622(\text{m}^3)$$

④ K0+300～K0+400

$F_1 = 12\text{m}^2$、$F_2 = 16\text{m}^2$，按式（2-84）计算其体积：

$$V = \dfrac{1}{2}(F_1 + F_2)L = \dfrac{1}{2} \times (12 + 16) \times 100 = 1400(\text{m}^3)$$

⑤ K0+400～K0+500

$F_1 = 0\text{m}^2$、$F_2 = 16\text{m}^2$，按式（2-84）计算其体积：

$$V = \dfrac{1}{2}(F_1 + F_2)L = \dfrac{1}{2} \times (0 + 16) \times 100 = 800(\text{m}^3)$$

⑥ K0+500～K0+600

$F_1 = 0\text{m}^2$、$F_2 = 0\text{m}^2$，则 $V = 0$

⑦ K0+600～K0+700

$F_1 = 0\text{m}^2$、$F_2 = 0\text{m}^2$，则 $V = 0$

⑧ K0+700～K0+800

$F_1 = 0\text{m}^2$、$F_2 = 0\text{m}^2$，则 $V=0$

⑨ K0+800～K0+900

$F_1 = 0\text{m}^2$、$F_2 = 850\text{m}^2$，$m = \dfrac{F_1}{F_2} = 0$，按式（2-85）计算其体积：

$$V = \frac{1}{3}(F_1+F_2)L\left(1+\frac{\sqrt{m}}{1+m}\right) - V_{桥}$$

$$= \frac{1}{3}\times(0+850)\times100\times\left(1+\frac{\sqrt{0}}{1+0}\right) - \frac{1}{2}\times(850+850)\times20 = 11333(\text{m}^3)$$

⑩ K0+900～K0+1000

$F_1 = 300\text{m}^2$、$F_2 = 850\text{m}^2$，$m = \dfrac{F_1}{F_2} = \dfrac{300}{850} = 0.3529$，按式（2-85）计算其体积：

$$V = \frac{1}{3}(F_1+F_2)L\left(1+\frac{\sqrt{m}}{1+m}\right) = \frac{1}{3}\times(300+850)\times100\times\left(1+\frac{\sqrt{0.3529}}{1+0.3529}\right) = 55166(\text{m}^3)$$

⑪ K_1+000～$K_1+031.60$

$F_1 = 116\text{m}^2$、$F_2 = 300\text{m}^2$，$m = \dfrac{F_1}{F_2} = \dfrac{116}{300} = 0.3867$，按式（2-86）计算其体积：

$$V = \frac{1}{3}(F_1+F_2)L\left(1+\frac{\sqrt{m}}{1+m}\right) = \frac{1}{3}\times(116+300)\times31.6\times\left(1+\frac{\sqrt{0.3867}}{1+0.3867}\right) = 6347(\text{m}^3)$$

土石方数量计算结果见表2-71。

表2-71 土石方数量计算结果

桩号	横断面面积/m²		距离/m	总数量/m³	
	挖方	填方		挖方	填方
K0+000	212	0	100	19200	0
K0+100	172	0	100	5733	13867
K0+200	0	416	100	1000	16622
K0+300	20	12	100	1200	1400
K0+400	4	16	100	8455	800
K0+500	220	0	100	11794	0
K0+600	40	0	100	8156	0
K0+700	132	0	100	9597	0
K0+800	64	0	100	2133	11333
K0+900	0	85	100	0	55166
K1+000	0	300	31.60	0	6347
K1+031.60	0	116			
小计			1031.60	67268	105535

思 考 题

2-1 我国公路等级分哪几级？是如何分级的？

2-2 如何选择公路等级？

2-3 自然条件对道路设计有哪些影响？

2-4 设计速度与运行速度的作用及区别是什么？

2-5 设计交通量与设计小时交通量的作用及相互联系是什么？

2-6 什么是公路建筑界限？什么是公路用地？

2-7 为什么要限制直线的长度？

2-8 公路的最小圆曲线半径有几种？分别在何种情况下使用？

2-9 缓和曲线的作用是什么？确定其长度应考虑哪些因素？

2-10 道路最大纵坡是如何确定的？

2-11 为何要进行坡长限制？达到坡长限制值后如何设计？

2-12 为何要限制平均纵坡及合成坡度？

2-13 竖曲线要素有哪些？竖曲线最小半径如何确定？

2-14 纵断面设计的方法、步骤是什么？

2-15 各级公路都要设置路肩，路肩的作用是什么？

2-16 四道或四道以上车道的公路应设置中间带，其作用是什么？

2-17 试述无中间带道路的超高过渡方式及适用条件。

2-18 试述有中间带道路的超高过渡方式及适用条件。

2-19 在确定超高过渡段长度时应考虑什么？

2-20 在高等级公路设计中，为避免在缓和曲线和曲线全长范围内均匀过渡超高而造成路面横向排水不畅，超高过渡可采用哪些措施？

2-21 各级公路对视距有何要求？

2-22 道路上可能存在视距不良的路段有哪些？如何保证？

2-23 试述缓和曲线、超高过渡段、加宽过渡段长度的作用及相互关系。

2-24 平面线形设计的要点有哪些？

2-25 平面线形的组合形式有哪些？分别叙述各种形式的设计要点。

2-26 纵断面线形设计的一般原则是什么？

2-27 纵断面线形设计要点是什么？

2-28 纵断面线形设计中考虑哪些高程控制因素？

2-29 平、纵线形组合的形式有哪些？试从视觉、心理分析各组合形式的使用效果。

2-30 定线的方法有哪些？其特点和适用情况是什么？

2-31 平原、微丘区纸上定线的步骤是什么？

第3章 路基挡土墙设计

【知识与技能点】
- 熟悉挡土墙结构类型选用。
- 掌握挡土墙结构设计计算方法。
- 掌握绘制挡土墙结构施工图的初步技能。

3.1 设计解析

土木工程专业道路与桥梁工程方向设置"路基挡土墙课程设计"（1周），相对应《路基路面工程》课程。土木工程专业隧道工程方向设置"路基支挡结构设计"（1周），相对应《路基工程》课程。本章系统解析了重力式挡土墙、悬臂式挡土墙以及加筋土挡土墙的设计方法和步骤，并各给出一个完整的设计实例。

3.1.1 挡土墙的类型及其适用范围

挡土墙是用来支撑路基填土护山坡土体，防止填土或土体变形失稳的一种构筑物，广泛用于路基工程中支撑路堤或路堑边坡、隧道洞口、桥梁两端及河流岸壁等，其各部分名称如图3-1所示。

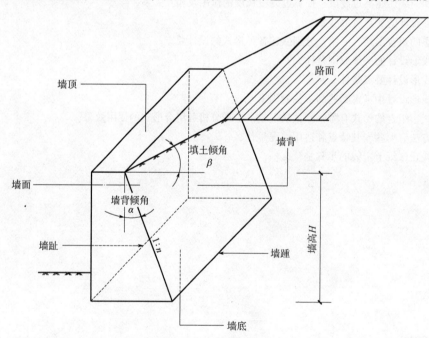

图3-1 挡土墙各部分名称示意

挡土墙按结构形式可分为重力式、衡重式、悬臂式、扶壁式、加筋式、锚杆式和锚定板式等。各类挡土墙的适用范围取决于墙趾地形、工程地质、水文地质、建筑材料、墙的用途、施工方式、技术经济条件及当地的经验等因素。各种类型挡土墙的特点和适用范围见表3-1。

表 3-1　各种类型挡土墙的特点和适用范围

挡土墙类型		图示	挡土机理	特点	适用范围
重力式挡土墙	普通重力式挡土墙	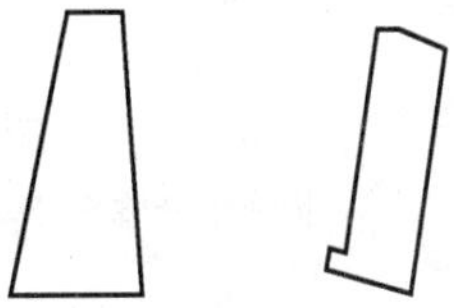	依靠墙身自重支撑土压力来维持其稳定	墙背为直线形	适用范围广
	不带衡重台的折线形挡土墙			墙背为折线形	介于普通重力式挡土墙和衡重式挡土墙之间
	衡重式挡土墙			墙背为折线形，带衡重台。衡重台上填土重量使全墙重心后移，增加了墙身的稳定，且其墙面很陡，下墙墙背仰斜，可减小墙的高度，减少开挖工作量，避免过分牵动山体的稳定	山区公路，但由于其基底面积较小，对地基承载力要求较高，应设置在坚实的地基上
锚定式挡土墙	锚杆式挡土墙	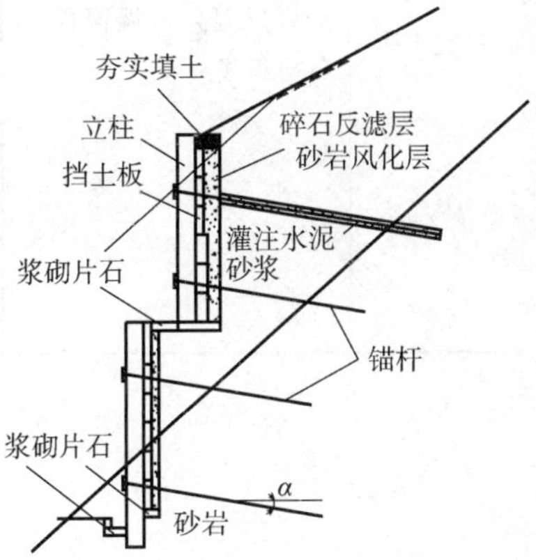	墙后土压力由挡土板传给立柱，由锚杆与岩体之间的锚固力（锚杆的抗拔力）使墙获得稳定	由预制的立柱+挡土板+（水平或倾斜的）锚杆联合组成。也可采用肋柱式或板壁式单级墙或多级墙，每级墙高不宜大于 8m，多级墙的上、下级墙体间应设置宽度不小于 2m 的平台	墙高较大的岩质路堑地段，可用于抗滑挡土墙
	锚定板式挡土墙	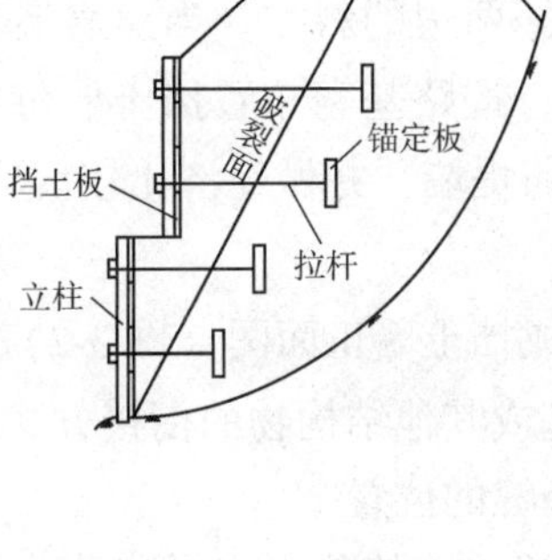	墙后土压力由挡土板传给立柱，由锚定板产生的抗拔力使墙获得稳定	由预制的立柱+挡土板+拉杆+锚定板联合组成。也可采用肋柱式或板壁式，每级墙高不宜大于 6m，上、下级墙体之间应设置宽度不小于 2m 的平台，上、下两级的肋柱宜交错布置	缺少石料地区的路肩式、路堤式挡土墙，但不适用于滑坡、坍塌、软土及膨胀土地区

(续)

挡土墙类型		图示	挡土机理	特点	适用范围
薄壁式挡土墙	悬臂式挡土墙	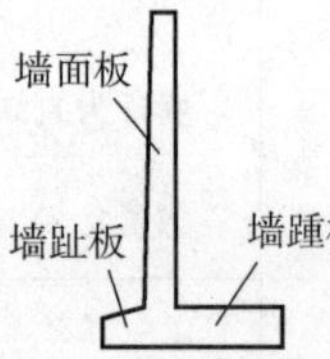 （墙面板、墙趾板、墙踵板示意图）	墙身的稳定主要依靠墙踵板上的填土重力来保证	由立壁+墙趾+墙踵板三个悬臂部分组成	宜在石料缺乏、地基承载力较低的填方段采用，墙高不宜超过5m
	扶壁式挡土墙	（墙面板、扶肋、墙趾板、墙踵板示意图）		由墙面板（立壁）+墙趾板+墙踵板+扶肋（扶壁）组成	缺乏石料地区和地基承载力较低的填方路段，墙高＞5m，但不宜超过15m
加筋土挡土墙		（面板、筋带、填料示意图）	墙后土压力由面板通过填土和拉筋间的摩擦力承担，稳定土体	由填土+填土中布置的拉筋条（镀锌薄钢板、铝合金、高强塑料及合成纤维等）+墙面板三部分组成	一般地区的路肩式、路堤式挡土墙，但不应建在滑坡、水流冲刷、崩塌等不良地质地段。高速公路、一级公路墙高≤12m；二级公路及二级公路以下公路≤20m。当采用多级墙时，每级墙高≤10m，上、下级墙体之间设置宽度＞2m的平台

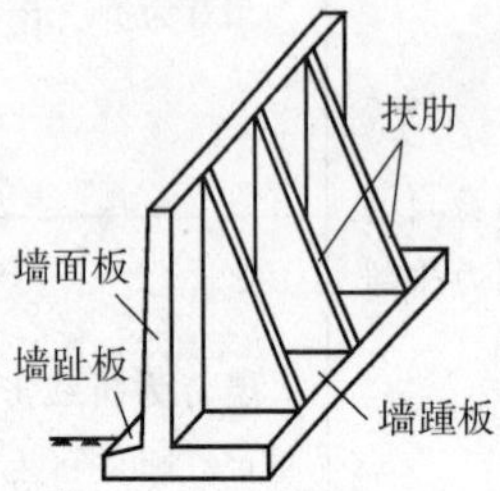

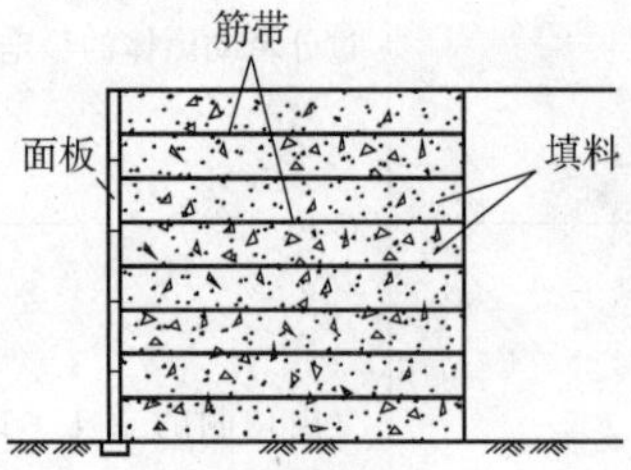

3.1.2 挡土墙的布置

1. 挡土墙位置的选择

路堑挡土墙大多数设置在边沟旁。山坡挡土墙应考虑设置在基础可靠处，墙的高度应保证墙后墙顶以上边坡的稳定。

路肩墙是指建在道路两侧路肩的挡墙，路堤墙是公路两边的斜坡。当路肩墙和路堤墙的墙高或截面圬工数量相近、基础情况相似时，应优先选用路肩墙，按路基宽布置挡土墙位置。若路堤墙的高度或圬工数量比路肩墙显著降低，且基础可靠时，宜选用路堤墙，并做经济比较后确定墙的位置。

2. 纵向布置

挡土墙纵向布置在墙趾纵断面图上进行，布置后绘成挡土墙正面图（图3-2）。布置内容包括：

1) 确定挡土墙的起讫点和墙长，选择挡土墙与路基或其他结构物的衔接方式。
2) 按地基及地形情况进行分段，确定伸缩缝与沉降缝的位置。
3) 布置各段挡土墙的基础。墙趾地面有纵坡时，挡土墙的基底应做成不大于5%的纵坡。当地

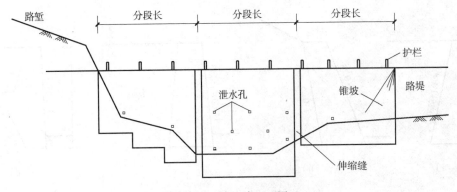

图 3-2 挡土墙正面图

基为岩石时,为减少开挖,可沿纵向做成台阶,台阶尺寸应随纵坡大小而定,但其高宽比不宜大于 1:2。

4) 布置泄水孔的位置,包括数量、间隔和尺寸等。

5) 其他,在布置图上应标注各特征断面的桩号以及墙顶、基础顶面、基底、冲刷线、冰冻线、常水位线或设计洪水位的高程等。

3. 横向布置

横向布置选择在墙高最大处、墙身断面或基础形式有变异处以及其他必需桩号的横断面图上进行。根据墙型、墙高及地基与填料的物理力学指标等设计资料,进行挡土墙设计或套用标准图,确定墙身断面、基础形式和埋置深度,布置排水设施等,并绘制挡土墙横断面图。

4. 平面布置

对于高、长的沿河挡土墙和曲线挡土墙等复杂的挡土墙,还应进行平面布置,绘制平面图,标明挡土墙与路线的平面位置及附近地貌与地物等情况,特别是与挡土墙有干扰的建筑物情况。

3.1.3 挡土墙的构造

1. 基础埋置深度

基础埋置深度应根据地基的性质、承载力的要求、冻胀的影响、地形和水文地质等条件综合确定。挡土墙基础设置于土质地基时,其基础埋置深度应符合下列要求:

1) 当冻结深度≤1.0m 时,基底应在冻结线以下不少于 0.25m,并应符合基础最小埋置深度不小于 1.0m 的要求。

2) 当冻结深度>1.0m 时,基底最小埋置深度≥1.25m,还应将基底至冻结线以下 0.25m 深度范围内的地基土换填为弱冻胀材料。不冻胀土层(例如碎石、卵石、中砂或粗砂等)的基础,埋置深度可不受冻深的限制。

3) 受流水冲刷时,应按路基设计洪水频率计算冲刷深度,基底应置于局部冲刷线以下不小于 1.0m。

4) 路堑挡土墙基础顶面应低于边沟底面不小于 0.5m。

5) 在风化层不厚的硬质岩石地基上,基底一般应置于基岩表面风化层以下;在软质岩石地基上,基底最小埋置深度不小于 1.0m。

2. 墙身构造

(1) 重力式挡土墙

1) 墙背坡度。重力式挡土墙的墙背坡度一般采用 1:0.25 仰斜,仰斜墙背坡度不宜缓于 1:0.3;俯斜墙背坡度一般为 1:0.25~1:0.40。衡重式或凸折式挡土墙下墙墙背多采用 1:0.25~1:0.30 仰斜,上墙墙背坡度受墙身强度控制,根据上墙高度,采用 1:0.25~1:0.45 俯斜,如图 3-3 所示。

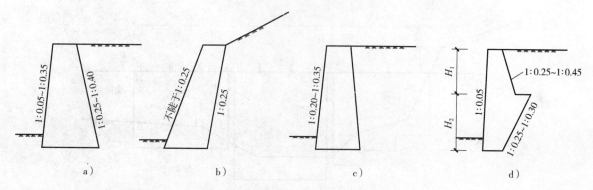

图 3-3 挡土墙墙背和墙面坡度示意

2）墙面坡度。重力式挡土墙的墙面常采用直线形，其坡度应与墙背坡度相协调，如图 3-3 所示。考虑墙趾处底面横坡，在地面横坡倾斜时，墙面坡度影响挡土墙的高度，横向坡度越大影响越大。因此，地面坡度较陡时，墙面坡度一般为 1:0.05～1:0.20，矮墙时也可采用直立；地面横坡平缓时，墙面可适当放缓，但一般不缓于 1:0.35。仰斜式挡土墙墙面一般与墙背坡度一致或缓于墙背坡度；衡重式挡土墙墙面坡度采用 1:0.05，其上墙和下墙高度之比，一般采用 2:3，如图 3-3d 所示。

3）墙顶最小宽度。浆砌片石挡土墙墙顶宽度不应小于 0.50m，当墙身采用混凝土浇筑时，不应小于 0.40m。干砌挡土墙墙顶宽度不应小于 0.6m，干砌挡土墙的高度一般不超过 6.0m，高速公路、一级公路不宜采用干砌挡土墙。

4）护栏设置要求。为保证交通安全，在地形险峻地段或过高过长的路肩墙的墙顶应设置护栏。护栏内侧边缘距路面边缘的距离，二、三级公路不小于 0.75m，四级公路不小于 0.50m。

5）变形缝设置。为避免因地基不均匀沉陷引起的墙身开裂，应根据地基地质条件的变化和墙高、墙身断面的变化情况设置沉降缝。为防止圬工砌体收缩硬化和温度变化引起的裂缝，应设置伸缩缝。设计中沉降缝和伸缩缝合并设置，沿路线方向每隔 10～15m 设置一道，岩石地基时也不宜超过 25m，缝宽为 20～30mm，自墙顶做到基底。当墙背为岩石路堑或填石路堤，且为冻害不严重的地区，可不填塞缝隙，即设置空隙。干砌挡土墙可不设置沉降缝和伸缩缝。

6）排水设施。挡土墙排水的作用包括疏干墙后土体和防止地表水下渗后积水，以免墙后积水致使墙身承受额外的静水压力；减少季节性冰冻地区填料的冻胀压力；消除黏性土调料浸水后的膨胀压力。

挡土墙的排水措施包括地面排水和墙身排水两部分。

地面排水：主要是防止地表水渗入墙后土体或地基，地面排水措施有：①设置地面排水沟，截引地表水；②夯实回填土顶面和地表松土，防止雨水和地面下渗，必要时可设铺砌层；③路堑挡土墙墙趾前的边沟应予以铺砌加固，以防边沟水渗入基础。

墙身排水：主要是为了排除墙后积水，通常在墙身的适当高度处布置一排或数排泄水孔（图3-4）。泄水孔可采用方孔或圆孔，其尺寸应根据泄水量的大小确定，方孔尺寸为 0.05m×0.10m、0.1m×0.1m、0.15m×0.20m；圆孔直径为 0.05～0.20m。泄水孔的孔眼间距一般为 2.0～3.0m，干旱地区可适当增大，多雨地区可适当减小。浸水挡土墙泄水孔的孔眼间距为 1.0～1.5m，孔眼应上下交错设置。最下面一排泄水孔的出水口应高出地面 0.3m；路堑挡土墙：应高出边沟水位 0.3m，浸水挡土墙：应高出常水位 0.3m。下排泄水孔进水口的底部应铺设 0.3m 厚的黏土层，并夯实，以防水分渗入基础。泄水孔的进水口部分应设置粗粒料反滤层，以防孔道淤塞。干砌挡土墙可不设泄水孔。

当墙后填土的透水性不良或可能发生冻胀时，应在最低一排泄水孔至墙顶以下 0.5m 的高度范围内，填筑不小于 0.3m 厚的砂砾石或无砂混凝土块板或土工织物等渗水材料作排水层，以疏干墙后填土中的水，如图 3-4c、d 所示。

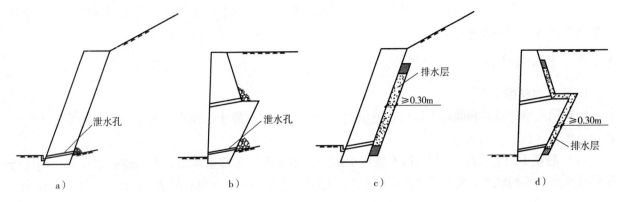

图 3-4 泄水孔及排水处

3.1.4 挡土墙荷载和荷载组合

1. 荷载（作用）

（1）作用于挡土墙上的永久荷载

1）挡土墙结构重力。

2）填土重力（包括基础裙边以上土）。

3）填土侧压力。

4）墙顶上的有效永久荷载。

5）墙顶与第二破裂面之间的有效荷载。

6）计算水位的浮力及静水压力。

7）预加力。

8）混凝土收缩及徐变。

9）基础变位影响力。

（2）作用于挡土墙上的可变荷载

1）基本可变荷载：

①车辆荷载引起的土侧压力。

②人群荷载、人群荷载引起的土侧压力。

2）其他可变荷载：

①水位退落时的动水压力。

②流水压力。

③波浪压力。

④冻胀压力和冰压力。

⑤温度变化的影响力。

3）施工荷载：与挡土墙施工有关的临时荷载。

（3）作用于挡土墙上的偶然荷载 包括地震作用力、滑坡、泥石流作用力以及作用于墙顶护栏上的车辆碰撞力等。

2. 荷载组合

挡土墙设计时，常用的荷载组合：

组合Ⅰ：挡土墙结构自重 + 填土重力 + 墙顶上的有效永久荷载 + 填土侧压力 + 其他永久荷载

组合Ⅱ：组合Ⅰ + 基本可变荷载

组合Ⅲ：组合Ⅰ + 基本可变荷载 + 其他可变荷载 + 偶然荷载

需要说明：洪水与地震力不同时考虑；冻胀力、冰压力与流水压力或波浪压力不同时考虑；车辆荷载与地震力不同时考虑。

3.1.5 土压力计算

1. 土压力类型

根据挡土墙的位移和墙后土体所处的应力状态，土压力有静止土压力（E_0）、主动土压力（E_a）、被动土压力（E_p）三种类型。

（1）静止土压力（E_0） 如果挡土墙在土压力作用下不发生移动或转动而保持原来位置，则墙后土体处于弹性平衡状态，此时墙背所受的土压力称为静止土压力，并以符号 E_0 表示，如图3-5a所示。

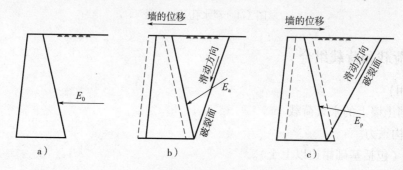

图3-5 土压力分类
a）静止土压力 b）主动土压力 c）被动土压力

（2）主动土压力（E_a） 如果挡土墙在填土产生的土压力作用下向墙前移动和转动时，随着位移量的增大，作用于墙后的土压力逐渐减少，当位移量达某一（微量）值时，墙后土体处于主动极限平衡状态，此时作用于墙背上的土压力称为主动土压力，并以符号 E_a 表示，如图3-5b所示。

（3）被动土压力（E_p） 如果挡土墙在外荷载作用下推向土体时，随着墙向后位移量的增加，土体对墙背的反力也逐渐增加，当位移量足够大，直到土体在墙的推压下达到被动极限平衡状态时，作用于墙背上的土压力称为被动土压力，并以符号 E_p 表示，如图3-5c所示。

试验研究表明：在相同条件下，主动土压力 E_a 小于静止土压力 E_0，而静止土压力 E_0 又小于被动土压力 E_p，即 $E_a < E_0 < E_p$，而且产生被动土压力所需的位移量 Δ_p 大大超过产生主动土压力所需的位移量 Δ_a，如图3-6所示。

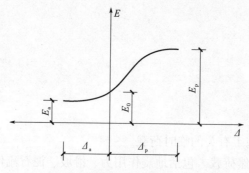

图3-6 墙体位移与土压力关系

2. 主动土压力计算

（1）库仑理论 公路挡土墙所承受的土压力一般按库仑理论计算。库仑理论在分析土压力时，基于以下基本假定：

1）墙后土体为均质散粒体，粒间仅有内摩擦力而无黏聚力。

2）当墙产生一定位移（移动或转动）时，墙后土体将形成破裂棱体，并沿墙背和破裂面滑动

(下滑或上移)。

3) 破裂面为通过墙踵的一个平面。

4) 当墙后填土开始滑动时,土体处于极限平衡状态,破裂棱体在其自重 G、墙背反力(其反作用力即为土压力 E_a,与墙背法线成 δ 角)和破裂面反力 R (R 与破裂面法线成 φ 角)的作用下维持静力平衡。

5) 挡土墙及破裂棱体均视为刚体,在外力作用下不发生变形。

如图 3-7a 所示,破裂棱体 ABC 在破裂棱体自重 G、主动土压力的反力 E_a 和破裂面上的反力 R 作用下处于极限平衡状态,根据力三角形(图 3-7b)封闭条件,可得

$$E_a = G \frac{\cos(\theta + \varphi)}{\sin(\theta + \psi)} \tag{3-1}$$

式中 $\psi = \varphi + \alpha + \delta$。

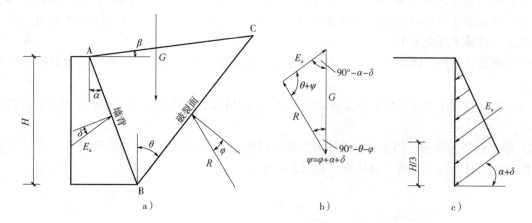

图 3-7 库仑土压力计算图式
a) 破裂棱体受力 b) 力三角形 c) 库仑主动土压力分布

由式(3-1)可见,E_a 为破裂角 θ 的函数,令 $\frac{\partial E_a}{\partial \theta} = 0$ 即可求得主动状态时的破裂角 θ,然后将 θ 代入式(3-1)求得主动土压力 E_a 值。

当填土表面为倾斜平面时,主动土压力的表达式为:

$$E_a = \frac{1}{2} \gamma H^2 K_a \tag{3-2}$$

$$K_a = \frac{\cos^2(\varphi - \alpha)}{\cos^2\alpha \cos(\delta + \alpha) \left[1 + \sqrt{\frac{\sin(\varphi + \delta)\sin(\varphi - \beta)}{\cos(\delta + \alpha)\cos(\alpha - \beta)}} \right]^2} \tag{3-3}$$

式中 K_a——库仑主动土压力系数;
γ——填土重度(kN/m³);
H——墙背高度(m);
φ——填土的内摩擦角(°);
δ——墙背摩擦角(°);
β——填土表面的倾角(°);
α——墙背倾角(°),当墙背俯斜时值取为正,仰斜时为负。

沿墙高的土压应力 σ_a 可通过 E_a 对 h 求导得到:

$$\sigma_a = \frac{dE_a}{dh} = \gamma h K_a \tag{3-4}$$

由式(3-4)可见,主动土压力沿墙高呈三角形分布,土压力的作用点离墙踵的高度为 $H/3$,方向

与墙背的法线成 δ 角，或与水平方向成 $(\delta+\alpha)$ 角，如图 3-7c 所示。

库仑土压力理论的适用范围：

①库仑理论可适用于不同墙背坡度和粗糙度、不同墙后填土表面形状和荷载作用情况下的主动土压力计算。

②库仑理论较适用于砂性土，主动土压力计算值与实际情况比较接近。当应用于黏性土时，应考虑黏聚力的影响。

③库仑理论不仅适用于墙背面为平面或近似平面的挡土墙，也可用于 L 形墙背（如悬臂式和扶壁式挡土墙）可以假想墙背（墙背顶点和墙踵的连线）来计算土压力，其中墙背摩擦角为填土的内摩擦角 φ。

④当俯斜墙背（包括 L 形墙背的假想墙背）的坡度较缓时，破裂棱体不一定沿墙背（或假想墙背）滑动，而可能沿土体内某一破裂面滑动，即土体中出现第二破裂面，此时应按第二破裂面法计算。

⑤库仑理论用于仰斜墙背时，墙背坡度不宜太缓，一般以不缓于 1:0.3~1:0.35 为宜，不然将出现较大误差，计算土压力偏小。

⑥库仑理论仅适用于刚性挡土墙，对于锚杆式、锚定板式等柔性挡土墙的土压力只能按库仑理论近似计算。

⑦库仑理论适用于地面或墙后填土表面倾斜 $\beta<\varphi$ 的情况，否则在计算主动土压力系数时将会出现虚根。

(2) 第二破裂面理论　挡土墙承受的第二破裂面的土压力不能用库仑理论假定来计算。出现第二破裂面的土压力计算按上下墙分别计算，如图 3-8 所示。

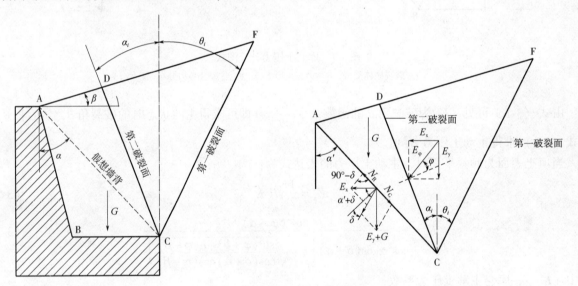

图 3-8　出现第二破裂面的情况

第二破裂面出现的条件：

1) 墙背（或假想墙背）倾角 α（或 α'）必须大于第二破裂面的倾角 α_i，即 α（或 α'）$>\alpha_i$，使墙背（或假想墙背）不妨碍第二破裂面的出现。

2) 假想墙背上的抗滑力 N_R 大于下滑力 N_G，即作用于墙背或假想墙背上的合力对墙背法线的倾角 δ' 应小于或等于墙背摩擦角 δ，即 $\delta'\leq\delta$，使棱体不发生沿墙背或假想墙背的滑动。

对于俯斜墙背，上述条件不能满足，故不会出现第二破裂面。衡重式墙的上墙或悬臂式墙，因是假想墙背，$\delta=\varphi$，只要满足第一个条件，即出现第二破裂面。设计时应首先判别是否出现第二破裂面，再用相应的方法计算土压力。

根据破裂棱体力三角形（图 3-9b）封闭，可得：

$$E_\varphi = f(\alpha_i, \theta_i) \tag{3-5}$$

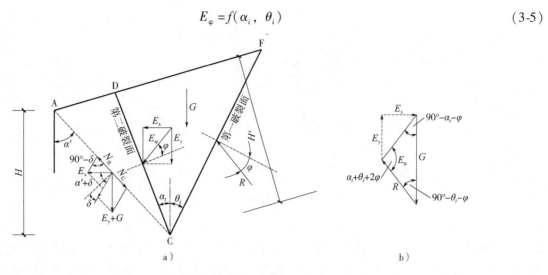

图 3-9 第二破裂面法

确定主动极限状态时破裂角 α_i 和 θ_i 的条件：$\dfrac{\partial E_\varphi}{\partial \alpha_i}=0$，$\dfrac{\partial E_\varphi}{\partial \theta_i}=0$ 可得

$$\alpha_i = \frac{1}{2}(90°-\varphi) - \frac{1}{2}\left(\sin^{-1}\frac{\sin\beta}{\sin\varphi} - \beta\right) \tag{3-6}$$

$$\theta_i = \frac{1}{2}(90°-\varphi) + \frac{1}{2}\left(\sin^{-1}\frac{\sin\beta}{\sin\varphi} - \beta\right) \tag{3-7}$$

讨论：

①当 $\alpha_i < \alpha$ 时，第二破裂面交于墙后填土倾斜平面。

②当 $\alpha_i = \alpha$ 时，第二破裂面即为墙顶 A 与墙踵 C 两点连线。

③当 $\alpha_i > \alpha$ 时，第二破裂面交于墙背，为方便计，仍取墙顶 A 与墙踵 C 两点连线。

作用于第二破裂面主动土压力：

$$E_x = E_\varphi \cos(\alpha_i+\varphi) = \frac{1}{2}\gamma H'^2 K_a \tag{3-8}$$

$$E_y = E_\varphi \sin(\alpha_i+\varphi) = E_x \tan(\alpha_i+\varphi) \tag{3-9}$$

式中　$H' = H\sec\alpha\cos(\alpha-\beta)$

$K_a = [1-\tan(\varphi-\beta)\tan(\theta_i+\beta)]^2 \cos^2(\varphi-\beta)$

3. 几种不同情况土压力计算

（1）折线形墙背的土压力计算　当计算作用于折线形平面墙背挡土墙（如折线形挡土墙和衡重式挡土墙）上主动土压力时，应按墙背转折点将其分为上、下墙分别计算，然后取两者的矢量和作为全墙的土压力。

计算上墙土压力时，不考虑下墙的影响，按俯斜墙背计算土压力。衡重式挡土墙的上墙，取墙顶内缘和衡重台后缘的连线作为假想墙背，假想墙背与实际墙背间的土楔，假定与实际墙一起移动，计算应先判断是否出现第二破裂面，再根据判断情况选用相应的公式计算主动土压力。

计算下墙土压力时，常采用延长墙背法，其计算步骤为延长下墙墙背交于填土表面 C，以 B'C 为假想墙背，根据延长墙背的边界条件，用相应库仑公式计算土压力，并绘出墙背应力分布图，截取下墙 BB' 部分的应力图即为下墙的土压力，如图 3-10 所示。

这种方法忽略了延长墙背与实际墙背之间的土楔及荷载重，但考虑了延长墙背和实际墙背上土压力方向不同而引起的垂直分力差，虽然两者能相互补偿，但未必能相互抵消；绘制土压应力图形时，假定上墙破裂面与下墙破裂面平行，但大多数情况下两者是不平行的，由此存在计算下墙土压力所引

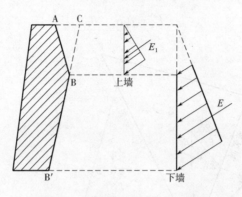

图3-10 折线形墙背的土压力计算

起的误差。由于上述误差一般偏于安全，而且这种方法简便，仍被广泛应用。

(2) 黏性土土压力计算　库仑理论较适用于砂性土，当应用于黏性土时，应考虑黏聚力 c 对土压力的影响。通常采用换算内摩擦角法来计算黏性土的主动土压力。将内摩擦角 φ 与单位黏聚力 c 换算成等效内摩擦角 φ_D，按砂性土的计算公式计算其主动土压力。

可以按换算前后土的抗剪强度相等的原则或土压力相等的原则来计算 φ_D 值。通常将黏性土的内摩擦角值增大 $5°\sim10°$，或采用等效内摩擦角 $\varphi_D=30°\sim35°$。但这种方法是近似的，对于矮墙偏于安全，对于高墙则偏于危险，因此在设计高墙时，应按墙高酌情降低 φ_D 值。最好是按实际测定的 c、φ 值，采用力多边形法（数解法）来计算黏性土的主动土压力。

(3) 有限范围填土的土压力计算　当墙后存在已知破裂面或可能的滑动面（如修筑在陡山坡上的半路堤或山坡土体内有倾向路基的面层等），而且其倾角 θ_0 比计算的破裂角 θ 陡时；或墙后开挖面为岩石或坚硬土质时，为减小开挖和回填工程量，开挖边坡较陡，其倾角 θ_0 比计算破裂角 θ 小。这时墙后填土不是沿着计算的破裂面滑动，而是沿着已知的滑动面滑动，属于有限范围填土土压力计算问题。

有限范围填土的土压力计算图式如图 3-11 所示。根据楔体极限平衡条件，作用于墙背上的主动土压力可按下式计算：

$$E_a = G \frac{\cos(\theta_0 + \varphi)}{\sin(\theta_0 + \psi)} \tag{3-10}$$

式中　G——滑动土体的自重（包括土体上的荷载）（kN）；

θ_0——滑动面与竖直方面的夹角（°）；

φ——填土与滑动面的摩擦角（°）。

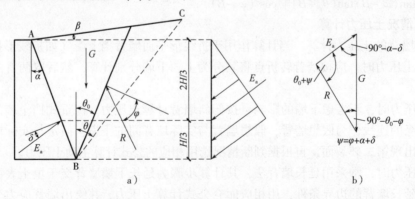

图3-11 有限范围填土的土压力计算图式

(4) 车辆荷载作用下的土压力计算　作用于墙后破裂楔体上的汽车荷载在土体中产生附加的竖向应力，从而产生附加的侧向压力。车辆荷载作用下土压力计算时，可将车辆荷载近似地按均布荷载考虑，并将其换算成重度与墙后填料相同的均布土层。

1) 按墙高确定的附加荷载强度进行换算。挡土墙设计时，换算均布土层厚度 h_0（m）可直接由挡土墙高度确定的附加荷载强度计算，如图3-12所示，即

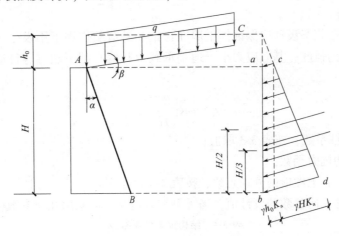

图 3-12　均布荷载换算模式

$$h_0 = \frac{q}{\gamma} \tag{3-11}$$

式中　γ——墙后填土的重度（kN/m^3）；

　　　q——附加荷载强度（kPa），按表3-2取值。

表 3-2　附加荷载强度 q

墙高/m	q/kPa	墙高/m	q/kPa
$H \leqslant 2.0$	20.0	$H \geqslant 10.0$	10.0

注：$H = 2.0 \sim 10.0 \mathrm{m}$ 时，q 可线性内插确定。

2) 根据破裂楔体范围内布置的车辆荷载换算。根据墙后破裂楔体上的车辆荷载换算为重度与墙后填土相同的均布土层，如图3-13所示，其厚度 h_0 为：

$$h_0 = \frac{\sum Q}{\gamma B_0 L} \tag{3-12}$$

式中　γ——墙后填土的重度（kN/m^3）；

　　　B_0——不计车辆荷载作用时破裂楔体的宽度（m），对于路堤墙，为破裂楔体范围内的路基宽度（即不计边坡部分的宽度 b）；

$$B_0 = (H + a)\tan\theta + H\tan\alpha - b \tag{3-13}$$

　　　L——挡土墙的计算长度（m）；

　　　$\sum Q$——布置在 $B_0 \times L$ 范围内的车轮总重（kN）。

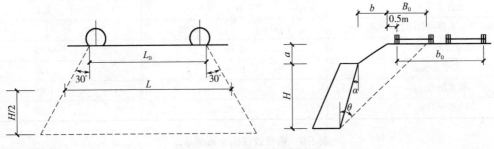

图 3-13　车辆荷载换算图式

3.1.6 重力式挡土墙设计

1. 挡土墙设计原则

挡土墙按承载力极限状态设计应保证挡土墙在自重和外荷载作用下不发生全墙的滑动和倾覆,并保证墙身截面具有足够的强度、基底应力小于地基承载力和偏心距不超过容许应值。挡土墙构件承载力极限状态计算公式:

$$\gamma_0 S \leqslant R\left(\frac{R_k}{\gamma_f},\ a_d\right) \tag{3-14}$$

式中 γ_0——结构重要性系数,按表3-3取值;

$R(\cdot)$——挡土墙结构抗力函数;

γ_f——结构材料、岩土性能的分项系数,按表3-4规定采用;

a_d——结构或构件几何参数的设计值,当无可靠数据时,可采用几何参数标准值。

表3-3 结构重要性系数 γ_0

	高速公路、一级公路		二级及二级以下公路	
	$H\leqslant 5m$	$H>5m$	$H\leqslant 5m$	$H>5m$
结构重要性系数 γ_0	1.0	1.05	0.95	1.0

表3-4 圬工构件或材料的抗力分项系数 γ_f

圬工种类	受力情况	
	受压	受弯、剪、拉
石料	1.85	2.31
片石砌体、片石混凝土砌体	2.31	2.31
块石、粗料石、混凝土预制块、砖砌体	1.92	2.31
混凝土	1.54	2.31

S——荷载效应的组合设计值,按下式计算:

$$S = \psi_{ZL}(\gamma_G \sum S_{Gik} + \sum \gamma_{Qi} S_{Qik}) \tag{3-15}$$

式中 γ_G、γ_{Qi}——荷载分项系数,按表3-5规定采用;

S_{Gik}——第 i 个垂直恒载的标准效应;

S_{Qik}——土压力、水浮力、静水压力、其他可变荷载的标准值效应;

ψ_{ZL}——荷载效应组合值系数,按表3-6规定采用。

表3-5 承载力极限状态作用分项系数

情况	荷载增大对挡土墙结构起有利作用		荷载增大对挡土墙结构起不利作用	
组合	Ⅰ、Ⅱ	Ⅲ	Ⅰ、Ⅱ	Ⅲ
垂直恒载 γ_G	0.9		1.2	
恒载或车辆荷载、人群荷载的主动土压力 γ_{Qi}	1.00	0.95	1.40	1.30
被动土压力 γ_{Qi}	0.30		0.50	
水浮力 γ_{Qi}	0.95		1.10	
静水压力 γ_{Qi}	0.95		1.05	
动水压力 γ_{Qi}	0.95		1.20	

表3-6 荷载效应组合系数 ψ_{ZL}

荷载组合	ψ_{ZL}	荷载组合	ψ_{ZL}	荷载组合	ψ_{ZL}
Ⅰ、Ⅱ	1.0	施工荷载	0.7	Ⅲ	0.80

2. 墙身截面强度验算

挡土墙构件轴心或偏心受压时，正截面强度和稳定按下列公式计算：

（1）强度计算

$$\gamma_0 N_d \leq \varphi f_{cd} A \tag{3-16}$$

式中 N_d——验算截面上的轴向力组合设计值（kN）

γ_0——结构重要性系数；

f_{cd}——材料轴心抗压强度设计值（kN/m²），按《公路圬工桥涵设计规范》（JTG D 61—2005）有关规定采用；

A——挡土墙构件的计算截面面积（m²）；

φ——轴向力偏心影响系数，按下式计算，当 $e_0 = 0$ 时，$\varphi = 1.0$；当 $e_0 = 0.5B$ 时，$\varphi = 0$；

$$\varphi = \frac{1 - 256\left(\frac{e_0}{B}\right)^8}{1 + 12\left(\frac{e_0}{B}\right)^2} \tag{3-17}$$

e_0——轴向力偏心距（m）；

B——挡土墙计算截面宽度（m）。

当挡土墙墙身或基础为圬工截面时，其轴向力的偏心距 e_0 应满足下列要求：

$$e_0 \leq [e_0] \tag{3-18}$$

式中 e_0——某一荷载组合下，截面轴向力的偏心距，按下式计算

$$e_0 = \left|\frac{M_0}{N_0}\right| \tag{3-19}$$

M_0——在某一荷载组合下，荷载对计算截面形心的总力矩（kN·m）；

N_0——在某一荷载组合下，荷载对计算截面上的轴向力的合力（kN）；

$[e_0]$——砌体和混凝土偏心受压构件的受压偏心距的限值，基本组合时，$[e_0] = 0.30B$；偶然组合时，$[e_0] = 0.35B$。

（2）稳定计算

$$\gamma_0 N_d \leq \psi \varphi f_{cd} A \tag{3-20}$$

式中 ψ——偏心受压构件在弯曲平面内的纵向弯曲系数，按下式计算；轴心受压构件的纵向弯曲系数可令式（3-21a）中的 $e_0 = 0$ 计算。

$$\psi = \frac{1}{1 + \alpha\beta(\beta - 3)\left[1 + 16\left(\frac{e_0}{B}\right)^2\right]} \tag{3-21a}$$

$$\beta = 2\frac{H}{B} \tag{3-21b}$$

式中 H——墙高（m）；

α——与材料强度等级有关的系数，当砂浆强度等级大于等于 M5 或组合构件时，$\alpha = 0.002$；当砂浆强度为 0 时，α 为 0.013。

3. 挡土墙稳定性验算

（1）滑动稳定性验算 挡土墙的滑移稳定性是指在土压力和其他外荷载作用下，挡土墙基底抵抗滑移的能力。由图 3-14 可见：

基底摩阻力 $F = \mu N = [1.1G\cos\alpha_0 + \gamma_{Q1}(E_x\sin\alpha_0 + E_y\cos\alpha_0) - \gamma_{Q2}E_p\sin\alpha_0]\mu$

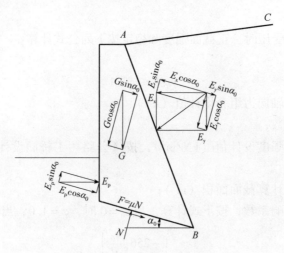

图 3-14 挡土墙的抗滑动稳定

挡土墙滑动力：$\gamma_{Q1}(E_x\cos\alpha_0 - E_y\sin\alpha_0) - 1.1G\sin\alpha_0 - \gamma_{Q2}E_p\cos\alpha_0$

滑动稳定方程：基底摩阻力大于等于挡土墙的滑动力，即

$$[1.0G\cos\alpha_0 + \gamma_{Q1}(E_x\sin\alpha_0 + E_y\cos\alpha_0) - \gamma_{Q2}E_p\sin\alpha_0]\mu$$
$$\geqslant \gamma_{Q1}(E_x\cos\alpha_0 - E_y\sin\alpha_0) - 1.1G\sin\alpha_0 - \gamma_{Q2}E_p\cos\alpha_0$$

将上式整理得：

$$[1.0G + \gamma_{Q1}(E_x\tan\alpha_0 + E_y) - \gamma_{Q2}E_p\tan\alpha_0]\mu +$$
$$(1.1G + \gamma_{Q1}E_y)\tan\alpha_0 - \gamma_{Q1}E_x + \gamma_{Q2}E_p \geqslant 0 \tag{3-22}$$

式中 G——作用于基底以上的重力（kN），浸水挡土墙的浸水部位应计入浮力；

E_x、E_y——墙背主动土压力的水平分力和垂直分力（kN）；

E_p——墙前被动土压力的水平分量（kN），当为浸水挡土墙时，$E_p = 0$；

α_0——基底倾斜角（°），当基底为水平时 $\alpha_0 = 0°$；

γ_{Q1}、γ_{Q2}——主动土压力分项系数、墙前被动土压力分项系数；

μ——基底与地基间的摩擦系数，当缺乏可靠试验资料时，可按表3-7 的规定选用。

表 3-7 基底与基底间摩擦系数 μ

地基土分类	μ	地基土分类	μ
黏性土（流塑~坚硬）	0.25~0.35	软岩（极软岩~较软岩）	0.40~0.60
砂土（粉砂~砾砂）	0.30~0.40	硬岩（较硬岩、坚硬岩）	0.60、0.70
碎石土（松散~密实）	0.40~0.50		

抗滑动稳定系数 K_c：

$$K_c = \frac{[N + (E_x - E'_p)\tan\alpha_0]\mu + E'_p}{E_x - N\tan\alpha_0} \tag{3-23}$$

式中 N——作用于基底上合力的竖向分力（kN），浸水挡土墙应计浸水部分的浮力；

E'_p——墙前被动土压力水平分量的0.3倍（kN）。

（2）抗倾覆稳定性验算　为了保证挡土墙抗倾覆稳定性，须验算它抵抗墙身绕墙趾向外转动倾覆的能力，如图3-15 所示。

倾覆力矩（绕墙趾 O）：$\gamma_{Q1}E_xZ_y$

抗倾覆力矩（绕墙趾 O）：$0.8GZ_G + \gamma_{Q1}E_yZ_x + \gamma_{Q2}E_pZ_p$

应满足抗倾覆力矩≥倾覆力矩，即

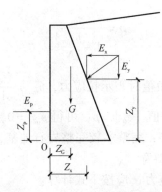

图 3-15 挡土墙抗倾覆稳定性

$$0.8GZ_G + \gamma_{Q1}E_yZ_x + \gamma_{Q2}E_pZ_p \geq \gamma_{Q1}E_xZ_y$$

整理可得倾覆稳定方程：

$$0.8GZ_G + \gamma_{Q1}(E_yZ_x - E_xZ_y) + \gamma_{Q2}E_pZ_p \geq 0 \tag{3-24}$$

式中 Z_G——墙身重力、基础重力、基础上填土的重力及作用于墙顶的其他荷载的竖向力合力重心到墙趾的距离（m）；

Z_x、Z_y——墙后主动土压力的竖向分量和水平分量到墙趾的距离（m）；

Z_p——墙前被动土压力的水平分量到墙趾的距离（m）。

抗倾覆稳定系数 K_0：

$$K_0 = \frac{GZ_G + E_yZ_x + E'_pZ_p}{E_xZ_y} \tag{3-25}$$

验算挡土墙的抗滑动和抗倾覆稳定时，稳定系数 K_c、K_0 不宜小于表 3-8 的规定值。

表 3-8 抗倾覆和抗滑动稳定安全系数限值

作用组合		验算项目	稳定系数	
使用阶段	仅计永久作用（不计混凝土收缩及徐变、浮力）	荷载组合Ⅰ、Ⅱ	抗倾覆	K_0	1.5
			抗滑动	K_c	1.3
	各种作用的标准组合	荷载组合Ⅲ	抗倾覆	K_0	1.3
			抗滑动	K_c	1.2
施工阶段作用的标准值组合		施工阶段验算	抗倾覆	K_0	1.2
			抗滑动	K_c	1.2

4. 基地应力及合力偏心距验算

为了保证挡土墙的基底应力不超过地基承载力，应进行基底应力验算；同时，为了避免挡土墙不均匀沉陷，控制作用于挡土墙基底的合力偏心距。

（1）基底合力偏心距 e_0 基底以上外力作用点对基底重心轴的偏心距 e_0 可按下式计算：

$$e_0 = \frac{M_d}{N_d} \leq [e_0] \tag{3-26}$$

式中 M_d——作用于基底形心的弯矩组合设计值（kN·m/m）；

N_d——作用于基底上的垂直力组合设计值（kN/m）。

计算挡土墙地基时，各类荷载组合下，作用效应组合设计值计算式中的作用分项系数，除被动土压力分项系数 $\gamma_{Q2} = 0.3$ 外，其余荷载的分项系数均取 1.0。

承受作用标准组合或偶然作用标准组合，非岩石地基，基底合力偏心距允许值 $[e_0] = \rho$，较破碎～极破碎岩石地基，$[e_0] = 1.2\rho$；完整、较完整岩石地基，$[e_0] = 1.5\rho$，其中 ρ 为基底承受偏心受压的截面核心半径，按下式计算：

$$\rho = \frac{e_0}{1 - \dfrac{p_{\min} A}{N_d}} \tag{3-27}$$

式中 $p_{\min}$——基底最小压应力,当为负值时表示拉应力,$p_{\min} = \dfrac{N_d}{A} - \dfrac{M_d}{W}$。

非岩石地基,基底合力偏心距允许值 $[e_0] = \rho$,可得 $p_{\min} = 0$,即 $[e_0] = B/6$;较破碎~极破碎岩石地基,$[e_0] = 1.2\rho$,可得 $[e_0] = B/5$;完整、较完整岩石地基,$[e_0] = 1.5\rho$,可得 $[e_0] = B/4$,其中 B 为基底宽度(m),倾斜基底为其斜宽。

(2) 基础底面的压应力 基底压应力 σ 应按下式计算:

$$\sigma_{1,2} = \frac{N_d}{A} \pm \frac{M_d}{W}$$

将 $M_d = N_d e_0$,$W = B \times A/6$ 代入上式,整理得

$$\sigma_{1,2} = \frac{N_d}{A}\left(1 \pm \frac{6e_0}{B}\right) \tag{3-28}$$

由上式可见,当 $e_0 < B/6$ 时,基底压力分布图呈梯形(图3-16a);当 $e_0 = B/6$ 时,则呈三角形(图3-16b);当 $e_0 > B/6$ 时,按式(3-27)计算结果,距偏心荷载较远的基底边缘反力为负值,即 $\sigma_2 < 0$(图3-16c)。由于基底与地基之间不能承受拉力,此时基底与地基局部脱开,而使基底压力重新分布。因此,根据偏心荷载与基底反力平衡条件,荷载合力 N_d 应通过三角形分布图形的形心(图3-16c),由此可得基底边缘的最大压力 σ_1 为:

$$\sigma_1 = \frac{2N_d}{3\left(\dfrac{B}{2} - e_0\right)} \tag{3-29}$$

式中 σ_1——挡土墙墙趾部的压应力(kPa);
σ_2——挡土墙墙踵部的压应力(kPa);
B——基底宽度(m),倾斜基底为其斜宽;
A——基础底面每延米的面积(m^2),矩形截面为基础宽度 $B \times 1.0$。

基础底面压应力不应大于基底的容许承载力 $[\sigma_0]$;基底容许承载力值可按现行《公路桥涵地基与基础设计规范》的规定采用,当为荷载组合 Ⅲ 及施工荷载,且 $[\sigma_0] > 150 \text{kPa}$,可提高25%。

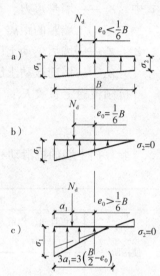

图3-16 偏心荷载作用下基底压应力分布

3.1.7 悬臂式挡土墙设计

1. 悬臂式挡土墙的构造设计

悬臂式挡土墙的一般形式如图3-17所示,它是由立壁(墙面板)和墙底板(包括墙趾板和墙踵板)组成,呈倒"T"字形,具有立壁、墙趾板和墙踵板三个悬臂,墙身稳定是依靠墙身自重和墙踵板上的填土重力来保证,且墙趾板显著增大了抗倾覆稳定性,并大大减小了基底应力。一般情况下,墙高6m以内采用悬臂式,6m以上采用扶壁式。悬臂式挡土墙适用于缺乏石料及地震地区。由于墙踵板的施工条件,一般用于填方路段作路肩墙和路堤墙使用。

悬臂式挡土墙分段长度不应大于15m,段间设置沉降缝和伸缩缝。立壁的顶宽不宜小于0.2m,内侧(即墙背)做成竖直面,外

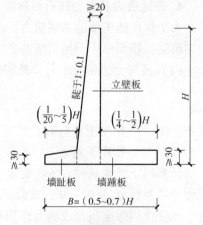

图3-17 悬壁式挡土墙
(尺寸单位:cm)

侧（即墙面）坡度宜陡于 1:0.1，一般为 1:0.02~1:0.05。墙底板一般水平设置，墙趾板的顶面一般从与立壁连接处向趾段倾斜。墙踵板顶面水平，也可以做成向踵端倾斜。墙底板厚度不应小于 0.3m。

墙踵板宽度由全墙抗滑稳定性确定，并具有一定的刚度，其值宜为墙高的 1/4~1/2，且不应小于 0.5m。墙趾板的宽度应根据全墙的抗倾覆稳定、基底应力（即地基承载力）偏心距等条件来确定，一般可取墙高的 1/20~1/5。墙底板的总宽度 B 一般为墙高的 0.5~0.7 倍。当墙后地下水位较高，且地基承载力很小的软弱土地基时，B 值可增大 1 倍墙高或更大。

2. 土压力计算

（1）库仑土压力法　悬臂式挡土墙土压力计算一般可采用库仑土压力理论计算，尤其是填土表面为折线或有局部荷载作用时。若出现第二破裂面则应按第二破裂面法来进行土压力计算，并假定立壁与填土间的摩擦角 $\delta = 0$。当验算地基承载力、稳定性、墙底板截面内力时，以假想墙背（或第二破裂面）为计算墙背来计算土压力，将计算墙背与实际墙背间的土体重力作为计算墙体的一部分。

（2）朗金土压力法（图 3-18）　填土表面为一平面或其上有均布荷载作用时，也可用朗金土压力理论来计算土压力。按朗金土压力理论计算的土压力作用于通过墙踵的竖直面 AC 上，在立壁和墙踵板设计时，应将 E_a 分成两部分：一部分作用于竖直面 AB 上的土压力 E_{H1}，另一部分作用于竖直面 BC 上的土压力 E_{B3}。E_a、E_{H1} 和 E_{B3} 方向平行于填土表面，其大小和对墙踵 C 点的力臂可按下式计算确定。

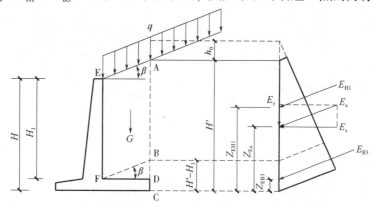

图 3-18　朗金土压力法

$$E_a = \frac{1}{2}\gamma H' K_a (H' + 2h_0) \tag{3-30a}$$

$$Z_{Ea} = \frac{(3h_0 + H')H'}{3(2h_0 + H')} \tag{3-30b}$$

$$E_{H1} = \frac{1}{2}\gamma H_1 K_a (H_1 + 2h_0) \tag{3-31a}$$

$$Z_{EH1} = \frac{(3h_0 + H_1)H_1}{3(2h_0 + H_1)} \tag{3-31b}$$

$$E_{B3} = \frac{1}{2}\gamma (H' - H_1) K_a (H' + H_1 + 2h_0) \tag{3-32a}$$

$$Z_{EB3} = \frac{(3h_0 + 2H_1 + H')(H' - H_1)}{3(2h_0 + H_1 + H')} \tag{3-32b}$$

式中　K_a——朗金主动土压力系数，$K_a = \tan^2\left(45° - \dfrac{\varphi}{2}\right)$，其中 φ 为填土内摩擦角；

　　　γ——填土重度（kN/m³）。

立壁与墙踵竖直面 AD 间的填土重力 G 作用于墙踵板上。为了简化计算，车辆荷载可以按整个路基范围分布来考虑。

3. 立壁和底板的厚度

立壁和墙底板厚度除满足构造要求外，主要取决于截面强度要求，分别按配筋要求和斜裂缝宽度计算其有效厚度，然后取其大者设计值。

(1) 内力计算

1) 墙趾板。墙趾板可视为固定于 AB 面的悬臂构件。作用于墙趾板上的荷载包括地基反力 $\left[\sigma_1, \sigma_3 = \sigma_1 + (\sigma_1 - \sigma_2)\dfrac{B_1}{B}\right]$，墙趾板自重 ($\gamma_h t_{pj}$) 以及墙趾板上填土重 [$\gamma(h_D - t_{pj})$] 等。其计算简图如图 3-19b 所示。

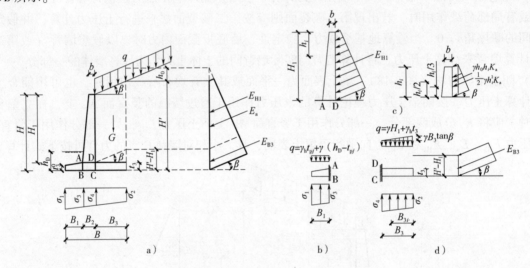

图 3-19 悬臂式挡土墙内力计算图式

墙趾板 AB 截面的剪力 Q_1(kN) 和弯矩 M_1(kN·m) 为：

$$Q_1 = \left[\sigma_1 - (\sigma_1 - \sigma_2)\dfrac{B_1}{2B} - \gamma_h t_{pj} - \gamma(h_D - t_{pj})\right] B_1 \tag{3-33}$$

$$M_1 = \left[3(\sigma_1 - \gamma h_D) - (\gamma_h - \gamma)(t_1^0 + 2t_{pj}) - (\sigma_1 - \sigma_2)\dfrac{B_1}{B}\right]\dfrac{B_1^2}{6} \tag{3-34}$$

式中 B_1——墙趾板计算宽度 (m)；

σ_1、σ_2——墙趾和墙踵板处的基底应力 (kPa)；

t_{pj}——墙趾板厚度平均值 (m)；

t_1^0——墙趾板端部厚度 (m)；

γ_h——钢筋混凝土重度 (kN/m³)；

γ——填土重度 (kN/m³)。

2) 立壁。立壁可视为固定于 AD 面的悬臂构件。作用于立壁上的荷载主要为主动土压力 E_{hi}，其计算简图如图 3-19c 所示。

任意截面的剪力 Q_{2i}(kN) 和弯矩 M_{2i}(kN·m) 为：

$$Q_{2i} = E_{hi}\cos\beta = \gamma h_i \cos\beta(h_0 + 0.5h_i)K_a \tag{3-35}$$

$$M_{2i} = \dfrac{1}{6}\gamma h_i^2 \cos\beta(3h_0 + h_i)K_a \tag{3-36}$$

式中 h_i——计算截面至立壁顶部的高度。

3) 墙踵板。墙踵板可视为固定于 CD 面的悬臂构件。作用于墙踵板上的荷载包括计算墙背与实际墙背间的土体重力 (γH_1)、车辆荷载 (γh_0)、墙踵板自重 ($\gamma_h t_3$)、主动土压力的竖向分量 ($E_{B3}\sin\beta$)

以及地基反力 $\left[\sigma_4 = \sigma_2 + (\sigma_1 - \sigma_2)\dfrac{B_3}{B},\ \sigma_2\right]$，其计算简图如图 3-19d 所示。

墙踵板任一截面处的剪力 $Q_{3i}(\mathrm{kN})$ 和弯矩 $M_{3i}(\mathrm{kN \cdot m})$ 为：

$$Q_{3i} = B_{3i}\left[\gamma(H_1 + h_0) + \gamma_\mathrm{h} t_3 - \sigma_2 - \dfrac{1}{2}B_{3i}\left(\dfrac{\sigma_1 - \sigma_2}{B} - \gamma\tan\beta\right)\right] + E_{\mathrm{B3}}\sin\beta \tag{3-37}$$

$$M_{3i} = \dfrac{B_{3i}^2}{6}\left[3\gamma(H_1 + h_0) + 3\gamma_\mathrm{h} t_3 - 3\sigma_2 - B_{3i}\left(\dfrac{\sigma_1 - \sigma_2}{B} - 2\gamma\tan\beta\right)\right] + E_{\mathrm{B3}}\sin\beta Z_{\mathrm{EB3}} \tag{3-38}$$

式中 B_{3i}——墙踵板的计算长度（墙踵至计算截面的距离）（m）；

E_{B3}——作用于墙踵板上的主动土压力（kN）；

Z_{EB3}——作用于墙踵板上的主动土压力的竖向分力对计算截面的力臂（m），按下式计算：

$$Z_{\mathrm{EB3}} = \dfrac{B_{3i}}{3}\left[1 + \dfrac{(h_0 + H_1) + 2B_{3i}\tan\beta}{2(h_0 + H_1) + B_{3i}\tan\beta}\right] \tag{3-39}$$

t_3——墙踵板厚度（m）。

（2）截面厚度计算

1）按正截面受弯承载力要求确定：

$$\gamma_0 M_\mathrm{d} \leqslant \alpha_\mathrm{s} f_{\mathrm{cd}} b h_0^2$$

$$h_0 \geqslant \sqrt{\dfrac{\gamma_0 M_\mathrm{d}}{\alpha_\mathrm{s} f_{\mathrm{cd}} b}} \tag{3-40}$$

式中 h_0——计算截面的有效高度（m），它可以是立壁厚度范围内或墙趾板和墙踵板宽度范围内的任一截面；

b——截面宽度（m），取 $b = 1.0\mathrm{m}$；

M_d——计算截面的弯矩设计值（kN·m）；

α_s——计算系数，$\alpha_\mathrm{s} = \xi(1 - 0.5\xi)$；

ξ——截面相对受压区高度系数，$\xi = \rho f_{\mathrm{sd}}/f_{\mathrm{cd}}$，$\rho$ 为配筋率，一般取 $0.3\% \sim 0.8\%$；f_{sd} 为受拉钢筋的屈服强度设计值（kPa），f_{cd} 为混凝土轴心抗压强度设计值（kPa）。

2）按斜截面裂缝宽度要求确定。为了防止斜裂缝开展过大和端部斜压破坏，抗剪截面应符合下列要求：

$$\gamma_0 V_\mathrm{d} \leqslant 0.51 \times 10^{-3} \sqrt{f_{\mathrm{cu,k}}} b h_0 (\mathrm{kN})$$

$$h_0 \geqslant \dfrac{\gamma_0 V_\mathrm{d}}{0.51 \times 10^{-3} \sqrt{f_{\mathrm{cu,k}}} b} \tag{3-41}$$

式中 h_0——计算截面的有效高度（mm），它可以是立壁厚度范围内或墙趾板和墙踵板宽度范围内的任一截面；

b——截面宽度（m），取 $b = 1000\mathrm{mm}$；

V_d——计算截面的剪力设计值（kN）；

$f_{\mathrm{cu,k}}$——混凝土强度等级（MPa）。

4. 墙身稳定性及基底应力验算

悬臂式挡土墙的验算内容包括抗滑稳定性、抗倾覆稳定性、基底应力及合力偏心距、墙身截面强度，其中抗滑稳定性、抗倾覆稳定性、基底应力及合力偏心距的验算方法与重力式挡土墙相同。墙身截面强度验算方法见《公路钢筋混凝土及预应力混凝土桥涵设计规范》（JTG 3362—2018）。

3.1.8 加筋土挡土墙设计

1. 加筋土的机理和破坏模式

（1）加筋土的机理　土与拉筋材料之间的相互作用可以用摩擦加筋理论或准黏聚力理论两点予以解释。

摩擦加筋理论：在加筋土结构中，由填土自重和外力产生的土压力作用于墙面板，通过墙面板上的拉筋连接件将土压力传递给拉筋，企图将拉筋从土中拉出，由于填土与拉筋之间的摩擦力阻止拉筋被拔出，只要拉筋材料具有足够的强度，并与土产生足够的摩阻力，则加筋的土体就可保持平衡，即满足 $dT = T_1 - T_2 < 2Nf^* bdL$ 要求，加筋土结构的内部抗拔稳定性就得到保证，如图 3-20 所示。

摩擦加筋理论适用于高模量（如金属拉筋等）加筋土结构。

准黏聚力理论：加筋土的基本应力状态如图 3-21 所示，在没有拉筋的土体中，在竖向应力 σ_1 作用下，土体产生竖向压缩变形（ε_v）和侧向膨胀变形（ε_h），土体处于单向受力状态（σ_1）。若在土体中设置水平方向的拉筋，在竖向应力 σ_1 作用下，水平拉筋与土体之间产生摩擦作用，将引起侧向膨胀拉力传递给拉筋，使土体侧向变形受到压缩，此时土体处于双向受力状态（σ_1，$\Delta\sigma_3 = \sigma_R$）。

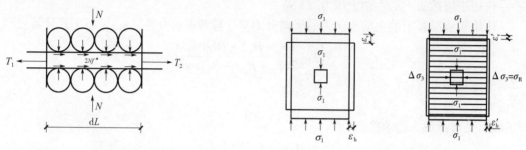

图 3-20　摩擦加筋原理　　　　　　图 3-21　加筋土的基本应力状态

准黏聚力理论只能适用于高抗拉强度和高模量的拉筋材料（如钢带、钢片和高强度模量的加筋塑料带等）。

（2）加筋土的破坏模式和验算内容

1）内部失稳。与加筋土挡土墙内部稳定性有关的破坏形式主要有以下两种：

①拉筋开裂造成的工程断裂。由于拉筋或锚接点钢筋、螺栓的尺寸不够或荷载过大，也可能因受拉区段拉筋的腐蚀造成抗力减退等原因引起拉筋强度不足引起工程断裂。

②拉筋与填土之间结合力不足造成的加筋体断裂。拉筋与填土之间的摩擦力不足以平衡施加于拉筋的拉力时，会发生结合力不足而造成加筋体断裂。

内部稳定分析主要是用拉筋在拉力作用下的抗拉能力和抗拔能力来衡量的，其稳定性分析主要是确定拉筋拉力和验算抗拉及抗拔稳定性。

2）外部失稳。加筋土挡土墙的外部稳定性与工程的地基土（承载能力、沿基础底面滑动等）和工程相连的整体土层等有关，主要破坏形式有：

①加筋土挡土墙与地基间的摩阻力不足或墙后土体的侧向推力过大所引起的滑移。

②加筋土挡土墙被墙后土体侧向推力所倾覆。

③由于地基承载力不足或不均匀沉降而引起的倾斜。

④加筋土挡土墙及墙后土体出现整体滑动。

加筋土挡土墙的外部稳定性分析时，将拉筋的末端与墙面板之间的填土视为一整体墙，即加筋体，并视加筋体为刚体。外部稳定性分析内容有抗滑稳定性、抗倾覆稳定性和地基承载力验算。

对于筋带断面计算时，应考虑车辆、人群附加荷载引起的拉力。筋带锚固长度计算时，不计附加荷载引起的抗拔力。

2. 拉筋拉力计算

加筋体本身分为活动区和稳定区。活动区的加筋体力图将拉筋从稳定区拔出；而稳定区的加筋体则力图阻止拉筋拔出。如果阻止力不足以抵抗拔出的力，则加筋体产生破坏。破裂面就是两区的交界面。加筋体潜在的破裂面为拉筋最大拉力的连线（称为简化破裂面）。潜在破裂面可以简化为上部平行于墙面（相距 $0.3H$），下部通过墙角$\left(与水平面夹角 45° + \dfrac{\varphi}{2}\right)$的两段折线（图 3-22a）；简化破裂面的垂直部分与墙面板背面距离 b_H 采用 $0.3H$，倾斜部分与水平面夹角 β 采用 $\left(45°+\dfrac{\varphi}{2}\right)$；当整体式桥台垫梁后缘距离 $b_a > 0.3H$ 时，则采用 $b_H = b_a$（图3-22b）。简化破裂面上、下两部分高度 H_1、H_2 按下式计算：

$$H_1 = H - H_2 \tag{3-42a}$$

$$H_2 = b_H \tan\left(45° + \dfrac{\varphi}{2}\right) \tag{3-42b}$$

式中 b_H——简化破裂面的垂直部分与墙面板背面距离（m），按前面的规定采用；
φ——土的内摩擦角（°）。

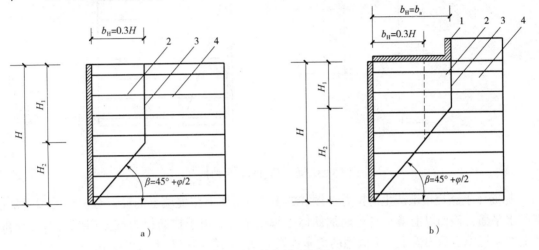

图 3-22 简化破裂面图
1—垫梁 2—活动区 3—简化破裂面 4—稳定区

抗震验算时，β 采用 $\left(45° + \dfrac{\varphi}{2} - \theta_a\right)$，$b_H$ 按下式计算：

$$b_H = H_2 \tan\left(45° - \dfrac{\varphi}{2} + \theta_a\right) \tag{3-43}$$

式中 H_2——由式（3-42b）计算；
θ_a——地震角（°）。

（1）加筋体自重产生的拉力（图3-23） 加筋体内任一深度 z_i 处的水平应力由拉筋来局部地平衡。加筋体自重对第 i 层拉筋所产生的拉力 T_{zi} 为：

$$T_{zi} = \sigma_{vi} K_i S_x S_y \tag{3-44}$$

式中 σ_{vi}——第 i 层拉筋处的竖向应力（kPa）；
K_i——第 i 层拉筋处的压应力系数；
S_x、S_y——拉筋水平方向、垂直方向的计算间距（m）。

加筋体的应力状态，在挡土墙顶部接近静止应力状态，并随深度逐渐向主动应力状态变化，靠近挡土墙的底部则接近主动应力状态。加筋体内深度 z_i 处土压力系数 K_i 可按下式计算：

$$K_i = K_0\left(1 - \dfrac{z_i}{6}\right) + K_a \dfrac{z_i}{6} \quad (z_i \leq 6\text{m}) \tag{3-45}$$

$$K_i = K_a \quad (z_i > 6\text{m}) \tag{3-46}$$

式中 K_0——静止土压力系数，$K_0 = 1 - \sin\varphi$；
K_a——主动土压力系数，$K_a = \tan^2\left(45° - \dfrac{\varphi}{2}\right)$。

《公路加筋土工程设计规范》（JTJ 015—1991）采用均匀分布法对加筋体挡土墙竖向应力进行

计算。

均匀分布认为加筋体后填土的土压力对加筋体内部的竖向应力 σ_v 不产生影响，即：

$$\sigma_{vi} = \gamma_1 z_i \tag{3-47}$$

式中 γ_1——加筋体内填土重度（kN/m^3）。

综上，拉筋拉力 T_{hi} 为：

$$T_{hi} = \gamma_1 z_i K_i S_x S_y \tag{3-48}$$

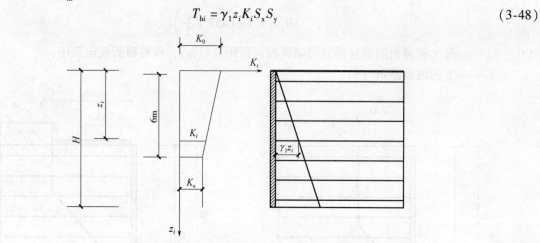

图 3-23 加筋体自重产生的拉力

（2）加筋体上路堤填土产生的拉力（图 3-24） 加筋体上路堤填土的计算分界面为通过加筋体墙面顶部的水平面，该面以上填土自重属加筋体上填土重力。由于拉筋拉力按竖向应力均匀分布计算，加筋体上的路堤填土重力需换算为假想的均布连续荷载，其等代均布土层厚度 h_F 为距墙面板板面 $H/2$ 的水平距离处的加筋体上填土高度，即

$$h_F = \frac{1}{m}\left(\frac{H}{2} - b_b\right) \qquad (h_F < a) \tag{3-49a}$$

$$h_F = a \qquad (h_F \geqslant a) \tag{3-49b}$$

式中 a——加筋体上路堤填土高度（m）；

m——加筋体上路堤填土的坡率。

综上，加筋体上路堤填土对第 i 层拉筋产生的拉力 T_{Fi} 为：

$$T_{Fi} = \gamma_2 h_F K_i S_x S_y \tag{3-50}$$

式中 γ_2——路堤填土重度（kN/m^3）。

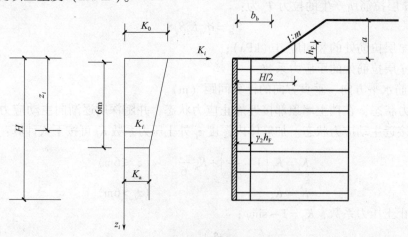

图 3-24 加筋体上路堤填土产生的拉力

(3) 附加荷载产生的拉力（图 3-25） 附加荷载作用下，可按深度以 1:0.5 的扩散坡率计算扩散宽度。加筋体深度 z_i 处的附加竖直应力 σ_{ai}，当扩散线的内边缘点未进入活动区时，$\sigma_{ai}=0$，当扩散线的内边缘点进入活动区时，按下式计算：

$$\sigma_{ai} = \gamma h_0 \frac{L_c}{L_{ci}} \tag{3-51}$$

式中 σ_{ai}——车辆荷载作用下，加筋体内深度 z_i 处的竖向应力（kPa）；

h_0——车辆或人群附加荷载换算等代均布土层厚度（m）；

L_c——加筋体计算时采用的荷载布置宽度（m）；

L_{ci}——加筋体深度 z_i 处的荷载扩散宽度（m），按下式计算：

$$L_{ci} = L_c + a + z_i \quad (z_i + a \leq 2b_c)$$

$$L_{ci} = L_c + b_c + \frac{a+z_i}{2} \quad (z_i + a > 2b_c)$$

γ——加筋体的重度（kN/m³），当为浸水挡土墙时，应按最不利水位上下的不同而分别计入。

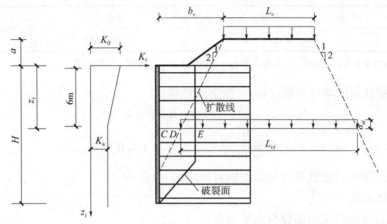

图 3-25 附加荷载作用下垂直应力计算

在深度 z_i 处，拉筋 z_i 承受的拉力 T_{ai} 为：

$$T_{ai} = \sigma_{ai} K_i S_x S_y \tag{3-52}$$

(4) 拉筋应力 第 i 层拉筋总的拉力 T_i 为：

路堤式挡土墙［按式（3-50）~式（3-52）］：

$$T_i = T_{hi} + T_{Fi} + T_{ai} = (\gamma_1 z_i + \gamma_2 h_F + \sigma_{ai}) K_i S_x S_y \tag{3-53}$$

路肩式挡土墙［按式（3-50）~式（3-51）］：

$$T_i = T_{hi} + T_{ai} = (\gamma_1 z_i + \sigma_{ai}) K_i S_x S_y \tag{3-54}$$

3. 拉筋长度计算

筋带长度 l_i 按下式计算：

$$l_i = l_{ei} + l_{oi} \tag{3-55}$$

式中 l_{ei}——第 i 层拉筋的有效锚固长度（m），分别按下列情况进行计算：

(1) 一般情况及抗震验算

路肩式挡土墙：

$$l_{ei} = \frac{[K_f] T_i''}{2f^* b_i \gamma_1 z_i} \tag{3-56}$$

路堤式挡土墙：

$$l_{ei} = \frac{[K_f] T_i''}{2f^* b_i (\gamma_1 z_i + \gamma_2 h_1)} \tag{3-57}$$

(2) 浸水部分

路肩式挡土墙：

$$l_{ei} = \frac{[K_f] T_i''}{2f^* b_i (\gamma_1 z_0 + \gamma_2 z_i)} \tag{3-58}$$

路堤式挡土墙：
$$l_{ei} = \frac{[K_f] T_i''}{2f^* b_i (\gamma_1 z_0 + \gamma_0 z_i' + \gamma_2 h_1)} \qquad (3\text{-}59)$$

式中　T_i''——第 i 层拉筋所受拉力（kN），采用 $T_i'' = T_i$；

　　　$[K_f]$——筋带要求抗拔稳定系数；

　　　f^*——筋带与填料的似摩擦系数，参见表 3-9；

　　　b_i——第 i 层拉筋宽度总和（m）；

　　　z_0——计算水位以上加筋体高度（m）；

　　　z_i'——计算水位以下的第 i 单元节点与计算水位高差（m）；

　　　γ_0——加筋体填料水下重度（kN/m³）；

　　　γ_1——加筋体填料重度（kN/m³）；

　　　γ_2——加筋体填土重度（kN/m³）。

表 3-9　填料与筋带之间的似摩擦系数 f^*

填料类型	黏性土	砂类土	砾碎石类土
似摩擦系数	0.25~0.40	0.35~0.45	0.40~0.50

注：有肋钢带的似摩擦系数可以提高 0.1；墙高大于 12m 的高挡土墙，拟摩擦系数取低值。

　　　l_{oi}——第 i 层拉筋活动区长度（m），按下式计算：

$$l_{oi} = b_H \qquad (0 < z_i \leq H_1) \qquad (3\text{-}60)$$

$$l_{oi} = \frac{H - z_i}{\tan\beta} \qquad (H_1 < z_i \leq H) \qquad (3\text{-}61)$$

式中　b_H——简化破裂面的垂直部分与墙面板背面距离（m）；

　　　H——加筋体高度（m）；

　　　β——简化破裂面的倾斜部分与水平面夹角（°）。

在满足抗拔稳定的前提下，采用的拉筋长度应符合下列规定：

1）墙高大于 3.0m 时，拉筋最小长度宜大于 0.8 倍墙高，且不小于 5m；当采用不等长的拉筋时，同等长度拉筋的墙段高度应大于 3.0m；相邻不等长拉筋的长度差不宜小于 1.0m。

2）墙高小于 3.0m 时，拉筋长度不应小于 3.0m，且应采用等长拉筋。

3）采用预制钢筋混凝土带时，每节长度不宜大于 2.0m。

3.2　设计实例

3.2.1　重力式挡土墙设计

1. 设计资料

（1）基本资料　某地某 S313 省道，路基宽 12m，路面宽 9m，两侧路肩宽各 1.5m。在桩号 K5+100—K5+200 路段为填方路段，填方边坡坡度 1:1.5。为了保证路堤边坡稳定，少占地拆迁，故设置路堤挡土墙，拟采用普通重力式挡土墙，墙身及基础采用浆砌片石（MU30 片石，M5 砂浆）。

1）土质情况，详见表 3-10。

表 3-10　墙背填土及地基设计参数

重度 γ /(kN/m³)	内摩擦角 φ (°)	填土与墙背间的内摩擦角 δ (°)	地基承载力特征值 f_{a0}/kPa	基底摩擦系数 f
19.8	40.5	20	510	0.55

2) 墙身情况,详见表3-11。

表 3-11 墙身材料设计参数

砌体重度 $\gamma/(kN/m^3)$	砌体抗压强度设计值 f_{cd}/kPa	砌体抗剪强度设计值 f_{vd}/kPa
21.0	550	120

注：挡土墙墙身及基础采用浆砌片石（MU30片石，M5砂浆）。

3) 其他参数：

① 挡土墙前的被动土压力不计算；挡土墙上暂不考虑栏杆作用。

② 车辆荷载换算，按照墙高确定附加荷载强度进行换算，墙高小于2m时，取 $20kN/m^2$，墙高大于 10m时，取 $10kN/m^2$，墙高在 2~10m 时，附加荷载强度用直线内插法计算。

③ 按照最小墙高 1.5m，最大墙高见表3-12，顶面高度相同，挡墙设置长度 100m，挡土墙分段长度可以取 12~20m，绘制挡土墙立面布置示意图，并标明泄水孔、沉降缝等设施。

(2) 设计依据

1) 课程设计任务书。
2) 《公路桥涵地基与基础设计规范》(JTG 3363—2019)。
3) 《公路路基设计规范》(JTG D 30—2015)。

2. 初拟挡土墙结构形式及尺寸

墙高、墙背仰斜坡度等初始拟定的尺寸详见表3-12，挡土墙顶宽1.5m，基底水平。挡土墙分段长度为 12~20m。初始拟定的挡土墙断面形式如图3-26所示。

表 3-12 挡土墙相关设计参数

墙背形式	墙背斜度	挡墙高度/m	挡墙以上边坡高度
俯斜、无扩大基础、前墙垂直	1:0.25	6	$a = 0$

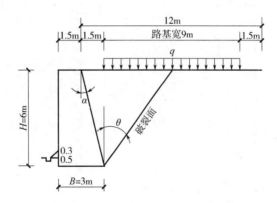

图 3-26 初始拟定的挡土墙断面形式

3. 确定车辆荷载

1) 附加荷载强度 q 可按表3-13确定，当墙高 $H = 2~10m$ 时，q 按线性内插法确定。

$$q = 10 + \frac{10-6}{10-2} \times (20-10) = 15(kN/m^2)$$

表 3-13 附加荷载强度 q

墙高 H/m	$q/(kN/m^2)$	墙高 H/m	$q/(kN/m^2)$
≤2	20.0	≥10	10.0

2) 荷载当量土柱高度计算。墙高6m，按墙高确定附加荷载强度进行计算。

$$h_0 = \frac{q}{\gamma} = \frac{15.0}{19.8} = 0.76(m)$$

式中，γ 为墙后填土重度，$\gamma = 19.8 \text{kN/m}^3$；$q$ 为附加荷载强度，$q = 15.0 \text{kN/m}^2$。

4. 破裂棱柱位置确定

（1）破裂角 θ 的计算

$$\tan\theta = \frac{4.5}{6.0} = 0.75, \quad \theta = \arctan 0.75 = 36.87°$$

（2）验算破裂面是否交于荷载范围内

破裂棱体长度：$L_0 = H(\tan\theta - \tan\alpha) = 6.0 \times (0.75 - 0.25) = 3.0 \text{(m)}$

车辆荷载分布宽度：$L = 9\text{m}$

所以，$L_0 < L$，即破裂面交于荷载范围内，符合假设。

5. 土压力计算

（1）主动土压力计算（图 3-27） 根据路堤挡土墙破裂面交于荷载内部的土压力计算公式：

$$A_0 = \frac{1}{2}(a + H + 2h_0)(2a + H) = \frac{1}{2} \times (0 + 6.0 + 2 \times 0.76) \times (2 \times 0 + 6.0) = 22.56$$

$$B_0 = \frac{1}{2}H(H + 2a + 2h_0)\tan\alpha = \frac{1}{2} \times 6.0 \times (6.0 + 2 \times 0 + 2 \times 0.76) \times 0.25 = 5.64$$

$$\psi = \alpha + \delta + \varphi = 14.04° + 20° + 40.5° = 74.54°$$

$$E_a = \gamma(A_0 \tan\theta - B_0)\frac{\cos(\vartheta + \varphi)}{\sin(\theta + \psi)}$$

$$= 18.9 \times (22.56 \times 0.75 - 5.64) \times \frac{\cos(36.87° + 40.5°)}{\sin(36.87 + 74.54°)} = 50.07 \text{(kN)}$$

$$E_x = E_a \cos(\alpha + \delta) = 50.07 \times \cos(14.04° + 20°) = 41.49 \text{(kN)}$$

$$E_y = E_a \sin(\alpha + \delta) = 50.07 \times \sin(14.04° + 20°) = 28.03 \text{(kN)}$$

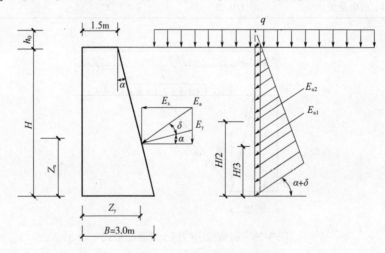

图 3-27 土压力分布示意图

（2）土压力作用点位置计算 土压力作用点到墙踵的垂直距离 Z_{x1}：

$$Z_{x1} = \frac{9 \times 3 + 4.5 \times 2}{9 + 4.5} = 2.67 \text{(m)}$$

土压力对墙趾力臂计算。基底水平，土压力对墙趾的力臂：

$$Z_x = Z_{x1} = 2.67\text{m}; \quad Z_y = 3 - 2.67 \times 0.25 = 2.33 \text{(m)}$$

6. 挡土墙稳定性验算

（1）受力分析 如图 3-28 所示。

（2）抗滑稳定性验算 挡土墙按单位长度计算，为方便计算，从墙趾处沿竖直方向将挡土墙分为两部分：右部分为三角形，左部分为矩形。

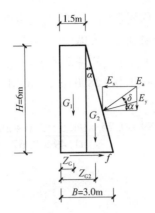

图 3-28 受力分析图

$$V_1 = b_1 H \times 1.0 = 1.5 \times 6 \times 1.0 = 9(\mathrm{m}^3)$$
$$G_1 = V_1 \gamma = 9 \times 21 = 189(\mathrm{kN})$$
$$Z_{01} = b_1/2 = 0.75\mathrm{m}$$
$$V_2 = \frac{1}{2}(b - b_1) \times H \times 1.0 = \frac{1}{2}(3.0 - 1.5) \times 6 \times 1.0 = 4.5(\mathrm{m}^3)$$
$$G_2 = V_2 \gamma = 4.5 \times 21 = 94.5(\mathrm{kN})$$
$$Z_{02} = b_1 + \frac{1}{3}(b - b_1) = 1.5 + \frac{1}{3} \times (3.0 - 1.5) = 2.0(\mathrm{m})$$

1) 抗滑稳定性验算。基底水平（$\alpha_0 = 0°$），验算公式：

$$[1.1G + \gamma_{Q1}(E_x + E_y \tan\alpha_0) - \gamma_{Q2}E_y\tan\alpha_0]\mu + (1.1G + \gamma_{Q2}E_y)\tan\alpha_0 - \gamma_{Q1}E_x + \gamma_{Q2}E_y > 0$$

式中 G——挡土墙自重力，$G = G_1 + G_2 = 189.0 + 94.5 = 283.5$（kN）；

E_x、E_y——墙背主动土压力水平和垂直分力，$E_x = 41.49$ kN，$E_y = 28.03$ kN；

α_0——基底倾斜角，$\alpha_0 = 0°$；

μ——基底摩擦系数，可根据现场试验确定，$\mu = 0.55$；

γ_{Q1}、γ_{Q2}——主动土压力和墙前被动土压力分项系数。

$$[1.1 \times 283.5 + 1.0 \times 28.03] \times 0.55 + 0 - 1.4 \times 41.49 = 128.93 \mathrm{kN} > 0$$

2) 抗滑动稳定性系数：

$$K_c = \frac{[N + (E_x - E'_p)\tan\alpha_0]\mu + E'_p}{E_x - N\tan\alpha_0}$$

式中 N——作用于基底上合力的竖向力（kN），浸水挡土墙应计浸水部分的浮力，$N = G + E_y = 283.5 + 28.03 = 311.53$(kN)；

E'_p——墙前被动土压力水平分量的0.3倍。

$$K_c = \frac{[N + (E_x - E'_p)\tan\alpha_0]\mu + E'_p}{E_x - N\tan\alpha_0} = \frac{311.53 \times 0.55}{41.49} = 4.13 > 1.3$$

所以，抗滑稳定性满足要求。

(3) 抗倾覆稳定性验算

1) 抗倾覆稳定性方程：

$$0.9GZ_G + \gamma_{Q1}(E_y Z_x - E_x Z_y) + \gamma_{Q2}E_p Z_p > 0$$

式中 Z_G——墙身、基础及其上的重力重心及作用于墙顶的其他荷载的竖向力合理重心到墙趾的水平距离，$Z_{G1} = b_1/2 = 0.75\mathrm{m}$，$Z_{G2} = b_1 + \frac{1}{3}(b - b_1) = 1.5 + \frac{1}{3} \times (30 - 1.5) = 2.0(\mathrm{m})$；

Z_x——墙后主动土压力垂直分力作用点到墙趾的水平距离；

Z_y——墙后主动土压力水平分力作用点到墙趾的垂直距离；
Z_p——墙前被动土压力的水平分量到墙趾的距离。

$$0.9GZ_G + \gamma_{Q1}(E_xZ_x - E_yZ_y) + \gamma_{Q2}E_pZ_p =$$
$$0.9 \times (189 \times 0.75 + 94.5 \times 2.0) + (1.0 \times 28.03 \times 2.33 - 1.4 \times 41.49 \times 2.67) = 207.90 > 0$$

2）抗倾覆稳定性系数：

$$K_0 = \frac{GZ_G + E_yZ_x + E'_pZ_p}{E_xZ_y} = \frac{189 \times 0.75 + 94.5 \times 2.0 + 28.03 \times 2.33}{41.49 \times 2.67} = 3.575 > 1.5$$

所以，满足抗倾覆稳定性要求。

(4) 基底应力和合理偏心距验算
1）合力偏心距计算：

$$e_0 = \frac{M}{N_1} = \frac{\gamma_{Q1}M_E + \gamma_G M_G}{(\gamma_G G + \gamma_{Q1}E_y - W)\cos\alpha_0 + \gamma_{Q1}E_x\sin\alpha_0}$$

式中弯矩为作用于基底形心的弯矩，所以计算时，先计算对基底形心的力臂：
根据前面计算的对墙趾的力臂，可以计算对形心的力臂。

$$Z'_{G1} = \frac{b}{2} - Z_{G1} = \frac{3}{2} - 0.75 = 0.75(\text{m})$$

$$Z'_{G2} = Z_{G2} - \frac{b}{2} = 2.0 - \frac{3}{2} = 0.50(\text{m})$$

$$Z'_x = Z_x - \frac{b}{2} = 2.33 - \frac{3}{2} = 0.83(\text{m})$$

$$Z'_y = Z_y = 2.67\text{m}$$

$$e_0 = \frac{M}{N_1} = \frac{\gamma_{Q1}M_{Ek} + \gamma_G M_{Gk}}{(\gamma_G G_k + \gamma_{Q1}E_{yk} - W)\cos\alpha_0 + \gamma_{Q1}E_{xk}\sin\alpha_0}$$

$$M = \gamma_{Q1}M_E + \gamma_G M_G = 1.4(E_xZ'_x - E_yZ'_y) + 1.2(G_1Z'_{G1} - G_2Z'_{G2})$$
$$= 1.4 \times (41.49 \times 2.67 - 28.03 \times 0.83) + 1.2 \times (189 \times 0.75 - 94.5 \times 0.5) = 235.92(\text{kN} \cdot \text{m})$$

$$N_1 = (\gamma_G G + \gamma_{Q1}E_y - W)\cos\alpha_0 + \gamma_{Q1}E_x\sin\alpha_0$$
$$= 1.2 \times (189.0 + 94.5) + 1.4 \times 28.03 = 379.44(\text{kN})$$

$$e_0 = \frac{M}{N_1} = \left(\frac{235.92}{379.44}\right)\text{m} = 0.622\text{m} < b/4 = 3/4\text{m} = 0.75\text{m}$$

所以，基底合力偏心距满足规范规定。

2）基底承载力验算。由上计算可得，$N_1 = (\gamma_G G + \gamma_{Q1}E_y - W)\cos\alpha_0 + \gamma_{Q1}E_x\sin\alpha_0 = 379.44\text{kN}$

$$e_0 > \frac{b}{6} = 0.50\text{m}$$

$$p = \frac{N_1}{A} = \left(\frac{379.44}{3.0 \times 1.0}\right)\text{kPa} = 126.48\text{kPa} < f_{a0} = 510\text{kPa}$$

$$p_{\max} = \frac{2N_1}{3C} = \left[\frac{2 \times 379.44}{3 \times (1.5 - 0.62)}\right]\text{kPa} = 287.455\text{kPa} < 1.2f_{a0} = (1.2 \times 510)\text{kPa} = 612\text{kPa}$$

所以，基底承载力满足要求。

(5) 墙身截面应力计算　根据经验距1/2墙高处进行强度验算。
1）强度计算：

$$N_1 \leq \varphi A \frac{f_{cd}}{\gamma_f}$$

每延米墙长计算：

$$N_1 = \gamma_0(\gamma_G N_G + \gamma_{Q1}N_{Q1} + \sum \gamma_{Q1}\psi_{ci}N_{Qi})$$

式中　　N_1——设计轴力（kN）；

　　　　γ_0——重要性系数，取 $\gamma_0 = 1.0$；

　　　　ψ_{ci}——荷载组合系数，取 $\psi_{ci} = 1.0$；

　　N_G、γ_G——恒载（自重及近边以上土重）引起的轴向力（kN）和相应的分项系数；

　　　　N_{Q1}——主动土压力引起的轴向力（kN）；

$N_{Qi}(i=2\sim6)$——被动土压力、水浮力、静水压力、动水压力、地震力引起的轴向力（kN）；

$\gamma_{Qi}(i=2\sim6)$——以上各项轴向力的分项系数；

　　　　A——挡土墙构件的计算截面面积（m²）；

　　　　f_{cd}——材料抗压强度设计值（kPa）；

　　　　γ_f——圬工构件或材料的抗力分项系数；

　　　　φ——轴向力偏心系数，按下式计算：

$$\varphi = \frac{1 - 256\left(\dfrac{e_0}{b}\right)^8}{1 + 12\left(\dfrac{e_0}{b}\right)^2} = \frac{1 - 256 \times \left(\dfrac{0.622}{3.0}\right)^8}{1 + 12 \times \left(\dfrac{0.622}{3.0}\right)^2} = 0.659$$

所以，

$$N_1 = \gamma_0(\gamma_G N_G + \gamma_{Q1}N_{Q1} + \sum \gamma_{Q1}\psi_{ci}N_{Qi}) = 1.0 \times (1.2 \times 283.5 + 1.4 \times 28.03) = 379.442(\text{kPa})$$

$$N_1 \leq \varphi A f_{cd} = 0.659 \times (3.0 \times 1.0) \times \frac{550}{2.31} = 470.714(\text{kPa})$$

2）稳定计算：

$\dfrac{H}{b} = \dfrac{6.0}{3.0} = 2 < 10$，为矮墙，可取 $\psi = 1.0$

$$N_j = 379.442\text{kPa} = \psi\varphi A \frac{f_{cd}}{\gamma_f} = \left[1.0 \times 0.659 \times (3.0 \times 1.0) \times \frac{550}{2.31}\right]\text{kPa} = 470.714\text{kPa}$$

满足稳定性要求。

7. 改善措施

进行稳定性验算时，全部满足要求，故不需要再做改善。确定挡土墙高6m，墙背仰斜坡度1:0.25，顶宽1.5m；墙背填土重度19.8kN/m³，内摩擦角40.5°，填土与墙背间摩擦角20°；地基为岩石，地基承载力特征值510kPa，基底摩擦系数 $f = 0.55$，砌体重度21kN/m³，砌体MU30片石、M5砂浆，砌体轴心抗压强度设计值550kPa，直接抗剪强度设计值120kPa。

进行稳定性验算时满足要求，具体在上文已经验算，这里不需要再做改善。

挡土墙的尺寸如图3-29所示。工程量见表3-14。

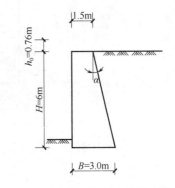

图3-29　改善后的挡土墙尺寸图

表3-14　工程量表

墙高/m	断面尺寸/m			M5浆砌片石 /(m³/m)
	H	b	b_1	
6.0	6.0	3.0	1.5	4.84

8. 附属设施的设计

（1）泄水孔设计　通常在非干砌挡土墙身的适当高度处设置一排或数排泄水孔。泄水孔尺寸可根据泄水量大小分别采取5cm×10cm、10cm×10cm、15cm×20cm的方孔，或直径为5~10cm的圆孔。

对重力式挡土墙应沿墙高和墙长设置泄水孔,泄水孔应具有向墙外倾斜的坡度,其间距一般为2.0~3.0m,上下交错设置。最下泄水孔的底部应高出地面0.30m,泄水孔的进水侧应设反滤层,厚度不应小于0.3m,在最下泄水孔的底部,应设置隔水层。当墙背料为非滤水性土时,应在最底排泄水孔的底部至墙顶以下0.5m的高度内,填筑厚度不小于0.3m的砂砾石竖向反滤层,反滤层的顶部应以0.3~0.5m厚的不渗水材料做封闭。

故泄水孔尺寸为10cm×10cm,每3m布置一个,泄水孔高出地面30cm,如图3-30所示。

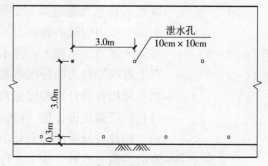

图3-30 排水设施示意图

(2)沉降缝与伸缩缝 重力式挡土墙一般沿墙长10~15m或与其他建筑物连接处应设置伸缩缝。挡土墙高度突变或基底地质、水文情况变化处,应设置沉降缝。伸缩缝与沉降缝可全高设置,其宽度宜取0.02~0.03m,缝内沿墙内外顶三边填塞沥青麻筋或沥青木板,塞入深度不应小于0.15m。当墙背为填石且冻害不严重时,可仅留空隙,不塞填料。故路肩墙墙体间隔20m设置沉降缝一道,按折线布置时,转折处设沉降缝,其宽度取0.02m,缝内用沥青麻筋嵌塞,塞入深度不小于0.15m。

(3)墙厚排水层 墙背均应设置50cm厚的砂砾透水层,并做土工布封层,排水管3%的横坡。挡土墙典型断面图如图3-31所示。

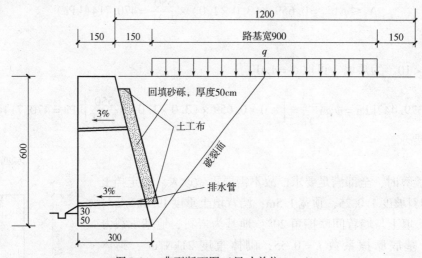

图3-31 典型断面图(尺寸单位:cm)

(4)结构大样图 如图3-32所示。

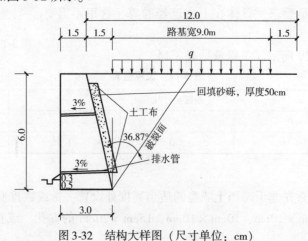

图3-32 结构大样图(尺寸单位:cm)

9. 立面设计

（1）整体布局　如图 3-33 所示。

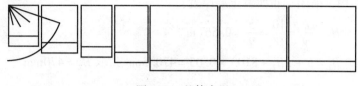

图 3-33　整体布局

（2）挡土墙整体方案布置图　如图 3-34 所示。

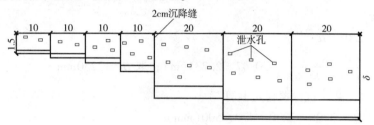

图 3-34　立面布置示意

3.2.2　悬臂式挡土墙设计

1. 设计资料

某设计路段为 K23 + 385.728 ~ K23 + 486.726 右幅快车道，填方最大高度 5.0m，墙身设计高度 $H = 4.0$m，拟采用轻型悬臂式路肩墙，其构造特点、荷载条件、道路状况初步如图 3-35 所示。

其他资料：

1）行车荷载：附加荷载强度 $q = 10$kN/m^2，换算为均布土层厚 $H_0 = 0.56$m。

2）墙后填土：墙后填土的重度 $\gamma = 18$kN/m^3，内摩擦角 $\varphi = 35°$。

3）墙底参数：基底摩擦系数 $\mu = 0.3$，地基承载应力值 $f = 150$kPa。

4）墙体参数：墙体采用 C25 混凝土浇筑，重度 $\gamma = 25$kN/m^3；受力钢筋采用 HRB400 级，构造钢筋 HPB300。

根据以上工程实例资料，参照悬臂式墙设计内容要求，设计该挡土墙。

2. 截面选择

墙身设计高度 $H = 4.0$m < 5.0m，选择轻型悬臂式挡土墙。尺寸按悬臂式挡土墙规定初步拟定，如图 3-36 所示。

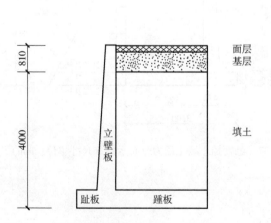

图 3-35　轻型悬臂式路肩挡土墙（尺寸单位：mm）

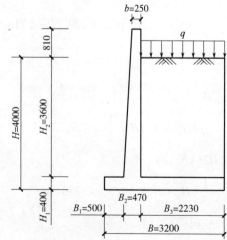

图 3-36　悬臂式支挡结构截面尺寸（尺寸单位：mm）

根据规范要求,$H_1 = \dfrac{H}{10} = 400\text{mm}$,$H_2 = H - H_1 = 3600\text{mm}$,$b = 250\text{mm}$,$B = 0.8H = 3200\text{mm}$。

地面活荷载 q 的作用,采用均布换算土层厚度:

$$H_0 = \frac{q}{\gamma} = \frac{10}{18} = \frac{5}{9} = 0.56(\text{m})$$

$$B_2 = b + (H_2 + 810) \times 0.05 = 470.5\text{mm},\text{取 }B_2 = 470\text{mm}$$

B_3 的初步估算:

由 $K_c = \dfrac{[\gamma(H + H_0)(B_2 + B_3)] \times 1.05 \times \mu}{E_x}$ 可得

$$B_3 = \frac{K_c E_x}{\gamma(H + H_0) \times 1.05 \times \mu} - B_2$$

$$= \frac{1.43 \times 48.78}{18 \times (4 + 0.56) \times 1.05 \times 0.3} - 0.47 = 2.234(\text{m}),\text{取 }B_3 = 2230\text{mm}$$

(注:E_x 为滑移力,见"抗倾覆稳定验算")

则,$B_1 = B - B_3 - B_2 = 3200 - 2230 - 470 = 500(\text{mm})$

3. 荷载计算

(1) 土压力计算 由于地面水平($\beta = 0$),墙背竖直($\alpha = 0$)且光滑,选用朗金理论公式计算土压力:

主动土压力系数 $K_a = \tan^2\left(45° - \dfrac{\phi}{2}\right) = \tan^2\left(45° - \dfrac{35°}{2}\right) = 0.271$

地面处水平压力:$\sigma_A = \gamma H_0 K_a = 18 \times \dfrac{5}{9} \times 0.271 = 2.71(\text{kPa})$

悬臂底 B 点水平压力:$\sigma_B = \gamma(H_0 + H_2)K_a = 18 \times \left(\dfrac{5}{9} + 3.60\right) \times 0.271 = 20.27(\text{kPa})$

底板 C 点水平压力:$\sigma_C = \gamma(H_0 + H_2 + H_1)K_a = 18 \times \left(\dfrac{5}{9} + 3.60 + 0.4\right) \times 0.271 = 22.22(\text{kPa})$

挡土墙土压力分布示意如图 3-37 所示。

土压力及合力作用点位置:

$E_{a1} = \sigma_A H_2 = 2.71 \times 3.6 = 9.76(\text{kN/m})$

$Z_{a1} = \dfrac{H_2}{2} + H_1 = 3.6/2 + 0.4 = 2.20(\text{m})$

$E_{a2} = \dfrac{1}{2}(\sigma_B - \sigma_A)H_2 = \dfrac{1}{2} \times (20.27 - 2.71) \times 3.6 = 31.61(\text{kN/m})$

$Z_{a2} = \dfrac{1}{3}H_2 + H_1 = 3.6/3 + 0.4 = 1.6(\text{m})$

$E_{a3} = \dfrac{1}{2}(\sigma_C - \sigma_A)H = \dfrac{1}{2} \times (22.22 - 2.71) \times 4.0 = 39.02(\text{kN/m})$

$Z_{a3} = \dfrac{1}{3}(H_2 + H_1) = 4/3 = 1.333(\text{m})$

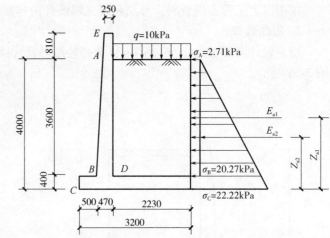

图 3-37 悬臂挡土墙土压力分布示意(尺寸单位:mm)

(2) 竖向荷载计算

1) 力臂自重 G_{1k}。钢筋混凝土重度标准值 $\gamma_k = 25\text{kN/m}^3$。

$$G_{1k} = \left[\frac{1}{2} \times (0.25 + 0.47) \times (3.6 + 0.81)\right] \times 25 = 39.69 (\text{kN/m})$$

$$x_{1G} = 0.5 + \frac{\frac{1}{2} \times 0.22 \times (3.6 + 0.81) \times \left(\frac{2}{3} \times 0.22\right) + 0.25 \times (3.6 + 0.81) \times \left(0.22 + \frac{1}{2} \times 0.25\right)}{\frac{1}{2} \times 0.22 \times (3.6 + 0.81) + 0.25 \times (3.6 + 0.81)}$$

$$= 0.7844 (\text{m})$$

2）底板自重力 G_{2k}：

$$G_{2k} = [(0.5 + 0.47 + 2.23) \times 0.4] \times 25 = 32.00 (\text{kN/m})$$

$$x_{2G} = \frac{0.5 + 0.47 + 2.23}{2} = 1.6 (\text{m})$$

3）地面均布活荷载及填土的自重力 G_{3k}：

$$G_{3k} = (q_k + \gamma H_2) B_3 = (10 + 18 \times 3.6) \times 2.23 = 166.81 (\text{kN/m})$$

$$x_{3G} = B_1 + B_2 + \frac{B_3}{2} = 0.5 + 0.47 + 2.23/2 = 2.085 (\text{m})$$

4. 抗倾覆稳定验算

稳定力矩 $M_{xk} = G_{1k} x_{1G} + G_{2k} x_{2G} + G_{3k} x_{3G}$
$= 39.36 \times 0.7844 + 32 \times 1.6 + 166.81 \times 2.085 = 429.87 (\text{kN} \cdot \text{m})$

倾覆力矩 $M_{qk} = E_{a1} Z_{a1} + E_{a3} Z_{a3}$
$= 9.76 \times 2.20 + 39.02 \times 1.333 = 73.49 (\text{kN} \cdot \text{m})$

抗倾覆稳定系数 $K_0 = \dfrac{M_{xk}}{M_{qk}} = \dfrac{429.87}{73.49} = 5.85 > 1.5$，满足要求。

5. 抗滑稳定验算

竖向力之和 $G_k = \sum_i G_{ik} = 39.69 + 32.00 + 166.81 = 238.50 (\text{kN})$

抗滑力 $F_f = G_k \mu = 238.50 \times 0.3 = 71.55 (\text{kN})$

滑移力 $E = E_{a1} + E_{a3} = 9.76 + 39.02 = 48.78 (\text{kN})$

抗滑稳定性系数 $K_c = \dfrac{F_f}{E} = \dfrac{71.55}{48.78} = 1.47 > 1.3$，满足要求。

6. 地基承载力验算

地基承载力采用荷载设计值，分项系数：地面活荷载 $\gamma_q = 1.3$，土荷载 $\gamma_E = 1.2$，结构自重 $\gamma_G = 1.2$。

计算总竖向力到墙趾的距离：

$M_H = \gamma_Q E_{a1} Z_{a1} + \gamma_G E_{a3} Z_{a3}$
$= 1.3 \times 9.76 \times 2.2 + 1.2 \times 39.02 \times 1.333 = 90.33 (\text{kN} \cdot \text{m})$

$M_v = \gamma_G [G_{1k} x_{1G} + G_{2k} x_{2G} + 18 \times 3.6 \times 2.23 \times (0.5 + 0.47 + 2.23/2)] + \gamma_q [q \times 2.23 \times (0.5 + 0.47 + 2.23/2)]$
$= 1.2 \times (39.69 \times 0.7844 + 32.00 \times 1.6 + 18 \times 3.6 \times 2.23 \times 2.085) + 1.3 \times (10 \times 2.23 \times 2.085)$
$= 520.79 (\text{kN} \cdot \text{m})$

$G = \gamma_G [G_{1k} + G_{2k} + 18 \times 3.6 \times 2.23 \times (0.5 + 0.47 + 2.23/2)]$
$= 1.2 \times (39.69 + 32.00 + 18 \times 3.6 \times 2.23) = 259.43 (\text{kN})$

$$e_0 = \frac{M_v - M_H}{G} = \frac{520.79 - 90.33}{259.43} = 1.659 (\text{m})$$

偏心距 $e = \dfrac{B}{2} - e_0 = (3.2/2 - 1.659)\text{m} = 0.059\text{m} < \dfrac{B}{6} = 0.53\text{m}$，满足要求。

地基压应力：

$$\sigma_{\max} = \frac{G}{B}\left(1+\frac{6e}{B}\right) = \frac{259.43}{3.2} \times \left(1+\frac{6\times 0.059}{3.2}\right) = 90.04(\text{kPa})$$

$$\sigma_{\min} = \frac{G}{B}\left(1-\frac{6e}{B}\right) = \frac{259.43}{3.2} \times \left(1+\frac{6\times 0.059}{3.2}\right) = 72.10(\text{kPa})$$

$$\sigma_1 = 72.10 + \frac{2.23}{3.20} \times (90.04 - 72.10) = 84.60(\text{kPa})$$

$$\sigma_2 = 72.10 + \frac{2.70}{3.20} \times (90.04 - 72.10) = 87.24(\text{kPa})$$

$\sigma_{\max} = 90.04\text{kPa} < f_{aE} = 150\text{kPa}$，满足要求。

挡土墙基底压应力分布示意如图 3-38 所示。

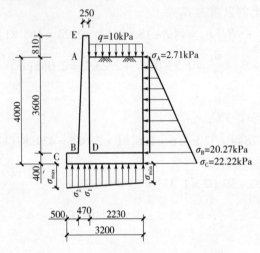

图 3-38　挡土墙基底压应力分布示意

7. 挡土墙结构设计

立壁板与底板均采用 C25 混凝土（$f_{cd} = 11.5\text{MPa}$，$f_{td} = 1.23\text{MPa}$，$f_{tk} = 1.78\text{MPa}$）；受力钢筋 HRB400 级（$f_{sd} = f'_{sd} = 330\text{MPa}$，$E_s = 2.0\times 10^5\text{MPa}$）；$\xi_b = 0.53$。

（1）立壁板设计

1）承载力计算。底截面（控制截面）弯矩设计值：

$$M = \gamma_q E_{a1} \times \frac{3.6}{2} + \gamma_G E_{a2} \times \frac{3.6}{3}$$

$$= 1.3 \times 9.76 \times \frac{3.6}{2} + 1.2 \times 31.61 \times \frac{3.6}{3} = 68.36(\text{kNm/m})$$

$$M_k = E_{a1} \times \frac{3.6}{2} + E_{a2} \times \frac{3.6}{3}$$

$$= 9.76 \times \frac{3.6}{2} + 31.61 \times \frac{3.6}{3} = 55.50(\text{kNm/m})$$

有效高度 $h_0 = h - a'_s = 250 - 30 = 220(\text{mm})$

$$\alpha_s = \frac{M}{f_{cd}bh_0^2} = \frac{68.36\times 10^6}{11.5\times 1000 \times 220^2} = 0.1228$$

$$\xi = 1 - \sqrt{1-2\alpha_s} = 1 - \sqrt{1-2\times 0.1228} = 0.1314 < \xi_b = 0.53$$

$$A_s = \frac{f_{cd}bh_0\xi}{f_{sd}} = \frac{11.5\times 1000 \times 220 \times 0.1314}{330} = 1007.4(\text{mm}^2)$$

选配⌀16@170（1182.72mm²）。

2）裂缝宽度验算。根据《公路钢筋混凝土及预应力混凝土桥涵设计规范》（JTG 3362—2018）可知，Ⅱ类环境条件，最大裂缝宽度允许值 $w_{\text{lim}} = 0.20\text{mm}$。

$$\rho_{\text{te}} = \frac{A_s}{A_{\text{te}}} = \frac{1182.72}{0.5 \times 1000 \times 250} = 0.00946 < 0.01，取 \rho_{\text{te}} = 0.01$$

$$\sigma_{\text{sk}} = \frac{M_k}{0.87 h_0 A_s} = \frac{55.50 \times 10^6}{0.87 \times 220 \times 1182.72} = 245.17(\text{MPa})$$

$$\psi = 1.1 - \frac{0.65 f_{\text{tk}}}{\rho_{\text{te}} \sigma_s} = 1.1 - \frac{0.65 \times 1.78}{0.01 \times 245.17} = 0.628$$

$$\alpha_{\text{cr}} = 2.10,\ c = 30\text{mm},\ d_{\text{eq}} = \frac{\sum n_i d_i^2}{\sum n_i \nu_i d_i} = 16\text{mm}$$

最大裂缝宽度 $w_{\max}$：

$$w_{\max} = \alpha_{\text{cr}} \psi \frac{\sigma_{\text{sk}}}{E_s}\left(1.9c + 0.08 \frac{d_{\text{eq}}}{\rho_{\text{te}}}\right)$$

$$= \left[2.1 \times 0.628 \times \frac{254.17}{2.0 \times 10^5} \times \left(1.9 \times 30 + 0.08 \times \frac{16}{0.01}\right)\right]\text{mm}$$

$$= 0.299\text{mm} > w_{\text{lim}} = 0.20\text{mm}$$

最大裂缝宽度不满足要求，改用 ⌽16@125（1608.5mm²）。

$$\rho_{\text{te}} = \frac{A_s}{A_{\text{te}}} = \frac{1608.5}{0.5 \times 1000 \times 250} = 0.0129 > 0.01$$

$$\sigma_{\text{sk}} = \frac{M_k}{0.87 h_0 A_s} = \frac{55.50 \times 10^6}{0.87 \times 220 \times 1608.5} = 180.27(\text{MPa})$$

$$\psi = 1.1 - \frac{0.65 f_{\text{tk}}}{\rho_{\text{te}} \sigma_s} = 1.1 - \frac{0.65 \times 1.78}{0.0129 \times 180.27} = 0.603$$

$$w_{\max} = \alpha_{\text{cr}} \psi \frac{\sigma_{\text{sk}}}{E_s}\left(1.9c + 0.08 \frac{d_{\text{eq}}}{\rho_{\text{te}}}\right)$$

$$= \left[2.1 \times 0.603 \times \frac{180.27}{2.0 \times 10^5} \times \left(1.9 \times 30 + 0.08 \times \frac{16}{0.0129}\right)\right]\text{mm}$$

$$= 0.178\text{mm} < w_{\text{lim}} = 0.20\text{mm}$$

最大裂缝宽度满足要求。

(2) 墙踵板设计　墙踵板根部 D 点弯矩设计值 M_D：

$$M_D = 1.2 \times \left[\frac{1}{2} \times (25 \times 0.4 \times 1.0) \times 2.23^2\right] + 1.2 \times \left[\frac{1}{2} \times (18 \times 3.6 \times 1.0) \times 2.23^2\right] +$$

$$1.3 \times \left(\frac{1}{2} \times 10 \times 2.23^2\right) - \frac{1}{2} \times 72.10 \times 2.23^2 - \frac{1}{2} \times 2.23 \times (87.24 - 72.10) \times \frac{2.23}{3}$$

$$= 63.69(\text{kNm})$$

墙踵板根部 D 点弯矩标准值 M_{Dk}：

$$M_{\text{Dk}} = \frac{1}{2} \times (25 \times 0.4 \times 1.0) \times 2.23^2 + \frac{1}{2} \times (18 \times 3.6 \times 1.0) \times 2.23^2 + \frac{1}{2} \times 10 \times 2.23^2 -$$

$$\frac{1}{2} \times 72.10 \times 2.23^2 - \frac{1}{2} \times 2.23 \times (87.24 - 72.10) \times \frac{2.23}{3} = 19.03(\text{kNm})$$

1）墙踵板承载力计算。混凝土保护层厚度 $c = 30\text{mm}$，有效高度 $h_0 = 400 - 30 = 370(\text{mm})$，$b = 1000\text{mm}$。

$$\alpha_s = \frac{M_D}{f_{\text{cd}} b h_0^2} = \frac{63.69 \times 10^6}{11.5 \times 1000 \times 370^2} = 0.0405$$

$$\xi = 1 - \sqrt{1 - 2\alpha_s} = 1 - \sqrt{1 - 2 \times 0.0405} = 0.0414 < \xi_b = 0.53$$

$$A_s = \frac{f_{cd}bh_0\xi}{f_{sd}} = \frac{11.5 \times 1000 \times 370 \times 0.0414}{330} = 533.81(\text{mm}^2)$$

选配$\Phi 12@180(628.33\text{mm}^2)$。

2）墙踵板裂缝宽度验算：

$$\rho_{te} = \frac{A_s}{A_{te}} = \frac{628.33}{0.5 \times 1000 \times 400} = 0.00314 < 0.01，取\rho_{te} = 0.01$$

$$\sigma_{sk} = \frac{M_k}{0.87h_0 A_s} = \frac{19.03 \times 10^6}{0.87 \times 370 \times 628.33} = 94.09(\text{MPa})$$

$$\psi = 1.1 - \frac{0.65 f_{tk}}{\rho_{te}\sigma_s} = 1.1 - \frac{0.65 \times 1.78}{0.01 \times 94.09} = 0.130$$

$$w_{max} = \alpha_{cr}\psi\frac{\sigma_{sk}}{E_s}\left(1.9c + 0.08\frac{d_{eq}}{\rho_{te}}\right)$$

$$= \left[2.1 \times 0.130 \times \frac{94.09}{2.0 \times 10^5} \times \left(1.9 \times 30 + 0.08 \times \frac{12}{0.01}\right)\right]\text{mm}$$

$$= 0.1965\text{mm} < w_{lim} = 0.20\text{mm}$$

最大裂缝宽度满足要求。

（3）墙趾板设计　墙趾板根部B点弯矩设计值M_B:

$$M_B = -1.2 \times \left[\frac{1}{2} \times (25 \times 0.4 \times 1) \times 0.5^2\right] + \frac{1}{2} \times 87.24 \times 0.5^2 + \frac{1}{2} \times 0.5 \times (90.04 - 87.24) \times \frac{2}{3} \times 0.5$$

$$= 9.64\text{kNm} < M_D = 63.69\text{kNm}$$

根据构造要求，底板墙趾的配筋与墙踵一致。

悬臂式挡土墙的配筋示意如图3-39所示。

3.2.3　加筋土挡土墙设计

1. 设计资料

拟在某高速公路上修建一座加筋挡土墙（图3-40）。挡土墙所处位置及纵断面图由图纸给定。根据图纸所给的挡土墙位置桩号为：K77+730~K77+760，右侧路堤墙。

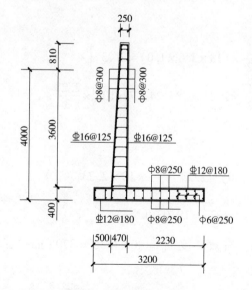

图3-39　悬臂式挡土墙的配筋示意

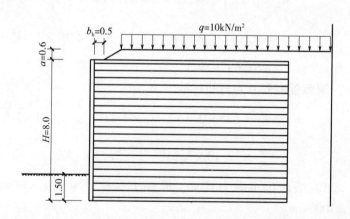

图3-40　加筋挡土墙示意（尺寸单位：m）

1) 挡土墙不受浸水影响，墙高 $H=8.0\text{m}$，顶部填土 $a=0.6\text{m}$。
2) 高速公路采用整体式路基宽 24.5m，其中行车道宽 $2\times7.5\text{m}$，硬路肩宽 $2\times2.50\text{m}$，中间带宽 3.0m（中央分隔带 2.0m，左侧路缘带宽 $2\times0.50\text{m}$），土路肩宽度 $2\times0.75\text{m}$。
3) 荷载标准：公路一级，设计速度 100km/h。
4) 面板规格：$1.5\text{m}\times0.8\text{m}$ 十字形混凝土板，板厚 20cm，混凝土强度等级 C20。
5) 筋带采用聚丙烯土工带，带宽为 18mm，厚 2.0mm，容许拉应力 $[\sigma]=50\text{MPa}$，似摩擦系数 $f^*=0.4$。
6) 筋带节点间距：$S_x=0.42\text{m}$，$S_y=0.40\text{m}$。
7) 填料：砂性土，重度 $\gamma=19\text{kN/m}^3$，内摩擦角 $\varphi=30°$，黏聚力 $c=6\text{kPa}$。
8) 地基：黄土，重度 $\gamma=22\text{kN/m}^3$，内摩擦角 $\varphi=30°$，黏聚力 $c=55\text{kPa}$，地基承载力特征值 $f_{ak}=550\text{kPa}$，基底摩擦系数 $\mu=0.4$。
9) 墙体采用矩形断面，加筋路堤宽度 10.0m。
10) 墙顶填料与加筋土填料相同。

2. 筋带受力计算

本算例加筋挡土墙墙高 8.0m，不大于 12m，内部稳定性可采用应力分析法计算。

（1）计算加筋体上填土换算为等代均布土层厚度 h_F。由图 3-40 可见，$H=8.0\text{m}$，$b_b=0.5\text{m}$，$m=1.5$，$a=0.6\text{m}$，则等代均布土层厚度 h_F：

$$h_F=\frac{1}{m}\left(\frac{H}{2}-b_b\right)=\frac{1}{1.5}\times\left(\frac{8}{2}-0.5\right)=2.33(\text{m})$$

因为 $h_F=2.33\text{m}>a=0.6\text{m}$，取 $h_F=a=0.6\text{m}$。

（2）计算车辆荷载换算为等代均布土层厚度 h_0。当墙高 $H\leqslant2\text{m}$ 时，$q=20\text{kN/m}^2$；当墙高 $H\geqslant10\text{m}$ 时，$q=10\text{kN/m}^2$。当墙高 $H=8\text{m}$ 时，由内插法可得 $q=10+\dfrac{10-8}{10-2}\times(20-10)=12.5$（$\text{kN/m}^2$）

则等代均布土层厚度 $h_0=\dfrac{q}{\gamma}=\dfrac{12.5}{19}=0.66$（m）

（3）筋带所受拉力计算

静止土压力系数 $K_0=1-\sin\varphi=1-\sin30°=0.5$

主动土压力系数 $K_a=\tan^2\left(45°-\dfrac{\varphi}{2}\right)=\tan^2\left(45°-\dfrac{30°}{2}\right)=0.333$

加筋体内深度 z_i 处土压力系数 K_i 可按下式计算：

当 $z_i\leqslant6\text{m}$ 时，$K_i=K_0\left(1-\dfrac{z_i}{6}\right)+K_a\dfrac{z_i}{6}=0.5\left(1-\dfrac{z_i}{6}\right)+0.333\dfrac{z_i}{6}$

当 $z_i>6\text{m}$ 时，$K_i=K_a=0.333$

加筋体计算时采用的荷载布置宽度 L_c 可取路基全宽，即 $L_c=10.75\text{m}$。

加筋体深度 z_i 处的荷载扩散宽度 L_{ci} 按下式计算：

$$L_{ci}=L_c+b_c\frac{a+z_i}{2}\quad(z_i+a>2b_c)$$

$$L_{ci}=L_c+a+z_i\quad(z_i+a\leqslant2b_c)$$

其中，面板背面至路基边缘的水平距离 $b_c=2.0\text{m}$。

1) 车辆荷载对第 i 层拉筋产生的拉力 T_{ai}。车辆荷载在加筋体内深度 z_i 处的竖向应力按下式计算：

$$\sigma_{ai}=\gamma h_0\frac{L_c}{L_{ci}}$$

其中，γ 为加筋体的重度，取 $\gamma = 19 \text{kN/m}^3$。

则拉筋 z_i 承受的拉力 T_{ai}（图 3-41）：

$$T_{ai} = \sigma_{ai} K_i S_x S_y$$

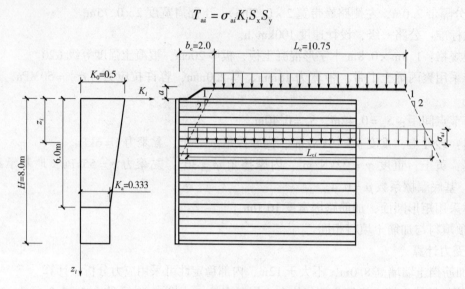

图 3-41 附加荷载作用产生的拉力计算

2）加筋提上路堤填土对第 i 层拉筋产生的拉力 T_{Fi}。加筋土上路堤填土在加筋体内深度 z_i 处的竖向应力按下式计算：

$$\sigma_{Fi} = \gamma_2 h_F$$

其中，γ_2 为路堤填土重度，取 $\gamma_2 = 19 \text{kN/m}^3$。

加筋体上路堤填土对第 i 层拉筋产生的拉力 T_{Fi}（图 3-42）：

$$T_{Fi} = \sigma_{Fi} K_i S_x S_y$$

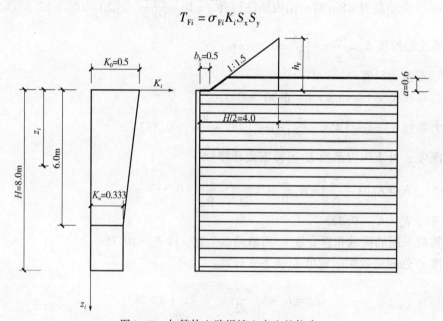

图 3-42 加筋体上路堤填土产生的拉力

3）墙后填料自重对第 i 层拉筋产生的拉力 T_{zi}。均匀分布认为加筋体后填土的土压力对加筋体内部的竖向应力 σ_v 不产生影响，即：

$$\sigma_{vi} = \gamma_1 z_i$$

其中，γ_1 为加筋体内填土重度，取 $\gamma_1 = 19 \text{kN/m}^3$。

墙后填料自重对第 i 层拉筋产生的拉力 T_{zi}（图3-43）：

$$T_{hi} = \sigma_{vi} K_i S_x S_y$$

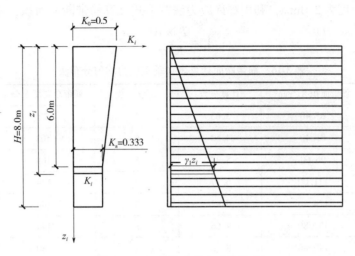

图 3-43 加筋体自重产生的拉力

4）第 i 层拉筋总的拉力 T_i。本设计中，筋带所受拉力包括三部分：车辆荷载、墙顶路堤填土和墙后填料引起的筋带拉力，即

$$T_i = T_{ai} + T_{Fi} + T_{hi} = (\sigma_{ai} + \sigma_{Fi} + \sigma_{vi}) S_x S_y$$

详细的计算结果见表3-15。

表 3-15 筋带所受拉力计算表（垂直应力均匀分布法）

筋带编号	z_i/m	K_i	L_{ci}/m	$\dfrac{L_c}{L_{ci}}$	σ_{ai}/kPa	σ_{Fi}/kPa	σ_{vi}/kPa	S_x/m	S_y/m		T_i/kN
1	0.20	0.494	11.55	0.931	11.64	11.40	3.80	0.42	0.40	2.23	3.27
2	0.60	0.483	11.95	0.900	11.25	11.40	11.40	0.42	0.40	2.76	4.07
3	1.00	0.472	12.35	0.870	10.88	11.40	19.00	0.42	0.40	3.27	4.83
4	1.40	0.461	12.75	0.843	10.54	11.40	26.60	0.42	0.40	3.76	5.55
5	1.80	0.450	13.15	0.818	10.23	11.40	34.20	0.42	0.40	4.22	6.24
6	2.20	0.439	13.55	0.793	9.91	11.40	41.80	0.42	0.40	4.66	6.89
7	2.60	0.428	13.95	0.771	9.64	11.40	49.40	0.42	0.40	5.07	7.49
8	3.00	0.417	14.35	0.749	9.36	11.40	57.00	0.42	0.40	5.45	8.06
9	3.40	0.405	14.75	0.729	9.11	11.40	64.60	0.42	0.40	5.79	8.59
10	3.80	0.394	15.15	0.710	8.88	11.40	72.20	0.42	0.40	6.12	9.08
11	4.20	0.383	15.55	0.691	8.64	11.40	79.80	0.42	0.40	6.42	9.53
12	4.60	0.372	15.95	0.674	8.43	11.40	87.40	0.42	0.40	6.70	9.94
13	5.00	0.361	16.35	0.658	8.23	11.40	95.00	0.42	0.40	6.95	10.32
14	5.40	0.350	16.75	0.642	8.03	11.40	102.60	0.42	0.40	7.18	10.65
15	5.80	0.339	17.15	0.627	7.84	11.40	110.20	0.42	0.40	7.37	10.94
16	6.20	0.333	17.55	0.613	7.66	11.40	117.80	0.42	0.40	7.67	11.36
17	6.60	0.333	17.95	0.599	7.49	11.40	125.40	0.42	0.40	8.07	11.98
18	7.00	0.333	18.35	0.586	7.33	11.40	133.00	0.42	0.40	8.49	12.60
19	7.40	0.333	18.75	0.573	7.16	11.40	140.60	0.42	0.40	8.90	13.22
20	7.80	0.333	19.15	0.561	7.01	11.40	148.20	0.42	0.40	9.32	13.84

3. 内部稳定计算

已知筋带断裂强度标准值 $f_k=150\mathrm{MPa}$，抗拉容许应力 $[\sigma]=50\mathrm{MPa}$，拉筋容许应力提高系数 $K=1$，筋带宽度为 18mm，厚度为 2.0mm，利用容许应力法按下式计算筋带断面面积，见表 3-16。

$$A_i=\frac{T_i\times 10^3}{K[\sigma]}$$

表 3-16 筋带断面计算表（垂直应力均匀分布法）

筋带层数	T_i/kN	筋带面积 A_i/mm²	计算根数	初取根数	筋带总宽度 b_i/mm	抗拉强度安全系数 K_i
1	3.27	65.40	3.63	4	72	1.47
2	4.07	81.40	4.52	6	108	1.77
3	4.83	96.60	5.37	6	108	1.49
4	5.55	111.00	6.17	8	144	1.73
5	6.24	124.80	6.93	8	144	1.54
6	6.89	137.80	7.66	8	144	1.39
7	7.49	149.80	8.32	10	180	1.60
8	8.06	161.20	8.96	10	180	1.49
9	8.59	171.80	9.54	10	180	1.40
10	9.08	181.60	10.09	12	216	1.59
11	9.53	190.60	10.59	12	216	1.51
12	9.94	198.80	11.04	12	216	1.45
13	10.32	206.40	11.47	12	216	1.40
14	10.65	213.00	11.83	12	216	1.35
15	10.94	218.80	12.16	14	252	1.54
16	11.36	227.20	12.62	14	252	1.48
17	11.98	239.60	13.31	14	252	1.40
18	12.60	252.00	14.00	14	252	1.33
19	13.22	264.40	14.69	16	288	1.45
20	13.84	276.80	15.38	16	288	1.39

（1）筋带长度计算　计算各层筋带在活动区、锚固区的长度及总长。本算例假设加筋体为矩形断面，各层筋带长度 L_i 均为 10.0m。

简化破裂面的垂直部分距面板背部的水平距离为：

$b_\mathrm{H}=0.3H=0.3\times 8.00=2.4(\mathrm{m})$

简化破裂面下段高度：

$H_2=b_\mathrm{H}\tan\left(45°+\dfrac{\varphi}{2}\right)$
$\quad =2.4\times\tan\left(45°+\dfrac{30°}{2}\right)=4.16(\mathrm{m})$

简化破裂面上段高度：

$H_1=H-H_2=8.0-4.16=3.84(\mathrm{m})$

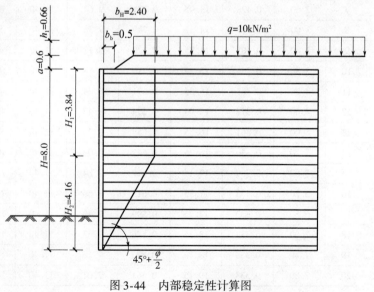

图 3-44　内部稳定性计算图

则第 i 层筋带总长度 l_i 可按下式计算：
$$l_i = l_{0i} + l_{ei}$$
其中，l_{0i} 为第 i 层活动区的筋带长度，可按下式计算：
$$l_{0i} = 0.3H \quad (0 \leqslant z_i \leqslant H_1)$$
$$l_{0i} = \frac{H - z_i}{\tan\left(45° + \dfrac{\varphi}{2}\right)} \quad (H_1 < z_i \leqslant H)$$

l_{ei} 为第 i 层稳定区的筋带长度，路堤式挡土墙按下式计算：
$$l_{ei} = \frac{[K_f] T_i''}{2f^* b_i (\gamma_1 z_i + \gamma_2 h_1)}$$

式中 T_i''——第 i 层拉筋所受拉力（kN），采用 $T_i'' = T_i$；

$[K_f]$——筋带要求抗拔稳定系数；

f^*——筋带与填料的似摩擦系数，取 $f^* = 0.4$；

b_i——第 i 层拉筋宽度总和（m）；

γ_1——加筋体填料重度（kN/m³）。

(2) 抗拔稳定性计算　计算筋带抗拔力时，不计基本可变荷载的作用效应。

加筋挡土墙墙高 $H = 8.0\text{m} < 12.0\text{m}$，全墙抗拔稳定性验算宜按以下规定执行：
$$K_b = \frac{\sum T_{pi}}{\sum T_i} \geqslant 2$$

式中 K_b——全墙抗拔稳定系数，要求 $K_b \geqslant 2$；

$\sum T_{pi}$——各层拉筋所产生的摩擦力总和；

T_{pi}——永久荷载重力作用下，z_i 层深度处，筋带有效长度所提供的抗拔力（kN），按下式计算：
$$T_{pi} = 2f^* \sigma_i b_i l_{ei}$$

f^*——填料与筋带间的似摩擦系数，由试验确定，本算例取 $f^* = 0.4$；

b_i——节点上的筋带总宽度（m）；

l_{ei}——筋带在稳定区内的有效锚固长度（m）；

$\sum T_i$——各层拉筋承担的水平拉力总和；

T_i——z_i 层深度处，筋带所承受的水平拉力（kN），按下式计算：
$$T_i = (\sum \sigma_{Ei}) S_x S_y$$

$(\sum \sigma_{Ei})$——z_i 层深度处，面板上的水平土压力（kPa）及水平压应力，包括 σ_{zi} 和 σ_{bi}。

S_x、S_y——筋带节点水平、垂直间距（m）。

计算公式的作用（或荷载）分项系数，均取等于 1.0。

由表 3-17 可知，各层筋带的长度均相同，本算例取 $l = 11.0\text{m}$。在满足抗拔稳定的前提下，采用的筋带长度，当墙高大于 3m 时，筋带的最小长度宜大于 0.8 倍墙高，且不小于 5m，即筋带长度 $l \geqslant l_{min} = 0.8H = 6.4\text{m} \geqslant 5.0\text{m}$。

由表 3-17 可知，各层筋带的作用效应组合值均小于抗力值，满足筋带抗拔稳定性的要求。

表 3-17　抗拔稳定性计算

筋带层数	z_i/m	T_i/kPa	l_{0i}/m	l_{ei}/m	l_i/m	b_i/mm	l/m	抗拔稳定系数 K_b
1	0.20	3.27	2.40	7.47	9.87	72	10	2.68
2	0.60	4.07	2.40	4.13	6.53	108	10	4.84
3	1.00	4.83	2.40	3.68	6.08	108	10	5.44

(续)

筋带层数	z_i/m	T_i/kPa	l_{0i}/m	l_{ei}/m	l_i/m	b_i/mm	l/m	抗拔稳定系数 K_b
4	1.40	5.55	2.40	2.54	4.94	144	10	7.89
5	1.80	6.24	2.40	2.38	4.78	144	10	8.42
6	2.20	6.89	2.40	2.25	4.65	144	10	8.89
7	2.60	7.49	2.40	1.71	4.11	180	10	11.69
8	3.00	8.06	2.40	1.64	4.04	180	10	12.22
9	3.40	8.59	2.40	1.57	3.97	180	10	12.74
10	3.80	9.08	2.40	1.26	3.66	216	10	15.91
11	4.20	9.53	2.19	1.21	3.40	216	10	16.54
12	4.60	9.94	1.96	1.16	3.12	216	10	17.18
13	5.00	10.32	1.73	1.12	2.85	216	10	17.82
14	5.40	10.65	1.50	1.08	2.58	216	10	18.50
15	5.80	10.94	1.27	0.89	2.16	252	10	22.41
16	6.20	11.36	1.04	0.87	1.91	252	10	22.93
17	6.60	11.98	0.81	0.87	1.68	252	10	23.02
18	7.00	12.60	0.58	0.87	1.45	252	10	23.10
19	7.40	13.22	0.35	0.76	1.11	288	10	26.49
20	7.80	13.84	0.12	0.75	0.87	288	10	26.57

由于墙高 $H=8\mathrm{m}<12\mathrm{m}$，故取分项系数均为 1.0，计算全墙抗拔稳定系数 K_b：

$$K_b = \frac{\sum T_{pi}}{\sum T_i} = \frac{883.71}{178.45} = 7.07 > 2$$

满足对全墙抗拔稳定性的规定。

4. 外部稳定计算

（1）基础底面地基应力验算　路堤式挡土墙的车辆附加荷载的布置范围为路堤全宽度，地基应力验算时的作用力系如图 3-45 所示。

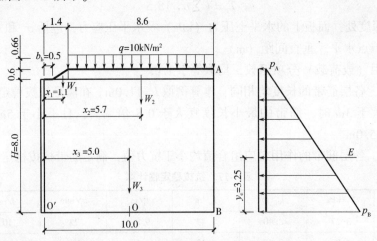

图 3-45　地基应力计算（尺寸单位：m）

地基应力验算时，地基上的作用效应应采用正常使用极限状态下的标准组合，地基承载力采用特征值f_a。

作用于地基的力系计算如下：

1) 基底面上垂直力N_j。由图3-45算出各填土分块的重量：

$$W_1 = \frac{1}{2} \times (1.4 - 0.5) \times 0.6 \times 19.00 = 5.13 (\text{kN/m})$$

形心位置 $x_1 = 0.5 + \frac{2}{3} \times (1.4 - 0.5) = 1.1(\text{m})$

$$W_2 = (10 - 1.4) \times (0.6 + 0.66) \times 19.00 = 205.88(\text{kN/m})$$

形心位置 $x_2 = 1.4 + \frac{1}{2} \times (10 - 1.4) = 5.70(\text{m})$

$$W_3 = 10.00 \times 8.00 \times 19.00 = 1520.00(\text{kN/m})$$

形心位置 $x_3 = 10/2 = 5.00(\text{m})$

基底面上垂直力N_d为：

$$N_d = \sum_3 W_i = 5.13 + 205.88 + 1520.00 = 1731.01(\text{kN/m})$$

2) 墙背AB上的水平压力E。路基顶面A处的水平压力p_A：

$$p_A = 19.00 \times 0.66 \times \tan^2\left(45° - \frac{30°}{2}\right) = 4.18(\text{kPa})$$

基底面B点处水平土压力p_B：

$$p_B = 19.00 \times (0.66 + 0.60 + 8.00) \times \tan^2\left(45° - \frac{30°}{2}\right) = 58.65(\text{kPa})$$

水平土压力E：

$$E = \frac{1}{2}(p_A + p_B)H = \frac{1}{2} \times [4.18 + 58.65] \times 8.60 = 270.17(\text{kN/m})$$

水平土压力作用点y_c：

$$y_c = \frac{(4.18 \times 8.60) \times 4.30 + \left(\frac{1}{2} \times 58.65 \times 8.60\right) \times \frac{1}{3} \times 8.6}{270.17} = 3.25(\text{m})$$

3) 求各力对基底重心O点的力矩：

$$M_1 = W_1(x_3 - x_1) = 5.13 \times (5.0 - 1.1) = 20.01(\text{kN}\cdot\text{m})(逆时针)$$

$$M_2 = W_2(x_2 - x_3) = 205.88 \times (5.7 - 5.0) = 144.12(\text{kN}\cdot\text{m})(顺时针)$$

$$M_3 = 0$$

$$M_E = Ey_c = 270.17 \times 3.25 = 878.05(\text{kN}\cdot\text{m})(逆时针)$$

$$M_d = M_E + M_1 - M_2 - M_3 = 878.05 + 20.01 - 144.12 - 0 = 753.94(\text{kN}\cdot\text{m})$$

4) 基底合力偏心距及地基应力：

$$e_0 = \left|\frac{M_d}{N_d}\right| = \left|\frac{753.94}{1731.01}\right| = 0.436\text{m} < \frac{L}{6} = \left(\frac{10.00}{6}\right)\text{m} = 1.67\text{m}$$

$$p_{max} = \frac{N_d}{L}\left(1 + \frac{6e_0}{L}\right) = \frac{1731.01}{10} \times \left(1 + \frac{6 \times 0.436}{10}\right) = 218.38(\text{kPa})$$

$$p_{\min} = \frac{N_d}{L}\left(1 - \frac{6e_0}{L}\right) = \frac{1731.01}{10} \times \left(1 - \frac{6 \times 0.436}{10}\right) = 127.82(\mathrm{kPa})$$

地基承载力特征值 f_a 的提高系数 k 在组合 I 时取 1.0（表 3-18），故修正黄土的地基承载力 $f'_a = kf_a = 1.0 \times 550 = 550(\mathrm{kPa})$。

$p_{\max} = 218.38\mathrm{kPa} < f'_a = kf_a = 550\mathrm{kPa}$

$p_{\min} = 127.82\mathrm{kPa} > 0$

所以，地基承载力满足要求，不必对地基进行特殊处理。

表 3-18　地基承载力特征值 f_a 的提高系数

作用（或荷载）与使用情况	提高系数 k	作用（或荷载）与使用情况	提高系数 k
作用（或荷载）组合 I、II	1.00	经多年压实未受破坏的旧基础	1.50
作用（或荷载）组合 III、施工荷载	1.25		

注：地基承载力特征值小于 150kPa 的地基，对于序号第二项情况，$k=1.0$；对于序号第三项情况 $k=1.25$。

(2) 基底滑动稳定性验算　荷载组合 I 时，抗滑稳定系数 $K_c = 1.3$；加筋体与地基的摩擦系数 $\mu = 0.4$；不计墙前被动土压力。

$$G = \sum_3 W_i = 5.13 + 205.88 + 1520.00 = 1731.01(\mathrm{kN/m})$$

1）滑动稳定方程：

$1.1\mu G - 1.4E = (1.1 \times 0.4 \times 1731.01 - 1.4 \times 270.17)\mathrm{kN/m} = 383.41\mathrm{kN/m} > 0$

2）抗滑动稳定系数：

$$K_c = \frac{\mu G}{E} = \frac{0.4 \times 1731.01}{270.17} = 2.56 > 1.3$$

由 1）、2）验算结果可知，加筋体基底滑动稳定性验算满足要求。

(3) 倾覆稳定验算　作用于墙体的力系与基底滑动验算时相同，当为荷载组合 II 时，要求的倾覆稳定系数 $K_0 = 1.5$；不计墙被动土压力（图 3-45）。

1）求各力对墙趾 O' 的力矩：

$M_1 = W_1 x_1 = 5.13 \times 1.1 = 5.641(\mathrm{kN \cdot m})$（顺时针）

$M_2 = W_2 x_2 = 205.88 \times 5.7 = 1173.52(\mathrm{kN \cdot m})$（顺时针）

$M_3 = W_3 x_3 = 1520.00 \times 5.0 = 7600.00(\mathrm{kN \cdot m})$（顺时针）

$M_E = Ey_c = 270.17 \times 3.25 = 878.05(\mathrm{kN \cdot m})$（逆时针）

2）倾覆稳定方程：

$0.8(M_1 + M_2 + M_3) - 1.4M_E$

$= 0.8 \times (5.64 + 1173.52 + 7600.00) - 1.4 \times 878.05 = 5794.06 > 0$

3）倾覆稳定系数计算：

$$K_0 = \frac{\sum M_y}{\sum M_0} = \frac{M_1 + M_2 + M_3}{M_E} = \frac{5.64 + 1173.52 + 7600.00}{878.05} = 10.00 > 1.5$$

由 1）、2）、3）验算结果可知，加筋体的抗倾覆稳定性满足要求。

(4) 整体滑动稳定验算　最危险滑动面的位置，由经验可知，设定圆弧滑动面时，最不利圆心位置常位于如图 3-46 所示区域内，但比较精确的位置需试算确定。一般采用网格法，逐步逼近不利圆心位置，求出其整体稳定系数 K_s，$K_s > 1.25$ 即满足提滑动稳定性。对于本设计任取一点作为假定最危险滑动面的圆心如图 3-45 所示，计算结果见表 3-19。

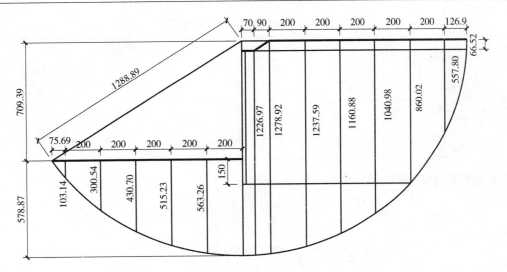

图 3-46 整体稳定性验算（尺寸单位：cm）

表 3-19 整体滑动稳定计算表

土条编号	土条重量 W_i/kN	土条重心至圆心水平距离/m	α_i (°)	x_i/m	φ_i (°)	c_i'/kPa	$c_i' x_i$ /kPa	$W_i \cos\alpha_i \tan\varphi_i$ /kN	$W_i \sin\alpha_i$ /kN
1	67.26	12.24	77.00	5.76	30	6	34.56	8.37	65.54
2	271.51	10.60	56.00	3.65	30	6	21.90	87.65	225.09
3	363.47	8.60	42.00	2.70	30	6	16.20	155.93	243.21
4	482.90	6.60	31.00	2.35	30	55	129.25	238.96	248.71
5	528.44	4.60	21.00	2.15	30	55	118.25	284.81	189.38
6	550.22	2.60	11.50	2.04	30	55	112.20	311.27	109.70
7	251.46	1.15	5.00	0.91	30	55	50.05	144.62	21.92
8	185.46	0.35	1.50	0.69	30	55	37.95	107.03	4.85
9	251.02	1.00	-4.50	2.02	30	55	121.00	144.47	-19.69
10	259.38	2.99	-13.50	2.06	30	55	113.30	145.60	-60.55
11	207.24	4.97	-23.00	2.16	30	55	143.00	110.13	-80.98
12	161.48	6.95	-33.50	2.39	30	55	131.45	77.74	-89.13
13	89.10	8.92	-45.50	2.82	30	55	155.10	36.05	-63.55
14	8.32	10.38	-55.00	1.28	30	55	70.40	2.75	-6.82
							1254.61	1855.74	787.68

整体滑动稳定系数 K_s：

$$K_s = \frac{\sum(c_i' x_i + W_i \cos\alpha_i \tan\varphi_i)}{\sum W_i \sin\alpha_i} = \frac{1254.61 + 1855.74}{787.68} = 3.95 > 1.5$$

整体滑动稳定性满足要求。

（5）墙面板厚度计算 已知 $S_x = 0.42\text{m}$，$S_y = 0.40\text{m}$，当混凝土强度等级为 C20 时，容许弯拉应力 $[\sigma_{wl}] = 1.15 \times 0.7 = 0.805(\text{MPa})$。混凝土容许应力提高系数 K 按表 3-20 确定，$K = 1.0$。

本算例中，因墙高不大，全墙取同一面板厚度，以最大墙高处（底层）为例计算如下：

表 3-20 容许拉应力提高系数 K

荷载组合	拉筋类型	
	铝带、钢筋、混凝土	土工合成带
组合 I	1.00	1.00
组合 II、III、IV	1.25	1.30
组合 V	1.30	1.30
组合 VI	1.50	2.00

面板视为承受均布荷载的简支梁，计算最大弯矩：

$$q_{30} = \frac{0.75 T_{i\max}}{S_x S_y} = \frac{0.75 \times 13.84}{0.42 \times 0.40} = 61.79 (\text{kN/m}^2)$$

$$M_{30\max} = \frac{1}{8} q_{30} S_x^2 = \frac{1}{8} \times 61.79 \times 0.42^2 = 1.36 (\text{kN/m})$$

$$t = \sqrt{\frac{60 M_{30\max}}{K[\sigma_{wl}] S_y}} = \sqrt{\frac{60 \times 1.36}{0.805 \times 0.40}} = 15.92 (\text{cm})$$

根据实践经验，取板厚 20cm，大于计算强度，故可以满足强度要求。

思 考 题

3-1 按位置的不同，挡土墙可分为哪几类？

3-2 根据挡土墙组成示意图，标出墙背、墙面、墙顶、墙趾、墙踵、基底的位置。

3-3 挡土墙排水设施包括哪两部分？各自的目的是什么？

3-4 挡土墙设置沉降缝及伸缩缝的各自目的是什么？

3-5 公路挡土墙计算中考虑的主要力系包含哪些力？绘图示意。

3-6 名词解释：主动土压力、被动土压力。

3-7 请说出库仑土压力理论在路基挡土墙计算中的几个基本假定。

3-8 按破裂面交于路基面的位置不同，挡土墙土压力计算有哪几种计算图式？

3-9 画出破裂面交于内边坡的挡土墙主动土压力计算图式。

3-10 何种情况下会出现第二破裂面？

3-11 折线形墙背下墙土压力常用的计算方法有哪两种？

3-12 墙背填土为黏性土时，主动土压力常用的近似计算方法有哪两种？

3-13 绘出被动土压力计算的图式。

3-14 挡土墙土压力计算中如何考虑车辆荷载的作用？

3-15 挡土墙承载力极限状态包括哪些情况？

3-16 挡土墙正常使用极限状态包括哪些情况？

3-17 重力式挡土墙稳定性验算的内容有哪些？各是什么目的？

3-18 增加挡土墙抗滑稳定性的方法有哪些？

3-19 增加挡土墙抗倾覆稳定性的方法有哪些？

3-20 水对浸水路堤挡土墙墙后填料和墙身有何影响？

3-21 当填料为砂性土，计算浸水挡土墙土压力时，应如何考虑？

3-22 地震区挡土墙一般防震措施有哪些？

3-23 薄壁式挡土墙有何结构特点及主要类型？

3-24 内部稳定性分析与外部稳定性分析的区别是什么？

3-25 拉筋长度由哪几部分组成？为什么位于上层的拉筋需要的长度往往较大？

3-26 土中加筋可取什么作用？怎样才能使拉筋发挥最大作用？

3-27 加筋土挡土墙墙面所受到的土压力，同重力式挡土墙有什么不同？

第 4 章 路基路面设计

【知识与技能点】
- 掌握路基设计计算方法。
- 掌握沥青（水泥混凝土）路面结构设计参数确定方法。
- 掌握沥青（水泥混凝土）路面结构设计计算方法。
- 掌握沥青（水泥混凝土）路面结构施工图的绘制方法。

4.1 设计解析

4.1.1 与设计有关的几个重要概念

1. 路基路面结构与构造

（1）路基 路基是在原地面上按公路（道路）的设计线形（平面位置）和设计横断面（路基的宽度、高度及边坡度等几何尺寸）的技术要求开挖或填筑并压实而成的带状构筑物，是路面的基础，承受由路面传来的行车荷载。路基的断面形式，一般分为填方路基、挖方路基和半填半挖路基等。路基结构组成横断面图如图4-1所示。

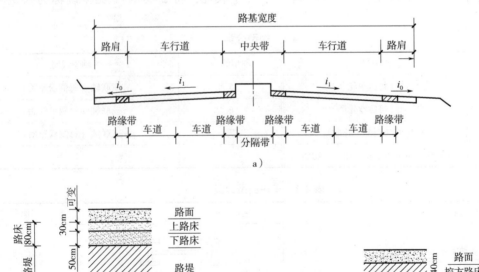

图4-1 路基结构组成横断面图
a) 路基横断面各部名称（高速公路、一级公路） b) 填方路基剖面各部名称
c) 地基良好（岩石、砂砾土）挖方路基剖面各部名称 d) 地基不良挖方路基剖面各部名称

（2）路面 路面是用各种坚硬材料或混合料分层修筑在路基顶面供汽车行驶的层状结构物，直接承受车辆荷载与自然因素综合作用，路面的性能应能满足车辆安全、迅速、舒适的行驶要求。路面通常由路面体（横向分为行车道、人行道、路缘带）、路肩、路缘石、中央分隔带、路面排水等组成。

路面按结构层次可分为面层、基层、底基层和垫层等主要层次,图 4-2 给出了各部分具体组成。

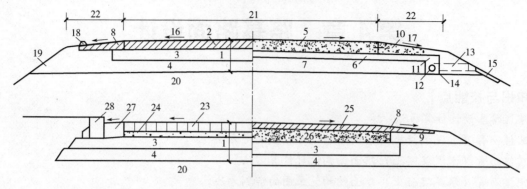

图 4-2 路面结构组成横断面图

1—铺面结构 2—沥青面层 3—基层 4—垫层 5—水泥混凝土路肩面层 6—排水基层 7—不透水垫层
8—沥青路肩面层 9—路肩基层 10—水泥混凝土路肩面层 11—纵向集水沟 12—纵向集水管 13—横向排水管
14—反滤织物 15—坡面冲刷防护 16—行车道横坡 17—路肩横坡 18—拦水带 19—路基边坡 20—路床
21—行车道宽度 22—路肩宽度 23—块料面层 24—垫砂层 25—沥青上面层
26—连续配筋混凝土下面层 27—平石 28—侧石

2. 车辆的轴型与轴重

按轮组和轴组类型将车辆轴型分为 7 类,见表 4-1。根据车辆构造、轴组组成及其对路面的破坏作用,将交通组成分为 11 种车辆类型(表 4-2),其中 1 类车型为对路面破坏较小的小轿车或载重量较轻的小货车,路面设计时不予考虑;2 类车为大客车,对路面有一定的破坏作用,需要在路面设计中考虑;3 类~11 类车为对路面有显著作用的货车。为便于表述,将 2 类~11 类车统称为大型客车和货车。

表 4-1 轴型分类

轴型编号	轴型说明	轴型编号	轴型说明
1	单轴(每侧单轮胎)	5	双联轴(每侧双轮胎)
2	单轴(每侧双轮胎)	6	三联轴(每侧单轮胎)
3	双联轴(每侧单轮胎)	7	三联轴(每侧双轮胎)
4	双联轴(每侧各一单轮胎、双轮胎)		

表 4-2 车辆类型分类

车型编号	说明	主要车型	其他车型
1	2 轴 4 轮车	11 型车	
2	2 轴 6 轮及以上客车	12 型客车	15 型客车
3	2 轴 6 轮整体式货车	12 型货车	
4	3 轴整体式货车(非双前轴)	15 型	

(续)

车型编号	说明	主要车型		其他车型
5	4轴及以上整体式货车（非双前轴）	17型	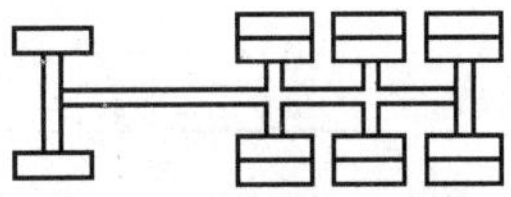	
6	双前轴整体式货车	112型、115型	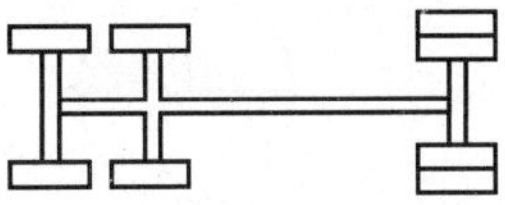	117型
7	4轴及以下半挂货车（非双前轴）	125型	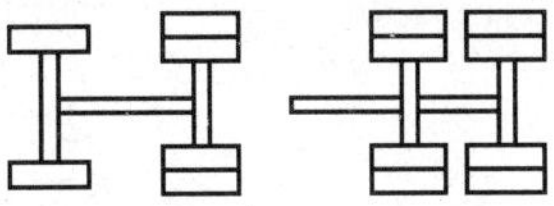	122型
8	5轴半挂货车（非双前轴）	127型、155型	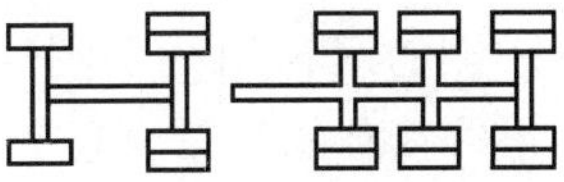	
9	6轴及以上半挂货车（非双前轴）	157型	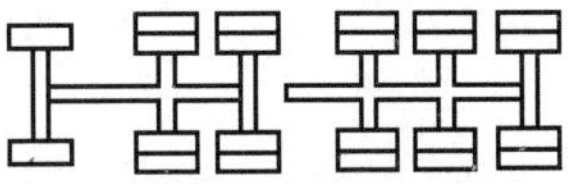	
10	双前轴半挂式货车	1127型	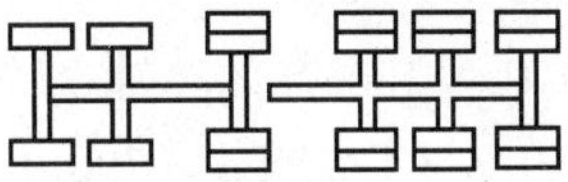	1122型、1125型、1155型、1157型
11	全挂货车	1522型、1222型	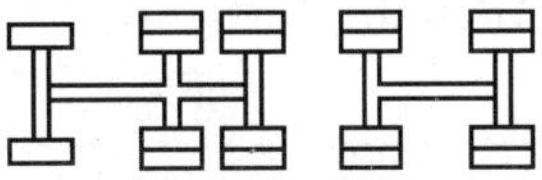	

3. 轮胎与地面接触面的当量圆半径和当量圆形均布荷载

汽车对道路的作用可分为停驻状态和行驶状态。当汽车处于停驻状态时，对路面的作用力为静态压力，主要是由轮胎传给路面的垂直压力 p，其大小与汽车轮胎的内压力 p_i、轮胎的刚度和轮胎与路面接触的形状、轮载的大小有关。

通常轮胎与路面接触面上的压力 p 略小于轮胎的内压力 p_i，约为 $(0.8 \sim 0.9)p_i$。车轮在行驶过程中，内压力会因轮胎充气温度升高而增加，因此，滚动的车轮接触压力也有所增加，达到 $(0.9 \sim 1.1)p_i$。

新旧轮胎的刚度是不同的，接触面的形状和轮胎的花纹也会影响接触压力的分布。一般情况下，接触面上的压力分布是不均匀的。但在路面结构设计时，忽略上述因素的影响，而直接将其内压力作为接触压力，并假定在接触面上压力是均匀分布的。

轮胎与路面的接触面形状如图 4-3 所示，它的轮廓近似于椭圆形，考虑到其长轴与短轴的差别不大，在工程设计中以圆形接触面来表示。将车轮荷载简化成当量的圆形均布荷载，并采用轮胎内压力作为轮胎接触压力 p。

由竖向力平衡条件可得

$$p\pi\delta^2 = P \tag{4-1}$$

由式 (4-1) 可得当量圆的半径 δ：

$$\delta = \sqrt{\frac{P}{\pi p}} \tag{4-2}$$

式中 P——作用于车轮上的荷载（kN）；
p——轮胎接触面上的压力（kPa）；

δ——接触面当量圆半径（m）。

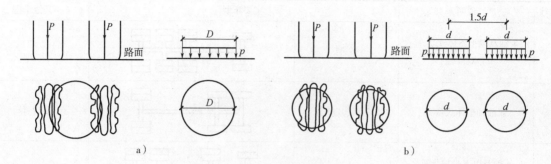

图 4-3 轮胎与路面的接触面形状
a）单圆图式 b）双圆图式

对于双轮车轴，若每一侧的双轮用一个圆表示，称为单圆荷载，用两个圆表示，称为双圆荷载。双圆荷载的当量直径 d 和单圆荷载的当量直径 D，按下式计算：

$$d = \sqrt{\frac{4P}{\pi p}} \tag{4-3a}$$

$$D = \sqrt{\frac{8P}{\pi p}} \tag{4-3b}$$

路面设计时，以轴重 P 为 100kN 的单轴-双轮组轴载作为设计轴载，将不同类型的车辆轴载换算为设计轴载。轮胎接触压力 $p=0.7\text{MPa}=700\text{kPa}$，代入式（4-3），可得单轮接地当量圆直径 $d=213.0\text{mm}$，两轮中心距 $1.5d=319.5\text{mm}$。设计轴载的计算参数见表 4-3。

表 4-3 设计轴载的计算参数

设计轴载 P/kN	100	单轮传压当量圆直径 $d=2\delta$/mm	213.0
轮胎接触压力 p/MPa	0.70	两轮中心距/mm	$1.5d=319.5$

4. 交通数据调查

交通数据调查应包括交通量及增长率、方向系数、车道系数、车辆类型组成、轴组组成和轴重等。

（1）交通量 公路初期交通量和其他参数可参照可行性研究报告等有关交通量预测资料，结合当地交通观测站的观测和统计资料，或通过实地设立站点进行观测和统计。

设计车道交通量 = 断面交通量 × 方向系数 × 车道系数

（2）交通量的年平均增长率 依据公路等级和功能以及地区经济和交通发展情况等，通过调查分析确定。

（3）方向系数 根据不同方向上实测交通量数据确定，无实测数据时可在 0.5~0.6 范围内选取。

（4）车道系数 设计车道上大型客车和货车数量占该方向上大型客车和货车交通的比例。改建路面设计应采用水平一，新建路面设计可采用水平二或水平三。

水平一：根据现场交通量观测资料统计设计方向车道上车辆的数量，确定车道系数。

水平二：采用当地的经验值。

水平三：采用表 4-4 推荐值。

表 4-4 车道系数

单向车道数	1	2	3	≥4
高速公路	—	0.70~0.85	0.45~0.60	0.40~0.50
其他等级公路	1.00	0.50~0.75	0.50~0.75	—

注：交通受非机动车和行人影响严重时取低限，反之取高值。

(5) 车辆类型分布系数 某一类车型数量占 2 类~11 类车辆总数的百分比,是反映交通组成的重要参数。货车类型分布系数 TTC 为反映车辆组成中整体货车和半挂货车所占比例的参数。改建路面设计应采用水平一,新建路面设计可采用水平二或水平三。

水平一:根据交通观测资料分析 2 类~11 类车型所占的百分比,得到车辆类型分布系数。

水平二:根据交通历史数据或经验数据按表 4-5a 确定公路 TTC 分类,采用该 TTC 分类车辆类型分布系数当地经验值。

水平三:根据交通历史数据或经验数据按表 4-5b 确定公路 TTC 分类,采用表 4-5b 规定的车辆类型分布系数。

表 4-5a 公路 TTC 分类标准

TTC 分类	整体式货车比例(%)	半挂式货车比例(%)
TTC1	<40	>50
TTC2	<40	<50
TTC3	40~70	>20
TTC4	40~70	<20
TTC5	>70	—

注:表中整体式货车为表 4-2 中 3 类~6 类车,半挂式货车为表 4-2 中 7 类~10 类。

表 4-5b 不同 TTC 分类车辆类型分布系数 (单位:%)

车辆类型	2 类	3 类	4 类	5 类	6 类	7 类	8 类	9 类	10 类	11 类
TTC1	6.4	15.3	1.4	0.0	11.9	3.1	16.3	20.4	25.2	0.0
TTC2	22.0	23.3	2.7	0.0	8.3	7.5	17.1	8.5	10.6	0.0
TTC3	17.8	33.1	3.4	0.0	12.5	4.4	9.1	10.6	8.5	0.7
TTC4	28.9	43.9	5.5	0.0	9.4	2.0	4.6	3.4	2.3	0.1
TTC5	9.9	42.3	14.8	0.0	22.7	2.0	2.3	3.2	2.5	0.2

5. 车辆当量设计轴载换算

轴载换算参数包括轴组系数 c_1、轮组系数 c_2 和换算系数 $EALF_m$,三个参数受路面设计参数、性能模型等直接影响。

各类车辆当量设计轴载换算系数 $EALF_m$ 可按三个水平确定,高速公路和一级公路的改建设计应采用水平一,其他情况可采用水平二或水平三。

(1) 水平一 采用称重设备连续采集设计车道上车辆类型、轴型组成和轴重数据,按下列步骤分析各类车辆当量换算系数:

1) 分别统计 2 类~11 类车辆单轴单胎、单轴双胎、双联轴和三联轴的数量,除以各类车辆总量,按式 (4-4) 计算各类车辆中不同轴型平均轴数。

$$\mathrm{NAPT}_{mi} = \frac{\mathrm{NA}_{mi}}{\mathrm{NT}_m} \tag{4-4}$$

式中 NAPT_{mi}——m 类车辆中 i 种轴型的平均轴数;

NA_{mi}——m 类车辆中 i 种轴型总数;

NT_m——m 类车辆总数;

i——单轴单胎、单轴双胎和三联轴;

m——表 4-2 所列 2 类~11 类车。

2) 按式 (4-5) 计算 2 类~11 类车辆不同轴型在不同轴重区间所占的百分比,得到不同轴型的轴重分布系数,即轴载谱。确定轴载谱时,单轴单胎、单轴双胎、双联轴和三联轴应分别间隔 2.5kN、4.5kN、9.0kN 和 13.5kN 划分轴重区间。

$$\text{ALDF}_{mij} = \frac{\text{ND}_{mij}}{\text{NA}_{mi}} \tag{4-5}$$

式中 ALDF_{mij}——m 类车辆中 i 种轴型在 j 级轴重区间的轴重分布系数;

ND_{mij}——m 类车辆中 i 种轴型在 j 级轴重区间的数量;

NA_{mi}——m 类车辆中 i 种轴型的数量。

3)按式(4-6)计算 2 类~11 类车辆各种轴型在不同轴重区间的当量设计轴载换算系数,计算时取各轴重区间中点值作为该轴重区间代表轴重。按式(4-7)计算各类车辆当量设计轴载换算系数:

$$\text{EALF}_{mij} = c_1 c_2 \left(\frac{P_{mij}}{P_\text{s}}\right)^b \tag{4-6}$$

式中 P_s——设计轴载(kN);

P_{mij}——m 类车辆中 i 种轴型在 j 级轴重区间的单轴轴载(kN),对双联轴和三联轴,为平均分配到每个单轴的轴载;

b——换算指标,分析沥青混合料层疲劳和沥青混合料层永久变形时,$b=4$;分析路基永久变形时,$b=5$;分析无机结合料稳定层疲劳时,$b=1.3$;

c_1——轴组系数,前后轴间距大于 3m 时,分别按单个轴计算;轴间距小于 3m 时,按表 4-6 取值;

c_2——轮组系数,双轮组为 1.0,单轮时取 4.5。

表 4-6 轴组系数取值

设计指标	轮-轴型	c_1 取值
沥青混合料层底拉应变、沥青混合料层永久变形量	双联轴	2.1
	三联轴	3.2
路基顶面竖向压应变	双联轴	4.2
	三联轴	8.7
无机结合料稳定层底拉应力	双联轴	2.6
	三联轴	3.8

$$\text{EALF}_m = \sum_i \left[\text{NAPT}_{mi} \sum_j \left(\text{EALF}_{mij} \times \text{ALDF}_{mij} \right) \right] \tag{4-7}$$

式中 EALF_m——m 类车辆的当量设计轴载换算系数;

NAPT_{mi}——m 类车辆中 i 种轴型的平均轴数;

ALDF_{mij}——m 类车辆中 i 种轴型在 j 级轴重区间的轴重分布系数;

EALF_{mij}——m 类车辆中 i 种轴型在 j 级轴重区间当量设计轴载换算系数,根据式(4-6)计算确定。

(2)水平二和水平三 按式(4-8)确定各类车辆的当量设计轴载换算系数。式(4-8)中非满载车和满载车的比例和当量设计轴载换算系数,水平二时取当地经验值,水平三时取表 4-7 和表 4-8 所列全国经验值。

$$\text{EALF}_m = \text{EALF}_{ml} \times \text{PER}_{ml} + \text{EALF}_{mh} \times \text{PER}_{mh} \tag{4-8}$$

式中 EALF_{ml}——m 类车辆中非满载车的当量设计轴载换算系数;

EALF_{mh}——m 类车辆中满载车的当量设计轴载换算系数;

PER_{ml}——m 类车辆中非满载车所占的百分比;

PER_{mh}——m 类车辆中满载车所占的百分比。

表 4-7　2 类 ~ 11 类车辆非满载车与满载车比例

车型	非满载比例	满载比例
2 类	0.80 ~ 0.90	0.10 ~ 0.20
3 类	0.85 ~ 0.95	0.05 ~ 0.15
4 类	0.60 ~ 0.70	0.30 ~ 0.40
5 类	0.70 ~ 0.80	0.20 ~ 0.30
6 类	0.50 ~ 0.60	0.40 ~ 0.50
7 类	0.65 ~ 0.75	0.25 ~ 0.35
8 类	0.40 ~ 0.50	0.50 ~ 0.60
9 类	0.55 ~ 0.65	0.35 ~ 0.45
10 类	0.50 ~ 0.60	0.40 ~ 0.50
11 类	0.60 ~ 0.70	0.30 ~ 0.40

注：非满载车和满载车以车辆总重标准划分，小于或等于车辆总重标准的车辆为非满载车，否则为满载车。

表 4-8　2 类 ~ 11 类车辆当量设计轴载换算系数

车型	沥青混合料层层底拉应变、沥青混合料层永久变形量		无机结合料稳定层层底拉应力		路基顶面竖向压应变	
	非满载车	满载车	非满载车	满载车	非满载车	满载车
2 类	0.8	2.8	0.5	35.5	0.6	2.9
3 类	0.4	4.1	1.3	314.2	0.4	5.6
4 类	0.7	4.2	0.3	137.6	0.9	8.8
5 类	0.6	6.3	0.6	72.9	0.7	12.4
6 类	1.3	7.9	10.2	1505.7	1.6	17.1
7 类	1.4	6.0	7.8	553.0	1.9	11.7
8 类	1.4	6.7	16.4	713.5	1.8	12.5
9 类	1.5	5.1	0.7	204.3	2.8	12.5
10 类	2.4	7.0	37.8	426.8	3.7	13.3
11 类	1.5	12.1	2.5	985.4	1.6	20.8

注：同表 4-7。

6. 当量设计轴载累计作用次数

初始年设计车道日平均当量轴次 N_1：

$$N_1 = \text{AADTT} \times \text{DDF} \times \text{LDF} \times \sum_{m=2}^{11} (\text{VCDF}_m \times \text{EALF}_m) \tag{4-9}$$

式中　AADTT——2 轴 6 轮及以上车辆的双向年平均日交通量（辆/d）；

　　　DDF——方向系数；

　　　LDF——车道系数；

　　　m——车辆类型编号；

　　　VCDF_m——m 类车辆类型分布系数；

　　　EALF_m——m 类车辆的当量设计轴载换算系数。

根据初始年设计车道日平均当量轴次 N_1、设计使用年限等，按式（4-10）计算设计车道上的当量设计轴载累计作用次数 N_e：

$$N_e = \frac{[(1+\gamma)^T - 1] \times 365}{\gamma} N_1 \tag{4-10}$$

式中 N_e——设计使用年限内设计车道上的当量设计轴载累计作用次数（次）；

T——设计使用年限（年）；

γ——设计使用年限内交通量的年平均增长率；

N_1——初始年设计车道日平均当量轴次（次/d）。

7. 设计交通荷载等级

以设计使用年限内累计大型客车和货车交通量之和划分交通荷载等级。路面结构所承受的交通荷载按表4-9进行分级。

表4-9 设计交通荷载等级

设计交通荷载等级	极重	特重	重	中等	轻
设计使用年限内设计车道累计大型客车和货车交通量（$\times 10^6$，辆）	≥50.0	50.0~19.0	19.0~8.0	8.0~4.0	<4.0

注：大型客车和货车为车辆类型2类~11类车。

8. 公路自然区划

为了区分不同地理区域自然条件对公路工程影响的差异性，便于道路工作者在路基路面结构类型选择以及设计、施工和养护中采取合适的设计参数和技术措施，保证路基路面的强度和稳定性。对公路自然区划按照以下原则进行划分：①道路工程特性相似性原则：即同一区划内，在同样自然因素下筑路具有相似性。②地表气候区划差异性原则：即地表气候是地带性差异与非地带性差别的结果。③自然气候因素既有综合又有主导作用的原则：即自然气候变化是多种因素作用的结果。

我国公路自然区划分为三个等级：

（1）一级区划 以两条均温等值线：全年均温-2℃等值线和一月份均温0℃等值线；两条等高线：1000m和3000m作为一级区划的标志。全国分为7个一级区，见表4-10。不同区划的自然条件的差异同道路建设有密切关系，在道路结构设计及施工时应注重不同自然区划的筑路特点。

表4-10 一级区名称和特征

代号	一级区名	平均温度/℃	平均最大冻深/mm	潮湿系数 K	地形阶梯	土质带
I	北部多年冻土区	全年小于-2	>200	0.50~1.00	东部1000m等高线两侧	棕黏性土
II	东部湿润季冻区	1月小于0	10~200	0.50~1.00	东部1000m等高线以东	棕黏性土，黑黏性土，冲积土，软土
III	黄土高原干湿过渡区	1月小于0	20~140	0.25~1.00	东部1000m等高线以西西南3000m等高线以东	黄土
IV	东南湿热区	1月小于0 全年14~26	<10	1.00~2.25	东部1000m等高线以东	黄棕黏土，红黏性土，软土
V	西南潮湿区	1月大于0 全年14~22	>20	1.00~2.00	东部1000m等高线以西西南3000m等高线以东	紫色土，红色石灰土，砖红黏性土
VI	西北干旱区	1月小于0 山区垂直分布	东部100~250 西南40~100	东部0.25~0.5 西部小于0.5	东部1000m等高线以西西南3000m等高线以北	栗黏性土，砂砾土，碎石土
VII	青藏高寒区	1月小于0	除南端外40~250	0.25~1.50	西南3000m等高线以北	砂砾土，软土

(2) 二级区划 二级区划以潮湿系数为主要区分标志，按公路工程的相似性及地表气候的差异，在 7 个一级区划内划分为 33 个二级区和 19 个副区（亚区）。潮湿系数 K 为年降水量（mm）与年蒸发量（mm）的比值，按区内的 K 值大小分为 6 个等级，见表 4-11。

表 4-11 潮湿系数 K 值分级

名称	过湿区	中湿区	潮湿区	润干区	中干区	过干区
K	>2.00	2.00~1.50	1.50~1.00	1.00~0.50	0.50~0.25	<0.25

(3) 三级区划 三级区由各省、市、自治区在二级区划的基础上，根据各地的地貌、水文、土质类型和干湿类型，结合实际建设项目的具体情况进行划分。

4.1.2 路基设计

(1) 路基三要素 路基三要素包括路基宽度、路基高度、路基边坡形状及坡率。

1) 路基宽度。公路路基宽度为车道宽度与路肩宽度之和，当设有中间带、加（减）速车道、爬坡车道、紧急停车带、超车道、错车道、侧分隔带、非机动车道、人行道等时，应计入这些部分的宽度。

①行车道宽度。公路分为高速公路、一级公路、二级公路、三级公路和四级公路等五个技术等级，其主要技术参数见表 4-12。

表 4-12 各级公路主要技术参数

公路技术等级	高速公路			一级公路			二级公路		三级公路		四级公路	
年平均日设计交通量/辆小客车	≥15000			≥15000			5000~1500		2000~6000		<2000（双车道） <400（单车道）	
公路功能	主要干线公路			次要干线公路 主要集散公路			次要干线公路 主要集散公路 次要集散公路		次要集散公路 支线公路		支线公路	
车道数	≥4			≥4			2		2		2（1）	
设计速度/(km/h)	120	100	80	100	80	60	80	60	40	30	30	20
车道宽度/m	3.75	3.75	3.75	3.75	3.75	3.50	3.75	3.50	3.50	3.25	3.25	3.00

注：1. 高速公路设计速度不宜低于 100km/h，受地形、地质等条件限制时，可选用 80k/h。
2. 作为干线的一级公路，设计速度宜采用 100km/h；受地形、地质等条件限制，可采用 60km/h。
3. 作为干线的二级公路，设计速度宜采用 80km/h；受地形、地质等条件限制，可采用 60km/h。作为集散的二级公路，设计速度宜采用 60km/h；受地形、地质等条件限制，可采用 40km/h。
4. 三级公路设计速度宜采用 40km/h；受地形、地质等条件限制，可采用 30km/h。
5. 四级公路设计速度宜采用 30km/h；受地形、地质等条件限制，可采用 20km/h。

②左侧路缘带宽度。高速公路和作为干线的一级公路整体式断面必须设置中间带。中间带由中央分隔带和两条左侧路缘带组成。

A. 高速公路和作为干线的一级公路，中央分隔带宽度应根据各类项目中央分隔带功能确定。

B. 作为集散的一级公路，中央分隔带宽度应根据中间隔离设施的宽度确定。

C. 左侧路缘带宽度不应小于表 4-13 的规定。设计速度为 120km/h、100km/h，受地形、地物限制的路段或多车道各类内侧车道仅限小型车辆通行的路段，左侧路缘带可经论证后采用 0.50m。

表 4-13 左侧路缘带宽度

设计速度/(km/h)	120	100	80	60
左侧路缘带宽度/m	0.75	0.75	0.50	0.50

③路肩宽度。路肩宽度应符合表 4-14 的规定，并应符合下列规定：

表 4-14 路肩宽度

公路等级（功能）		高速公路			一级公路（干线功能）	
设计速度/(km/h)		120	100	80	100	80
右侧硬路肩宽度/m	一般值	3.00（2.50）	3.00（2.50）	3.00（2.50）	3.00（2.50）	3.00（2.50）
	最小值	1.50	1.50	1.50	1.50	1.50
土路肩宽度/m	一般值	0.75	0.75	0.75	0.75	0.75
	最小值	0.75	0.75	0.75	0.75	0.75
公路等级（功能）		一级公路（集散功能）、二级公路			三级公路、四级公路	
设计速度/(km/h)		80	60	40	30	20
右侧硬路肩宽度/m	一般值	1.50	0.75	—	—	—
	最小值	0.75	0.25	—	—	—
土路肩宽度/m	一般值	1.50	0.75	0.75	0.50	0.25（双车道）
	最小值	0.75	0.50			0.50（单车道）

注：1. 正常情况下，应采用"一般值"；在设爬坡车道、变速车道及超车车道路段，受地形、地物等条件的限制路段及多车道各类特大桥，可经论证后采用"最小值"。

2. 高速公路和作为干线的一级公路以通行小客车为主时，右侧硬路肩可采用括号内数值。

A. 高速公路和一级公路在右侧硬路肩宽度内设右侧路缘带，其宽度为 0.50m。

B. 高速公路和一级公路采用分离式断面时，应设置左侧硬路肩，其宽度不应小于表 4-15 的规定值。左侧硬路肩宽度包含左侧路缘带宽度。

表 4-15 分离式断面高速公路和一级公路左侧路肩宽度

设计速度/(km/h)	120	100	80	60
左侧硬路肩宽度/m	1.25	1.00	0.75	0.75
左侧土路肩宽度/m	0.75	0.75	0.75	0.50

C. 八车道及以上高速公路宜设置左侧硬路肩，其宽度应不小于 2.5m。左侧硬路肩宽度包含左侧路缘带宽度。

2) 路基高度。路基高度设计应使路肩边缘高出路基两侧地面积水高度，同时考虑地下水、毛细水和冰冻的作用，不使其影响路基的强度和稳定性。

路床是指路面底面以下 0.80m 范围内的路基部分，在结构上分为上路床（0~0.30m）及下路床（0.30~0.80m）两层。路堤是指高于原地面的填方路基。路堤在结构上分为上路堤和下路堤，上路堤是指路面底面以下 0.80~1.50m 范围内的填方部分，下路堤是指上路堤以下的填方部分。

路基高度：路面（厚度 h）+ 路床（上路床 30cm、下路床 50cm）+ 路堤（上路堤 70cm、下路堤）。

3) 路基边坡形状及坡率。路基边坡形状及坡率应根据填料的物理力学性质、边坡高度和工程地质条件确定，并应符合下列要求：

①当地质条件良好，边坡高度不大于 20m 时，其边坡坡率不宜陡于表 4-16 的规定值。

表 4-16 路堤边坡坡率

填土类别	边坡坡率	
	上部高度（$H \leq 8m$）	下部高度（$H \leq 12m$）
细粒土	1:1.5	1:1.75
粗粒土	1:1.5	1:1.75
巨粒土	1:1.3	1:1.5

②对边坡高度大于 20m 的路堤，边坡形式宜采用阶梯形，边坡坡率应按有关稳定性分析计算确定。

③浸水路堤在设计水位以下的边坡坡率不宜陡于1:1.75。

（2）路拱形式及横坡　为及时排出雨水，利于行车，需设路拱。选择时需考虑雨水情况和行车速度确定 i 值。路拱形式有抛物线形、直线形、折线形和复合型，高等级公路：常采用直线形或较小坡度。低等级公路：一般采用抛物线形且横坡度较大。

从车行道边缘到路拱顶线的高度称为拱高，车行道的横向平均坡度称为路拱横坡。路拱横坡按不同路面类型选择：高级路面一般1%~2%，次高级路面1.5%~2.5%，碎砾石等粒料路面2.5%~3.5%。

硬路肩横坡的方向及其横坡值：当曲线超高小于或等于5%时，采用与邻近路面相同的横坡值；当曲线超高大于5%，硬路肩横坡值应不大于5%，在这种情况下，路肩的超高渐变与路面相同，旋转宽度加大到路肩全宽。

土路肩在直线或位于曲线较低点一侧的横坡值，行车道或硬路肩横坡值大于或等于3%时，应与行车道或硬路肩相同；行车道或硬路肩横坡值小于3%时，应比行车道或硬路肩横坡值大1%或2%。而在曲线或位于过渡段较高一侧的土路肩横坡，应采用3%或4%反向横坡值。

（3）路堤填料及压实要求

1）路基填料。路床填料应均匀，其最小承载比（CBR）应符合表4-17的规定。

表4-17　路床填料最小承载比要求

路基部位		路面底面以下深度/m	填料最小承载比（CBR）（%）		
			高速公路、一级公路	二级公路	三、四级公路
上路床		0~0.3	8	6	5
下路床	轻、中等及重交通	0.3~0.8	5	4	3
	极重、特重交通	0.8~1.2	5	4	—

路堤填料应符合下列要求：

①路堤宜选用级配较好的砾类土、砂类土等粗粒土作为填料，填料最大粒径应小于150mm。

②路堤填料承载力比（CBR）应符合表4-18的规定。

表4-18　路堤填料最小承载力比要求

路基部位		路面底面以下深度/m	填料最小承载比（CBR）（%）		
			高速公路、一级公路	二级公路	三、四级公路
上路堤	轻、中等及重交通	0.8~1.5	4	3	3
	极重、特重交通	1.2~1.9	4	3	—
下路堤	轻、中等及重交通	1.5以下	3	2	2
	极重、特重交通	1.9以下			

2）路基压实要求。路床应分层铺筑，碾压密实，并应符合下列要求：

①填料最大粒径应小于100mm。

②压实度应满足表4-19的规定。

表4-19　路床压实度要求

路基部位		路面底面以下深度/m	路床压实度（%）		
			高速公路、一级公路	二级公路	三、四级公路
上路床		0~0.3	≥96	≥95	≥94
下路床	轻、中等及重交通	0.3~0.8	≥96	≥95	≥94
	极重、特重交通	0.8~1.2	≥96	≥95	—

③路床顶面横坡应与路拱横坡一致。

路堤应分层铺筑，碾压密实，压实度应符合表4-20的要求。

表4-20 路堤压实度要求

路基部位		路面底面以下深度/m	压实度（%）		
			高速公路、一级公路	二级公路	三、四级公路
上路堤	轻、中等及重交通	0.8~1.5	≥94	≥94	≥93
	极重、特重交通	1.2~1.9	≥94	≥94	—
下路堤	轻、中等及重交通	1.5以下	≥93	≥92	≥90
	极重、特重交通	1.9以下			

（4）路基回弹模量设计值 E_0

1）路基平衡湿度状态。路基平衡湿度状态可依据路基的湿度来源分为潮湿、中湿、干燥等三类，并按下列条件判断路基的湿度状态：

①地下水或地表长期积水的水位高，路基工作区均处于地下毛细润湿影响范围内，路基平衡湿度由地下水或地表长期积水的水位升降所控制，路基湿度状态可定为潮湿类路基。

②地下水位很低，路基工作区处于地下水毛细润湿面之上，路基平衡湿度由气候因素所控制，路基湿度状态可定为干燥类路基。

③中湿类路基的湿度兼受地下水和气候因素的影响，路基工作区被地下水毛细润湿面分为上、下两部分，下部受地下水毛细润湿的影响，上部受气候因素影响，如图4-4所示。

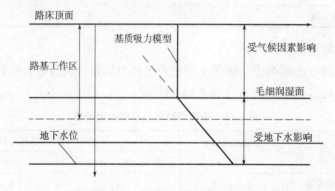

图4-4 中湿类路基湿度状态

潮湿类路基的平衡湿度可根据路基土组类别及地下水位高度，按表4-21确定地下水位不同高度处的饱和度。

表4-21 各路基土组距地下水位不同高度处的饱和度 （单位:%）

土组	计算点距地下水或地表长期积水水位的距离/m						
	0.3	1.0	1.5	2.0	2.5	3.0	4.0
粉土质砾（GM）	69~84	55~69	50~65	49~62	45~59	43~57	—
黏土质砾（GC）	79~96	64~83	60~79	56~75	54~73	52~71	—
砂（S）	95~80	70~50	—	—	—	—	—
粉土质砂（SM）	79~93	64~77	60~72	56~68	54~66	52~64	—
黏土质砂（SC）	90~99	77~87	72~83	68~80	66~78	64~76	—
低液限粉土（ML）	94~100	80~90	76~86	83~73	71~81	69~80	—
低液限黏土（CL）	93~100	80~93	76~90	73~88	70~86	68~85	66~83

(续)

土组	计算点距地下水或地表长期积水水位的距离/m						
	0.3	1.0	1.5	2.0	2.5	3.0	4.0
高液限粉土（MH）	100	90~95	86~92	83~90	81~89	80~87	—
高液限黏土（CH）	100	93~97	90~93	88~91	86~90	85~89	83~87

注：1. 对于砂（SW、SP），D_{60}（通过率为60%时的颗粒粒径）大时平衡湿度取低值，D_{60}小时平衡湿度取高值。
2. 对其他含细粒的土组，通过0.075mm筛的颗粒含量大和塑性指数高时，取高值，反之取低值。

干燥类路基的平衡湿度可根据路基所在的自然区划的湿度指标 TMI 和土组类别确定，并应符合下列规定：

A. 不同自然区划的 TMI 值可参照表 4-22 查取。
B. 按路基所在地区的 TMI 值和路基土组类别，根据表 4-23 插值查取该地区相应的路基饱和度。

表 4-22 不同自然区划的 TMI 值范围

区划	亚区	TMI 范围	区划	亚区	TMI 范围
Ⅰ	Ⅰ$_1$	-0.50~-8.1		Ⅳ$_1$	21.8~25.1
	Ⅰ$_2$	0.5~-9.7		Ⅳ$_{1a}$	23.2
Ⅱ	Ⅱ$_1$ 黑龙江	-0.1~-8.1		Ⅳ$_2$	-6.0~34.8
	Ⅱ$_1$ 辽宁、吉林	8.7~35.1		Ⅳ$_3$	34.3~40.4
	Ⅱ$_{1a}$	-3.6~-10.8	Ⅳ	Ⅳ$_4$	32.0~67.9
	Ⅱ$_2$	-7.2~-12.1		Ⅳ$_5$	45.2~89.3
	Ⅱ$_{2a}$	-1.2~-10.6		Ⅳ$_6$	27.0~64.7
	Ⅱ$_3$	-9.3~-26.9		Ⅳ$_{6a}$	41.2~97.4
	Ⅱ$_4$	-10.7~-22.6		Ⅳ$_7$	16.0~69.3
	Ⅱ$_{4a}$	-15.5~17.3		Ⅳ$_{7b}$	-5.4~-23.0
	Ⅱ$_{4b}$	-7.9~9.9		Ⅴ$_1$	-25.1~6.9
	Ⅱ$_5$	-1.7~-15.6		Ⅴ$_2$	0.9~30.1
	Ⅱ$_{5a}$	-1.0~-15.6		Ⅴ$_{2a}$	39.6~43.7
Ⅲ	Ⅲ$_1$	-21.1~-25.7		Ⅴ$_3$	12.0~88.3
	Ⅲ$_{1a}$	-12.6~-29.1	Ⅴ	Ⅴ$_{3a}$	-7.6~47.2
	Ⅲ$_2$	-9.7~-17.5		Ⅴ$_4$	-2.6~50.9
	Ⅲ$_{2a}$	-19.6		Ⅴ$_5$	39.8~100.6
	Ⅲ$_3$	-19.1~-26.1		Ⅴ$_{5a}$	24.4~39.2
	Ⅲ$_4$	-10.8~-24.1		—	—
Ⅵ	Ⅵ$_1$	-15.3~-46.3		Ⅶ$_1$	-3.1~-56.3
	Ⅵ$_{1a}$	-40.5~-47.2		Ⅶ$_2$	-49.4~-58.1
	Ⅵ$_2$	-39.5~-59.2		Ⅶ$_3$	-22.5~82.8
	Ⅵ$_3$	-41.6	Ⅶ	Ⅶ$_4$	-5.1~-5.7
	Ⅵ$_4$	-19.3~-57.2		Ⅶ$_5$	-20.3~91.4
	Ⅵ$_{4a}$	-34.5~-37.1		Ⅶ$_{6a}$	-10.6~-25.8
	Ⅵ$_{4b}$	-2.6~-37.2		—	—

表 4-23　各路基土组在不同 TMI 值时的饱和度　　　　　　　　　　　　（单位：%）

土组	TMI					
	-50	-30	-10	10	30	50
砂（S）	20~50	25~55	27~60	30~65	32~67	35~70
粉土质砂（SM）	45~48	62~68	73~80	80~86	84~89	87~90
黏土质砂（SC）						
低液限粉土（ML）	41~46	59~64	75~77	84~86	91~92	92~93
低液限黏土（CL）	39~41	57~64	75~76	86	91	92~94
高液限粉土（MH）	41~42	61~62	76~79	85~88	90~92	92~95
高液限黏土（CH）	39~51	58~69	85~74	86~92	91~95	94~97

注：1. 砂的饱和度取值与 D_{60} 有关，D_{60} 大时（接近 2mm）取低值，D_{60} 小时（接近 0.25mm）取高值。
　　2. 粉土质砂、黏土质砂或细粒土的饱和度取值与细粒土含量和塑性指数相关，细粒土含量高、塑性指数大时，取低值，反之取高值。

中湿类路基的平衡湿度可参照图 4-4。先路基工作区上部和下部分别确定其平衡湿度，再以厚度加权平均计算路基的平衡湿度。地下水毛细润湿面以上的路基工作区上部，按路基土组类别和 TMI 值确定其平衡湿度；地下水毛细润湿面以下的路基工作区下部，则按路基土组类别和距地下水位的距离确定其平衡湿度。

2）路基回弹模量设计值 E_0 确定。新建公路路基回弹模量设计值 E_0 按式（4-11）确定。

$$E_0 = K_S K_\eta M_R \tag{4-11}$$

式中　E_0——平衡湿度状态下路基的回弹模量设计值（MPa）；

　　　M_R——标准状态下路基动态回弹模量值（MPa）；

　　　K_S——路基回弹模量湿度调整系数，为平衡湿度（含水率）状态下的回弹模量与标准状态下的回弹模量之比；

　　　K_η——干燥循环条件下路基土弹性模量折减系数，通过试验确定。初步设计时，非冰冻地区可根据土质类型、失水率确定，季节冻土区可根据冻结温度、含水率确定，折减系数可取 0.7~0.95。非冻土区粉质土、黏质土，失水率大于 30%，取小值，反之取较大值；粗粒土取大值。季节冻土地区粉质土、黏质土冻结温度低于 -15℃，冻前含水率高，取小值，反之取较大值；粗粒土取大值。

标准状态下路基回弹模量应按下列方法确定：

路基填料的回弹模量应通过试验获得；受试验条件限制时，可根据土组类别及粒料类型由表 4-24、表 4-25 查取回弹模量参考值；初步设计阶段，也可按式（4-12）由填料的 CBR 值估算标准状态下填料的回弹模量值：

$$M_R = 17.6 \mathrm{CBR}^{0.64} \quad (2 < \mathrm{CBR} \leq 12) \tag{4-12a}$$

$$M_R = 22.1 \mathrm{CBR}^{0.55} \quad (12 < \mathrm{CBR} < 80) \tag{4-12b}$$

表 4-24　标准状态下路基土回弹模量参考值

土组	取值范围/MPa	土组	取值范围/MPa
砾（G）	110~135	粉土质砂（SM）	65~95
含细粒土砾（GF）	100~130	黏土质砂（SC）	60~90
粉土质砾（GM）	100~125	低液限粉土（ML）	50~90
黏土质砾（GC）	95~120	低液限黏土（CL）	50~85

(续)

土组	取值范围/MPa	土组	取值范围/MPa
砂（S）	95~125	高液限粉土（MH）	30~70
含细粒土砂（SF）	80~115	高液限黏土（CH）	20~50

注：1. 对砾和砂，D_{60} 大时，模量取高值；D_{60} 小时，模量取低值。
2. 对其他含细粒的土组，小于0.075mm颗粒含量大和塑性指数高时，模量取低值，反之，模量取高值。
3. 同等条件下，轻、中等及重交通荷载时路基土回弹模量取较小值，特重、极重交通条件下去较大值。

表4-25 标准状态下粒料回弹模量参考值

粒料类型	取值范围/MPa
级配碎石	180~400
未筛分碎石	180~220
级配砾石	150~300
天然砂砾	100~140

潮湿类路基的回弹模量湿度调整系数 K_s 可按表4-26查取。干燥类路基的回弹模量湿度调整系数 K_s 可按表4-27查取。中湿类路基的回弹模量湿度调整系数 K_s，可按路基工作区内两类湿度来源的上部和下部分别确定其湿度调整系数，并以路基工作区上、下部的厚度加权计算路基总的回弹模量湿调整系数。

表4-26 潮湿类路基的回弹模量湿度调整系数 K_s

土质类型	砂	细粒土质砂	粉质土	黏质土
路基工作区顶面	0.8~0.9	0.5~0.6	0.5~0.7	0.6~1.0
路基工作区底面	0.5~0.6	0.4~0.5	0.4~0.6	0.5~0.9

注：1. 砂的回弹模量调整系数，D_{60} 大时取高值，D_{60} 小时取低值。
2. 细粒土质砂的回弹模量调整系数，细粒含量大、塑性指数高时取低值，反之高值。
3. 粉质土和黏质土的回弹模量调整系数，路基高度低时取低值，反之取高值。

表4-27 干燥类路基的回弹模量湿度调整系数 K_s

土组	TMI					
	-50	-30	-10	10	30	50
砂（S）	1.30~1.84	1.14~1.80	1.02~1.77	0.93~1.73	0.86~1.69	0.80~1.64
粉土质砂（SM）	1.59~1.65	1.10~1.26	0.83~0.97	0.73~0.83	0.70~0.76	0.70~0.76
黏土质砂（SC)						
低液限粉土（ML）	1.35~1.55	1.01~1.23	0.76~0.96	0.58~0.77	0.51~0.65	0.42~0.62
低液限黏土（CL）	1.22~1.71	0.23~1.52	0.57~1.24	0.51~1.02	0.49~0.88	0.48~0.81

注：1. 砂的回弹模量调整系数，D_{60} 大时（接近2mm）取低值，D_{60} 小时（接近0.25mm）取高值。
2. 粉土质砂、黏土质砂或细粒土的饱和度取值与颗粒土含量和塑性指数相关，细粒土含量高、塑性指数大时取低值，反之取高值。

公路路基回弹模量设计值 E_0 应满足式（4-13）的要求。不满足要求时，应采取改变填料、设置粒料类或无机结合料稳定类路基改善层，或采用石灰或水泥处理等措施提高路基顶面回弹模量。

$$E_0 \geq [E_0] \tag{4-13}$$

式中 E_0——平衡湿度状态下路基的回弹模量设计值（MPa）；

$[E_0]$——路面结构设计的路基回弹模量要求值（MPa），应按表4-28确定。

表4-28 路基顶面回弹模量 $[E_0]$ （单位：MPa）

交通荷载等级	极重	特重	重	中等、轻
回弹模量，不小于	70	60	50	40

(5) 路基边坡防护设计

1) 坡面防护。对于自然因素作用易产生破坏的边坡坡面，应根据气候条件、岩土性质、边坡高度、边坡坡率、水文地质条件、施工条件、环境保护、水土保持要求等因素，按表4-29经技术经济比较后选择适宜的防护措施。

表4-29 坡面防护工程类型及适用条件

防护类型	亚类	适用条件
植物防护	植草或喷播植草	可用于坡率不陡于1:1的土质边坡防护。当边坡较高时，植草可与土工网、土工网垫结合防护
	铺草皮	可用于坡率不陡于1:1的土质边坡或全分化、强风化的岩石边坡防护
	种植灌木	可用于坡率不陡于1:0.75的土质、软质岩石和全风化岩石边坡防护
	喷混植生	可用于坡率不陡于1:0.75的砂性土、碎石土、粗粒土、巨粒土及风化岩石边坡防护，边坡高度不宜大于10m
骨架植物防护	—	可用于坡率不陡于1:0.75的土质和全风化、强风化的岩石边坡防护
工程防护	喷护	可用于坡率不低于1:0.5的易风化但未遭强风化的岩石边坡防护，高速公路、一级公路和环境景观要求高的公路不宜采用
	挂网喷护	可用于坡率不陡于1:0.5的易风化、破碎的岩石边坡防护，高速公路、一级公路和环境景观要求高的公路不宜采用
	干砌片石护坡	可用于坡率不陡于1:1.25的土质边坡或岩石边坡防护
	浆砌片石护坡	可用于坡率不陡于1:1的易风化的岩石和土质边坡防护
	护面墙	可用于坡率不陡于1:0.5的土质和易风化剥落的岩石边坡防护

植物防护宜采用草灌乔结合，应优先用当地优势群落，并应符合下列规定：

植草的最小土层厚度不应小于0.15m，灌木最小土层厚度不应小于0.30m；喷混植生的厚度不宜小于0.10m，种植土、草纤维、缓释营养肥料、胶黏剂、保水剂等混合材料配合比应通过试验确定。

2) 冲刷防护。沿河路基受水流冲刷时，应根据河流特性、水流性质、河道地貌、地质等因素，结合路基位置，按表4-30经技术经济比较后，选用适宜的防护工程类型或采取导流或改移河道等措施。

表4-30 冲刷防护工程类型及适用条件

防护类型	适用条件
植物防护	可用于允许流速为1.2~1.8m/s、水流方向与公路路线近似平行、不受洪水主流冲刷的季节性水流冲刷地段防护。经常浸水或长期浸水的路堤边坡，不宜采用
砌石或混凝土护坡	可用于允许流速为2~8m/s的路堤边坡防护
土工植物软体沉排、土工膜袋	可用于允许流速为2~3m/s的沿河路基冲刷防护

4.1.3 沥青混凝土路面结构设计

1. 设计内容、要求、原则和方法

(1) 设计内容与要求 沥青路面设计包括原材料的调查和选择、沥青混合料的配合比以及基层材料配合比设计、各项设计参数的测试和选定、路面结构组合设计、路面结构层厚度验算、路面结构方案比选等。对于高速公路、一级公路，还包括路缘带、匝道、硬路肩、加减速车道、紧急停车带、收费站和服务区场面的设计，以及路面排水系统设计等。

(2) 设计原则　根据公路等级、路面使用性能要求和所需承担的交通荷载，结合当地气候、水文、地质、材料、建设和养护条件、工程实践经验以及环境保护要求等，进行结构组合、材料设计和厚度设计，通过技术经济分析选定设计方案。

路基应满足最低回弹模量要求，并应具有合适的干湿类型，应在调查掌握沿线路基土质和干湿类型的基础上，进行路基路面综合设计。

应结合当地条件和工程经验，积极稳妥地选用新技术、新结构、新材料和新工艺。

(3) 设计方法　沥青路面结构设计方法种类较多，大体上可分为经验法及解析（或理论）法两大类。经验法主要通过试验路或使用道路的实验观测，建立路面结构、车辆荷载和路面使用性能之间的关系。解析（或理论）法应用力学原理分析路面结构在荷载与环境作用下的力学响应量，建立力学响应量与路面使用性能之间的关系模型，路面设计按使用要求，运用关系模型完成结构设计。我国公路沥青路面设计采用双圆垂直均布荷载作用下的多层弹性层状体系理论，以沥青混合料层疲劳开裂寿命、无机结合料稳定层疲劳开裂寿命、沥青混合料层永久变形量、路基顶面竖向压应变以及季节性冻土地区的路面低温开裂等设计指标，对沥青混凝土面层和基层、底基层进行验算。

2. 设计控制指标

不同结构组合的沥青路面主要破损类型（见表4-31）：

表4-31　沥青路面主要破损类型

结构类型	粒料类基层沥青路面、底基层采用粒料的沥青结合料类基层沥青路面			无机结合料稳定基层沥青路面、底基层采用无机结合料稳定材料的沥青结合料类基层沥青路面	
沥青混合料层厚度/mm	≥150	150~50	≤50	≥150	<150
主要破坏类型	沥青混合料层永久变形、沥青混合料层疲劳开裂	沥青混合料层疲劳开裂、沥青混合料层永久变形	车辙	车辙、基层疲劳开裂、面层反射裂缝	基层疲劳开裂、面层反射裂缝
季冻地区	面层低温开裂				

1）无机结合料稳定类基层沥青路面承载能力高，适应于各种交通荷载等级，主要病害是无机结合料稳定层疲劳开裂和面反射裂缝。反射裂缝处雨水、雪水渗入后容易出现唧泥、基层脱空等损坏。

2）粒料类基层沥青路面无反射裂缝问题，但沥青面层承受更大的弯拉作用，沥青面层疲劳是主要损坏指标。此类结构沥青面层、粒料层都可能产生永久变形，需要关注路面车辙问题。

3）沥青结合料类基层沥青路面适用各种交通荷载等级，底基层采用无机结合料稳定类材料时，性能类似无机结合料稳定类基层沥青路面，由于沥青混合料层较厚，路面承载能力更强，且具有更好的延缓反射裂缝能力。底基层采用粒料类材料时，性能类似于粒料类基层沥青路面。

4）水泥混凝土基层沥青路面具有较高承载能力，适用于重及重以上交通荷载等级公路。除水泥混凝土路面常见损坏外，此类路面结构主要病害是水泥混凝土板接缝处沥青面层反射裂缝和沥青面层永久变形。

《公路沥青路面设计规范》（JTG D 50—2017）采用沥青混合料层疲劳开裂损坏、无机结合料稳定层疲劳开裂损坏、沥青混合料层永久变形量、路基顶面竖向压应变以及季节性冻土地区的路面低温开裂等五个单项设计指标分别控制相应的路面损坏。

1）沥青混合料层的疲劳开裂寿命 N_{f1} 不应小于设计使用年限内当量设计轴载累计作用次数，即 $N_{f1} \geq N_e$。

2）无机结合料稳定层的疲劳开裂寿命 N_{f2} 不应小于设计使用年限内当量设计轴载累计作用次数，

即 $N_{f2} \geq N_e$。

3）沥青混合料层永久变形量应小于容许永久变形量要求，即 $R_a \leq [R_a]$。
4）路基顶面竖向压应变应小于容许压应变值，即 $\varepsilon_z \leq [\varepsilon_z]$。
5）沥青面层的低温开裂指数数值 CI 不大于低温开裂指数的允许值，即 CI $\leq$ [CI]。

除了上述设计标准外，还应在抗滑技术指标等设计标准。

高速公路、一级公路以及山岭重丘区二级和三级公路的路面在交工验收时，其抗滑技术指标应满足表 4-32 的技术要求。

表 4-32 抗滑技术要求

年平均降雨量/mm	交工检测指标值	
	横向力系数 SFC_{60} [1]	构造深度 TD [2]
>1000	≥54	≥0.55
500～1000	≥50	≥0.50
250～500	≥45	≥0.45

[1] 横向力系数 SFC_{60}——用横向力系数测试车，在 60km/h ± 1km/h 车速下测定。
[2] 构造深度 TD——用铺砂法测定。

3. 路面结构组合设计

（1）沥青路面结构类型　路面结构组合设计应针对各种路面结构组合的力学特性、功能特性及其长期性能衰变规律和损坏特点，遵循路基路面综合设计的理念，保证路面结构的安全、耐久和全生命周期经济合理。

路面结构类型可按基层材料性能分为无机结合料稳定类基层沥青路面、粒料类基层沥青路面、沥青结合料类沥青路面和水泥混凝土基层沥青路面四类。

（2）结构组合设计原则　路面结构组合应根据交通荷载等级和路基状况等因素，结合路面材料特性和结构特性，选择路面结构类型。路面结构的选用宜符合下列规定：

1）无机结合料稳定类沥青路面适用于各种交通荷载等级。
2）粒料类基层沥青路面适用于重及以下交通荷载等级。
3）沥青结合料类基层沥青路面适用于各种交通荷载等级。
4）水泥混凝土基层沥青路面适用于重及以上交通荷载等级。

路基湿度状态为中湿或潮湿时，宜采用粒料类底基层或设置粒料类路基改善层；多雨地区，无机结合料稳定类基层和水泥混凝土基层沥青路面应采取措施控制唧泥、脱空等水损坏。当采用无机结合料稳定类基层时，可采用下列一种或多种措施减少基层收缩开裂和路面反射裂缝。

1）选用抗裂性好的无机结合料稳定类基层。
2）增加沥青混合料层厚度，或在无机结合料稳定类基层上设置沥青碎石层或级配碎石层。
3）在无机结合料稳定类基层上设置改性沥青应力吸收层或敷设土工合成材料。

（3）结构组合设计　行车荷载和自然因素对路面的影响，随深度的增加而逐渐减弱，因此，对路面材料的强度、抗变形能力和稳定性的要求也随深度的增加而逐渐降低，为适应这一特点，路面结构可由面层、基层、底基层和必要的功能层组合而成。面层采用不同材料分层铺筑时，可分为表面层、中面层和下面层。路面结构沥青结合料类材料层间应设置粘层；在沥青结合料类材料层与其他材料间应设置封层，宜设置透层。

1）面层。面层应具有平整、抗车辙、抗疲劳开裂、抗低温开裂和抗水损坏等性能。表面层混凝土料尚应具有抗滑和耐磨损性能，密级配沥青混合料表面层应具有低透水性能。

面层材料类型宜按表 4-33 选用。

表 4-33 面层材料的交通荷载等级和层位

材料类型	适用交通荷载等级和层位
连续级配沥青混合料	各交通荷载等级的表面层、中面层和下面层
沥青玛蹄脂碎石混合料	极重、特重和重交通荷载等级的表面层、对抗滑有特殊要求的表面层
厂拌热再生沥青混合料	各交通荷载等级的表面层、中面层和下面层
上拌下贯沥青碎石	中等、轻交通荷载等级的面层
沥青表面处治	中等、轻交通荷载等级的表面层

不同粒径沥青混合料的层厚度应符合表 4-34 的规定。连续级配沥青混合料和沥青玛蹄脂碎石混合料的结构层厚度不宜小于骨料公称最大粒径的 2.5 倍。开级配沥青混合料的结构层厚度不宜小于骨料公称最大粒径的 2.0 倍。

表 4-34 不同粒径沥青混合料层厚

沥青混合料类型	以下骨料公称最大粒径沥青混合料的层厚/mm, 不小于					
	4.75	9.5	13.2	16.0	19.0	26.5
连续级配沥青混合料	15	25	35	40	50	75
沥青玛蹄脂碎石	—	30	40	50	60	—
开级配沥青混合料	—	20	25	30		

沥青贯入碎石层的厚度宜为 40~80mm，乳化沥青贯入式路面的厚度不宜超过 50mm。上拌下贯式路面的拌合层厚度不宜小于 25mm。

沥青表面处治可分为单层、双层和三层。单层表面处治厚度宜为 10~15mm。双层表面处治厚度宜为 15~25mm，三层表面处治厚度宜为 25~30mm。

2）基层和底基层。基层和底基层应具有足够的承载能力、抗疲劳开裂性能、足够的耐久性和水稳定性。沥青结合料类和粒料类基层尚应具有足够的抗永久变形能力。

基层和底基层的材料类型可参照表 4-35 选用。不同材料基层和底基层厚度宜符合表 4-36 的规定。

表 4-35 基层和底基层材料的适用交通荷载等级和层位

类型	材料类型	适用交通荷载等级和层位
无机结合料稳定类	水泥稳定级配碎石或砾石、水泥粉煤灰稳定级配碎石或砾石、石灰粉煤灰稳定级配碎石或砾石	各种交通荷载等级的基层和底基层
	水泥稳定未筛分碎石或砾石、石灰粉煤灰稳定未筛分碎石或砾石、石灰稳定未筛分碎石或砾石	轻交通荷载等级的基层、各交通荷载等级的底基层
	水泥稳定土、石灰稳定土、石灰粉煤灰稳定土	轻交通荷载等级的基层、各交通荷载等级的底基层
粒料类	级配碎石	重及重以下交通荷载等级的基层、各交通荷载等级的底基层
	级配砾石、未筛分碎石、天然砂砾、填隙碎石	中等及轻交通荷载等级的基层、各交通荷载等级的底基层
沥青结合料类	密级配沥青碎石、半开级配沥青碎石、开级配沥青碎石	极重、特重和重交通荷载等级的基层
	沥青贯入碎石	重及重以下交通荷载等级的基层
水泥混凝土	水泥混凝土或贫混凝土	极重、特重交通荷载等级的基层

表 4-36 基层和底基层厚度

材料种类	骨料公称最大粒径/mm	厚度/mm，不小于
密级配沥青碎石 半开级配沥青碎石 开级配沥青碎石	19.0	50
	26.5	80
	31.5	100
	37.5	120
沥青贯入碎石	—	40
贫混凝土	31.5	120
无机结合料稳定类	19.0、26.5、31.5、27.5	150
	53.0	180
级配碎石 级配砾石	26.5、31.5、37.5	100
未筛分碎石、天然砂砾	53.0	120
填隙碎石	37.5	75
	53.0	100
	63.0	120

3) 功能层。季节性冻土地区路面厚度不满足防冻要求时，应增设防冻层。防冻层宜采用粗砂、砂砾和碎石等粒料类材料。

地下水位高、排水不良的路段，有裂隙水、泉眼等水文条件不良岩石挖方路段、基层和底基层为非粒料类材料时，可在基层或底基层与路床间设置粒料层。粒料层应与路基边缘或边沟下渗沟相连接，厚度不宜小于150mm。

无机结合料稳定类或冷再生类材料结构层与沥青混合料结构层之间宜设置封层，封层可采用单层沥青表面处治或稀浆封层等。当设置改性沥青应力吸收层时，可不再设封层。

极重、特重和重交通荷载等级路面的粘层宜采用改性乳化沥青、道路石油沥青或改性沥青；中等和轻交通荷载等级路面的粘层可选用乳化沥青；水泥混凝土板和沥青面层间的粘层宜采用改性沥青。

单层表面处治封层的结合料可采用改性沥青、道路石油沥青或乳化沥青。改性沥青应力吸收层宜采用橡胶沥青。

粒料类基层和无机结合料类基层顶面宜设置透层，透层沥青应具有良好的渗透性，可采用稀释沥青和乳化沥青等。

4) 路基。路基是按照路线位置和一定技术要求修筑的带状构筑物，是路面的基础，承受的路面传来的行车荷载。路基应稳定、密实和均匀，具有足够的承载能力。多雨地区土质路堑和强分化岩石路段，应加强填挖交界处及路堑段的排水设计、改善路基水文状况。岩石或填石路基顶面应设置整平层，厚度宜为200~300mm。新建公路路床处于干燥或中湿状态，并应采取措施防止地表水或地下水的侵入。

5) 路肩。路肩结构组合和材料选用应与行车道路面相协调，不应影响路面结构中水的排出。极重、特重和重交通荷载等级公路及冻土地区，硬路肩基层、底基层材料和厚度应与行车道路面相同。三级和四级公路硬路肩可采用沥青结合类材料或粒料。

6) 路面排水。路面结构内部排水应与公路其他排水系统相衔接。采用开级配沥青混合料类表面层，或设置粒料、开级配或半开级配混合料等排水层防冻层时，可采用横贯整幅路基的形式或设置边缘排水系统。

(4) 结构层厚度初选 选定结构组合后，可根据交通荷载等级，根据表 4-37a~表 4-37f 初选各结构层厚度，也可根据当地工程经验确定。

表 4-37a　无机结合料稳定类基层（粒料类底基层）路面厚度范围　（单位：mm）

交通荷载等级	极重、特重	重	中等	轻
面层	250~150	250~150	200~100	150~20
基层（无机结合料稳定类）	600~350	550~300	500~250	450~150
底基层（粒料类）	200~150			

表 4-37b　无机结合料稳定类基层（无机结合料稳定类底基层）路面厚度范围　（单位：mm）

交通荷载等级	极重、特重	重	中等	轻
面层	250~120	250~100	200~100	150~20
基层（无机结合料稳定类）	500~250	450~200	400~150	500~200
底基层（无机结合料稳定类）	200~150			—

表 4-37c　粒料类基层（粒料底基层）路面厚度范围　（单位：mm）

交通荷载等级	重	中等	轻
面层	350~200	300~150	200~100
基层（粒料类）	450~350	400~300	350~250
底基层（粒料类）	200~150		

表 4-37d　沥青结合料类基层（粒料底基层）路面厚度范围　（单位：mm）

交通荷载等级	重	中等	轻
面层	150~120	120~100	80~40
基层（沥青结合料类）	250~200	220~180	200~120
底基层（粒料类）	400~300	400~300	350~250

表 4-37e　沥青结合料类基层（无机结合料稳定类底基层）路面厚度范围　（单位：mm）

交通荷载等级	极重、特重	重	中等	轻
面层	120~100	120~100	100~80	80~40
基层（沥青结合料类）	180~120	150~100	150~100	100~80
底基层（无机结合料稳定类）	600~300	600~300	550~250	450~200

表 4-37f　沥青结合料类基层（粒料+无机结合料底基层）路面厚度范围　（单位：mm）

交通荷载等级	极重、特重	重	中等	轻
面层	120~100	120~100	100~80	80~40
基层（沥青结合料类）	240~160	180~120	160~100	100~80
底基层（粒料类）	200~150	200~150	200~150	200~150
底基层（无机结合料类）	400~200	400~200	350~200	250~150

结构层厚度应根据交通荷载等级、路基承载能力等因素选择。交通荷载等级高、路基承载能力弱时宜取靠近高限的厚度或参照一个交通荷载等级的路面厚度范围，反之可靠近低限取值或参照一个交通荷载等级的路面厚度范围。

4. 路面结构验算

路面结构的目标可靠度和目标可靠指标不应低于表 4-38 的规定。

表 4-38 目标可靠度和目标可靠指标

公路等级	高速公路	一级公路	二级公路	三级公路	四级公路
目标可靠度（%）	95	90	85	80	70
目标可靠指标 β	1.65	1.28	1.04	0.84	0.52

新建沥青路面结构设计使用年限不应低于表4-39的规定，应根据公路等级、经济、交通荷载等级等因素综合确定。

表 4-39 路面结构设计使用年限　　　　　　　　　　　　（单位：年）

公路等级	设计使用年限	公路等级	设计使用年限
高速公路、一级公路	15	三级公路	10
二级公路	12	四级公路	8

路面结构组合应先初拟方案，并进行路面结构验算，再结合工程经验和经济分析选定路面结构方案。对于二级及二级以下公路，当交通荷载等级为中等、轻水平时，可依据所在地区经验结构合理选择路面设计方案。

（1）路面结构验算设计指标及计算图式　路面结构力学指标计算应采用双圆均布垂直荷载作用下的弹性层状联系体系理论。路面结构验算应根据路面结构组合，参照表4-40选择设计指标。

表 4-40 不同结构组合路面的设计指标

基层类型	底基层类型	设计指标[①]
无机结合料稳定类	粒料类	无机结合料稳定层层底拉应力、沥青混合料层永久变形量
	无机结合料稳定类	
沥青结合料类	粒料类	沥青混合料层层底拉应变、沥青混合料层永久变形量、路基顶面竖向压应变
	无机结合料稳定类	沥青混合料层永久变形量、无机结合料稳定层层底拉应力
粒料类[②]	粒料类	沥青混合料层层底拉应变、沥青混合料层永久变形量、路基顶面竖向压应变
	无机结合料稳定类	沥青混合料层层底拉应变、沥青混合料层永久变形量、无机结合料稳定层层底拉应力
水泥混凝土[③]	—	沥青混合料层永久变形量

①季节性冻土地区应增加沥青面层低温开裂验算和防冻厚度验算。
②在沥青混合料层与无机结合料稳定层间设置粒料层时，应验算沥青混合料层疲劳开裂寿命。
③水泥混凝土基层应按现行《公路水泥混凝土路面设计规范》（JTG D 40—2011）设计。

1）各设计指标对应的当量设计轴载累计作用次数，应根据交通参数调查分析结果和设计使用年限，按《公路沥青路面设计规范》（JTG D 50—2017）附录 A 的规定计算确定。

2）路面结构验算时，结构层模量取值应符合下列规定：

①沥青面层采用20℃、10Hz 条件下的动态压缩模量，沥青类基层采用20℃、5Hz 条件下的动态压缩模量。

②无机结合料稳定层采用经调整系数修正后的弹性模量。

③粒料层采用经湿度调整的回弹模量，路基采用平衡湿度状态下并考虑干湿与冻融循环作用后的顶面当量回弹模量。

路面结构验算时，各设计指标应选用表4-41规定的竖向位置处的力学响应，并应按图4-5所示计算点位置，选取 A、B、C 和 D 四点位置计算的最大力学响应量。

表 4-41　各设计指标对应的力学响应及其竖向位置

设计指标	力学响应	竖向位置
沥青混合料层层底拉应变	沿行车方向的水平拉应变	沥青混合料层层底
无机结合料稳定层层底拉应力	沿行车方向的水平拉应力	无机结合料稳定层层底
沥青混合料层永久变形量	竖向压应力	沥青混合料层各分层顶面
路基顶面竖向压应变	竖向压应变	路基顶面

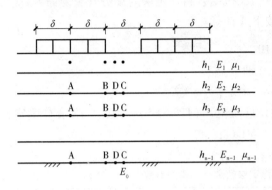
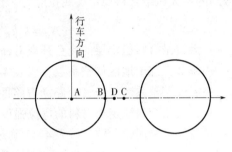

图 4-5　力学响应计算点位置图示

(2) 路面结构验算方法

1) 沥青混合料层的疲劳开裂寿命 N_{fl} 验算。沥青混合料层的疲劳开裂寿命 N_{fl} 应根据路面结构分析得到的沥青混合料层层底拉应变，按式 (4-14) 计算。

$$N_{fl} = 6.32 \times 10^{15.96-0.29\beta} k_a k_b k_{T1}^{-1} \left(\frac{1}{\varepsilon_a}\right)^{3.97} \left(\frac{1}{E_a}\right)^{1.58} (VFA)^{2.72} \tag{4-14}$$

式中　N_{fl}——沥青混合料层的疲劳开裂寿命（轴次）；

　　　β——目标可靠度指标，根据公路等级按表 4-38 取值；

　　　k_a——季节性冻土地区调整系数，按表 4-42 采用内插法确定；

表 4-42　季节性冻土地区调整系数 k_a

冻区	重冻区	中冻区	轻冻区	其他地区
冻结指数 $F/(℃·d)$	≥2000	2000~800	800~50	≤
k_a	0.60~0.70	0.70~0.80	0.80~1.00	1.00

　　　k_b——疲劳加载模式系数，按下式计算：

$$k_b = \left[\frac{1+0.3E_a^{0.43}(VFA)^{-0.85}e^{0.024h_a-5.41}}{1+e^{0.024h_a-5.41}}\right]^{3.33} \tag{4-15}$$

　　　E_a——沥青混合料 20℃时的动态压缩模量 (MPa)；

　　　VFA——沥青混合料的沥青饱和度 (%)，根据混合料设计结果或按《公路沥青路面施工技术规范》(JTG F 40—2017) 的有关规定确定；

　　　h_a——沥青混合料层厚度 (mm)；

　　　k_{T1}——温度调整系数，按《公路沥青路面设计规范》(JTG D 50—2017) 附录 G 确定；

　　　ε_a——沥青混合料层层底拉应变 (10^{-6})；根据弹性层状体系理论，按《公路沥青路面设计规范》(JTG D 50—2017) 第 6.2.2 条的规定选取计算点，按下式计算：

$$\varepsilon_a = p\bar{\varepsilon}_a \tag{4-16}$$

$$\bar{\varepsilon}_a = f\left(\frac{h_1}{\delta}, \frac{h_2}{\delta}, \cdots, \frac{h_{n-1}}{\delta}; \frac{E_2}{E_1}, \frac{E_3}{E_2}, \cdots, \frac{E_0}{E_{n-1}}\right) \tag{4-17}$$

$\bar{\varepsilon}_a$——理论拉应变系数;

p、δ——标准轴载的轮胎接地压强(MPa)和当量圆半径(mm);

E_0——路基顶面回弹模量(MPa);

h_1、h_2、$\cdots$、h_{n-1}——各结构层厚度(mm);

E_1、E_2、$\cdots$、E_{n-1}——各结构层模量(MPa)。

沥青混合料层的疲劳开裂寿命 N_{f1} 不应小于设计使用年限内当量设计轴载累计作用次数,即 $N_{f1} \geq N_e$。

2) 无机结合料稳定层的疲劳开裂寿命 N_{f2} 验算。无机结合料稳定层的疲劳开裂寿命 N_{f2} 应根据路面结构分析得到的各无机结合料稳定层底拉应力,按下式计算:

$$N_{f2} = k_a k_{T2}^{-1} 10^{a - b\frac{\sigma_1}{R_s} + k_c - 0.57\beta}$$ (4-18)

式中 N_{f2}——无机结合料稳定层的疲劳开裂寿命(轴次);

k_a——季节性冻土地区调整系数,按表4-42确定;

k_{T2}——温度调整系数,按《公路沥青路面设计规范》(JTG D 50—2017)附录G确定;

R_s——无机结合料稳定类材料的弯拉强度(MPa);

a、b——疲劳试验回归参数,按表4-43确定;

表4-43 无机结合料稳定层疲劳破坏模型参数

材料类型	a	b
无机结合料稳定粒料	13.24	12.52
无机结合料稳定土	12.18	12.79

k_c——现场综合修正系数,按下式计算:

$$k_c = c_1 e^{c_2(h_a + h_b)} + c_3$$ (4-19)

c_1、c_2、c_3——参数,按表4-44取值;

表4-44 现场综合系数 k_c 相关参数

材料类型	新建路面结构层或改建工程既有路面结构层		改建工程加铺层	
	无机结合料稳定粒料	无机结合料稳定土	无机结合料稳定粒料	无机结合料稳定土
c_1	14.0	35.0	18.5	21.0
c_2	-0.0076	-0.00156	-0.01	-00125
c_3	-1.47	-0.83	-1.32	-0.82

h_a、h_b——沥青混合料层和计算点以上无机结合料稳定层厚度;

β——目标可靠度指标,根据公路等级按表4-38取值;

σ_1——无机结合料稳定层的层底拉应力(MPa),根据弹性层状体系理论,按《公路沥青路面设计规范》(JTG D 50—2017)第6.2.2条的规定选取计算点,按下式计算:

$$\sigma_1 = p\bar{\sigma}_1$$ (4-20)

$$\bar{\sigma}_1 = f\left(\frac{h_1}{\delta}, \frac{h_2}{\delta}, \cdots, \frac{h_{n-1}}{\delta}; \frac{E_2}{E_1}, \frac{E_3}{E_2}, \cdots, \frac{E_0}{E_{n-1}}\right)$$ (4-21)

$\bar{\sigma}_1$——理论拉应力系数;

其他符号意义同前。

无机结合料稳定层的疲劳开裂寿命 N_{f2} 不应小于设计使用年限内当量设计轴载累计作用次数,即 $N_{f2} \geq N_e$。

3) 沥青混合料层永久变形量验算。沥青混合料层分层:第一层,10~20mm 表面层;第二层,沥青混合料层,每一分层厚度应不大于25mm;第三层,沥青混合料层,每一分层厚度应不大于100mm;第四层及其以下沥青混合料层,作为一个分层,分别计算各分层的永久变形量。

根据标准条件下的车辙试验，得到各层沥青混合料的车辙试验永久变形量。按下式计算各分层的永久变形量和沥青混合料层总的永久变形量。

$$R_a = \sum_{i=1}^{n} R_{ai} \tag{4-22}$$

$$R_{ai} = 2.31 \times 10^{-8} k_{Ri} T_{pef}^{2.93} p_i^{1.80} N_{e3}^{0.48} \left(\frac{h_i}{h_0}\right) R_{0i} \tag{4-23}$$

$$T_{pef} = T_\xi + 0.016 h_a \tag{4-24}$$

式中 R_a——沥青混合料层永久变形量（mm）；

R_{ai}——第 i 层永久变形量（mm），按式（4-23）计算；

n——分层数；

T_{pef}——沥青混合料层永久变形等效温度（℃），按式（4-24）计算；

h_a——沥青混合料层厚度（mm）；

T_ξ——基准等效温度，按所在地查表取用；

N_{e3}——设计使用年限内或通车至首次针对车辙维修的期限内，设计车道上当量设计轴载累计作用次数，按《公路沥青路面设计规范》（JTG D 50—2017）附录 A 计算；

h_i——第 i 分层厚度（mm）；

h_0——车辙试验试件的厚度（mm）；

R_{0i}——第 i 分层沥青混合料在试验温度为 60℃，压强为 0.7MPa，加载次数为 2520 次时，车辙试验永久变形量（mm）；

k_{Ri}——综合修正系数，按下式计算

$$k_{Ri} = (d_1 + d_2 z_i) \times 0.9731^{z_i} \tag{4-25-1}$$

$$d_1 = -1.35 \times 10^{-4} h_a^2 + 8.18 \times 10^{-2} h_a - 14.50 \tag{4-25-2}$$

$$d_2 = 8.78 \times 10^{-7} h_a^2 - 1.50 \times 10^{-3} h_a + 0.90 \tag{4-25-3}$$

z_i——沥青混合料层第 i 分层深度（mm），第一分层取为 15mm，其他分层为路表距分层中点的深度；

h_a——沥青混合料层厚度（mm），h_a 大于 200mm 时，取 200mm；

p_i——沥青混合料层第 i 分层顶面竖向压应力（MPa），根据弹性层状体系理论，按《公路沥青路面设计规范》（JTG D 50—2017）第 6.2.2 条的规定选取计算点，按下式计算：

$$p_i = p \bar{p}_i \tag{4-26}$$

$$\bar{p}_i = f\left(\frac{h_1}{\delta}, \frac{h_2}{\delta}, \cdots, \frac{h_{n-1}}{\delta}; \frac{E_2}{E_1}, \frac{E_3}{E_2}, \cdots, \frac{E_0}{E_{n-1}}\right) \tag{4-27}$$

$\bar{p}_i$——理论压应力系数；

其余符号意义同前。

验算所得的沥青混合料层永久变形量应满足表 4-45 的容许永久变形量要求，即 $R_a \leqslant [R_a]$。

表 4-45 沥青混合料层容许永久变形量 （单位：mm）

基层类型	沥青混合料容许永久变形量	
	高速、一级公路	二级、三级公路
无机结合料稳定基层、水泥混凝土基层和底基层为无机结合料稳定类的沥青混合料基层	15	20
其他基层	10	15

满足沥青混合料层容许永久变形量要求的沥青混合料，尚应满足标准车辙试验的动稳定度要求，其永久变形量 R_0 对应的稳定度可用作沥青混合料的质量要求和施工控制指标。标准车辙试验温度

60℃，压强为 0.7MPa，试件厚度为 50mm，加载次数为 2520 次时沥青混合料的动稳定度 DS，可根据永久变形量 R_0 按下式计算：

$$\mathrm{DS} = 9365 R_0^{-1.48} \tag{4-28}$$

式中　DS——沥青混合料动稳定度（次/mm）。

4）路基顶面竖向压应变验算。路基顶面的容许竖向压应变按下式计算确定：

$$[\varepsilon_z] = 1.25 \times 10^{4-0.1\beta} (k_{T3} N_{e4})^{-0.21} \tag{4-29}$$

式中　$[\varepsilon_z]$——路基顶面容许竖向压应变（10^{-6}）；

　　　β——目标可靠度指标，根据公路等级按表 4-38 取值；

　　　N_{e4}——设计使用年限内设计车道上当量设计轴载累计作用次数，按《公路沥青路面设计规范》（JTG D 50—2017）附录 A 计算；

　　　k_{T3}——温度调整系数，按《公路沥青路面设计规范》（JTG D 50—2017）附录 G 确定。

路基顶面竖向压应变 ε_z，根据弹性层状体系理论，按《公路沥青路面设计规范》（JTG D 50—2017）第 6.2.2 条的规定选取计算点，按下式计算：

$$\varepsilon_z = p \bar{\varepsilon}_z \tag{4-30}$$

$$\bar{\varepsilon}_z = f\left(\frac{h_1}{\delta}, \frac{h_2}{\delta}, \cdots, \frac{h_{n-1}}{\delta}; \frac{E_2}{E_1}, \frac{E_3}{E_2}, \cdots, \frac{E_0}{E_{n-1}}\right) \tag{4-31}$$

　　　$\bar{\varepsilon}_z$——理论竖向压应变系数；

　　　其他符号同前。

路基顶面竖向压应变应小于容许压应变值，即 $\varepsilon_z \leq [\varepsilon_z]$。

5）沥青面层低温开裂指数验算。季节性冻土地区沥青路面，应按式（4-32）验算其低温开裂指数 CI。

$$\mathrm{CI} = 1.95 \times 10^{-3} S_t \lg b - 0.075(T + 0.07 h_a) \lg S_t + 0.15 \tag{4-32}$$

式中　CI——沥青面层低温开裂指数；

　　　T——路面低温设计温度（℃），为连续 10 年年最低气温平均值；

　　　S_t——在路面低温设计温度加 10℃试验温度条件下，表面层沥青弯曲量流变试验加载 180s 时蠕变劲度（MPa）；

　　　h_a——沥青结合料类材料层厚度（mm）；

　　　b——路基类型参数，砂 $b=5$，粉质黏土 $b=3$，黏土 $b=2$。

沥青面层的低温开裂指数数值 CI 应满足表 4-46 的要求。

表 4-46　低温开裂指数要求

公路等级	高速、一级公路	二级公路	三级、四级公路
低温开裂指数 CI，不大于	3	5	7

注：低温开裂指数 CI——竣工验收时 100m 调查单元内横向裂缝条数，贯穿全幅的裂缝按 1 条计，未贯穿且长度超过一个车道宽度的裂缝按 0.5 条计，不超过一个车道宽度的裂缝不计入。

6）防冻厚度验算。季节性冻土地区路基未中湿或潮湿状态时，应按式（4-33）计算公路多年最大冻深。

$$Z_{\max} = abc Z_d \tag{4-33}$$

式中　$Z_{\max}$——公路多年最大冻深（mm）；

　　　Z_d——大地多年最大冻深（mm），根据调查资料确定；

　　　a——大地冻深范围内路基、路面各层材料热物性系数，按表 4-47a 确定。

　　　b——路基湿度系数，按表 4-47b 确定；

　　　c——路基断面形式系数，根据表 4-47c 按内插法确定。

表 4-47a　路基、路面材料热物性系数 a

路基材料	黏质土	粉质土	粉土质砂	细粒土质砂、黏土质砂	含细粒土质砾（砂）
热物性系数	1.05	1.10	1.20	1.30	1.35
路基材料	水泥混凝土	沥青结合料类	级配碎石	二灰或水泥稳定粒料	二灰土及水泥土
热物性系数	1.40	1.35	1.45	1.40	1.35

表 4-47b　路基湿度系数 b

干湿类型	干燥	中湿	潮湿
湿度系数	1.0	0.95	0.90

表 4-47c　路基断面形式系数 c

填挖形式和高（深）度	路基填土高度				路基挖方深度			
	零填	<2m	2~4m	4~6m	>6m	<2m	2~4m	4~6m	>6m
断面形式系数	1.0	1.02	1.05	1.08	1.10	0.98	0.95	0.92	0.90

根据公路多年最大冻深，按表 4-48 的规定验算路面的防冻厚度。路面结构厚度小于表 4-48 规定的最新防冻厚度时，应增设防冻层，使其满足最小防冻厚度的要求。

表 4-48　沥青路面结构最小防冻厚度　　　　　　　　　　　　　　　　（单位：mm）

路基土质	基层、底基层材料类型	对应于以下公路多年最大冻深 Z_{max}/mm 和路基干湿类型的最小防冻厚度							
		中湿				潮湿			
		500~1000	1000~1500	1500~2000	>2000	500~1000	1000~1500	1500~2000	>2000
黏性土、细亚砂土	粒料类	400~450	450~500	500~600	600~700	450~550	550~600	600~700	700~800
	水泥或石灰稳定类、水泥混凝土	350~400	400~450	450~550	550~650	400~500	500~550	550~650	650~750
	水泥粉煤灰或石灰粉煤灰稳定类、沥青结合料类	300~350	350~400	400~500	500~550	350~450	450~500	500~550	550~700
粉性土	粒料类	450~500	500~600	600~700	700~750	500~600	600~700	700~800	800~1000
	水泥或石灰稳定类、水泥混凝土	400~450	450~500	500~600	600~700	450~550	550~650	650~700	700~900
	水泥粉煤灰或石灰粉煤灰稳定类、沥青结合料类	300~400	400~450	450~500	500~650	400~500	500~600	600~650	650~800

注：1. 在《公路自然区划标准》（JTJ 003—1986）中，对潮湿系数小于 0.5 的地区，Ⅱ、Ⅲ、Ⅳ等干旱地区的防冻厚度可比表中值减少 15%~20%。
2. 对Ⅱ1 区砂性土路基防冻厚度应相应减少 5%~10%。
3. 公路多年最大冻深大时，靠近上限取值，反之靠近下限取值。
4. 基层、底基层采用不同材料类型时，按厚度较大的材料类型确定。

（3）设计路面结构的验收弯沉值　路基顶面验收弯沉值 l_g 应按式（4-34）计算：

$$l_g = \frac{176pr}{E_0} \tag{4-34}$$

式中　l_g——路基顶面验收弯沉值（0.01mm）；
　　　p——落锤式弯沉仪承载板施加荷载（MPa）；
　　　r——落锤式弯沉仪承载板半径（mm）；

E_0——平衡湿度状态下路基顶面回弹模量（MPa）。

采用落锤式弯沉仪进行路基验算时，落锤式弯沉仪荷载为 50kN，荷载盘半径应为 150mm。路基顶面实测代表弯沉值 l_0 应符合式（4-35）的要求：

$$l_0 \leq l_g \tag{4-35}$$

式中 l_g——路基顶面验收弯沉值（0.01mm）；

l_0——路段内实测的路基顶面弯沉代表值（0.01mm），以 1～3km 为一评定段，按下式计算：

$$l_0 = (\bar{l}_0 + \beta s)K_1 \tag{4-36}$$

$\bar{l}_0$——路段内实测路基顶面弯沉平均值（0.01mm）；

s——路段内实测路基顶面弯沉标准差（0.01mm）；

β——目标可靠指标，根据公路等级按表 4-38 确定；

K_1——路基顶面弯沉湿度影响系数，根据当地经验确定。

路表验收弯沉值 l_a 应根据设计路面结构，采用弹性层状体系理论按式（4-37）计算。路面结构层参数应与路面结构验收时相同。路基顶面回弹模量应采用平衡湿度状态下路基顶面回弹模量乘以模量调整系数 k_l。

$$l_a = p\bar{l}_a \tag{4-37}$$

$$\bar{l}_a = f\left(\frac{h_1}{\delta}, \frac{h_2}{\delta}, \cdots, \frac{h_{n-1}}{\delta}; \frac{E_2}{E_1}, \frac{E_3}{E_2}, \cdots, \frac{k_l E_0}{E_{n-1}}\right) \tag{4-38}$$

$\bar{l}_a$——理论弯沉系数；

k_l——路基顶面回弹模量调整系数，无机结合料稳定类基层沥青路面和水泥混凝土基层沥青路面，取 0.5；粒料类基层沥青路面和沥青结合料基层沥青路面，当采用无机结合料稳定底基层时，取 0.5，否则取 1.0；

E_0——平衡湿度状态下路基顶面回弹模量（MPa）。

其他符号意义同前。

路面交（竣）工时应对路表弯沉值进行检测。落锤式弯沉仪中心点弯沉代表值应符合式（4-39）要求：

$$l_0 \leq l_a \tag{4-39}$$

式中 l_a——路表验收弯沉值（0.01mm）；

l_0——路段内实测路表弯沉代表值（0.01mm），以 1～3km 为一个评定路段，按式（4-40）计算：

$$l_0 = (\bar{l}_0 + \beta s)K_1 K_3 \tag{4-40}$$

$\bar{l}_0$——路段内实测路表弯沉平均值（0.01mm）；

s——路段内实测路表弯沉标准差（0.01mm）；

β——目标可靠指标，根据公路等级按表 4-38 确定；

K_1——路表弯沉湿度影响系数，根据实测弯沉值通过反算得到路基模量值，再对路基模量值进行修正得到结构模量值，然后得出测试状态下弯沉深度修正系数 K_1，或根据当地经验确定。

K_3——路表弯沉温度影响系数，按式（4-41）确定：

$$K_3 = e^{[9 \times 10^{-6}(\ln E_0 - 1)h_a + 4 \times 10^{-3}](20-T)} \tag{4-41}$$

T——弯沉测定时沥青结合料类材料层中点实测或预估温度（℃）；

h_a——沥青结合料类材料层厚度（mm）；

E_0——平衡湿度状态下路基顶面回弹模量（MPa）。

(4) 路面结构层材料设计参数　路面结构层材料设计参数的确定分为三个水平：水平一，通过室内试验实测确定；水平二，利用已有经验关系式确定；水平三，参照典型数值确定。

高速公路和一级公路的施工图设计阶段宜采用水平一，其他设计阶段可采用水平二或水平三；二级及二级以下公路可采用水平二或水平三。

1) 粒料类材料。基层、底基层级配碎石的 CBR 值应符合表 4-49 的有关规定。

表 4-49　级配碎石 CBR 值

结构层	公路等级	极重、特重交通	重交通	中等、轻交通
基层	高速公路、一级公路	≥200	≥180	≥160
	二级及二级以下公路	≥160	≥140	≥120
底基层	高速公路、一级公路	≥120	≥100	≥80
	二级及二级以下公路	≥100	≥80	≥60

级配砾石或天然砂砾用于基层时，CBR 值不应小于 80。级配砾石或天然砂砾用于底基层时，极重、特重和重交通荷载等级时，CBR 值不应小于 80；中等交通荷载等级，CBR 值不应小于 60；轻交通荷载等级，CBR 值不应小于 40。

粒料层的回弹模量在结构验算时应采用粒料回弹模量乘以湿度调整系数后得到，湿度调整系数可在 1.6～2.0 范围内选取。粒料回弹模量应取最佳含水率和压实度要求相应的干密度条件下的试验值。

最佳含水率和压实度要求相应的干密度条件下的粒料回弹模量取值：

水平一：按《公路沥青路面设计规范》（JTG D 50—2017）附录 D 采用重复加载三轴压缩试验测定，取回弹模量试验结果的平均值。

水平三：按粒料类型和层位参照表 4-50 确定粒料回弹模量取值。

表 4-50　粒料回弹模量取值范围　　（单位：MPa）

粒料类型和层位	最佳含水率和压实度要求相应的干密度条件下	经湿度调整后
级配碎石基层	200～400	300～700
级配碎石底基层	180～250	190～440
级配砾石基层	150～300	250～600
级配砾石底基层	150～220	160～380
未筛分碎石层	180～220	200～400
天然砂砾层	105～135	130～240

注：材料性能好、级配好或压实度大时取高值，反之取低值。

2) 无机结合料稳定材料。无机结合料稳定材料用于高速公路、一级公路基层时，公称最大粒径不宜大于 31.5mm；用于高速公路和一级公路底基层或二级及二级以下公路基层时，公称最大粒径不宜大于 37.5mm；用以二级及二级以下公路底基层时，公称最大粒径不宜大于 53.0mm。

无机结合料稳定类材料 7d 无侧限抗压强度代表值应符合表 4-51 的要求。

表 4-51　无机结合料稳定类材料 7d 无侧限抗压强度标准值（代表值）　　（单位：MPa）

材料	结构层	公路等级	极重、特重交通	重交通	中等、轻交通
水泥稳定类	基层	高速公路、一级公路	5.0～7.0	4.0～6.0	3.0～5.0
		二级及二级以下公路	4.0～6.0	3.0～5.0	2.0～4.0
	底基层	高速公路、一级公路	3.0～5.0	2.5～4.5	2.0～4.0
		二级及二级以下公路	2.5～4.5	2.0～4.0	1.0～3.0

(续)

材料	结构层	公路等级	极重、特重交通	重交通	中等、轻交通
水泥粉煤灰稳定类	基层	高速公路、一级公路	4.0~5.0	3.5~4.5	3.0~4.0
		二级及二级以下公路	3.5~4.5	3.0~4.0	2.5~3.5
	底基层	高速公路、一级公路	2.5~3.5	2.0~3.0	1.5~2.5
		二级及二级以下公路	2.0~3.0	1.5~2.5	1.0~2.0
石灰粉煤灰稳定类	基层	高速公路、一级公路	≥1.1	≥1.0	≥0.9
		二级及二级以下公路	≥0.9	≥0.8	≥0.7
	底基层	高速公路、一级公路	≥0.8	≥0.7	≥0.6
		二级及二级以下公路	≥0.7	≥0.6	≥0.5
石灰稳定类	基层	二级及二级以下公路	—	—	≥0.8①
	底基层	高速公路、一级公路	—	—	≥0.8
		二级及二级以下公路	—	—	0.5~0.7②

①在低塑性土（塑性指数小于7）地区，石灰稳定砂砾和碎石的7d龄期无侧限抗压强度应大于0.5MPa（100g平衡锥测液限）。
②低限用于塑性指数小于7的黏土，高限用于塑性指数大于或等于7的黏土。

无机结合料稳定类材料弯拉强度和弹性模量依据相应水平确定：

水平一：按《公路沥青路面设计规范》（JTG D 50—2017）附录 E，采用中间段法单轴压缩试验测定。测试时水泥稳定类、水泥粉煤灰稳定类材料试件的龄期应为90d，石灰稳定类、石灰粉煤灰稳定类材料试件的龄期应为180d。弯拉强度和弹性模量应取用测试数据的平均值。

水平三：参照表4-52确定弯拉强度和弹性模量。

表4-52 无机结合料稳定类材料弯拉强度和弹性模量取值范围 （单位：MPa）

材料	弯拉强度	弹性模量
水泥稳定粒料、水泥粉煤灰稳定粒料、石灰粉煤灰稳定粒料	1.5~2.0	18000~28000
	0.9~1.5	14000~20000
水泥稳定土、水泥粉煤灰稳定土、石灰粉煤灰稳定土	0.6~1.0	5000~7000
石灰土	0.3~0.7	3000~5000

注：结合料用量高、材料性能好、级配好或压实度大时取高值，反之取低值。

结构验算时，无机结合料稳定类材料弹性模量应乘以结构层模量调整系数0.5。

3）沥青结合料材料。极重、特重和重交通荷载等级公路、气候条件严酷地区公路以及连续长陡纵坡路段、中间层和表面层宜采用优化混合料级配、选用改性沥青或添加外掺剂等措施。

开级配沥青混合料表面层宜采用高粘沥青或橡胶沥青，并采用适量消石灰或水泥替代矿粉。

表面层沥青混合料公称最大粒径不宜大于16.0mm，中间层和下面层沥青混合料公称最大粒径不宜大于16.0mm，基层沥青碎石公称最大粒径不宜小于26.5mm。

沥青混合料动态压缩模量依据相应的水平确定：

水平一：沥青混合料动态压缩模量的测定应符合《公路工程沥青及沥青混合料试验规程》（JTG E 20—2011）T0738 的有关规定，取平均值，试验温度选用20℃，面层沥青混合料加载频率采用10Hz，基层沥青混合料加载频率采用5Hz。

水平二：按经验公式计算确定沥青混合料动态压缩模量，适用于采用道路石油沥青和常规级配的沥青混合料。

水平三：参照表4-53确定沥青混合料动态压缩模量。

表4-53 常用沥青混合料20℃动态压缩模量取值范围　（单位：MPa）

沥青混合料类型	沥青种类			
	70号道路石油沥青	90号道路石油沥青	110号道路石油沥青	SBS改性沥青
SMA10、SMA13、SMA16	—	—	—	7500～12000
AC10、AC13	8000～12000	7500～11500	7000～10500	8500～12500
AC16、AC20、AC25	9000～13500	8500～13000	7500～12000	9000～13500
ATB25	7000～1100	—	—	—

注：1. ATB25为5Hz条件下动态压缩模量，其他沥青混合料为10Hz条件下动态压缩模量。
　　2. 沥青黏度大、级配好或孔隙率小时取高值，反之取低值。

（5）沥青路面结构验算流程　沥青路面结构验算流程应按图4-6所示的流程进行，包括下列主要内容：

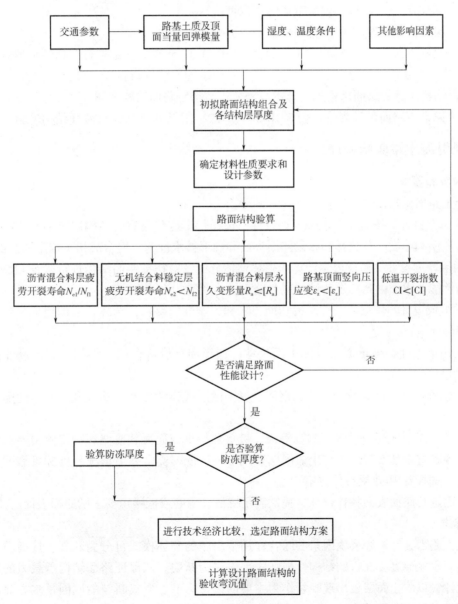

图4-6　沥青路面结构验算流程

1) 按《公路沥青路面设计规范》（JTG D 50—2017）附录 A 调查分析交通参数；根据该规范第 3.0.4 条的规定，确定交通荷载等级。

2) 根据路基土类、地下水位高度确定路基干湿类型和湿度状况，按《公路沥青路面设计规范》（JTG D 50—2017）第 5.2.2 条要求，并结合现行《公路路基设计规范》（JTG D 30—2015）的有关规定确定路基顶面回弹模量及必要的路基改善措施。

3) 根据设计要求，收集所在地区的常用路面结构组合和材料性质要求，分析影响路面结构设计的其他因素，初拟路面结构组合和厚度方案，选取设计指标。

4) 按《公路沥青路面设计规范》（JTG D 50—2017）第 5 章及第 6.3.2 条规定，确定各结构层模量等设计参数，并按《公路沥青路面设计规范》（JTG D 50—2017）第 5 章规定检验粒料的 CBR 值，无机结合料稳定类材料的无侧限抗压强度，沥青低温性能要求，沥青混合料的低温破坏应变、动稳定度、贯入强度和水稳定性等。

5) 按《公路沥青路面设计规范》（JTG D 50—2017）附录 G 的规定，收集工程所在地区气温资料，确定各设计指标对应的温度调整系数或等效温度。

6) 采用多层弹性体系理论程序计算各层设计指标的力学响应量。

7) 按《公路沥青路面设计规范》（JTG D 50—2017）附录 B 的规定进行路面结构验算，验算结果应符合该规范第 3.0.6 条的规定，不符合时，调整路面结构方案重新验算，直至符合为止。

8) 对通过结构验算的路面结构进行技术经济分析，选定路面结构方案。

9) 按《公路沥青路面设计规范》（JTG D 50—2017）附录 B 计算设计路面结构的验收弯沉值。

4.1.4 水泥混凝土路面结构设计

1. 设计内容和要求

水泥混凝土路面结构设计内容包括下述六部分：

（1）结构组合设计　按使用要求和当地条件，选择行车道和路肩的结构层类型和层次以及各结构层的组成材料类型和厚度，并选择和布设路面表面和内部排水设施，组合成初步拟定的路面结构。

（2）结构层厚度设计　通过力学计算和损坏预估分析，对初拟路面结构进行验证和修正，使之满足预定的使用性能要求，由此确定各结构层和路面结构所需的设计厚度。

（3）材料组成设计　依据各结构层的功能要求和力学性质要求，选择合适的组成材料，进行混合料组成设计和性能测试。

（4）接缝构造设计　确定面层板的平面尺寸，选择和布设接缝的类型和位置，设计接缝的构造（传荷装置和填料）。

（5）钢筋配置设计　确定特殊部位、钢筋混凝土面层或连续配筋钢筋混凝土面层的配筋量和钢筋布置。

（6）设计方案的技术经济论证　对高等级、极重和特重交通荷载或偶遇特定使用要求的公路混凝土路面提出的各备选设计方案，进行生命周期费用分析，依据资金筹措情况、目标可靠度要求以及其他非经济因素，选择费用-效果最佳方案。

此外，还需进行路面表面特性设计，提供满足抗滑、耐磨或低噪声要求的路面表面的技术措施。

2. 设计标准

水泥混凝土路面在行车和环境因素的综合作用下出现的破坏模式可分为断裂、接缝损坏、变形和表面损坏四类。水泥混凝土面板的结构性损坏大都表现为断裂。从保证路面结构承载力的角度，混凝土路面结构设计应以防止面层板出现断裂作为主要的设计标准。形成断裂的原因是多方面的，有的可以通过控制施工质量和采取适当的结构措施和构造措施予以防止或减轻或避免。但车辆荷载重复疲劳作用，积累到一定程度后，可引起面层板出现横向或纵向疲劳裂缝，将这类疲劳断裂作为确定混凝土面层厚度时所需要考虑的主要损坏模式。

路面结构采用可靠度设计方法，即在规定的时间内，在规定的条件下，路面使用性能满足预定水平要求的概率。《公路水泥混凝土路面设计规范》（JTG D 40—2011）规定，水泥混凝土路面设计方法是考虑满足路面的结构性能要求，以水泥混凝土面层板的疲劳断裂作为路面损坏的主要模式。以控制行车荷载反复作用在板内产生的荷载疲劳应力 σ_{Pr} 和温度梯度反复作用在板内产生的温度疲劳应力 σ_{tr} 之和与可靠度系数 γ_r 乘积不大于混凝土的弯拉强度标准值 f_r，同时控制最大荷载应力与最大温度应力之和与可靠度系数的乘积不大于混凝土弯拉强度标准值，作为确定混凝土板厚的设计标准。

3. 路面结构组合设计

（1）面层

1）混凝土面层材料要求。面层宜采用设接缝的普通水泥混凝土。普通混凝土面层是指除接缝区和一些局部范围（如角隅和边缘）外板内不配置钢筋的水泥混凝土面层。

水泥混凝土骨料公称最大粒径不应大于26.5mm。砂的细度模数不宜小于2.5；高速公路面层的用砂，其硅质砂或石英砂的含量不宜低于25%。水泥用量不得小于300kg/m³（非冰冻地区）或320kg/m³（冰冻地区）。

厚度大于300mm的普通混凝土面层，分上下两层连续铺筑时，上层厚度应不小于总厚度的1/3，可采用高强、耐磨的混凝土材料，骨料公称最大粒径不宜大于19.0mm。

普通混凝土通常采用常规的振捣方法进行铺筑。此外，有一种含水率低，采用碾压工艺达到高密度而铺筑的水泥混凝土路面，这种混凝土称为碾压混凝土。碾压混凝土面层混凝土的骨料公称最大粒径不宜大于19.0mm，水泥用量不得少于280kg/m³（非冰冻地区）或310kg/m³（冰冻地区）。

2）面层板厚度。理论分析表明，轮载作用于板中部时，板内产生的最大应力约为轮载作用于板边部时的2/3，因此面层板的横断面应采用中间薄两边厚的形式，一般边部厚度较中部约大25%，是从路面最外两侧板的边部，在0.6~1.0m宽度范围内逐渐加厚。但厚边式路面对土基和基层的施工带来不便，且在厚度变化转折处，易引起板的折裂，因此目前国内外常采用等厚式断面。

普通混凝土、碾压混凝土、钢筋混凝土或连续配筋混凝土面层所需的厚度可参照表4-54参考范围，并依据交通荷载等级、公路等级和变异水平等级，按规定计算确定。各种混凝土面层的设计厚度应依据计算厚度加6mm（磨耗层）后，按10mm向上取整。

表4-54 水泥混凝土面层板厚度参考范围 （单位：mm）

交通荷载等级	极重	特重			重		
公路等级	—	高速	一级	二级	高速	一级	二级
变异水平等级	低	低	中	中	低	中	中
面层厚度	≥320	320~280	300~260	280~240	280~240	270~230	260~220
交通荷载等级	中等				轻		
公路等级	二级		三、四级		三、四级		
变异水平等级	高		中	高	中	高	中
面层厚度	250~220		240~210	230~200	220~190	210~180	

注：设计轴载作用次数多、变形系数大、最大温度梯度大或者基层、垫层厚度或模量值低时，取高值。高速公路的施工水平只能达到中等变异水平等级时，可参照低变异水平等级的厚度范围的高限或者高于此高限选用。

3）表面抗滑要求。水泥混凝土面层应具有足够的强度和耐久性，表面应抗滑、耐磨、平整。路面表面构造应采用拉毛、拉槽、压槽或刻槽等方法制作。构造深度在使用初期应满足表4-55的要求。

表4-55 各级公路水泥混凝土面层的表面构造深度 （单位：mm）

道路等级	高速公路、一级公路	二、三、四级公路
一般路段	0.70~1.10	0.50~1.00

(续)

道路等级	高速公路、一级公路	二、三、四级公路
特殊路段	0.80~1.20	0.60~1.10

注：1. 特殊路段：对于高速公路和一级公路是指立交、平交或变速车道等处；对于其他等级公路是指急弯、陡坡、交叉口或集镇附近。
2. 年降雨600mm以下的地区，表列数值可适当降低。

(2) 基层和底基层　水泥混凝土路面的基层是保证路面板具有均匀而稳定的支承、防止唧泥和错台、延长路面使用寿命的重要层次，并能为面层混凝土板施工提供方便。

1) 基层类型选择。水泥混凝土面层下基层的首要要求是抗冲刷能力。不耐冲刷的基层表面，在渗入水和荷载共同作用下，会产生冲刷、唧泥、板底脱空和错台等病害，导致路面不平整，并加速和加剧面层板的断裂。提高基层的刚度，有利于改善接缝的传荷能力，但其效果不如在接缝内设置传力杆。此外，提高基层刚度可以增加路面结构的弯曲刚度，降低面层板的荷载应力，但也会增加面层板的温度翘曲变形和翘曲应力，对路面结构产生不利的影响，并不一定能减薄面层的厚度。因此，面层板下基层应具有足够的冲刷能力和适当的刚度。

承受极重、特重或重交通荷载的路面，基层下应设置底基层；承受中等或轻交通荷载时，可不设底基层。当基层采用无机结合料稳定类材料，且上路床由细粒土组成时，应在基层下设置粒料类底基层。底基层宜选用小于0.075mm颗粒含量少于7%的粒料类材料。

基层和底基层可以按组成材料分为无机结合料类（包括贫混凝土、碾压混凝土、水泥稳定碎石、开级配水泥稳定碎石和石灰、粉煤灰稳定碎石等）、沥青结合料类（包括沥青混凝土、沥青稳定碎石和开级配沥青稳定碎石等）和粒料类（包括级配碎石、级配砾石、未筛分碎石等）三大类型。

这些组成材料的抗冲刷能力是不同的，从高到低依次为贫混凝土（水泥剂量7%或8%）、沥青混凝土（沥青含量6%）基层→水泥稳定碎石（水泥含量5%）基层→低剂量水泥稳定碎石（水泥剂量3.5%）、沥青稳定碎石（沥青含量3%）基层→二灰稳定碎石、级配碎石基层→各种稳定土、未筛分碎砾石、细粒土等均为不耐冲刷。基层和底基层的材料类型可依据交通荷载等级、结构层组合要求和材料供应条件，参照表4-56选用。各类基层结构层的适宜施工厚度范围见表4-57。

表4-56　各交通荷载等级的基层、底基层材料类型

交通荷载等级	基层材料类型	交通荷载等级	底基层材料类型
极重、特重	贫混凝土、碾压混凝土	极重、特重、重	级配碎石，水泥稳定碎石，石灰、粉煤灰稳定碎石
	沥青混凝土		
重	密级配沥青稳定碎石		
	水泥稳定碎石		
中等、轻	级配碎石	中等、轻	未筛分碎石、级配碎石，或不设
	水泥稳定碎石，石灰、粉煤灰稳定碎石		

表4-57　各种材料基层和底基层的结构层适宜施工厚度

材料种类		适宜施工厚度/mm
贫混凝土、碾压混凝土		120~200
无机结合料稳定粒料		150~200
沥青混凝土	骨料公称最大粒径9.5mm	25~40
	骨料公称最大粒径13.2mm	35~65
	骨料公称最大粒径16mm	40~70
	骨料公称最大粒径19mm	50~75
沥青稳定碎石	骨料公称最大粒径19mm	
	骨料公称最大粒径26.5mm	75~100

(续)

材料种类	适宜施工厚度/mm
多空隙水泥稳定碎石	100~150
级配碎石、未筛分碎石、级配砾石或碎砾石	100~200

2) 对基层材料的要求。贫混凝土骨料公称最大粒径不宜大于31.5mm，水泥用量在不掺粉煤灰时不得少于170kg/m³，28d弯拉强度标准值宜控制在2.0~2.5MPa范围内。碾压混凝土骨料公称最大粒径不得大于26.5mm。

沥青混凝土基层宜采用骨料公称最大粒径为19.0mm或26.5mm的混合料。沥青稳定碎石基层宜采用骨料公称最大粒径为26.5mm或31.5mm的混合料。

水泥稳定粒料、级配碎石或砾石的骨料公称最大粒径宜为26.5mm或19.0mm。小于0.075mm的细粒含量不得大于5%，小于4.75mm的颗粒含量不宜大于50%，液限应小于28%，塑性指数应小于5。承受极重、特重和重交通时，水泥剂量宜为4%~6%；中等和轻交通时，水泥剂量宜为4%。

石灰粉煤灰稳定粒料的骨料公称最大粒径宜为26.5mm。小于0.075mm的细粒含量不得大于7%；小于4.75mm的颗粒含量不宜大于50%。石灰与粉煤灰的配合比宜为1:2~1:4；粒料与石灰粉煤灰的配合比宜为85:15~80:20。

开级配水泥稳定碎石的骨料公称最大粒径宜为26.5mm或31.5mm。小于0.075mm的细粒含量不得大于2%；小于2.36mm的颗粒含量不宜大于5%；小于4.75mm的颗粒含量不宜大于10%。水泥剂量一般为9.5%~11%。

开级配沥青稳定碎石的骨料公称最大粒径宜为19.0mm或26.5mm。小于0.075mm的细粒含量不得大于2%，小于0.6mm的颗粒含量不宜大于5%；小于2.36mm的颗粒含量不宜大于15%；小于4.75mm的颗粒含量不宜大于20%。沥青强度等级应选用50A或70A，沥青用量一般为2.5%~3.5%。

(3) 垫层

1) 垫层的设置要求。为了防止路基可能产生的不均匀冻胀对混凝土面层的不利影响，路面结构应具有足够的总厚度，以便将路基的冰冻深度约束在有限的范围内。在季节性冰冻地区，路面结构层的最小总厚度随冰冻线深度、路基的潮湿状况和土质而异，其数值可参照表4-58选定。超出面层和基层厚度的总厚度部分可用基层下的垫层（防冻层）来补足。垫层的宽度应与路基同宽，其最小厚度为150mm。

表4-58 水泥混凝土路面结构层最小防冻厚度 （单位：m）

路基干湿类型	路基土类别	当地最大冰冻深度/m			
		0.50~1.00	1.00~1.50	1.50~2.00	>2.00
中湿路基	易冻胀土	0.30~0.50	0.40~0.60	0.50~0.70	0.60~0.95
	很易冻胀土	0.40~0.60	0.50~0.70	0.60~0.85	0.70~1.10
潮湿路基	易冻胀土	0.40~0.60	0.50~0.70	0.60~0.90	0.75~1.20
	很易冻胀土	0.45~0.70	0.55~0.80	0.70~1.00	0.80~1.30

注：1. 易冻胀土——细粒土质（GM、GC）、除极细粉质土外的细粒土质砂（SM、SC）、塑性指数小于12的黏质土（CL、CH）。
2. 很易冻胀土——粉质土（ML、MH）、极细粉质土质砂（SM）、塑性指数在12~22之间的黏质土（CL）。
3. 冰深小或填方路段或者基、垫层为隔温性能良好的材料，可采用低值；冻深大或挖方及地下水位高的路段或者基、垫层为隔温性能材料稍差的材料，应采用高值。
4. 冻深小于0.50m的地区，可不考虑结构层防冻厚度。

2) 对垫层材料的要求。防冻垫层和排水垫层宜采用碎石、砂砾等颗粒材料；在供应条件许可时，防冻垫层还可采用煤渣、矿渣等隔温性材料。

为了保证排水垫层排水畅通，并防止路床细粒土渗入垫层内堵塞其孔隙，排水垫层材料的级配必须满足下述四项渗透和反滤要求（其中第一项为渗透要求，其他三项为反滤要求）：

①垫层材料通过率为15%时的粒径D_{15}不小于路床土通过率为15%时的粒径d_{15}的5倍（即$D_{15} \geq 5d_{15}$）。

②垫层材料通过率为15%时的粒径D_{15}不大于路床土通过率为85%时的粒径d_{85}的5倍（即$D_{15} \leq 5d_{85}$）。

③垫层材料通过率为50%时的粒径D_{50}不大于路床土通过率为50%时的粒径d_{50}的25倍（即$D_{50} \leq 25d_{50}$）。

④垫层材料的均匀系数（D_{60}/D_{10}）不大于20（即$D_{60}/D_{10} \leq 20$）。

（4）路基　水泥混凝土面板具有很高的刚度和扩散荷载的能力，通过面层板传递到路床顶面的荷载应力值很小，一般情况下小于0.05MPa，所以，水泥混凝土路面不要求有强度大、承载力高的路基。但若路基的稳定性较差，在周围水温变化的影响下出现较大的（不均匀）变形，仍会因为不均匀支承使面层损坏。因此，对路基的基本要求是稳定、密实、均质，对路面结构提供均匀的支承，在环境和荷载作用下产生的不均匀变形小。

路床顶面的综合回弹模量值，轻交通荷载等级时不得低于40MPa，中等或重交通荷载等级时不得低于60MPa，特重或极重交通荷载等级时不得低于80MPa。

路基填土应满足下列要求：

1）高液限黏土及含有机质的细粒土不应用作高速公路和一级公路的路床填土或二级公路和二级以下公路的上路床填料。

2）高液限粉土、塑性指数大于16或膨胀率大于3%的低液限黏土不应用作高速公路和一级公路的上路床填料。

3）因条件限制必须采用上述土作为填料时，应掺加水泥、粉煤灰或石灰等结合料进行改善。

4. 接缝构造设计

在气候温度变化作用下，水泥混凝土面层会产生不同程度的膨胀和收缩，需要设置各种类型的接缝（包括横向缩缝、横向施工缝、横向胀缝和纵缝），把混凝土面层划分为尺寸较小的板，以减少伸缩变形和翘曲变形受到约束而产生的内应力，并满足施工的要求。接缝的设计要实现以下三方面的要求：①控制温度收缩应力和翘曲应力所引起的裂缝出现的位置；②通过接缝能提供一定的荷载传递能力；③防止坚硬的杂物落入接缝缝隙内和路表水的渗入。设计时要考虑接缝位置、构造和缝隙的填封。

（1）横向接缝（包括缩缝、胀缝和施工缝）构造设计

1）横向胀缝。胀缝保证板因温度和湿度的降低而收缩时沿该薄弱断面缩裂，从而避免产生不规则的裂缝。因此横向胀缝设置部位：与邻近桥梁或其他固定物处、与其他道路相交处等。设置胀缝的条数视膨胀量大小而定。胀缝的缝宽20～25mm，如施工时气温较高，或胀缝间距较短，应采用低限；反之采用高限。缝隙上部30～40mm深度内浇灌填缝料，下部则设置富有弹性的填缝板（由油浸或沥青浸制的软木制成）和可滑动的传力杆。

为了保证混凝土板之间能有效地传递荷载，防止形成错台，应在胀缝处板厚中央设置可滑动的传力杆。传力杆一般采用光圆钢筋，其尺寸和间距可按表4-59选用。

表4-59　传力杆尺寸和间距

面层厚度/mm	传力杆直径/mm	传力杆最小长度/mm	传力杆最大间距/mm
220	28	400	300
240	30	400	300
260	32	450	300

（续）

面层厚度/mm	传力杆直径/mm	传力杆最小长度/mm	传力杆最大间距/mm
280	32~34	450	300
≥300	34~36	500	300

最外侧传力杆距纵缝或自由边的距离为150~250mm。杆的半段固定在混凝土内，另半段涂沥青并套上长8~10mm的薄钢板或塑料套筒，筒底与杆端之间留出宽30~40mm的空隙，并用木屑与弹性材料填充，以利于板的自由伸缩。胀缝构造如图4-7所示。在同一条胀缝上的传力杆，设有套筒的活动端最好在缝的两边交错布置。

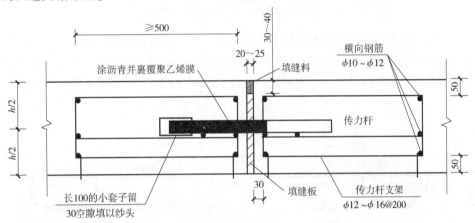

图4-7 胀缝构造（尺寸单位：mm）

2）横向缩缝。缩缝是保证板在温度升高时能部分伸张，从而避免产生路面板在热天的拱胀和折断破坏。缩缝一般采用假缝形式，即只在板上部设置缝隙，当板收缩时将沿此最薄弱断面有规则地自行断裂。横向缩缝可等间距或变间距布置。一般情况下，横向缩缝都采用等间距布置。随机的不等间距布置，可降低车辆的共振响应，设计时应兼顾面板的长宽比。

横向缩缝顶部应锯切槽口，设置传力杆时槽口深度宜为面层厚度的1/4~1/3，不设置传力杆时槽口深度宜为面层厚度的1/5~1/4。槽口宽度宜为3~8mm，槽内应填塞填缝料，以防地面水下渗及石砂杂物进入缝内。高速和一级公路槽口宜二次锯切成型，在第一次锯切缝上部宜增设宽度7~10mm的前槽口，槽口下部应设置背衬垫条，上部应用填缝料灌填，其构造如图4-8所示。

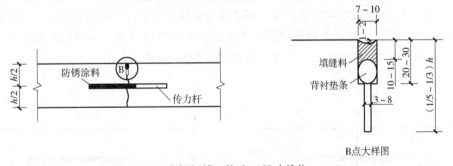

图4-8 二次锯切槽口构造（尺寸单位：mm）

由于缩缝缝隙下面板断裂面凹凸不平，能起一定的传荷作用，一般不必设置传力杆，但对于极重、特重和重交通荷载公路、中等和轻交通荷载公路邻近胀缝或自由端的3条横向缩缝，收费广场的横向缩缝，应在板厚中央设置传力杆，其构造如图4-9a所示。这种传力杆一般全部锚固在混凝土内，以使缩缝下部凹凸不平的传荷作用有所保证；但为便于板翘曲，有时也将传力杆半段涂以沥青，称为滑动传力杆，而这种缝称为翘曲缝。其他情况可采用不设传力杆假缝形式，其构造如图4-9b所示。

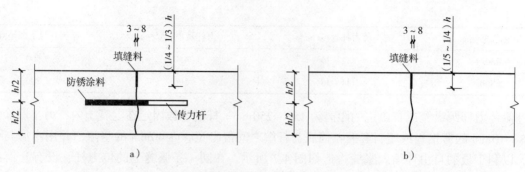

图 4-9 横向缩缝构造（尺寸单位：mm）
a）设传力杆假缝形 b）不设传力杆假缝形

3）施工缝。每日施工结束或因临时原因中断施工时，必须设置横向施工缝，其位置应尽量在胀缝或缩缝处。设在缩缝处的施工缝，应采用加传力杆的平缝形式，其构造如图 4-10a 所示；设置胀缝处的施工缝，其构造与胀缝相同，如图 4-7 所示。遇有困难需设在缩缝之间时，施工缝采用拉杆的企口缝形式，其构造如图 4-10b 所示。

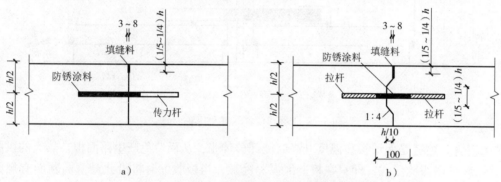

图 4-10 横向施工缝构造（尺寸单位：mm）
a）设传力杆平缝型 b）设拉杆企口形

（2）纵缝构造设计 纵向接缝的布设应视路面宽度和施工铺筑宽度而定：①一次铺筑宽度小于路面宽度时，应设置纵向施工缝。纵向施工缝采用设拉杆平缝形式，上部应锯切槽口，深度为 30~40mm，宽度为 3~8mm，槽内灌塞填缝料，构造如图 4-11a 所示。②一次铺筑宽度大于 4.5m 时，应设置纵向缩缝。③碾压混凝土面层一次摊铺宽度大于 7.5m，应设置纵向缩缝，缩缝构造如图 4-11b。钢纤维混凝土面层在摊铺宽度小于 7.5m 时，可不设纵向缩缝。④行车道路与混凝土硬路肩之间的纵向接缝必须设置拉杆。纵向缩缝采用设拉杆假缝形式，锯切的槽口深度应大于施工缝的槽口深度。采用粒料基层时，槽口深度应为板厚的 1/3；采用半刚性基层时，槽口深度应为板厚的 2/5。其构造如图 4-11b 所示。

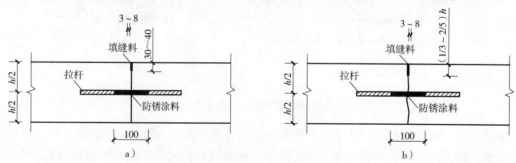

图 4-11 纵缝构造（尺寸单位：mm）
a）纵向施工缝 b）纵向缩缝

纵缝应与路线中线平行，在路面等宽的路段内或路面变宽路段内的等宽部分，纵缝的间距和形式应保持一致。路面变宽段的加宽部分与等宽部分之间，以纵向施工缝隔开。加宽板在变宽段起终点处的宽度不应小于1.0m。

拉杆应采用螺纹钢筋，设在板厚中央，并应对拉杆中部100mm范围内进行防锈处理。拉杆的直径、长度和间距，可参照表4-60选用。施工布设时，拉杆间距应按横向接缝的实际位置予以调整，最外侧的拉杆距横向接缝的距离不得小于100mm。

表4-60 拉杆直径、长度和间距 （单位：mm）

面层厚度	到自由边或未设拉杆纵缝的距离/mm					
	3000	3500	3750	4500	6000	7500
200~250	14×700×900	14×700×800	14×700×700	14×700×600	14×700×500	14×700×400
≥260	16×800×800	16×800×700	16×800×600	16×800×500	16×800×400	16×800×300

注：拉杆尺寸表示方法为直径×长度×间距。

(3) 接缝的布置 普通水泥混凝土、钢筋混凝土、碾压混凝土和钢纤维混凝土面层板的平面布局宜采用矩形分块，其纵向和横向接缝应垂直相交，纵缝两侧的横缝不得相互错位。

纵向接缝的间距（即板宽）按路面宽度在3.0~4.5m范围内确定。碾压混凝土、钢纤维混凝土面层在全幅推铺时，可不设纵向缩缝。

横向接缝的间距（即板长）按面层类型和厚度选定：普通混凝土面层一般为4.0~6.0m，面层板长宽比不宜超过1.35，平面尺寸不宜大于25m²；碾压混凝土或钢纤维混凝土面层一般为6.0~10.0m；钢筋混凝土面层横向接缝的间距（即板长）宜为6~15m，面层板的长宽比不宜超过2.5，平面面积不宜大于45m²。

(4) 接缝材料及技术要求 接缝材料按使用性能分胀缝接缝板和填缝料两类。

胀缝接缝板要求能适应混凝土面板的膨胀与收缩，且施工时不变形、耐久性好。高速公路和一级公路宜选用泡沫橡胶板、沥青纤维板；其他等级公路也可选用木材类或纤维类板。

填缝料要求能与混凝土接缝槽壁粘结力强，且材料的回弹性好、能适应混凝土面板的收缩、不溶于水、不渗水、高温时不流淌、低温时不脆裂和耐久性好。高速公路、一级公路宜选用硅酮类、聚氨酯类填缝料；二级及二级以下公路可选用聚氨酯类、橡胶沥青类或改性沥青类填缝料。

5. 面层板厚度和平面尺寸设计

按基层和面层类型和组合的不同，路面结构分析可分别采用下述力学模型：

(1) 弹性地基单层板模型——适用于粒料基层上混凝土面板；面层板底面以下部分按弹性地基处理。

(2) 弹性地基双层板模型——适用于无机结合料类基层或沥青类基层上混凝土面层。面层和基层作为双层板，基层底面以下部分按弹性地基处理。

(3) 复合板模型——适用于两层不同性能材料组成的面层或基层复合板。无机结合料类基层或沥青类基层与无机结合料类底基层组成的基层，作为弹性地基上双层板的下层板。

水泥混凝土路面结构分析应采用弹性地基板理论。除粒料类基层外，其他各类基层与混凝土面层应按分离式双层模型进行结构分析。粒料类基层及各类底基层和垫层，应与路基一起做多层弹性地基，以地基顶面当量回弹模量表征。

1) 设计依据。水泥混凝土路面结构的设计安全等级及其相应的设计基准期、目标可靠指标和目标可靠度，应符合表4-61的规定。各安全等级路面的材料性能和结构尺寸参数的变异水平等级宜按表4-62的建议选用。

表 4-61 可靠度设计标准

公路等级	高速公路	一级公路	二级公路	三级公路	四级公路
安全等级	一级		二级	三级	
设计基准期/a	30		20	15	10
目标可靠度（%）	95	90	85	80	70
目标可靠指标	1.64	1.28	1.04	0.84	0.52
变异水平等级	低		不大于中	中~高	

材料性能和结构尺寸参数的变异水平分为低、中和高三级，各变异水平等级主要设计参数的变异系数变化范围，应符合表 4-62 的规定。

表 4-62 变异参数 C_v 的范围

变异水平等级	低	中	高
水泥混凝土弯拉强度	$0.05 \leq C_v \leq 0.10$	$0.10 < C_v \leq 0.15$	$0.15 < C_v \leq 0.20$
基层顶面当量回弹模量	$0.15 \leq C_v \leq 0.25$	$0.25 < C_v \leq 0.35$	$0.35 < C_v \leq 0.55$
水泥混凝土面层厚度	$0.02 \leq C_v \leq 0.04$	$0.04 < C_v \leq 0.06$	$0.06 < C_v \leq 0.08$

水泥混凝土路面设计以面层板在设计基准期内，在行车荷载和温度梯度综合作用下，不产生疲劳断裂作为设计标准，其极限状态设计表达式采用式 (4-42a)；并以最重轴载和最大温度梯度综合作用下，不产生极限断裂作为验算标准，其极限状态设计表达式采用式 (4-42b)。

$$\gamma_r(\sigma_{pr}+\sigma_{tr}) \leq f_r \tag{4-42a}$$

$$\gamma_r(\sigma_{p,\max}+\sigma_{t,\max}) \leq f_r \tag{4-42b}$$

式中 f_r——水泥混凝土弯拉强度标准值（MPa）；

γ_r——可靠度系数，根据所选目标可靠度、变异水平等级及变异系数通过计算确定，设计时，可依据各设计参数变异系数值在各变异水平等级变化范围内的情况按表 4-63 选择；

σ_{pr}——面层板在临界荷位处产生的行车荷载疲劳应力（MPa）；

σ_{tr}——面层板在临界荷位处产生的温度梯度疲劳应力（MPa）；

$\sigma_{p,\max}$——最重的轴载在临界荷位处产生的最大荷载应力（MPa）；

$\sigma_{t,\max}$——所在地区最大温度梯度在临界荷位处产生的最大温度翘曲应力（MPa）。

表 4-63 可靠度系数 γ_r

变异水平等级	目标可靠度（%）			
	95	90	85	80~70
低	1.20~1.33	1.09~1.16	1.04~1.08	—
中	1.33~1.50	1.16~1.23	1.08~1.13	1.04~1.07
高	—	1.23~1.33	1.13~1.18	1.07~1.11

注：变异系数接近表 4-62 的下限时，可靠度系数可取低值；接近上限时，取高值。

2）设计参数

①标准轴载与轴载换算。水泥混凝土路面结构以汽车轴载重为 100kN 的单轴-双轮组荷载作为设计轴载，对极重交通荷载等级的水泥混凝土路面，宜选用货车中占主要份额特重车型的轴载作为设计轴载。对于各种不同汽车轴载的作用次数，可按等效疲劳损坏原则换算成标准轴载的作用次数，并根据标准轴载的作用次数判断道路的交通繁重程度。

水泥混凝土路面的轴载换算公式是以混凝土疲劳方程的基础上建立的，各级轴载作用次数 N_i 可按式 (4-43) 换算为设计轴载的作用次数 N_s：

$$N_s = \sum_{i=1}^{n} \delta_i N_i \left(\frac{P_i}{P_s}\right)^{16} \tag{4-43}$$

式中 N_s——设计轴载的作用次数（次/d）；
　　N_i——i 级轴载的作用次数（次/d）；
　　n——各种轴型的轴载级位数；
　　P_i——第 i 级轴载重（kN），联轴按每一根轴载单独计算；
　　P_s——设计轴载重（kN），$P_s = 100$ kN；
　　δ_i——轴-轮型系数，按下式确定。

$$\delta_i = 1 \quad \text{（单轴-双轮）} \tag{4-44a}$$
$$\delta_i = 2.22 \times 10^3 P_i^{-0.43} \quad \text{（单轴-单轮）} \tag{4-44b}$$
$$\delta_i = 1.07 \times 10^{-5} P_i^{-0.22} \quad \text{（双轴-双轮）} \tag{4-44c}$$
$$\delta_i = 2.24 \times 10^{-8} P_i^{-0.22} \quad \text{（三轴-双轮）} \tag{4-44d}$$

②标准轴载累计作用次数计算。设计基准期内标准轴载的累计作用次数与第一年的交通量、交通轴载组成和交通量的预测增长情况等因素有关。设计基准期内水泥混凝土路面设计车道临界荷位处所承受的设计轴载累计作用次数 N_e：

$$N_e = \frac{N_s [(1+\gamma_g)^t - 1] \times 365}{\gamma_g} \eta \tag{4-45}$$

式中 N_s——使用初期设计车道的日标准轴载作用次数；
　　γ_g——基准期内货车交通量的年平均增长率（%）；
　　t——设计基准期（a），按表 4-39 取值；
　　η——临界荷位处的车轮轮迹横向分布系数，它为路面横断面上某一宽度范围内实际受到的轴载作用次数占通过该车道断面的总轴数的比例。

车辆轮迹具有一定的宽度（一侧轮迹通常为 50cm 左右，包括轮胎宽 2×20cm 和轮隙 10cm），车辆通过设计车道时只能覆盖一小部分的宽度，因此，车道横断面上各点所受到的轴线作用次数仅为通过该断面的总作用次数中的一部分。η 值可按表 4-64 取用。

表 4-64　车辆轮迹横向分布系数 η

公路等级		纵缝边缘处
高速公路、一级公路、收费站		0.17 ~ 0.22
二级及二级以下公路	行车道宽 >7m	0.34 ~ 0.39
	行车道宽 ≤7m	0.54 ~ 0.62

注：车道、行车道较宽或者交通量较大时，取高值；反之，取低值。

③交通荷载分级。按设计基准期内设计车道临界荷位处所承受的设计轴载累计作用次数 N_e 划分为极重、特重、重、中等和轻交通荷载四个等级，详见表 4-65。

表 4-65　交通荷载分级

交通荷载等级	极重	特重	重	中等	轻
设计基准期内设计车道承受设计轴载（100kN）累计作用次数 N_e（10^4）	>1×10⁶	1×10⁶ ~ 2000	2000 ~ 100	100 ~ 3	<3

④新建公路基层顶面的当量回弹模量。根据单圆荷载直径 0.3m，层间连续，粒料层总厚度 0.1 ~ 0.5m，粒料层回弹模量与路床回弹模量之比小于 10 的条件，按照荷载中心点挠度等效的原则回归得到新建公路路面板底地基当量回弹模量 E_t：

$$E_t = \left(\frac{E_x}{E_0}\right)^\alpha E_0 \tag{4-46}$$

式中 E_0——路床顶综合回弹模量（MPa）；

α——与粒料层总厚度 h_x 有关的回归系数，按下式计算：

$$\alpha = 0.86 + 0.26\ln h_x \qquad (4\text{-}47)$$

E_x——粒料层的当量回弹模量（MPa），按下式计算：

$$E_x = \frac{\sum_{i=1}^{n} h_i^2 E_i}{\sum_{i=1}^{n} h_i^2} \qquad (4\text{-}48)$$

h_x——粒料层的总厚度（m），$h_x = \sum_{i=1}^{n} h_i$；

n——粒料层的层数；

E_i、h_i——第 i 结构层的回弹模量（MPa）与厚度（m）。

表 4-66 给出了路基回弹模量经验参考值。湿度（含水率）是影响路基回弹模量值的重要因素。路基的湿度主要取决于土本身吸持水分的能力（也称基质吸力，主要有土颗粒的分子引力作用和空隙的毛细管引力作用）和水的来源（供应）。在路基湿度的供应源为地下水时，土的基质吸力与所考虑点距地下水位的距离成正比，即基质吸力随着距地下水位的距离增大，而模量随含水率增加而减小。表 4-67 给出了路床顶距地下水位不同距离处各土组的回弹模量湿度调整系数。

表 4-66 路基回弹模量经验参考值

土组	取值范围/MPa	代表值/MPa	土组	取值范围/MPa	代表值/MPa
级配良好砾（GW）	240~290	250	含细粒土砂（SF）	80~160	120
级配不良砾（GP）	170~240	190	粉土质砂（SM）	120~190	150
含细粒土砾（GF）	120~240	180	黏土质砂（SC）	80~120	100
粉土质砾（GM）	160~270	220	低液限粉土（ML）	70~110	90
黏土质砾（GC）	120~190	150	低液限黏土（CL）	50~100	70
级配良好砂（SW）	120~190	150	高液限粉土（MH）	30~70	50
级配不良砂（SP）	100~160	130	高液限黏土（CH）	20~50	30

注：1. 对于砾和砂，D_{60} 大时，模量取高值；D_{60} 小时，模量取低值。
2. 对于其他含细粒的土组，小于 0.075mm 颗粒含量大和塑性指数高时，模量取低值；反之，模量取高值。

表 4-67 路基回弹模量湿度调整系数

土组	路床顶距地下水位的距离/m					
	1.0	1.5	2.0	2.5	3.0	4.0
细粒质砾（GF）土质砾（GM、GC）	0.81~0.88	0.86~1.00	0.91~1.00	0.96~1.00	—	—
细粒质砂（SF）土质砂（SM、SC）	0.80~0.86	0.83~0.97	0.87~1.00	0.90~1.00	0.94~1.00	—
低液限粉土（ML）	0.71~0.74	0.75~0.81	0.78~0.89	0.82~0.97	0.86~1.00	0.94~1.00
低液限黏土（CL）	0.70~0.73	0.72~0.80	0.74~0.88	075~0.95	0.77~1.00	0.81~0.94
高液限粉土（MH）高液限黏土（CH）	0.70~0.71	0.71~0.75	0.72~0.78	0.73~0.82	0.73~0.86	0.74~0.94

注：1. 小于 0.075mm 颗粒含量大和塑性指数高时，调整系数取低值；反之，调整系数取高值。
2. 当表中调整系数最大值为 1.00 时，调整系数取高值。

无机结合料基层和底基层材料在开放交通使用前或使用初期，会由于湿度收缩和温度收缩作用而产生微裂隙，使其弹性模量值远低于室内完整试件测定的模量值，使用过程中，随着微裂隙的扩展和荷载裂缝的产生，弹性模量不断下降，直到结构层碎裂呈颗粒状，其模量值接近于粒料的数值。表4-68按照无机结合料类材料的性状在使用期间的演变过程，将其弹性模量值分为试件模量、收缩开裂后模量和疲劳破坏后模量三种情况。建议无机结合材料基层和底基层设计时采用考虑收缩开裂后的模量值。

表 4-68　无机结合料类基层和底基层材料弹性模量经验参考值　　　（单位：MPa）

材料类型	7d 浸水抗压强度	试件模量	收缩开裂后模量	疲劳破坏后模量
水泥稳定类	3.0~6.0	3000~14000	2000~2500	300~500
	1.5~3.0	2000~10000	1000~2000	200~400
石灰、粉煤灰稳定类	≥0.8	3000~14000	2000~2500	300~500
	0.5~0.8	2000~10000	1000~2000	200~400
石灰稳定类	≥0.8	2000~4000	800~2000	100~300
	0.5~0.8	1000~2000	400~1000	50~200
开级配水泥稳定碎石	≥4.0	1300~1700		—

底基层和垫层同时存在时，可先按式（6-48）将底基层和垫层换算成具有当量回弹模量和当量厚度的单层，然后与基层一起按上述计算基层顶面当量回弹模量。无底基层和垫层时，相应层的厚度和回弹模量分别以零值代入上述各式进行计算。

⑤水泥混凝土的设计强度与弯拉弹性模量。水泥混凝土路面以28d龄期的弯拉强度作为设计控制指标，当混凝土浇筑后90d内不开放交通时，可采用90d龄期的弯拉强度。各交通荷载等级要求的水泥混凝土弯拉强度标准值不得低于表4-69的规定。水泥混凝土的弹性模量经验参考值见表4-70。

表 4-69　水泥混凝土弯拉强度标准值 f_r

交通荷载等级	极重、特重、重	中等	轻
水泥混凝土弯拉强度标准值/MPa	≥5.0	4.5	4.0
钢纤维混凝土弯拉强度标准值/MPa	≥6.0	5.5	5.0

表 4-70　水泥混凝土强度和弹性模量经验参考值

弯拉强度/MPa	1.5	2.0	2.5	3.0	3.5
抗压强度/MPa	7.0	11.0	15.0	20.0	25
抗拉强度/MPa	0.90	1.21	1.53	1.86	2.20
弯拉弹性模量/GPa	15	18	21	23	25
弯拉强度/MPa	4.0	4.5	5.0	5.5	
抗压强度/MPa	30.0	36.0	42.0	49.0	
抗拉强度/MPa	2.54	2.85	3.22	3.55	
弯拉弹性模量/GPa	27	29	31	33	

3）荷载疲劳应力。轴载在混凝土面层内产生的应力，采用半无限大地基上弹性小挠度薄板的力学模型和有限元法进行分析计算。这里主要介绍弹性地基双层板荷载应力计算方法。

设计轴载 P_s 在四边自由板临界荷位处产生的荷载应力 σ_{ps} 计算公式：

$$\sigma_{ps} = \frac{1.47 \times 10^{-3}}{1 + D_b/D_c} r_g^{0.65} h_c^{-2} P_s^{0.94} \tag{4-49}$$

式中　D_b——下层板的截面弯曲刚度（MN·m），按下式计算；

$$D_b = \frac{E_b h_b^3}{12(1-\nu_b^2)} \tag{4-50}$$

h_b、E_b、ν_b——下层板的厚度（m）、弯拉弹性模量（MPa）和泊松比；

r_g——双层板的总相对刚度半径（m），按下式计算；

$$r_g = 1.21[(D_c + D_b)/E_t]^{1/3} \tag{4-51}$$

h_c、D_c——上层板的厚度（m）和截面弯曲刚度（MN·m）。

《公路水泥混凝土路面设计规范》（JTG D 40—2011）是以混凝土板的纵缝边缘中部作为产生最大荷载和温度梯度综合疲劳损坏的临界荷位。

荷载疲劳应力为一当量应力，它使混凝土面层产生的疲劳损耗，相当于标准轴载在临界位置上所产生的应力在设计使用期内引起的累计疲劳损耗。设计轴载在面层板临界荷位处产生的荷载疲劳应力 σ_{pr} 按下式计算：

$$\sigma_{pr} = k_r k_f k_c \sigma_{ps} \tag{4-52}$$

式中 σ_{ps}——设计轴载 P_s 在四边自由板临界荷位处产生的荷载应力；

k_r——考虑接缝传荷能力的应力折减系数，采用混凝土路肩时，$k_r = 0.87 \sim 0.92$（路肩面层与路面面层等厚时取低值，减薄时取高值）；采用柔性路肩或土路肩时，$k_r = 1.0$；

k_f——考虑设计基准期内荷载应力累计疲劳作用的疲劳应力系数，按下式计算：

$$k_f = N_e^\lambda \tag{4-53}$$

N_e——设计基准期内设计轴载累计作用次数；

λ——材料疲劳指数，普通混凝土、钢筋混凝土、连续配筋混凝土，$\lambda = 0.057$；碾压混凝土和贫混凝土，$\lambda = 0.065$；钢纤维混凝土，λ 按式（4-54）计算，其中 ρ_f 为钢纤维的体积率（%），l_f 为钢纤维长度（mm），d_f 钢纤维的直径（mm）。

$$\lambda = 0.053 - 0.017 \rho_f \frac{l_f}{d_f} \tag{4-54}$$

k_c——考虑计算理论与实际差异以及动载等因素影响的综合系数，高速公路 $k_c = 1.15$，一级公路 $k_c = 1.10$，二级公路 $k_c = 1.05$，三、四级公路 $k_c = 1.00$。

最重轴载 P_m 在面层板临界荷位处产生的最大荷载应力 $\sigma_{p,max}$，按式（4-55）计算：

$$\sigma_{p,max} = k_r k_c \sigma_{pm} \tag{4-55}$$

式中 σ_{pm}——设计轴载 P_m 在四边自由板临界荷位处产生的最大荷载应力（MPa），按下式计算：

$$\sigma_{pm} = \frac{1.47 \times 10^{-3}}{1 + D_b/D_c} r_g^{0.65} h_c^{-2} P_m^{0.94} \tag{4-56}$$

4）温度疲劳应力。在上层板临界荷位处产生的温度疲劳应力 σ_{tr} 按式（4-57）计算。下层板的温度疲劳应力不需计算分析。

$$\sigma_{tr} = k_t \sigma_{t,max} \tag{4-57}$$

式中 $\sigma_{t,max}$——最大温度梯度时面层板产生的最大温度应力（MPa），按式（4-59）计算；

k_t——考虑温度应力累计疲劳作用的温度疲劳应力系数，按式（4-58）计算：

$$k_t = \frac{f_r}{\sigma_{t,max}} \left[a_t \left(\frac{\sigma_{t,max}}{f_r} \right)^{b_t} - c_t \right] \tag{4-58}$$

式中 a_t、b_t、c_t——回归系数，按所在地区的公路自然区划查表 4-71 确定。

表 4-71 回归系数 a_t、b_t、c_t

系数	公路自然区划					
	II	III	IV	V	VI	VII
a_t	0.828	0.855	0.841	0.871	0.837	0.834
b_t	1.323	1.355	1.323	1.287	1.382	1.270
c_t	0.041	0.041	0.058	0.071	0.038	0.052

最大温度梯度时面层板产生的最大温度应力 $\sigma_{t,max}$ 按下式计算：

$$\sigma_{t,max} = \frac{\alpha_c E_c h_c T_g}{2} B_L \tag{4-59}$$

式中 α_c——水泥混凝土的线膨胀系数（1/℃），根据粗骨料的岩性按表 4-72 取用；

表 4-72 水泥混凝土线膨胀系数经验参考值

粗骨料类型	石英岩	砂岩	砾石	花岗石	玄武岩	石灰岩
水泥混凝土的线膨胀系数/(10^{-6}/℃)	12	12	11	10	9	7

T_g——水泥混凝土面层的最大温度梯度标准值，可根据公路所在地的公路自然区划按表 4-73 选用。

表 4-73 最大温度梯度标准值 T_g

公路自然区划	Ⅱ、Ⅴ	Ⅲ	Ⅳ、Ⅵ	Ⅶ
最大温度梯度/（℃/m）	83~88	90~95	86~92	93~98

注：海拔高时，取高值；湿度大时，取低值。

B_L——综合温度翘曲应力和内应力的温度应力系数，按式（4-60）确定。

$$B_L = 1.77e^{-4.48h_c}C_L - 0.131(1 - C_L) \quad (4-60)$$

式中 C_L——上层混凝土面层板的温度翘曲应力系数，按式（4-61）计算；

$$C_L = 1 - \left(\frac{1}{1+\xi}\right)\frac{\sinh t\cos t + \cosh t\sin t}{\cos t\sin t + \sinh t\cosh t} \quad (4-61)$$

$$t = \frac{L}{3r_g}$$

式中 L——面层板的横缝间距（m），即板长；

r_g——面层板的相对刚度半径（m）；

ξ——与双层板结构有关的参数，按下式计算：

$$\xi = -\frac{(k_n r_g^4 - D_c)r_\beta^3}{(k_n r_\beta^4 - D_c)r_g^3} \quad (4-62)$$

r_β——层间接触状况参数，按下式计算：

$$r_\beta = \left[\frac{D_c D_b}{(D_c + D_b)k_n}\right]^{1/4} \quad (4-63)$$

k_n——面层与基层之间竖向基层刚度，上下层之间不设沥青混凝土夹层或隔离层时按式（4-64）计算，设沥青混凝土夹层或隔离层时，取 3000MPa/m。

$$k_n = \frac{1}{2}\left(\frac{h_c}{E_c} + \frac{h_b}{E_b}\right)^{-1} \quad (4-64)$$

5）水泥混凝土路面板配筋设计。普通混凝土面层基础薄弱的自由边缘、接缝为未设传力杆的平缝、主线与匝道相接处或其他类型路面相接处，可在面层边缘的下部配置钢筋。可选用 2 根直径为 12~16mm 的螺纹钢筋，置于面层地面之上 1/4 厚度处并不小于 50mm，间距为 100mm，钢筋两端向上弯起，如图 4-12 所示。

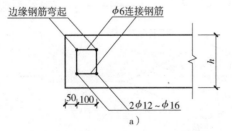
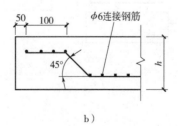

图 4-12 边缘钢筋布置（尺寸单位：mm）
a）横向剖面 b）纵向剖面

承受极重、特重或重交通的水泥混凝土面层的胀缝、施工缝和自由边的面层角隅以及承受极重交通的水泥混凝土面层缩缝的角隅，宜配置角隅钢筋。通常选用2根直径为12～16mm 螺纹钢筋，置于面层上部，距顶面不小于50mm，距路边缘为100mm，如图4-13所示。

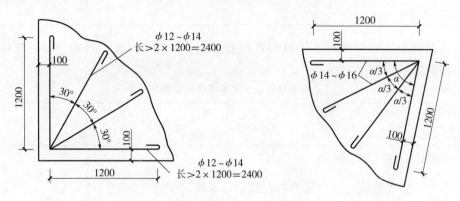

图 4-13 角隅钢筋布置（尺寸单位：mm）

6）水泥混凝土路面板厚度计算流程。图 4-14 给出了水泥混凝土路面板厚度计算流程。具体设计步骤如下：

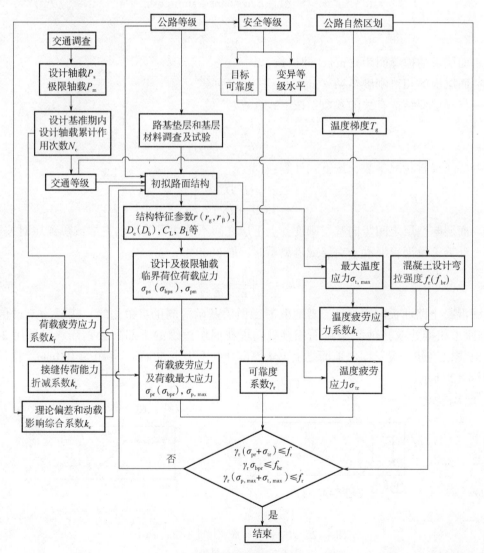

图 4-14 水泥混凝土路面板厚计算流程

①收集并分析交通参数。收集日交通量和轴载组成数据，确定轮迹分布系数（η），计算车道标准轴载日作用次数（N_s）；由此确定公路的交通荷载等级，并进而选定设计基准期、预估设计基准期内交通量年平均增长率（γ_g），计算设计基准期内设计轴载的累计作用次数（N_e）。

②行车道路面结构的组合设计，拟定路面结构。初选路面结构中路床、垫层、基层和面层材料类型和厚度；依据交通等级、公路等级和所选变异水平等级初选混凝土板厚度，拟定板平面尺寸和接缝构造。

③按照初拟路面结构的组合情况，选择相应的结构分析模型。

④确定路面参数。试验确定混凝土的设计弯拉强度（f_r）和弹性模量，基层、垫层和路基的回弹模量（E_1、E_2），基层顶面的当量回弹模量（E_t）。

⑤计算荷载疲劳应力。计算设计轴载作用下在临界荷位处的最大荷载应力（σ_{ps}）；按接缝类型选定考虑接缝传荷能力的应力折减系数（k_r）；按标准轴载累计作用次数计算得到设计基准期内的疲劳应力系数（k_f）；按交通等级选定偏载和动载等因素对路面疲劳损坏影响的综合系数（k_c）；综合上述计算结果可得到荷载疲劳应力（σ_{pr}）。

计算混凝土面层板（单层板或双层板的面层板）的最重轴载产生的最大荷载应力（$\sigma_{p,max}$）。

⑥计算温度疲劳应力。由公路所在地公路自然区划选择最大温度梯度标准值（T_g）；按路面结构和板平面尺寸计算最大温度梯度时的温度翘曲应力（$\sigma_{t,max}$）；按自然区划，计算确定温度疲劳应力系数（k_t）；由此计算确定温度疲劳应力（σ_{tr}）。

⑦检验初拟路面结构。检验是否满足 $\gamma_r(\sigma_{pr}+\sigma_{tr}) \leqslant f_r$、$\gamma_r(\sigma_{p,max}+\sigma_{t,max}) \leqslant f_r$。如不满足，则重新拟定路面结构或板平面尺寸，按步骤②～⑥步重新计算，直到满足为止。

⑧计算厚度加6mm磨损厚度后，应按10mm向上取整，作为混凝土面层的设计厚度。

4.2 设计实例

4.2.1 设计资料

以本书5.5表5-4中序号8为例，公路功能为主要干线，公路的技术等级选用高速公路。

（1）气象条件　沿线地质资料为本书5.5节表5-4中序号8，即该公路所处自然区划为V2区，四川盆地中湿区，见表4-74。最热月平均气温25.5℃，最冷月平均气温5.8℃，年平均气温16.5℃。

表4-74　沿线地质资料

序号	自然区划	土质名称	地下水埋深/m	土的天然重度 γ/kN/m³	土的内摩擦角 φ（°）	土的黏聚力 c/kPa	路堤最小高度/m	公路功能
8	V2	中砂	1.4	19.5	36	0	2.0	主要干线

（2）地质资料　该区土质为中砂。路基填土最小高度为2.0m。地下水埋深1.4m。公路沿线有丰富的砂砾，附近有小型采石场和石灰厂，筑路材料丰富。路面所用水泥和沥青均需外购。

（3）地震基本烈度　公路沿线地震烈度相当于Ⅵ度区，地震动峰值加速度系数为0.05。

（4）路段初始年观测交通量（辆/天）　见本书5.5表5-5中序号8，交通量年增长率为6.5%。

（5）沥青路面设计用交通资料　见表4-75。

表4-75　各车型的平均轴数（沥青路面）

车辆类型	单轴单胎	单轴双胎	双联轴	三联轴
车型2	1.0	1.0	0	0
车型3	1.0	1.0	0	0

(续)

车辆类型	单轴单胎	单轴双胎	双联轴	三联轴
车型4	1.0	0	1.0	0
车型6	2.0	1.0	0	0
车型7	1.0	1.0	1.0	0
车型8	1.0	1.0	0	1.0
车型9	1.0	0	1.0	1.0
车型10	2.0	1.0	0.02	0.98

各车型的轴载谱详见本书 5.5 节表 5-6 ~ 表 5-10。

(6) 水泥路面用交通资料　见表 4-76。

表 4-76　各单轴轴重及作用次数（水泥路面）

单轴轴重/kN	作用次数/（次/日）	单轴轴重/kN	作用次数/（次/日）	单轴轴重/kN	作用次数/（次/日）
40	400	65	280	90	300
45	550	70	600	95	150
50	900	75	600	100	400
55	450	80	800	105	800
60	550	85	350		

(7) 设计年限　沥青混凝土路面，设计年限为 15 年（高速公路、一级公路）；水泥混凝土路面，设计年限为 30 年（高速公路、一级公路）。

4.2.2　道路等级确定

路段初始年观测不同断面双向交通量见表 4-77。交通量年增长率高速公路设计年限为 15 年 $\gamma = 6.5\%$。根据《公路工程技术标准》（JTG B 01—2014）第 3.3.2 条规定，代表车型的换算系数见表 4-78。

表 4-77　路段初始年观测交通量　　　　　　　　　　　　（单位：辆/天）

序号 \ 车辆类型	1	2	3	4	5	6	7	8	9	10
8	1330	160	30	20	0	90	60	40	240	360

表 4-78　代表车型的换算系数（JTG B 01—2014）

车辆类型	1	2	3	4	5	6	7	8	9	10
换算系数	1	1.5	2.5	4.0	4.0	4.0	4.0	4.0	4.0	4.0

$$ADT = 1300 \times 1 + 160 \times 1.5 + 30 \times 2.5 + 4.0 \times (20 + 0 + 90 + 60 + 40 + 240 + 360) = 4855(辆/天)$$

高速公路、一级公路设计交通量预测年为 20 年，则

$$AADT = ADT \times (1 + \gamma)^{n-1} = 4855 \times (1 + 6.5\%)^{20-1} = 16063.2(辆/天)$$

由于年平均日设计交通量在 15000 辆小客车以上，且公路功能为主要干线，故公路等级为高速公路，设计速度为 120km/h，双向六车道。

4.2.3　路基设计

1. 确定标准路基横截面

(1) 路基宽度　该公路为双向六车道的高速公路，设计速度为 120km/h。由《公路工程技术标

准》(JTG B 01—2014) 可知，单个车道宽度为 3.75m，两侧路肩宽度为 3.25m，其中铺筑硬路肩宽度 2.5m，土路肩宽度 0.75m，并做左侧路缘带宽度 0.5m，中央分隔带宽度为 2.0m。路基宽度示意如图 4-15 所示。

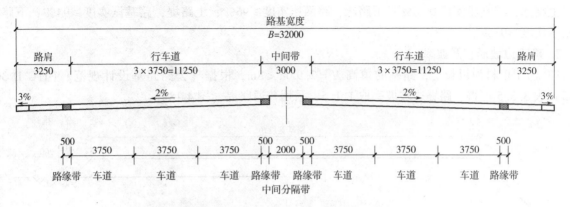

图 4-15　公路路基宽度示意（高速公路）（尺寸单位：mm）

（2）路基高度　由沿线地质资料表 4-74 可知，路基最小高度为 2.0m，初步拟定路基高度为 2.95m，其中路面厚度 75cm，上路床厚度 30cm，下路床厚度 50cm，上路堤厚度 70cm，下路堤厚度 70cm，如图 4-16 所示。

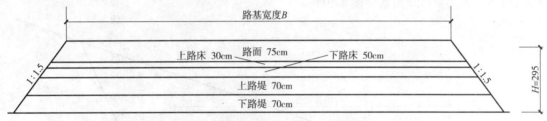

图 4-16　路基横断面构造示意图（尺寸单位：cm）

（3）路拱形式及横坡　该公路采用直线形路拱，双向路拱坡度，由中央向两侧倾斜，坡度为 2%，硬路肩坡度同路面，土路肩坡度为 3%，如图 4-17 所示。

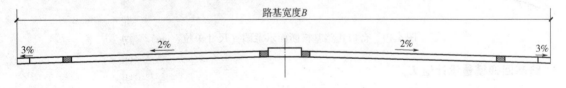

图 4-17　路拱及横坡示意图

2. 选择路堤填料及压实标准

（1）选择路基土　该公路自然区划为 V2，四川盆地中湿区，该区筑路材料丰富，可充分利用当地材料筑路，对于水文不良路段，必须采取措施稳定路基。路基土的选择主要考虑强度、水稳定性。

根据《公路路基设计规范》（JTG D 30—2015）表 3.2.2 的规定，高速公路、一级公路路基填料最小承载比（CBR）要求：

上路床（路面底面以下深度 0.3m）CBR=8%，下路床（路面底面以下深度 0.8m）CBR=5%。

根据《公路路基设计规范》（JTG D 30—2015）表 3.3.3 的规定，高速公路、一级公路路堤填料最小承载比（CBR）要求：

上路堤（路面底面以下深度 1.5m）CBR=4%，下路堤（路面底面以下深度 2.2m）CBR=3%。

综合考虑上述因素，路基填料选择级配良好的砂（SW），$Cu \geq 5$，$1 \leq Cv \leq 3$，这类材料的渗水性强，水稳定性好，既含有一定数量的粗颗粒，使之具有足够的强度和水稳定性，又含有一定数量的细颗粒，将粗颗粒粘在一起，方便施工。

（2）路基压实标准　设计公路为高速公路，根据《公路路基设计规范》（JTG D 30—2015）表 3.2.3、表 3.3.4 的规定：

上路床，路基压实度≥96%；下路床，路面压实度≥96%；上路堤，路基压实度≥94%；下路堤，路基压实度≥93%。

3. 确定边坡形状及坡率

1）由于填料为粗粒土，路基的填高 $H = 2.95\text{m} < 8\text{m}$，根据《公路路基设计规范》（JTG D 30—2015）表 3.3.5 可得，路堤边坡坡率取 1:1.5，采用普通路堤（图 4-18）。

图 4-18　普通路堤横断面示意图

2）由于填料为中砂，根据《公路路基设计规范》（JTG D 30—2015）表 3.4.1 的规定，取路堑边坡坡率为 1:1.5，采用台口式路基（图 4-19）。

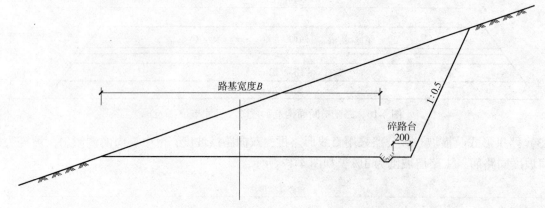

图 4-19　台口式路基横断面示意图（尺寸单位：cm）

4. 路基回弹模量设计值 E_0

（1）确定路基平衡湿度状态　由设计资料可知，地下水埋深 1.4m，土质为中砂，故毛细水上升高度 h_0 为 165.5cm。

$$h_\text{t} = 295 - 75 = 220(\text{cm})，h_\text{w} = 140\text{cm}，h_0 = 165.5\text{cm}$$

则 $h = h_\text{t} + h_\text{w} = (220 + 140)\text{cm} = 360\text{cm} > h_0 + 80 = (165.5 + 80)\text{cm} = 245.5\text{cm}$

故为干燥类路基，路基湿度如图 4-20 所示。

图 4-20　干燥类路基湿度划分示意

(2) 确定路基回弹模量设计值 E_0　新建公路平衡湿度状态下路基回弹模量设计值 E_0 计算公式

$$E_0 = K_s K_\eta M_R \geq [E_0]$$

式中　K_s——路基回弹模量湿度调整系数，为平衡湿度（含水率）状态下的回弹模量与标准状态下的回弹模量之比；

K_η——干燥循环条件下路基土弹性模量折减系数，通过试验确定，初步设计时，非冰冻地区可根据土质类型、失水率确定，季节冻土区可根据冻结温度、含水率确定，折减系数可取 0.7~0.95；非冻土区粉质土、黏质土，失水率大于30%，取小值，反之取较大值；粗粒土取大值；季节冻土地区粉质土、黏质土冻结温度低于 -15℃，冻前含水率高，取小值，反之取较大值；粗粒土取大值；

$[E_0]$——路面结构设计的路基回弹模量值（MPa）。

该公路自然区划为 V2，路基填土为砂土，由《公路路基设计规范》（JTG D 30—2015）表 C.0.3-1 可知，TMI 在 0.9~30.1，取 TMI = 20。

由《公路路基设计规范》（JTG D 30—2015）表 D.0.2 可知，TMI = 20，干燥类路基的回弹模量湿度调整系数 K_s 在 0.90~1.71，取 K_s = 0.9。

干燥循环条件下路基土弹性模量折减系数 K_η = 0.8。

根据《公路路基设计规范》（JTG D 30—2015）表 B-1 可知，砂（S）时，标准状态下路基回弹模量参考值在 95~120MPa，取 M_R = 100MPa。

则　　　　　　　　$E_0 = K_s K_\eta M_R = 0.9 \times 0.8 \times 100 = 72(\text{MPa})$

5. 路基边坡防护设计

（1）坡面防护　由《公路路基设计规范》（JTG D 30—2015）表 5.2.1 可知，土质边坡坡率不陡于 1:1，采用植物防护，四川盆地降水充沛，根据具体路段以平铺、水平叠铺的方式铺草坪。

植物防护宜采用草灌乔结合，应优先用当地优势群落，并应符合下列规定：

植草的最小土层厚度不应小于 0.15m，灌木最小土层厚度不应小于 0.30m；喷混植生的厚度不宜小于 0.10m，种植土、草纤维、缓释营养肥料、胶粘剂、保水剂等混合材料配合比应通过试验确定。

（2）冲刷防护　由《公路路基设计规范》（JTG D 30—2015）表 5.3.1 可知，沿河路堤边坡防护采用砌石或混凝土护坡，可适用于允许流速为 2~8m/s 的路堤边坡防护。

4.2.4　沥青混凝土路面设计

1. 交通轴载换算

高速公路设计采用水平一，计算各类车辆的当量设计轴载换算系数 EALF_m

（1）计算各类车辆各种轴型在不同轴重区间的当量设计轴载换算系数 EALF_{mj}

$$\text{EALF}_{mj} = c_1 c_2 \left(\frac{P_{mj}}{P_s}\right)^b$$

式中　P_s——设计轴载（kN）；

P_{mj}——m 类车辆中第 i 种轴型在 j 级轴重区间的单轴轴载（kN），对双联轴和三联轴，为平均分配到每根单轴的轴载；

b——换算系数，分析沥青混合料层疲劳或沥青混合料层永久变形时，$b = 4$；分析路基永久变形时，$b = 5$；分析无机结合料稳定疲劳时，$b = 13$；

c_1——轴组系数，前后轴间距大于 3m 时，分别按单个轴计算；轴间距小于 3m 时，按《公路沥青路面设计规范》（JTG D 50—2017）表 A.3.1-1 取值。

c_2——轮轴系数，双轮组为 1.0，单轮时取 4.5。

m 类车辆的当量设计轴载换算系数 EALF_m：

$$\text{EALF}_m = \sum_i \left[\text{NAPT}_{mi} \sum_j (\text{EALF}_{mij} \times \text{ALDF}_{mij}) \right]$$

式中 NAPT_{mi}——m 类车辆中 i 种轴型的平均轴数；

ALDF_{mij}——m 类车辆中 i 种轴型在 j 级轴重区间的轴重分布系数；

EALF_{mij}——m 类车辆中 i 种轴型在 j 级轴重区间当量设计轴载换算系数。

当量设计轴载换算系数 EALF_m 计算详见附录 A，计算结果汇总于表 4-79。

表 4-79 当量设计轴载换算系数 EALF_m

车型 \ 指标	$b=4$	$b=5$	$b=13$
2	0.701	0.781	11.479
3	1.732	1.833	14.998
4	0.967	1.242	2.893
6	2.038	2.520	142.172
7	4.856	10.589	151.122
8	2.960	5.767	26.423
9	4.853	12.148	31.623
10	8.424	22.416	198.581
设计指标	沥青混合料层疲劳；沥青混合料层永久变形	路基永久变形	无机结合料稳定疲劳

(2) 计算初始年设计车道日平均当量轴次 N_1　由表 4-77 可知，2 轴 6 轮及以上车辆的双向年平均日交通量 AADTT (辆/d)：

$$\text{AADTT} = 160 + 30 + 20 + 0 + 90 + 60 + 40 + 240 + 360 = 1000 (\text{辆/d})$$

方向系数 DDF = 0.52，车道系数 LDF = 0.75，车辆类型分布系数 VCDF_m 见表 4-80。

表 4-80 车辆类型分布系数 VCDF_m

车辆类型	2	3	4	6	7	8	9	10
VCDF_m (%)	16	3	2	9	6	4	24	36

初始年设计车道日平均当量轴次 N_1 按下式计算，计算结果见表 4-81。

$$N_1 = \text{AADTT} \times \text{DDF} \times \text{LDF} \times \sum_{m=2}^{11} (\text{VCDF}_m \times \text{EALF}_m)$$

表 4-81 初始年设计车道日平均当量轴次 N_1

	$b=4$	$b=5$	$b=13$
N_1/次	1940	4790	40694

(3) 计算设计车道上的当量设计轴载累计作用次数 N_e　N_e 按下式计算，计算结果见表 4-82，其中交通量年增长率 $\gamma = 6.5\%$，设计使用年限 $t = 15$ 年。

$$N_e = \frac{[(1+\gamma)^T - 1] \times 365}{\gamma} \times N_1$$

表 4-82 当量设计轴载累计作用次数 N_e

	$b=4$	$b=5$	$b=13$
N_e/次	1.71×10^7	4.23×10^7	3.59×10^8

2. 确定交通荷载等级

$$Q_1 = \text{AADTT} \times \text{DDF} \times \text{LDF} = 1000 \times 0.52 \times 0.75 = 390 (\text{辆/d})$$

$$Q = \frac{[(1+\gamma)^t - 1] \times 365}{\gamma} Q_1 = \frac{[(1+6.5\%)^{20} - 1] \times 365}{6.5\%} \times 390 = 5526783(辆)$$

根据《公路沥青路面设计规范》(JTG D 50—2017) 表 3.0.4 可知，设计交通荷载等级为中等 ($8.0 \sim 4.0) \times 10^6$ 辆。

根据《公路沥青路面设计规范》(JTG D 50—2017) 表 5.2.2 规定，路基顶面回弹模量不小于 40MPa(交通荷载等级为中等)，则 $E_0 = 72\text{MPa} > [E_0] = 40\text{MPa}$。

3. 拟定路面结构方案

(1) 路面结构组合　路面结构组合应根据交通荷载等级和路基状况等因素，结合路面材料特性和结构特性，选择路面结构类型。该公路交通荷载等级为中等，拟选用沥青结合料类基层(粒料 + 无机结合料底基层)沥青路面。

(2) 路面结构方案　选定结构组合后，可根据交通荷载等级初选各结构层厚度。交通荷载等级为中等，面层厚度 100~80mm，基层(沥青结合料类)厚度 160~100mm，底基层(粒料类)厚度 200~150mm，底基层(无机结合料类)厚度 350~200mm。

初拟路面结构如下：

面层 $\begin{cases} \text{AC-13}(70\text{ 号沥青})4\text{cm} \\ \text{AC-20}(70\text{ 号沥青})6\text{cm} \end{cases}$

基层 $\{\text{ACB-25}(70\text{ 号沥青})15\text{cm}$

底基层 $\begin{cases} \text{级配碎石} & 20\text{cm} \\ \text{水泥稳定类碎石} & 30\text{cm} \end{cases}$

土基

4. 确定路基和结构层材料参数

路基模量、各沥青层模量、基层材料模量及弯拉强度、泊松比见表 4-83。

表 4-83　路基及材料层材料参数

结构层	模量/MPa	弯拉强度/MPa	泊松比
AC-13 (70 号道路石油沥青)	10000	—	0.25
AC-20 (70 号道路石油沥青)	11000	—	0.25
ATB-25 (70 号道路石油沥青)	9000	—	0.25
级配碎石	300	—	0.35
水泥稳定类碎石	12000	1.8	0.25
土基	72	—	—

5. 路面结构验算

采用沥青路面结构程序计算，计算所得的应力应变值。程序计算的输入文件、输出文件详见附录 B。

(1) 无机结合料稳定层疲劳开裂验算　当量沥青面层的换算：

$$h_{a1} = h_1 + h_2 = 40 + 60 = 100(\text{mm})$$

$$E_{a1} = \frac{E_1 h_1^3 + E_2 h_2^3}{(h_1 + h_2)^3} + \frac{3}{h_1 + h_2}\left(\frac{1}{E_1 h_1} + \frac{1}{E_2 h_2}\right)^{-1}$$

$$= \frac{10000 \times 40^3 + 11000 \times 60^3}{(40+60)^3} + \frac{3}{40+60} \times \left(\frac{1}{10000 \times 40} + \frac{1}{11000 \times 60}\right)^{-1}$$

$$= 10487.7(\text{MPa})$$

$$h_a^* = h_{a1} + h_{a2} = 100 + 150 = 250(\text{mm})$$

$$E_a^* = \frac{E_{a1}h_{a1}^3 + E_{a2}h_{a2}^3}{(h_{a1}+h_{a2})^3} + \frac{3}{h_{a1}+h_{a2}}\left(\frac{1}{E_{a1}h_{a1}} + \frac{1}{E_{a2}h_{a2}}\right)^{-1}$$

$$= \frac{10487.7 \times 100^3 + 9000 \times 150^3}{(100+150)^3} + \frac{3}{100+150} \times \left(\frac{1}{10487.7 \times 100} + \frac{1}{9000 \times 150}\right)^{-1}$$

$$= 9698.0(\text{MPa})$$

当量基层的换算：

$$h_b^* = h_3 + h_4 = 200 + 300 = 500(\text{mm})$$

$$E_b^* = \frac{E_3 h_3^3 + E_4 h_4^3}{(h_3+h_4)^3} + \frac{3}{h_3+h_4}\left(\frac{1}{E_3 h_3} + \frac{1}{E_4 h_4}\right)^{-1}$$

$$= \frac{300 \times 200^3 + 12000 \times 300^3}{(300+300)^3} + \frac{3}{200+300} \times \left(\frac{1}{300 \times 200} + \frac{1}{12000 \times 300}\right)^{-1}$$

$$= 2965.3(\text{MPa})$$

该公路自然区划为 V2（西南潮暖区），由《公路沥青路面设计规范》（JTG D 50—2017）附录 G 表 G.1.2 可查得温度调整系数 $k_{Ti} = 1.37$。

由《公路沥青路面设计规范》（JTG D 50—2017）附录 B 表 B.1.1 可查得季节性冻土地区调整系数 $k_a = 1.0$。

$$\lambda_E = \frac{E_a^*}{E_b^*} = \frac{9698.0}{2965.3} = 3.2705, \quad \lambda_h = \frac{h_a^*}{h_b^*} = \frac{250}{500} = 0.5$$

$$A_E = 0.10\lambda_E + 0.89 = 0.10 \times 3.2705 + 0.89 = 1.217$$

$$A_h = 0.73\lambda_h + 0.67 = 0.73 \times 0.5 + 0.67 = 1.035$$

$$B_E = 0.15\ln\left(\frac{\lambda_E}{1.14}\right) = 0.15 \times \ln\left(\frac{3.2705}{1.14}\right) = 0.158$$

$$B_h = 0.44\ln\left(\frac{\lambda_h}{0.45}\right) = 0.44 \times \ln\left(\frac{0.5}{0.45}\right) = 0.046$$

$$K_{T2} = A_h A_E k_{Ti}^{1+B_h+B_E} = 1.035 \times 1.217 \times 1.37^{(1+0.046+0.158)} = 1.840$$

由《公路沥青路面设计规范》（JTG D 50—2017）附录 B 表 B.2.1-2 可得，无机结合料稳定粒料的参数，$c_1 = 14.0$，$c_2 = -0.0076$，$c_3 = -1.47$，$h_a = 250\text{mm}$，$h_b = 500\text{mm}$。

现场综合修正系数 k_c：

$$k_c = c_1 e^{c_2(h_a+h_b)} + c_3 = 14.0 \times e^{-0.0076 \times (250+500)} - 1.47 = -1.423$$

无机结合料稳定类材料的弯拉强度 $R_s = 1.8\text{MPa}$，由《公路沥青路面设计规范》（JTG D 50—2017）附录 B 表 B.2.1-1 可得，无机结合料稳定粒料的疲劳试验回归参数 $a = 13.24$、$b = 12.52$。可靠度指标 $\beta = 1.65$（高速公路），由计算程序可得，水泥稳定类碎石层层底拉应力 $\sigma_t = 0.2017\text{MPa}$。

无机结合料稳定层的疲劳开裂寿命 N_{f2}：

$$N_{f2} = k_a k_{T2}^{-1} 10^{a - b\frac{\sigma_t}{R_s} + k_c - 0.57\beta}$$

$$= 1.0 \times 1.840^{-1} \times 10^{13.24 - 12.52 \times \frac{0.2017}{1.8} - 1.423 - 0.57 \times 1.65}$$

$$= 1.617 \times 10^9(\text{次}) > N_e = 3.59 \times 10^8(\text{次})$$

综上，无机结合料层疲劳满足要求。

(2) 沥青混合料层永久变形量验算　沥青混合料分层：第一层，2cm；4cmAC-13 分为两层；6cmAC-20 分为三层；15cmATB-25 分为 10cm 和 5cm 两层，共七层，即 $n = 7$。

沥青混合料层永久变形等效温度 T_{pef}：

$$T_{pef} = T_\xi + 0.016 h_a = 21.5 + 0.016 \times 250 = 25.5(℃)$$

沥青混合料层厚度 $h_a = 250\text{mm} > 200\text{mm}$，取 $h_a = 200\text{mm}$。

$$d_1 = -1.35 \times 10^{-4} h_a^2 + 8.18 \times 10^{-2} h_a - 14.50$$
$$= -1.35 \times 10^{-4} \times 200^2 + 8.18 \times 10^{-2} \times 200 - 14.50 = -3.54$$
$$d_2 = 8.78 \times 10^{-7} h_a^2 - 1.50 \times 10^{-3} h_a + 0.90$$
$$= 8.78 \times 10^{-7} \times 200^2 - 1.50 \times 10^{-3} \times 200 + 0.90 = 0.63512$$

综合修正系数 k_{Ri}，按下式计算：

$$k_{Ri} = (d_1 + d_2 z_i) \times 0.9731^{z_i}$$

第 i 层永久变形量 R_{ai} (mm)，按下式计算：

$$R_{ai} = 2.31 \times 10^{-8} k_{Ri} T_{\text{pef}}^{2.93} p_i^{1.80} N_{e3}^{0.48} \left(\frac{h_i}{h_0}\right) R_{0i}$$

沥青混合料第 i 层永久变形量 R_{ai} 计算结果见表 4-84，计算时，设计使用年限内，设计车道上当量设计轴载累计作用次数 $N_{e3} = 1.71 \times 10^7$ 次；车辙试验试件的厚度 $h_0 = 50\text{mm}$。

表 4-84 沥青混合料第 i 层永久变形量

第 i 分层	z_i/mm	R_{0i}/mm	k_{Ri}	p_i/MPa	R_{ai}/mm
1	15	2.0	3.977	0.7070	1.5425
2	30	2.0	6.846	0.6984	2.5973
3	50	3.0	7.217	0.6623	3.7329
4	70	3.0	6.067	0.5962	2.597
5	90	3.0	4.068	0.5115	1.3216
6	150	4.5	1.535	0.4239	0.5334
7	225	4.5	0.302	0.1131	0.097

沥青混合料层永久变形量 R_a：

$$R_a = \sum_{i=1}^{n} R_{ai} = 1.5425 + 2.5973 + 3.7329 + 2.5970 + 1.3216 + 0.5334 + 0.097$$
$$= 12.272(\text{mm}) < [R_a] = 15(\text{mm}) \text{（高速、一级公路）}$$

综上，沥青混合料层永久变形量符合要求。

图 4-21 给出了路面边缘大样图。

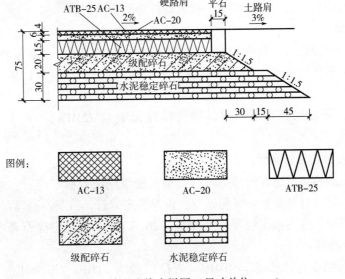

图 4-21 路面边缘大样图（尺寸单位：cm）

4.2.5 水泥混凝土路面设计

1. 交通轴载换算及交通等级确定

（1）计算初始年设计车道日平均当量轴次 N_s

$$N_s = \sum_{i=1}^{m} N_i \left(\frac{P_i}{P_s}\right)^{16}$$

式中 P_s——设计轴载的轴重（kN），取 $P_s = 100\text{kN}$。

各单轴轴重及作用次数见表 4-85。

表 4-85 各单轴轴重及作用次数

单轴轴重 P_i/kN	40	45	50	55	60	65	70	75	80	85	90	95	100	105
作用次数 N_i/（次/日）	400	550	900	450	550	280	600	600	800	350	300	150	400	800

$$N_s = \sum_{i=1}^{m} N_i \left(\frac{P_i}{P_s}\right)^{16} = 400 \times \left(\frac{40}{100}\right)^{16} + 550 \times \left(\frac{45}{100}\right)^{16} + 900 \times \left(\frac{50}{100}\right)^{16} + 450 \times \left(\frac{55}{100}\right)^{16} + 550 \times \left(\frac{60}{100}\right)^{16} +$$

$$280 \times \left(\frac{65}{100}\right)^{16} + 600 \times \left(\frac{70}{100}\right)^{16} + 600 \times \left(\frac{75}{100}\right)^{16} + 800 \times \left(\frac{80}{100}\right)^{16} + 350 \times \left(\frac{85}{100}\right)^{16} + 300 \times \left(\frac{90}{100}\right)^{16} +$$

$$150 \times \left(\frac{95}{100}\right)^{16} + 400 \times \left(\frac{100}{100}\right)^{16} + 800 \times \left(\frac{105}{100}\right)^{16} = 2324.91 \text{（次/日）}$$

（2）计算当量设计轴载作用次数 N_e 水泥混凝土路面，设计年限为 30 年（高速公路、一级公路）。

由《公路水泥混凝土路面设计规范》（JTG D 40—2011）附录 A 表 A.2.4 可知，高速公路、一级公路的临界荷位处的车辆轮迹横向分布系数 $\eta = 0.17 \sim 0.22$，取 $\eta = 0.20$。

设计基准期内设计车道所承受的设计轴载累计次数 N_e：

$$N_e = \frac{N_s[(1+g_r)^t - 1] \times 365}{g_r}\eta = \frac{2324.91 \times [(1+6.5\%)^{30} - 1] \times 365}{6.5\%} \times 0.2$$

$$= \frac{2324.91 \times [(1+6.5\%)^{30} - 1] \times 365}{6.5\%} \times 0.2 = 1465.94 \times 10^4 \text{（轴次/车道）}$$

（3）确定交通荷载等级 设计基准期内设计车道承受设计轴载（100kN）累计作用次数 $N_e = 1465.94 \times 10^4$（轴次/车道）在 $(2000 \sim 100) \times 10^4$（轴次/车道）之间，根据《公路水泥混凝土路面设计规范》（JTG D 40—2011）表 3.0.7 可知，交通荷载等级为重级。

2. 确定可靠度系数

查《公路水泥混凝土路面设计规范》（JTG D 40—2011）表 3.0.4，高速公路的变异系数为低级，一级安全等级，目标可靠度为 95%，可靠度系数 $\gamma_r = 1.20 \sim 1.33$，取 $\gamma_r = 1.26$。

3. 确定路基参数

由前述计算可得，路面结构设计的路基回弹模量值 $E_0 = 72\text{MPa} > [E_0] = 60\text{MPa}$（重交通荷载等级）。

4. 初拟结构组合及确定设计参数

本路段属重交通荷载等级，适宜的基层材料类型：密级配沥青稳定碎石，水泥稳定土碎石等；基层下必须设置底基层，适宜材料类型：级配碎石，水泥稳定碎石，石灰、粉煤灰稳定碎石等。

初步拟定的结构组合：普通水泥混凝土路面板（26cm）+ 水泥稳定碎石基层（20cm）+ 水泥稳定碎石底基层（20cm）+ 路基。

水泥混凝土的弯拉强度标准值 $f_r = 50\text{MPa}$，弯拉模量为 31GPa，泊松比为 0.15，线膨胀系数为 $10 \times 10^{-5}/℃$。

由《公路水泥混凝土路面设计规范》(JTG D 40—2011) 附录 E 表 E.0.2-2 经验参考值，取上层水泥稳定碎石回弹模量 2500MPa，下层水泥稳定碎石的回弹模量为 1500MPa，泊松比为 0.20。

5. 接缝设计

(1) 平面尺寸　普通水泥混凝土面层横向接缝的间距（即板长）宜为 4~6m，长宽比不宜超过 1.35，平面面积不宜大于 25m²，纵向接缝的间距（即板宽）宜在 3.0~4.5m 内选用。

因此，普通水泥混凝土面层平面尺寸：5.00m(长)×3.75m(宽)

(2) 接缝设计

1) 接缝设计实现的要求：①控制温度应力引起的裂缝出现位置；②提供一定的荷载传递能力；③防止坚硬的杂物落入接缝缝隙和地表水的渗入。

2) 横缝构造设计：

①胀缝。其缝隙宽度取 20mm，在胀缝板厚中央应设置可滑动传力杆，采用光圆钢筋，直径×长度×间距为 32mm×450mm×300mm，如图 4-22 所示。

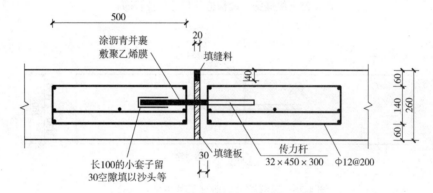

图 4-22　横向胀缝构造（尺寸单位：mm）

②缩缝。一般采用假缝形式（图 4-23）。

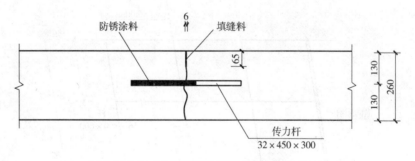

图 4-23　横缝缩缝构造（尺寸单位：mm）

③施工缝。采用平头缝企口缝的构造形式，在板厚中央也设置传力杆（图 4-24）。

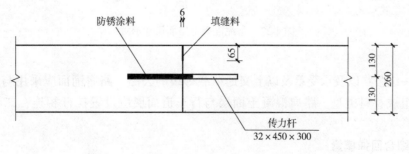

图 4-24　横缝施工缝构造（尺寸单位：mm）

3）纵缝构造设计：

①施工缝。一次铺筑宽度 B(3.75m) 小于路面宽度（7.5m），应设置纵向施工缝（图 4-25）。

②缩缝。一次铺筑宽度大于 4.5m 时，应设置纵向缩缝（图 4-26）。拉杆采用螺纹钢筋，直径×长度×间距为 14mm ×700mm ×700mm。

水泥混凝土路层尺寸示意如图 4-27 所示。

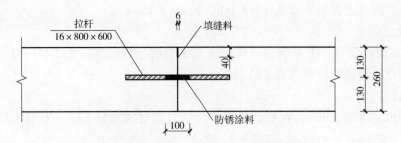

图 4-25　纵缝施工缝构造（尺寸单位：mm）

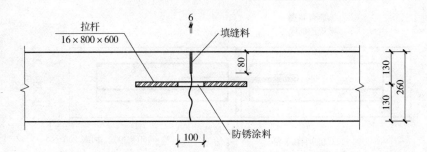

图 4-26　纵缝缩缝构造（尺寸单位：mm）

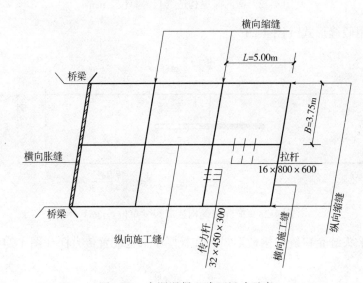

图 4-27　水泥混凝土路面尺寸示意

6. 路肩

高速公路、一级公路以及承受重及以上交通荷载等级的公路，路肩铺面应采用与行车道路面相同的结构层组合和组成材料类型。路肩混凝土面层与行车道面层应设置拉杆相连，二者的横向缩缝应连通。

7. 计算地基综合回弹模量

（1）选择模型　分离式双层板模型。

(2) 地基综合回弹模量 E_t

$E_x = 1500$ MPa，$h_x = 0.2$ m，则回归系数 $\alpha = 0.86 + 0.26\ln h_x = 0.86 + 0.26 \times \ln 0.2 = 0.4416$

路床顶综合回弹模量 $E_0 = 72$ MPa

$$E_t = \left(\frac{E_x}{E_0}\right)^\alpha E_0 = \left(\frac{1500}{72}\right)^{0.4416} \times 72 = 275.23 \text{ (MPa)}$$

8. 荷载应力计算

（1）上层板在设计荷载作用下的荷载应力

上层板弯曲刚度　　$D_c = \dfrac{E_c h_c^3}{12(1-\nu_c^2)} = \dfrac{31000 \times 0.26^3}{12 \times (1-0.15^2)} = 46.450 \text{ (MN·m)}$

下层板弯曲刚度　　$D_b = \dfrac{E_b h_b^3}{12(1-\nu_b^2)} = \dfrac{2500 \times 0.20^3}{12 \times (1-0.20^2)} = 1.736 \text{ (MN·m)}$

上层板总相对刚度半径　　$r_g = 1.21\sqrt[3]{\dfrac{D_c + D_b}{E_t}} = 1.21 \times \sqrt[3]{\dfrac{46.450 + 1.736}{275.23}} = 0.677$

100kN 轴载作用下的荷载应力：

$$\sigma_{ps} = \frac{1.45 \times 10^{-3}}{1 + \dfrac{D_b}{D_c}} r_g^{0.65} h_c^{-2} P_s^{0.94}$$

$$= \frac{1.45 \times 10^{-3}}{1 + \dfrac{1.736}{46.450}} \times 0.677^{0.65} \times 0.26^{-2} \times 100^{0.94} = 1.217 \text{ (MPa)}$$

下层板材料为水泥稳定碎石，无须计算其荷载应力。

（2）确定三个修正系数并计算荷载疲劳应力　　考虑接缝传荷能力的应力折减系数 k_r，采用混凝土路肩式时，$k_r = 0.87 \sim 0.92$，路肩面层与路面面层等厚时取低值，取 $k_r = 0.87$。

考虑设计基准期内荷载应力累计疲劳作用的疲劳应力系数 $k_f = N_e^\lambda$，其中材料疲劳指数 λ，普通混凝土，取 $\lambda = 0.057$。

$$k_f = N_e^\lambda = (1465.94 \times 10^4)^{0.057} = 2.56$$

考虑计算理论与实际差异以及动载等因素的综合系数 k_c，由《公路水泥混凝土路面设计规范》（JTJ D 40—2011）附录 B 表 B.2.1 可得，$k_c = 1.15$（高速公路）。

设计轴载在面层板临界荷位处产生的荷载疲劳应力 σ_{pr}：

$$\sigma_{pr} = k_r k_f k_c \sigma_{ps} = 0.87 \times 2.56 \times 1.15 \times 1.217 = 3.117 \text{ (MPa)}$$

（3）面层板在最重轴载作用下的荷载应力计算　　最重轴载 $P_m = 105$ kN，在四边自由板临界荷位处产生的最大荷载应力 σ_{pm}。

$$\sigma_{ps} = \frac{1.45 \times 10^{-3}}{1 + \dfrac{D_b}{D_c}} r_g^{0.65} h_c^{-2} P_m^{0.94}$$

$$= \frac{1.45 \times 10^{-3}}{1 + \dfrac{1.736}{46.450}} \times 0.677^{0.65} \times 0.26^{-2} \times 105^{0.94} = 1.274 \text{ (MPa)}$$

最重轴载 P_m 在面板临界荷位处产生的最大荷载应力 $\sigma_{p,\max}$：

$$\sigma_{p,\max} = k_r k_c \sigma_{pm} = 0.87 \times 1.15 \times 1.274 = 1.275 \text{ (MPa)}$$

9. 温度应力计算

(1) 最大温度梯度时混凝土面板最大温度应力 $\sigma_{t,\max}$ 计算综合温度翘曲应力和内应力的温度系数，下层板不考虑其温度应力。

上层板　普通混凝土路面板
下层板　水泥稳定碎石基层
水泥稳定碎石底基层
地　基　　　路　基

面板的横缝间距（即板长）$L=5.0\text{m}$，面板的相对刚度半径 $r_g = 0.677\text{m}$，则

$$t = \frac{L}{3r_g} = \frac{5.0}{3 \times 0.677} = 2.462 \,(\text{rad})$$

$$k_n = \frac{1}{2}\left(\frac{h_c}{E_c} + \frac{h_b}{E_b}\right)^{-1} = \frac{1}{2} \times \left(\frac{0.26}{31000} + \frac{0.20}{2500}\right)^{-1} = 5656.934 \,(\text{MPa/m})$$

$$\gamma_\beta = \left[\frac{D_c D_b}{(D_c + D_b)k_n}\right]^{1/4} = \left[\frac{46.450 \times 1.736}{(46.450 + 1.736) \times 5656.934}\right]^{1/4} = 0.131$$

$$\xi = -\frac{(k_n r_g^4 - D_c)\gamma_\beta^3}{(k_n \gamma_\beta^4 - D_c) r_g^3} = -\frac{(5656.934 \times 0.677^4 - 46.450) \times 0.131^3}{(5656.934 \times 0.131^4 - 46.450) \times 0.677^3} = 0.185$$

混凝土面板的温度翘曲应力系数 C_t：

$$\begin{aligned}
C_t &= 1 - \left(\frac{1}{1+\xi}\right)\frac{\sinh t \cos t + \cosh t \sin t}{\cos t \sin t + \sinh t \cosh t} \\
&= 1 - \left(\frac{1}{1+0.185}\right) \times \frac{\sinh 2.462 \times \cos 2.462 + \cosh 2.462 \times \sin 2.462}{\cos 2.462 \times \sin 2.462 + \sinh 2.462 \times \cosh 2.462} \\
&= 0.85127
\end{aligned}$$

综合温度翘曲应力和内应力的温度系数 B_L：

$$\begin{aligned}
B_L &= 1.77 e^{-4.48 h_c} C_L - 0.131(1 - C_L) \\
&= 1.77 \times e^{-4.48 \times 0.26} \times 0.85127 - 0.131 \times (1 - 0.85127) = 0.54506
\end{aligned}$$

由《公路水泥混凝土路面设计规范》（JTJ D 40—2011）表 3.0.10 可得，公路自然区划 V2，混凝土面层的最大温度梯度标准值范围为 83～88℃/m，取中间值 $T_g = 86$℃/m。

最大温度梯度时混凝土面板最大温度应力 $\sigma_{t,\max}$：

$$\sigma_{t,\max} = \frac{\alpha_c E_c h_c T_g}{2} B_L = \frac{1 \times 10^{-5} \times 31000 \times 0.26 \times 86}{2} \times 0.4506 = 1.562 \,(\text{MPa})$$

(2) 面层板温度疲劳应力 σ_{tr}　由该公路所在地区自然区划 V2 查《公路水泥混凝土路面设计规范》（JTJ D 40—2011）附录 B 表 B.3.4 可得，回归系数 $a_t = 0.871$，$b_t = 1.287$，$c_t = 0.071$。

温度疲劳应力系数 k_t：

$$\begin{aligned}
k_t &= \frac{f_r}{\sigma_{t,\max}}\left[a_t\left(\frac{\sigma_{t,\max}}{f_r}\right)^{b_t} - c_t\right] \\
&= \frac{5.0}{1.562} \times \left[0.871 \times \left(\frac{1.562}{5.0}\right)^{1.287} - 0.071\right] = 0.396
\end{aligned}$$

面层板临界荷位处产生的温度疲劳应力 σ_{tr}：

$$\sigma_{tr} = k_t \sigma_{t,\max} = 0.396 \times 1.562 = 0.619 \,(\text{MPa})$$

10. 结构极限状态校核

按下列公式校核路面结构极限状态是否满足要求：

$$\gamma_f(\sigma_{pr}+\sigma_{tr})\leqslant f_r$$

$$\gamma_f(\sigma_{p,\max}+\sigma_{t,\max})\leqslant f_r$$

$$\gamma_f(\sigma_{pr}+\sigma_{tr})=[1.26\times(3.117+0.619)]\text{MPa}=4.707\text{MPa}<f_r=5.0\text{MPa}$$

$$\gamma_f(\sigma_{p,\max}+\sigma_{t,\max})=[1.26\times(1.275+1.562)]\text{MPa}=3.575\text{MPa}<f_r=5.0\text{MPa}$$

拟定的由计算厚度 0.26m 的普通混凝土面层和厚度 0.20m 的水泥稳定粒料基层组成的路面结构满足要求，可以承受设计基准期内荷载应力和温度应力的综合疲劳作用，以及最重轴载在最大温度梯度时的一次作用。水泥混凝土面层的设计厚度 = 计算厚度 + 6mm（磨耗层），按 10mm 向上取整，取混凝土面层设计厚度为 0.27m。

11. 水泥混凝土路面板配筋设计

考虑到混凝土面层板纵、横向自由边缘下基础薄弱，有可能产生较大的塑性变形，本设计在水泥混凝土面层边缘处设置补强钢筋。通常选用 2 根直径为 12mm 的螺纹钢筋，置于面层底面之上 $h/4$ = 65mm 厚度处，并不小于 50mm，间距为 100mm，钢筋两端向上弯起，如图 4-28 所示。

图 4-29 给出了路面边缘大样图。

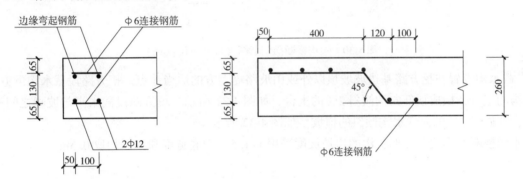

图 4-28 路缘钢筋设计图（尺寸单位：mm）

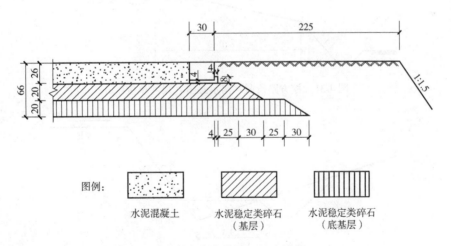

图 4-29 路面边缘大样图（尺寸单位：cm）

12. 设计方案比选

（1）路面特性　沥青路面平整、驾驶舒适性高；水泥路面的平整性相对差。

沥青路面的设计使用年限 15 年，但维修方便，维修完成后可马上开放交通；水泥路面设计使用年限 30 年，但维修麻烦，并需很长时间养护。

（2）道路等级　拟建公路为高速公路，目前高等级公路以沥青路面为主，约占 90%。

（3）所处地区　公路自然区划为 V2，四川盆地中湿区，该区全年温暖湿润，降水充沛，土壤大多为风化较为严重的紫色土，土质较为疏松，水土流失严重，易产生不均匀沉降。

综上所述，在技术上该公路采用沥青混凝土路面结构。

4.2.6 路基路面排水设计

1. 路基排水设计

（1）地面排水设施 主要设置边沟，截水沟与排水沟。

1）边坡设在挖方路基的路肩外侧，横断面采用梯形，边沟内侧边坡为1∶1.5，外侧边坡坡度与挖方边坡坡度相同，底宽与深度取0.5m，如图4-30所示。

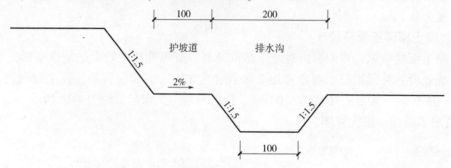

图4-30 边沟横断面示意图（尺寸单位：cm）

2）截水沟设置在挖方路基边坡坡顶以外或山坡路堤上方的适当地点。挖方路段截水沟下方一侧可堆置挖沟的土方，做成顶部向沟倾斜2%的土台，如图4-31所示。填方路段截水沟与坡脚之间有3.0m的间距，并做成2%的向截水沟倾斜的横坡，如图4-32所示。

截水沟横断面形式为梯形，沟的边坡坡度采用1∶1.5，沟底宽度和沟深均取0.5m。

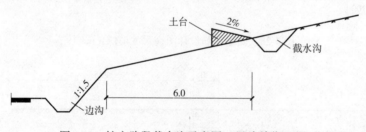

图4-31 挖方路段截水沟示意图（尺寸单位：m）

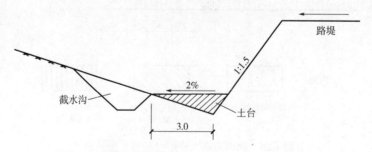

图4-32 填方路段截水沟示意图（尺寸单位：m）

3）排水沟横断面采用梯形，底宽与深度均取0.5m，土沟的边坡坡度为1∶1.5，排水沟与原水道两者呈45°相交，如图4-33所示。

（2）地下排水系统 路基两侧边沟下面设有盲沟，横断面呈矩形，底宽0.5m，深度1.5m，盲沟的底部中间填以粒径较大（3~5cm）的碎石，顶部和底部设有厚度30cm以上的不透水层，如图4-34所示。

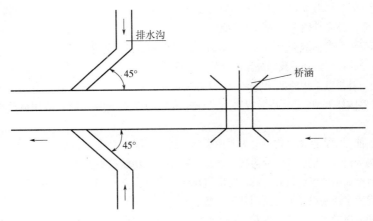

图 4-33 排水沟与水道衔接示意图

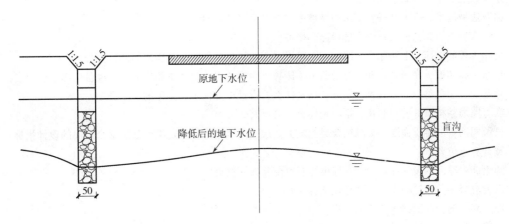

图 4-34 盲沟示意图（尺寸单位：cm）

2. 路面排水设计

（1）路面表面排水　该公路为高速公路，设计路基高度 2.95m，由中央分隔带向两侧倾斜，路拱坡度为 2%，采用横向漫流分散排水，路肩外侧边缘不设拦水带。

（2）中央分隔带排水　宽度小于 3m 且表面采用铺面封闭的中央分隔带排水，降落在分隔带上的表面水排向两侧行车道，其坡度与路面的横坡坡度相同，为 2%。

（3）路面内部排水　四川盆地降水充沛，设置路面边缘排水系统，如图 4-35 所示。

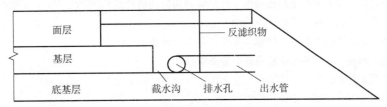

图 4-35 边缘排水系统示意图

思 考 题

4-1　以高速公路、一级公路为例，说明路基横断面各部名称及其作用。

4-2　《公路沥青路面设计规范》（JTG D 50—2017）根据车辆构造、轴组组成及其对路面的破坏作用，将交通组成分为哪几种车辆类型？说明"12 型""15 型""155 型""1522 型"含义。

4-3　车轮荷载的单圆荷载、双圆荷载的含义是什么？如何计算？

4-4 路面设计为何要进行轴载换算？换算原则是什么？

4-5 什么是设计年限累计当量轴次？如何计算确定？

4-6 路面结构所承受的交通荷载分为哪几级？交通荷载等级划分的原则是什么？

4-7 为什么要进行公路自然区划？我国公路的自然区划原则是什么？

4-8 我国沥青路面设计规范采用的设计理论、设计方法是什么？

4-9 沥青路面有哪些破坏类型？《公路沥青路面设计规范》(JTG D 50—2017)采用哪些指标分别控制这些路面破坏？

4-10 按基层材料性能，沥青路面结构可分为哪四类？各适用于哪个交通荷载等级？

4-11 公路路面结构为何要分层？通常分为哪些层位？各层位的功能和要求是什么？

4-12 为什么要进行路面结构组合设计？设计时应遵循哪些原则？

4-13 如何选择沥青面层结构以及沥青路面基层、垫层？

4-14 路基的典型横断面形式有哪些？各有何特点？

4-15 路基的三要素是什么？如何确定？

4-16 路基边坡的形式有哪几种？确定边坡坡率时要考虑哪些因素？

4-17 为什么要设置路拱横坡？怎样选择路拱横坡？

4-18 公路工程的路床、上路床、下路床、上路堤和下路堤各是指哪个范围内的路基部分？

4-19 什么是压实度，高速公路和一级公路上路床、下路床、上路堤和下路堤的压实度各为多少？

4-20 路基的干湿类型分为哪几种？划分依据是什么？设计中如何确定路基的干湿类型？

4-21 沥青路面结构设计的控制指标指的是什么？说明其含义。

4-22 试说明沥青混凝土面层、无机结合料稳定类基层、无机结合料稳定类底基层组合路面的设计指标、力学响应及计算点位置。

4-23 画出沥青路面的设计计算图示，标出控制点位并做简要说明。

4-24 沥青混凝土路面结构设计的内容包括哪些？

4-25 简述新建沥青路面结构验算的步骤？

4-26 水泥混凝土路面结构设计内容包括哪些？

4-27 试述我国水泥混凝土路面设计规范采用的设计理论、设计方法。

4-28 混凝土路面结构分析有哪些力学模型，各自的适用条件是什么？

4-29 简述水泥混凝土路面横缝类型，设置原因和方法。

4-30 横缝的间距和平面尺寸如何确定？

4-31 水泥混凝土横缝和纵缝采用什么样的钢筋？

4-32 水泥混凝土路面交通荷载等级划分的标准是什么？划分为哪几种交通等级？

4-33 什么是设计车道？如何确定设计车道使用初期的日平均交通量？

4-34 什么是临界荷位？水泥混凝土路面结构设计的临界荷位在何处？

4-35 水泥混凝土路面的翘曲应力是如何产生的？

4-36 什么是混凝土路面结构可靠度、目标可靠度、可靠度系数？

4-37 什么是轮迹横向分布？如何确定轮迹横向分布系数？

4-38 画出水泥混凝土路面的设计计算图示，标出控制点位并做简要说明。

4-39 简述新建混凝土路面板厚的设计步骤。

第5章 课程设计任务书

5.1 道路勘测课程设计任务书

1. 设计题目

某山区公路新线设计（纸上定线）。

2. 设计条件

（1）平面地形图 具体见地形图。

（2）气象资料 该路所处自然区划为Ⅳ4区，属亚热带潮湿季风气候，年平均气温15～22℃，年平均降水量800～1900mm，每年5～6月降水最低，夏秋之交多台风，常有暴雨。

（3）地质资料 该区土质表层为素填土层，厚度0.4～2.0m，其下层为碎石土及黏土层，厚1.0～15m。地下水埋深2.0～5.0m，公路沿线有丰富的砂砾，附近有小型采石场和石灰厂，筑路材料丰富。路面所用水泥和沥青均需外购。

（4）地震基本烈度 本项目沿线地震烈度相当于Ⅵ度区，属基本稳定至稳定区。

（5）路线起点、中间控制点和终点 具体见地形图。

（6）交通量资料 根据最新路网规划，近期交通组成与交通量见表5-1。交通量年平均增长率为6.5%。

表5-1 近期交通组成与交通量

车型	日野 KB-222	黄河 QD351	东风 EQ-140	长征 XD250	解放 CA15	南阳 351	菲亚特 650E	吉尔 130	小轿车
辆/日	65	40	50	55	30	40	55	40	150

3. 设计内容

1）根据给定的各控制点在图上进行纸上定线。
2）对所选定的方案进行平面设计。
3）对所选定的方案确定桥涵位置类型及孔径。
4）对所选定的方案进行纵断设计和横断面设计。
5）计算土石方的工程量。
6）编写设计说明书：
①平面设计的说明（线路的走向、设计原则、设计步骤、各曲线设计）。
②纵断面设计的说明（设计原理、设计步骤、平竖曲线结合等）。
③横断面设计的说明（设计原理、设计步骤、具体指标确定）。

4. 成果要求

1）进度安排（1.0周），其中

布置设计内容，图上进行纸上定线	1.0天
平面设计	1.0天
纵断面设计和横断面设计	1.0天
计算土石方的工程量	0.5天
绘制施工图	1.0天

整理计算书、设计答辩　　　　　　　0.5 天

2）设计成果

①线路平面设计图（50m 一个整桩，曲线主点桩基必要加桩）。

②线路纵断面设计图，比例尺：横向 1:2000，纵向 1:200。

（注：记录纵断面设计中原地面最低、最高标高以及设计最低填高和设计最低挖深及其相应桩号）

③横断面设计图（标准横断面和各种典型断面）。

④平曲线元素一览表。

⑤竖曲线元素一览表。

⑥桥涵一览表。

⑦土石方工程量计算表。

⑧主要技术指标一览表。

3）计算正确，计算书必须统一格式并用钢笔抄写清楚，并装订成册。

4）在完成上述设计任务后方可参加课程设计答辩。

5. 参考资料

[1] 交通运输部. 公路工程技术标准：JTG B 01—2014 [S]. 北京：人民交通出版社，2004.

[2] 交通运输部. 公路路线设计规范：JTG D 20—2017 [S]. 北京：人民交通出版社，2017.

[3] 交通部. 公路建设环境影响评价：JTG B 03—2006 [S]. 北京：人民交通出版社，2006.

[4] 杨少伟，等. 道路勘测设计 [M]. 3 版. 北京：人民交通出版社，2009.

5.2　路基挡土墙课程设计任务书（Ⅰ）

1. 设计题目

某重力式挡土墙设计。

2. 设计条件

某二级公路在桩号 K2+150~K2+200 段为填方路堤，为保证路堤边坡稳定，少占地拆迁，宜设置重力式路堤挡土墙。

1）K2+150~K2+200 路堤段，地表较平坦，其中 K2+150 地面标高为 170.3m，K2+200 地面标高为 170.4m。

2）挡土墙在横断面上的布置及经验尺寸如图 5-1 所示。

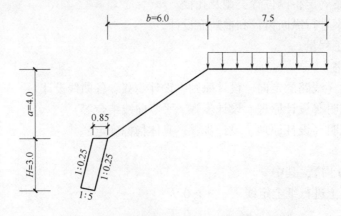

图 5-1　挡土墙横断面布置（尺寸单位：m）

3）地基为密实的硬塑亚黏土，地基承载力特征值 $f_{a0}=300\text{kPa}$，基底摩擦系数 $f=0.4$。

4）墙后填料的重度 $\gamma=18\text{kN/m}^3$，计算内摩擦角 $\varphi=35°$。

5) 墙体材料：浆砌片石（MU30 片石，M5 砂浆），其重度 $\gamma = 22\text{kN}/\text{m}^3$，填料与墙背间的摩擦角 $\delta = 2/3\varphi$。

6) 荷载：计算荷载汽车–20 级，验算荷载挂车–100。

7) 挡土墙分段长度为 12m。

3. 设计内容

1) 拟定挡土墙的结构形式及断面尺寸。
2) 拟定挡土墙基础的形式及尺寸。
3) 车辆荷载计算。
4) 土压力计算。
5) 稳定性验算（包括抗滑稳定性、抗倾覆稳定性、基底应力验算、截面应力验算）。
6) 绘制挡土墙平面图、纵断面、横断面的布置图。

4. 成果要求

1) 进度安排（1.0 周），其中

布置设计任务，熟悉基本设计资料	1.0 天
路基设计资料分析、设计方案拟定	1.0 天
路基挡土墙设计、挡土墙稳定性的计算及验算	1.5 天
路基挡土墙施工图绘制、整理设计说明书	1.0 天
设计答辩	0.5 天

2) 设计成果

① 挡土墙的平面、立面与横断面施工图（图幅规格 A3 图纸）。
② 设计计算说明书（A4 纸）。

3) 计算正确，计算书必须统一格式并用钢笔抄写清楚，并装订成册。
4) 在完成上述设计任务后方可参加课程设计答辩。

5. 参考资料

[1] 交通运输部. 公路桥涵地基与基础设计规范：JTG 3363—2019 [S]. 北京：人民交通出版社，2020.
[2] 交通运输部. 公路路基设计规范：JTG D 30—2015 [S]. 北京：人民交通出版社，2015.
[3] 交通运输部. 公路圬工桥涵设计规范：JTG D 61—2005 [S]. 北京：人民交通出版社，2005.
[4] 宋金华，张彩利，张雪华. 路基路面工程 [M]. 北京：人民交通出版社，2006.

5.3 路基挡土墙课程设计任务书（Ⅱ）

1. 设计题目

悬臂式钢筋混凝土挡土墙设计。

2. 设计条件

某工程场地边坡治理需要设置挡土墙，墙后的土体较高，根据挡土墙所处的地理位置及墙高综合因素，选择采用悬臂式钢筋混凝土挡土墙，墙后填土水平，无地下水。

1) 墙后的填土为砂土，填土的内摩擦角标准值 $\varphi_k = 35°$，填土重度 $\gamma_m = 18\text{kN}/\text{m}^3$。
2) 地基为黏性土，基底摩阻系数 $f = 0.35$，孔隙比 $e = 0.82$，液性指数 $I_L = 0.248$，地基承载力特征值 $f_{ak} = 240\text{kPa}$，地基土重度 $\gamma = 19\text{kN}/\text{m}^3$。
3) 墙体采用 C25 混凝土浇筑，重度 $\gamma = 25\text{kN}/\text{m}^3$；受力钢筋采用 HRB400 级，构造钢筋 HPB300。
4) 挡土墙的安全等级为二级。

5）所设计的挡土墙的高度 $H(\mathrm{m})$ 见表 5-2。

6）所设计的挡土墙的墙后地面的均布荷载标准值 $q_k(\mathrm{kN/m^2})$ 见表 5-2。

7）学生应根据学号（后两位数），采用表 5-2 对应的设计主要参数进行设计。

表 5-2　设计主要数据与学号对应表

学号（后两位数）		挡土墙高度 H					
		7.5m	8.0m	8.5m	9.0m	9.5m	10.0m
挡土墙后均布荷载标准值 q_k	9.0kN/m²	01	02	03	04	05	06
	9.5kN/m²	07	08	09	10	11	12
	10.0kN/m²	13	14	15	16	17	18
	10.5kN/m²	19	20	21	22	23	24
	11.0kN/m²	25	26	27	28	29	30
	11.5kN/m²	31	32	33	34	35	36

3. 设计内容

1）拟定挡土墙的结构形式及断面尺寸。

2）挡土墙的荷载计算。

3）挡土墙稳定性验算，包括抗倾覆稳定性验算、抗滑移稳定性验算、地基承载力验算。

4）挡土墙结构设计，包括立壁板、趾板、踵板及扶壁板设计。

5）绘制挡土墙施工图。

4. 成果要求

1）进度安排（1.0周），其中

扶壁式挡土墙的断面尺寸拟定	1.0 天
稳定性验算（抗倾覆、抗滑移、地基承载能力验算）	1.0 天
结构设计	1.0 天
整理计算书、绘制施工图	1.5 天
设计答辩	0.5 天

2）设计成果

①完成计算书一份（A3 纸，并装订成册）。

②挡土墙结构施工图，包括扶壁式挡土墙的横断面图、立面图、立板墙底板配筋图、扶壁配筋图（图幅 A3）。

3）计算说明书要求步骤清楚、计算正确、书写工整。施工图要求按照制图标准的规定绘制，布图匀称、表达正确、线条清晰、图面整洁。

4）在完成上述设计任务后方可参加课程设计答辩。

5. 参考资料

[1] 交通部．公路桥涵设计通用规范：JTG D 60—2015 [S]．北京：人民交通出版社，2015.

[2] 交通运输部．公路钢筋混凝土及预应力混凝土桥涵设计规范：JTG 3362—2018 [S]．北京：人民交通出版社，2018.

[3] 交通运输部．公路桥涵地基与基础设计规范：JTG 3363—2019 [S]．北京：人民交通出版社，2020.

[4] 水利部．水工挡土墙设计规范：SL 379—2007 [S]．北京：中国水利水电出版社，2007.

[5] 叶见署．结构设计原理 [M]．4 版．北京：人民交通出版社，2017.

[6] 宋金华，张彩利，张雪华．路基路面工程 [M]．北京：人民交通出版社，2006.

5.4 路基挡土墙课程设计任务书（Ⅲ）

1. 设计题目

加筋土挡土墙设计。

2. 设计条件

拟在某高速公路上修建一座加筋挡土墙（图5-2）。挡土墙所处位置及纵断面图由图纸给定。根据图纸所给的挡土墙位置桩号为：K77+730～K77+760，右侧路堤墙。

1) 挡土墙不受浸水影响，墙高 H 见表5-3，顶部填土 $a = 0.6m$。

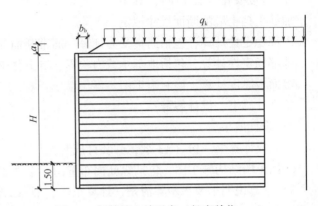

图5-2 加筋挡土墙示意（长度单位：m）

2) 高速公路采用整体式路基宽24.5m，其中行车道宽 $2 \times 7.5m$，硬路肩宽 $2 \times 2.50m$，中间带宽3.0m（中央分隔带2.0m，左侧路缘带宽 $2 \times 0.50m$），土路肩宽度 $2 \times 0.75m$。

3) 荷载标准：见表5-3。

4) 面板规格：$1.5m \times 0.8m$ 十字形混凝土板，板厚20cm，混凝土强度等级C20。

5) 筋带采用聚丙烯土工带，带宽为18mm，厚2.0mm，容许拉应力 $[\sigma] = 50MPa$，拟摩擦系数 $f^* = 0.4$。

6) 填料：砂性土，重度 $\gamma = 19kN/m^3$，内摩擦角 $\varphi = 30°$，黏聚力 $c = 6kPa$。

7) 地基：黄土，重度 $\gamma = 22kN/m^3$，内摩擦角 $\varphi = 30°$，黏聚力 $c = 55kPa$，地基承载力特征值 $f_{ak} = 600kPa$，基底摩擦系数 $\mu = 0.4$。

8) 墙体采用矩形断面，加筋路堤宽度10.0m。

9) 墙顶填料与加筋土填料相同。

10) 学生应根据学号（后两位数），采用表5-3对应的设计主要参数进行设计。

表5-3 设计主要数据与学号对应表

学号（后两位数）		加筋土挡土墙高度 H					
		7.5m	8.0m	8.5m	9.0m	9.5m	10.0m
挡土墙后均布荷载标准值 q_k	9.0kN/m²	01	02	03	04	05	06
	9.5kN/m²	07	08	09	10	11	12
	10.0kN/m²	13	14	15	16	17	18
	10.5kN/m²	19	20	21	22	23	24
	11.0kN/m²	25	26	27	28	29	30
	11.5kN/m²	31	32	33	34	35	36

3. 设计内容

1) 根据设计资料选定面板和筋带。

2) 选择填料，确定筋带节点的水平和垂直间距。

3) 计算各层拉筋的土压力系数及所受拉力的大小。

4) 计算筋带设计断面每束筋带根数。

5) 计算筋带长度。

6) 确定墙体断面，筋带长度及数量。

7）验算面板厚度。
8）基底应力、滑动稳定性、倾覆稳定性验算。
9）绘制该挡土墙的纵断面布置图、平面图及横断面布置图。

4. 成果要求

1）进度安排（1.0周），其中

加筋土挡土墙的断面尺寸拟定	1.0天
内部稳定性计算，包括筋带受力计算、筋带断面计算、筋带长度计算	1.5天
外部稳定性计算，包括地基承载力验算、抗滑移验算、抗倾覆验算	1.0天
墙面板厚度计算、绘制施工图	1.0天
整理计算书、设计答辩	0.5天

2）设计成果

①完成计算书一份（A3纸，并装订成册）。

②挡土墙结构施工图，包括纵断面布置图、平面图及横断面布置图（图幅A3）。

3）计算说明书要求步骤清楚、计算正确、书写工整。施工图要求按照制图标准的规定绘制，布图匀称、表达正确、线条清晰、图面整洁。

4）在完成上述设计任务后方可参加课程设计答辩。

5. 参考资料

[1] 交通部. 公路桥涵设计通用规范：JTG D 60—2015 [S]. 北京：人民交通出版社，2015.

[2] 交通运输部. 公路钢筋混凝土及预应力混凝土桥涵设计规范：JTG 3362—2018 [S]. 北京：人民交通出版社，2018.

[3] 交通运输部. 公路桥涵地基与基础设计规范：JTG 3363—2019 [S]. 北京：人民交通出版社，2020.

[4] 交通运输部. 公路路基施工技术规范：JTG/T 3610—2019 [S]. 北京：人民交通出版社，2019.

[5] 交通运输部. 公路路基设计规范：JTG D 30—2015 [S]. 北京：人民交通出版社，2015.

[6] 叶见署. 结构设计原理 [M]. 4版. 北京：人民交通出版社，2017.

[7] 宋金华，张彩利，张雪华. 路基路面工程 [M]. 北京：人民交通出版社，2006.

5.5 路基路面工程课程设计任务书

1. 设计题目

某道路结构设计。

2. 设计条件

（1）公路功能及沿线地质及环境资料 见表5-4，每位学生的沿线地质资料可由指导教师指定。

表5-4 沿线地质资料

序号	自然区划	土质名称	地下水埋深 /m	土的天然重度 $\gamma/(kN/m^3)$	土的内摩擦角 φ (°)	土的黏聚力 c/kPa	路堤最小高度 /m	公路功能
1	II3	黏土质砂	2.1	20	40	0	2.1	主要干线
2	II4	砂质黏土	2.5	21	24	25	2.2	主要集散
3	III2	黏土质砂	1.8	19	38	0	2.5	主要干线
4	III4	砂质黏土	2.8	18.5	17	30	2.0	主要集散
5	IV2	砂质黏土	1.5	20	22	35	3.2	主要干线

（续）

序号	自然区划	土质名称	地下水埋深/m	土的天然重度 γ/(kN/m³)	土的内摩擦角 φ(°)	土的黏聚力 c/kPa	路堤最小高度/m	公路功能
6	IV4	砂质黏土	2.0	20	23	15	3.0	主要集散
7	V4	砂质黏土	2.4	18.5	18	20	2.5	主要集散
8	V2	中砂	1.4	19.5	36	0	2.0	主要干线
9	IV1	黏土质砂	2.4	18	38	0	1.8	主要干线
10	VI4	低液限黏土	5.5	19	19	25	2.3	主要集散

（2）交通资料

1）路段初始年观测不同断面双向交通量见表5-5，每位学生的路段初始年观测交通量可由指导教师指定。交通量年增长率为6.5%。

表5-5　路段初始年观测交通量　　　　　　　　（单位：辆/天）

序号 车辆类型	1	2	3	4	5	6	7	8	9	10
1	2430	230	43	29	0	129	86	43	359	518
2	2180	220	41	28	0	124	83	41	344	495
3	2120	280	53	35	0	158	105	53	438	630
4	2100	170	32	21	0	96	64	34	266	383
5	1180	300	56	38	0	169	113	75	450	675
6	1160	150	28	19	0	184	56	38	225	338
7	1050	180	34	23	0	101	68	45	270	405
8	1330	160	30	20	0	90	60	40	240	360
9	1920	350	66	44	0	197	131	86	535	788
10	1800	120	23	15	0	68	45	30	180	270

2）沥青混凝土路面设计用交通资料。各车型的平均轴数见表5-6。各车型的轴载谱详见表5-7~表5-10。

表5-6　各车型的平均轴数

车辆类型	单轴单胎	单轴双胎	双联轴	三联轴
车型2	1.0	1.0	0	0
车型3	1.0	1.0	0	0
车型4	1.0	0	1.0	0
车型6	2.0	1.0	0	0
车型7	1.0	1.0	1.0	0
车型8	1.0	1.0	0	1.0
车型9	1.0	0	1.0	1.0
车型10	2.0	1.0	0.02	0.98

表5-7　各车型轴载谱（单轴单胎）

区间	车型2 $ALDF_{mij}$(%)	车型3 $ALDF_{mij}$(%)	车型4 $ALDF_{mij}$(%)	车型6 $ALDF_{mij}$(%)	车型7 $ALDF_{mij}$(%)	车型8 $ALDF_{mij}$(%)	车型9 $ALDF_{mij}$(%)	车型10 $ALDF_{mij}$(%)
0.0~10.0	9.8	0	4	1.5	0.1	1	0	0

(续)

区间	车型 2 ALDF$_{mij}$(%)	车型 3 ALDF$_{mij}$(%)	车型 4 ALDF$_{mij}$(%)	车型 6 ALDF$_{mij}$(%)	车型 7 ALDF$_{mij}$(%)	车型 8 ALDF$_{mij}$(%)	车型 9 ALDF$_{mij}$(%)	车型 10 ALDF$_{mij}$(%)
10.0~12.5	5	0.1	1	1	0.1	0.1	0	0.2
12.5~15.0	7	0.1	1	0	0.1	0.1	0.1	0.4
15.0~17.5	6	0.4	1	1	0.1	0.1	0.1	1
17.5~20.0	10	0.6	1	2	0.1	0.2	0.1	2
20.0~22.5	9	1.2	2	2	0.9	0.7	0.1	1
22.5~25.0	5	1.8	4	1	1.1	0.8	0.2	2
25.0~27.5	6	2	2	3	1.1	1.3	0.8	2
27.5~30.0	4	3	2	2	1.7	0.9	2.1	1
30.0~32.5	5	3.5	1	5	2.4	1.3	1.5	2
32.5~35.0	3	3	3	8	2.6	1.1	1.6	3
35.0~37.5	3	3.5	3	9	2.7	2.2	0.5	6
37.5~40.0	2	4	2	12	2.9	2.1	0.6	8
40.0~42.5	3	4.1	4	8	3.6	4	1.5	12
42.5~45.0	3	4.6	5	12	3.8	4	1.9	12
45.0~47.5	2	5.3	8	5	4.2	6.5	4.6	11
47.5~50.0	2	5.8	9	9	5.8	6.8	5.3	11
50.0~52.5	3	6.5	8	3	6.5	8	8.2	8
52.5~55.0	1	7.5	5	5	7	7	8.9	6
55.0~57.5	1	7.9	6	2	7.3	9	12	2
57.5~60.0	3	7.6	4	3	7.4	10	10	2
60.0~62.5	2	7.4	4	2	7.8	8	10.5	1
62.5~65.0	1	6.8	4	1	6	6	9.3	1
65.0~67.5	8	4.8	2	0.2	5.4	5	7.1	1
67.5~70.0	0.2	2.5	2	0.8	3.7	5.2	5.4	0.8
70.0~72.5	0.8	1.9	3	0.3	3.5	2.3	3.5	0.7
72.5~75.0	0.3	1.6	2	0.4	2.4	2.5	2	0.5
75.0~77.5	0.7	1.2	1.4	0.2	2	0.9	1	0.6
77.5~80.0	0.5	0.77	0.9	0.3	1.9	1.2	0.6	0.5
80.0~82.5	0.8	0.3	0.8	0.2	1.2	0.3	0.4	0.4
82.5~85.0	0.1	0.1	0.7	0.1	1	0.8	0.1	0.5
85.0~87.5		0.08	0.8		0.8	0.2		0.4
87.5~90.0		0.05	0.6		0.7	0.2		
90.0~92.5			0.7		0.6	0.1		
92.5~95.0			0.5		0.4	0.05		
95.0~97.5			0.3		0.3	0.05		
97.5~100.0			0.3		0.3			
100.0~102.5					0.2			

表 5-8　各车型轴载谱（单轴双胎）

区间	车型 2 ALDF$_{mij}$（%）	车型 3 ALDF$_{mij}$（%）	车型 10 ALDF$_{mij}$（%）
0.0~13.50	10	0.2	0.02
13.5~18.0	8	0.3	0.01
18.0~22.5	6.9	0.3	0.02
22.5~27.0	6.2	0.4	0.03
27.0~31.5	5.6	0.8	0.4
31.5~36.0	5.5	0.8	0.6
36.0~40.5	4.7	0.8	0.9
40.5~45.0	4.5	0.9	0.8
45.0~49.5	4	3.1	0.7
49.5~54.0	3.9	3.1	0.6
54.0~58.5	2.9	3.7	0.06
58.5~63.0	2.8	3.8	0.9
63.0~67.5	2.5	3.6	1.1
67.5~72.0	2.4	3.5	1.2
72.0~76.5	2.3	2.9	1.3
76.5~81.0	2.2	2.8	1.1
81.0~85.5	2.2	2.8	1.5
85.5~90.0	1.9	2.8	1.3
90.0~94.5	1.9	4.3	2.9
94.5~99.0	1.9	2.3	2.7
99.0~103.5	1.8	7.6	4.7
103.5~108.0	1.8	7.8	4.8
108.0~112.5	1.9	8.5	9.2
112.5~117.0	2	8.4	8.02
117.0~121.5	1.9	5.8	9.2
121.5~126.0	1.8	5.7	9.4
126.0~130.5	1.2	3.6	7.2
130.5~135.0	1	3.3	7.6
135.0~139.5	0.8	1.7	5
139.5~144.0	0.8	1.3	5.4
144.0~148.5	0.7	1.2	3.3
148.5~153.0	0.7	1.1	3.1
153.0~157.5	0.5	0.3	1.4
157.5~162.0	0.4	0.2	1.1
162.0~166.5	0.2	0.2	0.8
166.5~171.0	0.2	0.1	0.6
171.0~175.5			0.4
175.5~180.0			0.3
180.0~184.5			0.08

(续)

区间	车型2 ALDF$_{mij}$（%）	车型3 ALDF$_{mij}$（%）	车型10 ALDF$_{mij}$（%）
184.5~189.0			0.09
189.0~193.5			0.06
193.5~198.0			0.04
198.0~202.5			0.01
202.5~207.0			0.03
207.0~211.5			0.02
211.5~216.0			0.01

表5-9 各车型轴载谱（双联轴）

区间	车型4 ALDF$_{mij}$（%）	车型6 ALDF$_{mij}$（%）	车型7 ALDF$_{mij}$（%）	车型9 ALDF$_{mij}$（%）	车型10 ALDF$_{mij}$（%）
0.0~13.50	5.5	0.3	1.5	0.8	0.6
13.5~18.0	3.5	0.5	0.5	0.9	0.3
18.0~22.5	11.1	1.1	1	0.9	0.8
22.5~27.0	9.2	1.2	1	1.5	0.6
27.0~31.5	4.3	1.3	2	2	1.5
31.5~36.0	4.5	1.4	2	2.5	2
36.0~40.5	2.4	1.45	2	3.8	1
40.5~45.0	2.6	1.48	3	3	2.5
45.0~49.5	3.5	1.52	2	2.2	2
49.5~54.0	1.6	1.57	3	1.7	2
54.0~58.5	4.6	1.59	4	2.4	2.1
58.5~63.0	5.8	1.63	4	2.9	2.3
63.0~67.5	6.2	2.3	3	3.6	2
67.5~72.0	8	2.5	3	5.1	3
72.0~76.5	6.2	4.9	3	6.2	6
76.5~81.0	8.2	6.8	2	7.3	5
81.0~85.5	2.7	8	3	8.4	9
85.5~90.0	2.6	7.8	2	9.6	10
90.0~94.5	1.9	6.9	4	11.2	9
94.5~99.0	0.8	6.6	3	8.5	11
99.0~103.5	1.8	5.2	4	6	8
103.5~108.0	0.9	3.9	4	4	7
108.0~112.5	0.1	3.8	5	2.5	3
112.5~117.0	0.3	3.1	4	1.5	2
117.0~121.5	0.7	2.68	5	0.9	2
121.5~126.0	0.4	1.8	6	0.5	2
126.0~130.5	0.05	1.9	4	0.1	1
130.5~135.0	0.05	1.9	4		1

（续）

区间	车型4 ALDF$_{mij}$（%）	车型6 ALDF$_{mij}$（%）	车型7 ALDF$_{mij}$（%）	车型9 ALDF$_{mij}$（%）	车型10 ALDF$_{mij}$（%）
135.0~139.5	0.1	1.88	3		0.8
139.5~144.0	0.2	1.82	3		0.5
144.0~148.5	0.05	1.78	2		
148.5~153.0	0.05	1.59	1		
153.0~157.5	0.02	1.43	2		
157.5~162.0	0.08	1.2	1		
162.0~166.5		1.1	1		
166.5~171.0		1	1		
171.0~175.5		0.9	0.6		
175.5~180.0		0.7	0.4		
180.0~184.5		0.6			
184.5~189.0		0.3			
189.0~193.5		0.2			
193.5~198.0		0.1			
198.0~202.5		0.08			
202.5~207.0		0.05			
207.0~211.5		0.05			
211.5~216.0		0.04			
216.0~220.5		0.03			
220.5~225.0		0.02			

表5-10　各车型轴载谱（三联轴）

区间	车型8 ALDF$_{mij}$（%）	车型9 ALDF$_{mij}$（%）	车型10 ALDF$_{mij}$（%）
0.0~54.0	1.3	0.3	0.6
54.0~67.5	2.1	1.9	1
67.5~81.0	2.8	1.8	1
81.0~94.5	5.3	2.4	1
94.5~108.0	6.2	2.3	1
108.0~121.5	6.3	1.6	1
121.5~135.0	7.5	1.7	1.2
135.0~148.5	6.1	1.5	1.3
148.5~162.0	5.9	1.6	1.4
162.0~175.5	5.8	1.6	1.6
175.5~189.0	5.7	1.7	2
189.0~202.5	5.1	1.9	2
202.5~216.0	4.2	2	1.6
216.0~229.5	3.8	2.9	1.6
229.5~243.0	3.1	3	1.1

(续)

区间	车型 8 ALDF$_{mij}$（%）	车型 9 ALDF$_{mij}$（%）	车型 10 ALDF$_{mij}$（%）
243.0~256.5	2.8	5.8	2
256.5~270.0	2.6	6	2.2
270.0~283.5	3.5	8.2	2.5
283.5~297.0	3.7	8.3	2.7
297.0~310.5	3.1	9.2	4
310.5~324.0	2.6	9.3	6
324.0~337.5	2.5	7	8
337.5~351.0	2.1	6.9	12
351.0~364.5	1.8	3.2	12
364.5~378.0	1.2	3.1	10
378.0~391.5	0.9	1.3	7
391.5~405.0	0.6	1.2	4
405.0~418.5	0.5	0.5	1.5
418.5~432.0	0.48	0.4	1.5
432.0~445.5	0.2	0.4	1.4
445.5~459.0	0.1	0.3	1.2
459.0~472.5	0.08	0.3	0.6
472.5~486.0	0.04	0.2	0.6
486.0~499.5		0.1	0.5
499.5~513.0		0.1	0.4
513.0~526.5			0.3
526.5~540.0			0.2

3）水泥混凝土路面用交通资料。各级单轴轴重及作用次数见表5-11。

表 5-11 各单轴轴重及作用次数

单轴轴重/kN	作用次数/(次/日)	单轴轴重/kN	作用次数/(次/日)	单轴轴重/kN	作用次数/(次/日)
40	400	65	280	90	300
45	550	70	600	95	150
50	900	75	600	100	400
55	450	80	800	105	800
60	550	85	350		

3. 设计内容

1）根据设计资料，进行路基设计。
2）选择路面结构方案，并做比较。
3）进行沥青路面的结构组合设计、材料选择及厚度设计。
4）进行水泥路面的结构设计、接缝构造设计。
5）编写设计说明书，绘制路面结构施工图。

4. 成果要求

1）进度安排（1.0周），其中

路基设计	1.0 天
沥青路面结构设计	1.5 天
水泥路面结构设计、路面接缝构造设计	1.5 天
路面结构电算分析	0.5 天
整理计算书、设计答辩	0.5 天

2）设计成果

①完成设计说明书一份（A3纸，并装订成册）。

②沥青混凝土路面结构施工图（图幅A3）。

③水泥混凝土路面结构施工图、接缝构造（图幅A3）。

3）设计说明书要求步骤清楚、计算正确、书写工整。施工图要求按照制图标准的规定绘制，布图匀称、表达正确、线条清晰、图面整洁。

4）在完成上述设计任务后方可参加课程设计答辩。

5. 参考资料

［1］交通运输部．公路路基设计规范：JTG D 30—2015［S］．北京：人民交通出版社，2015.

［2］交通运输部．公路路面基层施工技术细则：JTG/T F 20—2015［S］．北京：人民交通出版社，2015.

［3］交通运输部．公路沥青路面设计规范：JTG D 50—2017［S］．北京：人民交通出版社，2017.

［4］交通部．公路沥青路面施工技术规范：JTG F 40—2004［S］．北京：人民交通出版社，2004.

［5］交通运输部．公路水泥混凝土路面设计规范：JTG D 40—2011［S］．北京：人民交通出版社，2015.

［6］交通运输部．公路水泥混凝土路面施工技术细则：JTG/T F 30—2014［S］．北京：人民交通出版社，2014.

［7］宋金华，张彩利，张雪华．路基路面工程［M］．北京：人民交通出版社，2006.

附录 A 当量设计轴载换算计算

附表 A-1 车型 2 单轴单胎（$c_1=1.0$，$c_2=4.5$）

区间	P_{mij}	ALDF_{mij} %	EALF_{mij} ($b=4$)（沥青混合料层底拉应变、沥青混合料层永久变形量）	$\text{ALDF}_{mij} \times \text{EALF}_{mij}$	EALF_{mij} ($b=5$)（路基顶面竖向压应变）	$\text{ALDF}_{mij} \times \text{EALF}_{mij}$	EALF_{mij} ($b=13$)（无机结合料稳定层层底拉应力）	$\text{ALDF}_{mij} \times \text{EALF}_{mij}$
0.0~10.0	5	9.8	0.00002813	0.00000276	0.00000141	0.00000014	0.00000000	0.00000000
10.0~12.5	11.25	5	0.00072081	0.00003604	0.00008109	0.00000405	0.00000000	0.00000000
12.5~15.0	13.75	7	0.00160851	0.0001126	0.00022117	0.00001548	0.00000000	0.00000000
15.0~17.5	16.25	6	0.00313781	0.00018827	0.00050989	0.00003059	0.00000000	0.00000000
17.5~20.0	18.75	10	0.00556183	0.00055618	0.00104284	0.00010428	0.00000000	0.00000000
20.0~22.5	21.25	9	0.00917589	0.00082583	0.00194988	0.00017549	0.00000001	0.00000000
22.5~25.0	23.75	5	0.01431749	0.00071587	0.00340040	0.00017002	0.00000003	0.00000000
25.0~27.5	26.25	6	0.02136632	0.00128198	0.00560866	0.00033652	0.00000013	0.00000001
27.5~30.0	28.75	4	0.03074425	0.00122977	0.00883897	0.00035356	0.00000041	0.00000002
30.0~32.5	31.25	5	0.04291534	0.00214577	0.01341105	0.00067055	0.00000122	0.00000006
32.5~35.0	33.75	3	0.05838585	0.00175158	0.01970523	0.00059116	0.00000332	0.00000010
35.0~37.5	36.25	3	0.07770421	0.00233113	0.02816778	0.00084503	0.00000840	0.00000025
37.5~40.0	38.75	2	0.10146105	0.00202922	0.03931616	0.00078632	0.00001999	0.00000040
40.0~42.5	41.25	3	0.13028917	0.00390868	0.05374428	0.00161233	0.00004505	0.00000135
42.5~45.0	43.75	3	0.16486359	0.00494591	0.07212782	0.00216383	0.00009681	0.00000290
45.0~47.5	46.25	2	0.20590148	0.00411803	0.09522943	0.00190459	0.00019937	0.00000399
47.5~50.0	48.75	2	0.25416222	0.00508324	0.12390408	0.00247808	0.00039526	0.00000791
50.0~52.5	51.25	3	0.31044738	0.00931342	0.15910428	0.00477313	0.00075724	0.00002272
52.5~55.0	53.75	1	0.37560070	0.00375604	0.20188537	0.00201885	0.00140648	0.00001406
55.0~57.5	56.25	1	0.45050812	0.00450508	0.25341082	0.00253411	0.00253983	0.00002540
57.5~60.0	58.75	3	0.53609777	0.01608293	0.31495744	0.00944872	0.00447008	0.00013410
60.0~62.5	61.25	2	0.63333995	0.01266680	0.38792072	0.00775841	0.00768408	0.00015368
62.5~65.0	63.75	1	0.74324718	0.00743247	0.47382008	0.00473820	0.01292573	0.00012926
65.0~67.5	66.25	8	0.86687413	0.00693499	0.57430411	0.00459443	0.02131223	0.00017050
67.5~70.0	68.75	0.2	1.00531769	0.00201064	0.69115591	0.00138231	0.034449512	0.00086899
70.0~72.5	71.25	0.8	1.15971691	0.00927774	0.82629830	0.00661039	0.05488022	0.00043904
72.5~75.0	73.75	0.3	1.33125304	0.00399376	0.98179912	0.00294540	0.08592486	0.00025777
75.0~77.5	76.25	0.7	1.52114952	0.01064805	1.15987651	0.00811914	0.13253499	0.00092774
77.5~80.0	78.75	0.5	1.73067198	0.00865336	1.36290419	0.00681452	0.20159039	0.00100795
80.0~82.5	81.25	0.8	1.96112829	0.01568903	1.59341669	0.01274733	0.30263303	0.00242106
82.5~85.0	83.75	0.1	2.21386827	0.00221387	1.85411468	0.001855411	0.44876101	0.00044876
Σ				0.14444098		0.0885811		0.00623804

附录 A 当量设计轴载换算计算

附表 A-2 车型 2 单轴双胎 ($c_1 = 1.0$, $c_2 = 1.0$)

区间	P_{mij}	ALDF_{mij} %	$\text{EALF}_{mij}(b=4)$ (沥青混合料层底拉应变、沥青混合料层永久变形量)	$\text{ALDF}_{mij} \times \text{EALF}_{mij}$	$\text{EALF}_{mij}(b=5)$ (路基顶面竖向压应变)	$\text{ALDF}_{mij} \times \text{EALF}_{mij}$	$\text{EALF}_{mij}(b=13)$ (无机结合料稳定层层底拉应力)	$\text{ALDF}_{mij} \times \text{EALF}_{mij}$
0.0~13.50	6.75	10	0.00002076	0.00000208	0.0000014	0.00000014	0.00000000	0.00000000
13.5~18.0	15.75	8	0.00061535	0.00004923	0.00009692	0.00000775	0.00000000	0.00000000
18.0~22.5	20.25	6.9	0.00168151	0.00011602	0.00034051	0.00002349	0.00000000	0.00000000
22.5~27.0	24.75	6.2	0.00375233	0.00023264	0.0009287	0.00005758	0.00000001	0.00000000
27.0~31.5	29.25	5.6	0.00731987	0.00040991	0.00214106	0.00011990	0.00000011	0.00000001
31.5~36.0	33.75	5.5	0.01297463	0.00071360	0.00437894	0.00024084	0.00000074	0.00000004
36.0~40.5	38.25	4.7	0.02140552	0.00100606	0.00818761	0.00038482	0.00000375	0.00000018
40.5~45.0	42.75	4.5	0.03339985	0.00150299	0.01427843	0.00064253	0.00001593	0.00000072
45.0~49.5	47.25	4	0.04984335	0.00199373	0.02355098	0.00094204	0.00005851	0.00000234
49.5~54.0	51.75	3.9	0.07172019	0.00279709	0.03711520	0.00144749	0.00019091	0.00000745
54.0~58.5	56.25	2.9	0.10011292	0.00290327	0.05631351	0.0163309	0.00056441	0.00001637
58.5~63.0	60.75	2.8	0.13620252	0.00381367	0.08274303	0.0023168	0.00153498	0.00004298
63.0~67.5	65.25	2.5	0.18126838	0.00453171	0.11827762	0.00295694	0.00388639	0.00009716
67.5~72.0	69.75	2.4	0.23668833	0.00568052	0.16509011	0.00396216	0.00924857	0.00022197
72.0~76.5	74.25	2.3	0.30393858	0.00699059	0.22567440	0.00519051	0.02084750	0.00047949
76.5~81.0	78.75	2.2	0.38459377	0.00846106	0.30286760	0.00666309	0.04479786	0.00098555
81.0~85.5	83.25	2.2	0.48032697	0.01056719	0.39987220	0.00879719	0.09225611	0.00202963
85.5~90.0	87.75	1.9	0.59290963	0.01126528	0.52027820	0.00988529	0.18289955	0.00347509
90.0~94.5	92.25	1.9	0.72421164	0.01376002	0.66808524	0.01269362	0.35039901	0.00665758
94.5~99.0	96.75	1.9	0.87620130	0.01664782	0.84772476	0.01610677	0.65082265	0.01236563
99.0~103.5	101.25	1.8	1.05094534	0.01891702	1.06408215	0.01915348	1.17526395	0.02115475
103.5~108.0	105.75	1.8	1.25060887	0.02251096	1.32251888	0.02380634	2.06844934	0.03723209
108.0~112.5	110.25	1.9	1.47745544	0.02807165	1.62889463	0.03094900	3.55567269	0.06755778
112.5~117.0	114.75	2	1.73384702	0.03467694	1.98958946	0.03979179	5.98115455	0.11962309
117.0~121.5	119.25	1.9	2.02224398	0.03842264	2.41152594	0.04581899	9.86186471	0.18737543
121.5~126.0	123.75	1.8	2.34520510	0.04221369	2.90219131	0.05223944	15.96201442	0.28731626
126.0~130.5	128.25	1.2	2.70538760	0.03246465	3.46965960	0.04163592	25.39486212	0.30473835
130.5~135.0	132.75	1	3.10554709	0.03105547	4.12261376	0.04122614	39.76022989	0.39760230
135.0~139.5	137.25	0.8	3.54853761	0.02838830	4.87036787	0.03896294	61.32825258	0.49062602
139.5~144.0	141.75	0.8	4.03731161	0.03229849	5.72288920	0.04578311	93.28243589	0.74625949
144.0~148.5	146.25	0.7	4.57491995	0.03202444	6.69082042	0.04683574	140.0381523	0.980266707
148.5~153.0	150.75	0.7	5.16451191	0.03615158	7.78550170	0.05449851	207.6563282	1.4535943
153.0~157.5	155.25	0.5	5.80933519	0.02904668	9.01899288	0.04509496	304.3763572	1.52188179
157.5~162.0	159.75	0.4	6.51273590	0.02605094	10.40409560	0.04161638	441.2972985	1.76518919
162.0~166.5	164.25	0.2	7.27815856	0.01455632	11.95437544	0.02390875	633.2422991	1.2664846
166.5~171.0	168.75	0.2	8.10914612	0.01621829	13.68418407	0.02736837	899.8480079	1.79969602
Σ				0.55651258		0.69276092		11.47298069

附表 A-3　车型 3　单轴单胎（$c_1 = 1.0$，$c_2 = 4.5$）

区间	P_{mij}	$ALDF_{mij}$ %	$EALF_{mij}(b=4)$（沥青混合料层底拉应变、沥青混合料层永久变形量）	$ALDF_{mij} \times EALF_{mij}$	$EALF_{mij}(b=5)$（路基顶面竖向压应变）	$ALDF_{mij} \times EALF_{mij}$	$EALF_{mij}(b=13)$（无机结合料稳定层层底拉应力）	$ALDF_{mij} \times EALF_{mij}$
0.0~10.0	5	0	0.00002813	0	0.00000141	0	0.00000000	0.00000000
10.0~12.5	11.25	0.1	0.00072081	0.00000072	0.00008109	0.00000008	0.00000000	0.00000000
12.5~15.0	13.75	0.1	0.00160851	0.00000161	0.00022117	0.00000022	0.00000000	0.00000000
15.0~17.5	16.25	0.4	0.00313781	0.00001255	0.00050989	0.00000204	0.00000000	0.00000000
17.5~20.0	18.75	0.6	0.00556183	0.00003337	0.00104284	0.00000626	0.00000000	0.00000000
20.0~22.5	21.25	1.2	0.00917589	0.00011011	0.00194988	0.00002340	0.00000001	0.00000000
22.5~25.0	23.75	1.8	0.01431749	0.00025771	0.00340040	0.00006121	0.00000003	0.00000000
25.0~27.5	26.25	2	0.02136632	0.00042733	0.00560866	0.00011217	0.00000013	0.00000000
27.5~30.0	28.75	3	0.03074425	0.00092233	0.00883897	0.00026517	0.00000041	0.00000001
30.0~32.5	31.25	3.5	0.04291534	0.00150204	0.01341105	0.00046939	0.00000122	0.00000004
32.5~35.0	33.75	3	0.05838585	0.00175158	0.01970523	0.00059116	0.00000332	0.00000010
35.0~37.5	36.25	3.5	0.07770421	0.00271965	0.02816778	0.00098587	0.00000840	0.00000029
37.5~40.0	38.75	4	0.10146105	0.00405844	0.03931616	0.00157265	0.00001999	0.00000080
40.0~42.5	41.25	4.1	0.13028917	0.00534186	0.05374428	0.00220352	0.00004505	0.00000185
42.5~45.0	43.75	4.6	0.16486359	0.00758372	0.07212782	0.00331788	0.00009681	0.00000445
45.0~47.5	46.25	5.3	0.20590148	0.01091278	0.09522943	0.00504716	0.00019937	0.00001057
47.5~50.0	48.75	5.8	0.25416222	0.01474141	0.12390408	0.00718644	0.00039526	0.00002293
50.0~52.5	51.25	6.5	0.31044738	0.02017908	0.15910428	0.01034178	0.00075724	0.00004922
52.5~55.0	53.75	7.5	0.37560070	0.02817005	0.20188537	0.01514140	0.00140648	0.00010549
55.0~57.5	56.25	7.9	0.45050812	0.03559014	0.25341082	0.02001945	0.00253983	0.00020065
57.5~60.0	58.75	7.6	0.53609777	0.04074343	0.31495744	0.02393677	0.00447008	0.00033973
60.0~62.5	61.25	7.4	0.63333995	0.04686716	0.38792072	0.02870613	0.00768408	0.00056862
62.5~65.0	63.75	6.8	0.74324718	0.05054081	0.47382008	0.03221977	0.01292573	0.00087895
65.0~67.5	66.25	4.8	0.86687413	0.04160996	0.57430411	0.02756660	0.02131223	0.00102299
67.5~70.0	68.75	2.5	1.00531769	0.02513294	0.69115591	0.01727890	0.034449512	0.00086238
70.0~72.5	71.25	1.9	1.15971691	0.02203462	0.82629830	0.01569967	0.05488022	0.00104272
72.5~75.0	73.75	1.6	1.33125304	0.02130005	0.98179912	0.01570879	0.08592486	0.00137480
75.0~77.5	76.25	1.2	1.52114952	0.01825379	1.15987651	0.01391852	0.13253499	0.00159042
77.5~80.0	78.75	0.77	1.73067198	0.01332617	1.36290419	0.01049436	0.20159039	0.00155225
80.0~82.5	81.25	0.3	1.96112829	0.00588338	1.59341669	0.00478025	0.30263303	0.00090790
82.5~85.0	83.75	0.1	2.21386827	0.00221387	1.85411468	0.00185411	0.44876101	0.00044876
85.0~87.5	86.25	0.08	2.49028429	0.00199223	2.14787020	0.00171830	0.65778030	0.00052622
87.5~90.0	88.75	0.05	2.79181066	0.00139591	2.47773196	0.00123887	0.95367680	0.00047684
Σ				0.42561079		0.26246826		0.01198897

附表 A-4　车型 3　单轴双胎（$c_1 = 1.0$，$c_2 = 1.0$）

区间	P_{mij}	ALDF_{mij} %	$\text{EALF}_{mij}(b=4)$（沥青混合料层底拉应变、沥青混合料层永久变形量）	$\text{ALDF}_{mij} \times \text{EALF}_{mij}$	$\text{EALF}_{mij}(b=5)$（路基顶面竖向压应变）	$\text{ALDF}_{mij} \times \text{EALF}_{mij}$	$\text{EALF}_{mij}(b=13)$（无机结合料稳定层层底拉应力）	$\text{ALDF}_{mij} \times \text{EALF}_{mij}$
0.0~13.50	6.75	0.2	0.00002076	0.00000004	0.0000014	0.00000010	0.00000000	0.00000000
13.5~18.0	15.75	0.3	0.00061535	0.00000185	0.00009692	0.00000029	0.00000000	0.00000000
18.0~22.5	20.25	0.3	0.00168151	0.00000504	0.00034051	0.00000102	0.00000000	0.00000000
22.5~27.0	24.75	0.4	0.00375233	0.00001501	0.0009287	0.00000371	0.00000001	0.00000000
27.0~31.5	29.25	0.8	0.00731987	0.00005856	0.00214106	0.00001713	0.00000011	0.00000000
31.5~36.0	33.75	0.8	0.01297463	0.00010380	0.00437894	0.00003503	0.00000074	0.00000001
36.0~40.5	38.25	0.8	0.02140552	0.00017124	0.00818761	0.00006550	0.00000375	0.00000003
40.5~45.0	42.75	0.9	0.03339985	0.00030060	0.01427843	0.00012851	0.00001593	0.00000014
45.0~49.5	47.25	3.1	0.04984335	0.00154514	0.02355098	0.00073008	0.00005851	0.00000181
49.5~54.0	51.75	3.1	0.07172019	0.00222333	0.03711520	0.00115057	0.00019091	0.00000592
54.0~58.5	56.25	3.7	0.10011292	0.00370418	0.05631351	0.00208360	0.00056441	0.00002088
58.5~63.0	60.75	3.8	0.13620252	0.00517570	0.08274303	0.00314424	0.00153498	0.00005833
63.0~67.5	65.25	3.6	0.18126838	0.00652566	0.11827762	0.00425799	0.00388639	0.00013991
67.5~72.0	69.75	3.5	0.23668833	0.00828409	0.16509011	0.00577815	0.00924857	0.00032370
72.0~76.5	74.25	2.9	0.30393858	0.00881422	0.22567440	0.00654456	0.02084750	0.00060458
76.5~81.0	78.75	2.8	0.38459377	0.01076863	0.30286760	0.00848029	0.04479786	0.00125424
81.0~85.5	83.25	2.8	0.48032697	0.01344916	0.39987220	0.01119642	0.09225611	0.00258317
85.5~90.0	87.75	2.8	0.59290963	0.01660147	0.52027820	0.01456779	0.18289955	0.00512119
90.0~94.5	92.25	4.3	0.72421164	0.03114110	0.66808524	0.02872767	0.35039901	0.01506716
94.5~99.0	96.75	2.3	0.87620130	0.02015263	0.84772476	0.01949767	0.65082265	0.01496892
99.0~103.5	101.25	7.6	1.05094534	0.07987185	1.06408215	0.08087024	1.17526395	0.08932006
103.5~108.0	105.75	7.8	1.25060887	0.09754749	1.32251888	0.10315647	2.06844934	0.16133905
108.0~112.5	110.25	8.5	1.47745544	0.12558371	1.62889463	0.13845604	3.55567269	0.30223218
112.5~117.0	114.75	8.4	1.73384702	0.14564315	1.98958946	0.16712551	5.98115455	0.50241698
117.0~121.5	119.25	5.8	2.02224398	0.11729015	2.41152594	0.13986850	9.86186471	0.57198815
121.5~126.0	123.75	5.7	2.34520510	0.13367669	2.90219131	0.16542490	15.96201442	0.90983482
126.0~130.5	128.25	3.6	2.70538760	0.09739395	3.46965960	0.12490775	25.39486212	0.91421504
130.5~135.0	132.75	3.3	3.10554709	0.10248305	4.12261376	0.13604625	39.76022989	1.31208756
135.0~139.5	137.25	1.7	3.54853761	0.06032514	4.87036787	0.06279625	61.32825258	1.04258029
139.5~144.0	141.75	1.3	4.03731161	0.05248505	5.72288920	0.07439756	93.28243589	1.21267167
144.0~148.5	146.25	1.2	4.57491995	0.05489904	6.69082042	0.08028985	140.0381523	1.68045783
148.5~153.0	150.75	1.1	5.16451191	0.05680963	7.78550170	0.08564052	207.6563282	2.28421961
153.0~157.5	155.25	0.3	5.80933519	0.01742801	9.01899288	0.02705698	304.3763572	0.91312907
157.5~162.0	159.75	0.2	6.51273590	0.01302547	10.40409560	0.02080819	441.2972985	0.88259460
162.0~166.5	164.25	0.2	7.27815856	0.001455632	11.95437544	0.02390875	633.2422991	1.26648460
166.5~171.0	168.75	0.1	8.10914612	0.00810915	13.68418407	0.01368418	899.8480079	0.89984801
Σ				1.30616929		1.57084819		14.98556963

附表 A-5　车型 4　单轴单胎（$c_1=1.0$，$c_2=4.5$）

区间	P_{mij}	$ALDF_{mij}$ %	$EALF_{mij}(b=4)$（沥青混合料层底拉应变、沥青混合料层永久变形量）	$ALDF_{mij} \times EALF_{mij}$	$EALF_{mij}(b=5)$（路基顶面竖向压应变）	$ALDF_{mij} \times EALF_{mij}$	$EALF_{mij}(b=13)$（无机结合料稳定层层底拉应力）	$ALDF_{mij} \times EALF_{mij}$
0.0~10.0	5	4	0.00002813	0.00000113	0.00000141	0.00000006	0.00000000	0.00000000
10.0~12.5	11.25	1	0.00072081	0.00000721	0.00008109	0.00000081	0.00000000	0.00000000
12.5~15.0	13.75	1	0.00160851	0.00001609	0.00022117	0.00000221	0.00000000	0.00000000
15.0~17.5	16.25	1	0.00313781	0.00003138	0.00050989	0.0000051	0.00000000	0.00000000
17.5~20.0	18.75	1	0.00556183	0.00005562	0.00104284	0.00001043	0.00000000	0.00000000
20.0~22.5	21.25	2	0.00917589	0.00018352	0.00194988	0.00003900	0.00000001	0.00000000
22.5~25.0	23.75	4	0.01431749	0.00057270	0.00340040	0.00013602	0.00000003	0.00000000
25.0~27.5	26.25	2	0.02136632	0.00042733	0.00560866	0.00011217	0.00000013	0.00000000
27.5~30.0	28.75	2	0.03074425	0.00061489	0.00883897	0.00017678	0.00000041	0.00000001
30.0~32.5	31.25	1	0.04291534	0.00042915	0.01341105	0.00013411	0.00000122	0.00000001
32.5~35.0	33.75	3	0.05838585	0.00175158	0.01970523	0.00059116	0.00000332	0.00000010
35.0~37.5	36.25	3	0.07770421	0.00233113	0.02816778	0.00084503	0.00000840	0.00000025
37.5~40.0	38.75	2	0.10146105	0.00202922	0.03931616	0.00078632	0.00001999	0.00000040
40.0~42.5	41.25	4	0.13028917	0.00521157	0.05374428	0.00214977	0.00004505	0.00000180
42.5~45.0	43.75	5	0.16486359	0.00824318	0.07212782	0.00360639	0.00009681	0.00000484
45.0~47.5	46.25	8	0.20590148	0.01647212	0.09522943	0.00761835	0.00019937	0.00001595
47.5~50.0	48.75	9	0.25416222	0.02287460	0.12390408	0.01115137	0.00039526	0.00003557
50.0~52.5	51.25	8	0.31044738	0.02483579	0.15910428	0.01272834	0.00075724	0.00006058
52.5~55.0	53.75	5	0.37560070	0.01878003	0.20188537	0.01009427	0.00140648	0.00007032
55.0~57.5	56.25	6	0.45050812	0.02703049	0.25341082	0.01520465	0.00253983	0.00015239
57.5~60.0	58.75	4	0.53609777	0.02144391	0.31495744	0.01259830	0.00447008	0.00017880
60.0~62.5	61.25	4	0.63333995	0.02533360	0.38792072	0.01551683	0.00768408	0.00030736
62.5~65.0	63.75	4	0.74324718	0.02972989	0.47382008	0.01895280	0.01292573	0.00051703
65.0~67.5	66.25	2	0.86687413	0.01733748	0.57430411	0.01148608	0.02131223	0.00042624
67.5~70.0	68.75	2	1.00531769	0.02010635	0.69115591	0.01382312	0.034449512	0.00068990
70.0~72.5	71.25	3	1.15971691	0.03479151	0.82629830	0.02478895	0.05488022	0.00164641
72.5~75.0	73.75	2	1.33125304	0.02662506	0.98179912	0.01963598	0.08592486	0.00171850
75.0~77.5	76.25	1.4	1.52114952	0.02129609	1.15987651	0.01623827	0.13253499	0.00185549
77.5~80.0	78.75	0.9	1.73067198	0.01557605	1.36290419	0.01226614	0.20159039	0.00181431
80.0~82.5	81.25	0.8	1.96112829	0.01568903	1.59341669	0.01274733	0.30263303	0.00242106
82.5~85.0	83.75	0.7	2.21386827	0.01549708	1.85411468	0.01297880	0.44876101	0.00314133
85.0~87.5	86.25	0.8	2.49028429	0.01992227	2.14787020	0.01718296	0.65778030	0.00526224
87.5~90.0	88.75	0.6	2.79181066	0.01675086	2.47773196	0.01486639	0.95367680	0.00572206
90.0~92.5	91.25	0.7	3.11992394	0.02183947	2.84693059	0.01992851	1.36848444	0.00957939
92.5~95.0	93.75	0.5	3.47614288	0.01738071	3.25888395	0.01629442	1.94463952	0.00972320
95.0~97.5	96.25	0.3	3.86202843	0.01158609	3.71720236	0.01115161	2.73792855	0.00821379
97.5~100.0	98.75	0.3	4.27918370	0.01283755	4.22569391	0.01267708	3.82115689	0.01146347
Σ				0.47564170		0.32852592		0.06502282

附表 A-6　车型 4　双联轴（$c_2 = 1.0$）

区间	P_{mij}	ALDF_{mij} %	EALF_{mij} ($c_1 = 2.1, b = 4$) （沥青混合料层底拉应变、沥青混合料层永久变形量）	$\text{ALDF}_{mij} \times \text{EALF}_{mij}$	EALF_{mij} ($c_1 = 4.2, b = 5$) （路基顶面竖向压应变）	$\text{ALDF}_{mij} \times \text{EALF}_{mij}$	EALF_{mij} ($c_1 = 2.6, b = 5$) （路基顶面竖向压应变）	$\text{ALDF}_{mij} \times \text{EALF}_{mij}$
0.0~27.0	6.75	5.5	0.00004359	0.0000024	0.00000589	0.00000032	0.00000000	0.00000000
27.0~36.0	15.75	3.5	0.00129224	0.00004523	0.00040705	0.00001425	0.00000000	0.00000000
36.0~45.0	20.25	11.1	0.00353118	0.00039196	0.00143013	0.00015874	0.00000000	0.00000000
45.0~54.0	24.75	9.2	0.00787989	0.00072495	0.00390055	0.00035885	0.00000003	0.00000000
54.0~63.0	29.25	4.3	0.01537173	0.00066098	0.00899246	0.00038668	0.00000030	0.00000001
63.0~72.0	33.75	4.5	0.02724673	0.00122610	0.01839154	0.00082762	0.00000192	0.00000009
72.0~81.0	38.25	2.4	0.04495159	0.00107884	0.03438797	0.00082531	0.00000975	0.00000023
81.0~90.0	42.75	2.6	0.07013968	0.00182363	0.05996943	0.00155921	0.00004141	0.00000108
90.0~99.0	47.25	3.5	0.10467104	0.00366349	0.09891413	0.00346199	0.00015212	0.00000532
99.0~108.0	51.75	1.6	0.15061239	0.00240980	0.15588383	0.00249414	0.00049637	0.00000794
108.0~117.0	56.25	4.6	0.21023712	0.00967091	0.23651676	0.01087977	0.00146746	0.00006750
117.0~126.0	60.75	5.8	0.28602528	0.01658947	0.34752072	0.02015620	0.00399094	0.00023147
126.0~135.0	65.25	6.2	0.38066361	0.02360114	0.49676601	0.03079949	0.01010462	0.00062649
135.0~144.0	69.75	8	0.49704550	0.03976364	0.69337847	0.05547028	0.02404629	0.00192370
144.0~153.0	74.25	6.2	0.63827102	0.03957280	0.94783247	0.05876561	0.05420350	0.00336062
153.0~162.0	78.75	8.2	0.80764693	0.06622705	1.27204391	0.10430760	0.11647445	0.00955090
162.0~171.0	83.25	2.7	1.00868663	0.02723454	1.67946324	0.04534551	0.23986589	0.00647638
171.0~180.0	87.75	2.6	1.24511021	0.03237287	2.18516842	0.05681438	0.47553882	0.01236401
180.0~189.0	92.25	1.9	1.52084444	0.02889604	2.80595799	0.05331320	0.91103743	0.01730971
189.0~198.0	96.75	0.8	1.84002274	0.01472018	3.56044400	0.02848355	1.69213889	0.01353711
198.0~207.0	101.25	1.8	2.20698521	0.03972573	4.46914505	0.08044461	3.05568627	0.05500235
207.0~216.0	105.75	0.9	2.62627862	0.02363651	5.55457929	0.04999121	5.37796828	0.04840171
216.0~225.0	110.25	0.1	3.10265643	0.00310266	6.84135743	0.00684136	9.24474899	0.00924475
225.0~234.0	114.75	0.3	3.64107875	0.01092324	8.35627572	0.02506883	15.55100184	0.04665301
234.0~243.0	119.25	0.7	4.24671235	0.02972699	10.12840896	0.07089886	25.64084824	0.17948594
243.0~252.0	123.75	0.4	4.92493072	0.01969972	12.18920352	0.04875681	41.50123750	0.16600495
252.0~261.0	128.25	0.05	5.68131396	0.00284066	14.57257031	0.00728629	66.02664151	0.03301332
261.0~270.0	132.75	0.05	6.52164889	0.00326082	17.31497780	0.00865749	103.3765977	0.05168830
270.0~279.0	137.25	0.1	7.45192898	0.00745193	20.45554505	0.02045555	159.4534567	0.15945346
279.0~288.0	141.75	0.2	8.47835437	0.01695671	24.03613465	0.04807227	242.5343333	0.48506867
288.0~297.0	146.25	0.05	9.60733189	0.00480367	28.10144577	0.01405072	364.0991959	0.18204960
297.0~306.0	150.75	0.05	10.84547501	0.00542274	32.69910715	0.01634955	539.9064534	0.26995323
306.0~315.0	155.25	0.02	12.19960390	0.00243992	37.87977011	0.00757595	791.3785287	0.15827571
315.0~324.0	159.75	0.08	13.67674539	0.01094140	43.69720152	0.03495776	1147.372976	0.91789838
Σ				0.49160870		0.91382997		2.82765594

附表 A-7　车型 6　单轴单胎（$c_1 = 1.0$，$c_2 = 4.5$）

区间	P_{mij}	$ALDF_{mij}$ %	$EALF_{mij}(b=4)$ (沥青混合料层底拉应变、沥青混合料层永久变形量)	$ALDF_{mij} \times EALF_{mij}$	$EALF_{mij}(b=5)$ (路基顶面竖向压应变)	$ALDF_{mij} \times EALF_{mij}$	$EALF_{mij}(b=13)$ (无机结合料稳定层层底拉应力)	$ALDF_{mij} \times EALF_{mij}$
0.0~10.0	5	1.5	0.00002813	0.00000042	0.00000141	0.00000002	0.00000000	0.00000000
10.0~12.5	11.25	1	0.00072081	0.00000721	0.00008109	0.00000081	0.00000000	0.00000000
12.5~15.0	13.75	0	0.00160851	0.00000000	0.00022117	0.00000000	0.00000000	0.00000000
15.0~17.5	16.25	1	0.00313781	0.00003138	0.00050989	0.00000510	0.00000000	0.00000000
17.5~20.0	18.75	2	0.00556183	0.00011124	0.00104284	0.00002086	0.00000000	0.00000000
20.0~22.5	21.25	2	0.00917589	0.00018352	0.00194988	0.00003900	0.00000001	0.00000000
22.5~25.0	23.75	1	0.01431749	0.00014317	0.00340040	0.00003400	0.00000003	0.00000000
25.0~27.5	26.25	3	0.02136632	0.00064099	0.00560866	0.00016826	0.00000013	0.00000000
27.5~30.0	28.75	2	0.03074425	0.00061489	0.00883897	0.00017678	0.00000041	0.00000001
30.0~32.5	31.25	5	0.04291534	0.00214577	0.01341105	0.00067055	0.00000122	0.00000006
32.5~35.0	33.75	8	0.05838585	0.00467087	0.01970523	0.00157642	0.00000332	0.00000027
35.0~37.5	36.25	9	0.07770421	0.00699338	0.02816778	0.00253510	0.00000840	0.00000076
37.5~40.0	38.75	12	0.10146105	0.01217533	0.03931616	0.00471794	0.00001999	0.00000240
40.0~42.5	41.25	8	0.13028917	0.01042313	0.05374428	0.00429954	0.00004505	0.00000360
42.5~45.0	43.75	12	0.16486359	0.01978363	0.07212782	0.00865534	0.00009681	0.00001162
45.0~47.5	46.25	5	0.20590148	0.01029507	0.09522943	0.00476147	0.00019937	0.00000997
47.5~50.0	48.75	9	0.25416222	0.02287460	0.12390408	0.01115137	0.00039526	0.00003557
50.0~52.5	51.25	3	0.31044738	0.00931342	0.15910428	0.00477313	0.00075724	0.00002272
52.5~55.0	53.75	5	0.37560070	0.01878003	0.20188537	0.01009427	0.00140648	0.00007032
55.0~57.5	56.25	2	0.45050812	0.00901016	0.25341082	0.00506822	0.00253983	0.00005080
57.5~60.0	58.75	3	0.53609777	0.01608293	0.31495744	0.00944872	0.00447008	0.00013410
60.0~62.5	61.25	2	0.63333995	0.01266680	0.38792072	0.00775841	0.00768408	0.00015368
62.5~65.0	63.75	1	0.74324718	0.00743247	0.47382008	0.00473820	0.01292573	0.00012926
65.0~67.5	66.25	0.2	0.86687413	0.00173375	0.57430411	0.00114861	0.02131223	0.00004262
67.5~70.0	68.75	0.8	1.00531769	0.00804254	0.69115591	0.00552925	0.034449512	0.00027596
70.0~72.5	71.25	0.3	1.15971691	0.00347915	0.82629830	0.00247889	0.05488022	0.00016464
72.5~75.0	73.75	0.4	1.33125304	0.00532501	0.98179912	0.00392720	0.08592486	0.00034370
75.0~77.5	76.25	0.2	1.52114952	0.00304230	1.15987651	0.00231975	0.13253499	0.00026507
77.5~80.0	78.75	0.3	1.73067198	0.00519202	1.36290419	0.00408871	0.20159039	0.00060477
80.0~82.5	81.25	0.2	1.96112829	0.00392226	1.59341669	0.00318683	0.30263303	0.00060527
82.5~85.0	83.75	0.1	2.21386827	0.00221387	1.85411468	0.00185411	0.44876101	0.00044876
Σ				0.19733130		0.10522687		0.00337593

附表 A-8 车型 6 单轴双胎（$c_1 = 1.0$, $c_2 = 1.0$）

区间	P_{mij}	ALDF_{mij} %	$\text{EALF}_{mij}(b=4)$ （沥青混合料层底拉应变、沥青混合料层永久变形量）	$\text{ALDF}_{mij} \times \text{EALF}_{mij}$	$\text{EALF}_{mij}(b=5)$ （路基顶面竖向压应变）	$\text{ALDF}_{mij} \times \text{EALF}_{mij}$	$\text{EALF}_{mij}(b=13)$ （无机结合料稳定层层底拉应力）	$\text{ALDF}_{mij} \times \text{EALF}_{mij}$
0.0~13.50	6.75	0.3	0.00002076	0.00000006	0.00000140	0.00000000	0.00000000	0.00000000
13.5~18.0	15.75	0.5	0.00061535	0.00000308	0.00009692	0.00000048	0.00000000	0.00000000
18.0~22.5	20.25	1.1	0.00168151	0.00001850	0.00034051	0.00000375	0.00000000	0.00000000
22.5~27.0	24.75	1.2	0.00375233	0.00004503	0.0009287	0.00001114	0.00000001	0.00000000
27.0~31.5	29.25	1.3	0.00731987	0.00009516	0.00214106	0.00002783	0.00000011	0.00000000
31.5~36.0	33.75	1.4	0.01297463	0.00018164	0.00437894	0.00006131	0.00000074	0.00000001
36.0~40.5	38.25	1.45	0.02140552	0.00031252	0.00818761	0.00011954	0.00000375	0.00000005
40.5~45.0	42.75	1.48	0.03339985	0.00049432	0.01427843	0.00021132	0.00001593	0.00000024
45.0~49.5	47.25	1.52	0.04984335	0.00075762	0.02355098	0.00035797	0.00005851	0.00000089
49.5~54.0	51.75	1.57	0.07172019	0.00112601	0.03711520	0.00058271	0.00019091	0.00000300
54.0~58.5	56.25	1.59	0.10011292	0.00159180	0.05631351	0.00089538	0.00056441	0.00000897
58.5~63.0	60.75	1.63	0.13620252	0.00222010	0.08274303	0.00134871	0.00153498	0.00002502
63.0~67.5	65.25	2.3	0.18126838	0.00416917	0.11827762	0.00272039	0.00388639	0.00008939
67.5~72.0	69.75	2.5	0.23668833	0.00591721	0.16509011	0.00412725	0.00924857	0.00023121
72.0~76.5	74.25	4.9	0.30393858	0.01489299	0.22567440	0.01105805	0.02084750	0.00102153
76.5~81.0	78.75	6.8	0.38459377	0.02615238	0.30286760	0.02059500	0.04479786	0.00304625
81.0~85.5	83.25	8	0.48032697	0.03842616	0.39987220	0.03198978	0.09225611	0.00738049
85.5~90.0	87.75	7.8	0.59290963	0.04624695	0.52027820	0.04058170	0.18289955	0.01426616
90.0~94.5	92.25	6.9	0.72421164	0.04997060	0.66808524	0.04609788	0.35039901	0.02417753
94.5~99.0	96.75	6.6	0.87620130	0.05782929	0.84772476	0.05594983	0.65082265	0.04295429
99.0~103.5	101.25	5.2	1.05094534	0.05464916	1.06408215	0.05533227	1.17526395	0.06111317
103.5~108.0	105.75	3.9	1.25060887	0.04877375	1.32251888	0.05157824	2.06844934	0.08066952
108.0~112.5	110.25	3.8	1.47745544	0.05614331	1.62889463	0.06189800	3.55567269	0.13511556
112.5~117.0	114.75	3.1	1.73384702	0.05374926	1.98958946	0.06167727	5.98115455	0.18541579
117.0~121.5	119.25	2.68	2.02224398	0.05419614	2.41152594	0.06462890	9.86186471	0.26429797
121.5~126.0	123.75	1.8	2.34520510	0.04221369	2.90219131	0.05223944	15.96201442	0.28731626
126.0~130.5	128.25	1.9	2.70538760	0.05140236	3.46965960	0.06592353	25.39486212	0.48250238
130.5~135.0	132.75	1.9	3.10554709	0.05900539	4.12261376	0.07832966	39.76022989	0.75544437
135.0~139.5	137.25	1.88	3.54853761	0.06671251	4.87036787	0.09156292	61.32825258	1.15297115
139.5~144.0	141.75	1.82	4.03731161	0.07347907	5.72288920	0.10415658	93.28243589	1.69774033
144.0~148.5	146.25	1.78	4.57491995	0.08143358	6.69082042	0.11909660	140.0381523	2.49207911
148.5~153.0	150.75	1.59	5.16451191	0.08211574	7.78550170	0.12378948	207.6563282	3.30173562
153.0~157.5	155.25	1.43	5.80933519	0.08307349	9.01899288	0.12897160	304.3763572	4.35258191
157.5~162.0	159.75	1.2	6.51273590	0.07815283	10.40409560	0.12484910	441.2972985	5.29556758

（续）

区间	P_{mij}	$ALDF_{mij}$ %	$EALF_{mij}(b=4)$ （沥青混合料层底拉应变、沥青混合料层永久变形量）	$ALDF_{mij} \times EALF_{mij}$	$EALF_{mij}(b=5)$ （路基顶面竖向压应变）	$ALDF_{mij} \times EALF_{mij}$	$EALF_{mij}(b=13)$ （无机结合料稳定层层底拉应力）	$ALDF_{mij} \times EALF_{mij}$
162.0~166.5	164.25	1.1	7.27815856	0.08005974	11.95437544	0.13149813	633.2422991	6.96566529
166.5~171.0	168.75	1	8.10914612	0.08109146	13.68418407	0.13684184	899.8480079	8.99848008
171.0~175.5	173.25	0.9	9.00933992	0.08108406	15.60868141	0.14047813	1266.928666	11.40235799
175.5~180.0	177.75	0.7	9.98247974	0.06987736	17.74385774	0.12420700	1768.173682	12.37721578
180.0~184.5	182.25	0.6	11.03240377	0.06619442	20.10655587	0.12063934	2447.24799220	14.68348795
184.5~189.0	186.75	0.3	12.16304860	0.03648915	22.71449325	0.06814348	3360.37648008	10.08112944
189.0~193.5	191.25	0.2	13.37844924	0.02675690	25.58628418	0.05117257	4579.50744855	9.15901490
193.5~198.0	195.75	0.1	14.68273914	0.01468274	28.74146186	0.02874146	6196.16564571	6.19616565
198.0~202.5	200.25	0.08	16.08015013	0.01286412	32.20050063	0.02576040	8326.12299033	6.66089839
202.5~207.0	204.75	0.05	17.57501247	0.00878751	35.98483802	0.01799242	11115.03502662	5.55751751
207.0~211.5	209.25	0.05	19.17175483	0.00958588	40.11689699	0.02005845	14745.21354911	7.37260677
211.5~216.0	213.75	0.04	20.87490432	0.00834996	44.62010799	0.01784804	19443.73100596	7.77749240
216.0~220.5	218.25	0.03	22.68908643	0.00680673	49.51893114	0.01485568	25492.08048033	7.64762414
220.5~225.0	222.75	0.02	24.61902508	0.00492381	54.83887838	0.01096778	33237.64654996	6.64752931
Σ				1.64310467		2.30997838		142.1655419

附表 A-9　车型 7　单轴单胎（$c_1 = 1.0$，$c_2 = 4.5$）

区间	P_{mij}	$ALDF_{mij}$ %	$EALF_{mij}(b=4)$ （沥青混合料层底拉应变、沥青混合料层永久变形量）	$ALDF_{mij} \times EALF_{mij}$	$EALF_{mij}(b=5)$ （路基顶面竖向压应变）	$ALDF_{mij} \times EALF_{mij}$	$EALF_{mij}(b=13)$ （无机结合料稳定层层底拉应力）	$ALDF_{mij} \times EALF_{mij}$
0.0~10.0	5	0.1	0.00002813	0.00000003	0.00000141	0.00000000	0.00000000	0.00000000
10.0~12.5	11.25	0.1	0.00072081	0.00000072	0.00008109	0.00000008	0.00000000	0.00000000
12.5~15.0	13.75	0.1	0.00160851	0.00000161	0.00022117	0.00000022	0.00000000	0.00000000
15.0~17.5	16.25	0.1	0.00313781	0.00000314	0.00050989	0.00000051	0.00000000	0.00000000
17.5~20.0	18.75	0.1	0.00556183	0.00000556	0.00104284	0.00000104	0.00000000	0.00000000
20.0~22.5	21.25	0.9	0.00917589	0.00917589	0.00194988	0.00001755	0.00000001	0.00000000
22.5~25.0	23.75	1.1	0.01431749	0.00015749	0.00340040	0.00003740	0.00000003	0.00000000
25.0~27.5	26.25	1.1	0.02136632	0.00029913	0.00560866	0.00007852	0.00000013	0.00000000
27.5~30.0	28.75	1.7	0.03074425	0.00052265	0.00883897	0.00015026	0.00000041	0.00000001
30.0~32.5	31.25	2.4	0.04291534	0.00102997	0.01341105	0.00032187	0.00000122	0.00000003
32.5~35.0	33.75	2.6	0.05838585	0.00151803	0.01970523	0.00051234	0.00000332	0.00000009
35.0~37.5	36.25	2.7	0.07770421	0.00209801	0.02816778	0.00076053	0.00000840	0.00000023
37.5~40.0	38.75	2.9	0.10146105	0.00294237	0.03931616	0.00114017	0.00001999	0.00000058
40.0~42.5	41.25	3.6	0.13028917	0.00469041	0.05374428	0.00193479	0.00004505	0.00000162

（续）

区间	P_{mij}	ALDF_{mij} %	$\text{EALF}_{mij}(b=4)$（沥青混合料层底拉应变、沥青混合料层永久变形量）	$\text{ALDF}_{mij} \times \text{EALF}_{mij}$	$\text{EALF}_{mij}(b=5)$（路基顶面竖向压应变）	$\text{ALDF}_{mij} \times \text{EALF}_{mij}$	$\text{EALF}_{mij}(b=13)$（无机结合料稳定层层底拉应力）	$\text{ALDF}_{mij} \times \text{EALF}_{mij}$
42.5~45.0	43.75	3.8	0.16486359	0.00626482	0.07212782	0.00274086	0.00009681	0.00000368
45.0~47.5	46.25	4.2	0.20590148	0.00864786	0.09522943	0.00399964	0.00019937	0.00000837
47.5~50.0	48.75	5.8	0.25416222	0.01474141	0.12390408	0.00718644	0.00039526	0.00002293
50.0~52.5	51.25	6.5	0.31044738	0.02017908	0.15910428	0.01034178	0.00075724	0.00004922
52.5~55.0	53.75	7	0.37560070	0.02629205	0.20188537	0.01413198	0.00140648	0.00009845
55.0~57.5	56.25	7.3	0.45050812	0.03288709	0.25341082	0.01849899	0.00253983	0.00018541
57.5~60.0	58.75	7.4	0.53609777	0.03967123	0.31495744	0.02330685	0.00447008	0.00033079
60.0~62.5	61.25	7.8	0.63333995	0.04940052	0.38792072	0.03025782	0.00768408	0.00059936
62.5~65.0	63.75	6	0.74324718	0.04459483	0.47382008	0.02842920	0.01292573	0.00077554
65.0~67.5	66.25	5.4	0.86687413	0.04681120	0.57430411	0.03101242	0.02131223	0.00115086
67.5~70.0	68.75	3.7	1.00531769	0.03719675	0.69115591	0.02557277	0.034449512	0.00127632
70.0~72.5	71.25	3.5	1.15971691	0.04059009	0.82629830	0.02892044	0.05488022	0.00192081
72.5~75.0	73.75	2.4	1.33125304	0.03195007	0.98179912	0.02356318	0.08592486	0.00206220
75.0~77.5	76.25	2	1.52114952	0.03042299	1.15987651	0.02319753	0.13253499	0.00265070
77.5~80.0	78.75	1.9	1.73067198	0.03288277	1.36290419	0.02589518	0.20159039	0.00383022
80.0~82.5	81.25	1.2	1.96112829	0.02353354	1.59341669	0.01912100	0.30263303	0.00363160
82.5~85.0	83.75	1	2.21386827	0.02213868	1.85411468	0.01854115	0.44876101	0.00448761
85.0~87.5	86.25	0.8	2.49028429	0.01992227	2.14787020	0.01718296	0.65778030	0.00526224
87.5~90.0	88.75	0.7	2.79181066	0.01954267	2.47773196	0.01734412	0.95367680	0.00667574
90.0~92.5	91.25	0.6	3.11992394	0.01871954	2.84693059	0.01708158	1.36848444	0.00821091
92.5~95.0	93.75	0.4	3.47614288	0.01390457	3.25888395	0.01303554	1.94463952	0.00777856
95.0~97.5	96.25	0.3	3.86202843	0.01158609	3.71720236	0.01115161	2.73792855	0.00821379
97.5~100.0	98.75	0.3	4.27918370	0.01283755	4.22569391	0.01267708	3.82115689	0.01146347
100.0~102.5	101.25	0.2	4.72925402	0.00945851	4.78836969	0.00957674	5.28868777	0.01057738
Σ				0.62752791		0.43772213		0.08126868

附表 A-10 车型 7 单轴双胎（$c_1=1.0$，$c_2=1.0$）

区间	P_{mij}	ALDF_{mij} %	$\text{EALF}_{mij}(b=4)$（沥青混合料层底拉应变、沥青混合料层永久变形量）	$\text{ALDF}_{mij} \times \text{EALF}_{mij}$	$\text{EALF}_{mij}(b=4)$（沥青混合料层底拉应变）	$\text{ALDF}_{mij} \times \text{EALF}_{mij}$	$\text{EALF}_{mij}(b=13)$（无机结合料稳定层层底拉应力）	$\text{ALDF}_{mij} \times \text{EALF}_{mij}$
0.0~13.50	6.75	0.5	0.00002076	0.0000001	0.00000140	0.00000001	0.00000000	0.00000000
13.5~18.0	15.75	0.9	0.00061535	0.00000554	0.00009692	0.00000087	0.00000000	0.00000000
18.0~22.5	20.25	1.7	0.00168151	0.00002859	0.00034051	0.00000579	0.00000000	0.00000000
22.5~27.0	24.75	2.3	0.00375233	0.00008630	0.0009287	0.00002136	0.00000001	0.00000000

(续)

区间	P_{mij}	$ALDF_{mij}$ %	$EALF_{mij}(b=4)$（沥青混合料层底拉应变、沥青混合料层永久变形量）	$ALDF_{mij} \times EALF_{mij}$	$EALF_{mij}(b=4)$（沥青混合料层底拉应变）	$ALDF_{mij} \times EALF_{mij}$	$EALF_{mij}(b=13)$（无机结合料稳定层层底拉应力）	$ALDF_{mij} \times EALF_{mij}$
27.0~31.5	29.25	3.2	0.00731987	0.00023424	0.00214106	0.00006851	0.00000011	0.00000000
31.5~36.0	33.75	3.6	0.01297463	0.00046709	0.00437894	0.00015764	0.00000074	0.00000003
36.0~40.5	38.25	4.55	0.02140552	0.00097395	0.00818761	0.00037254	0.00000375	0.00000017
40.5~45.0	42.75	5.3	0.03339985	0.00177019	0.01427843	0.00075676	0.00001593	0.00000084
45.0~49.5	47.25	6.42	0.04984335	0.00319994	0.02355098	0.00151197	0.00005851	0.00000376
49.5~54.0	51.75	5.8	0.07172019	0.00415977	0.03711520	0.00215268	0.00019091	0.00001107
54.0~58.5	56.25	5.4	0.10011292	0.00540610	0.05631351	0.00304093	0.00056441	0.00003048
58.5~63.0	60.75	4.6	0.13620252	0.00626532	0.08274303	0.00380618	0.00153498	0.00007061
63.0~67.5	65.25	4.2	0.18126838	0.00761327	0.11827762	0.00496766	0.00388639	0.00016323
67.5~72.0	69.75	3.6	0.23668833	0.00852078	0.16509011	0.00594324	0.00924857	0.00033295
72.0~76.5	74.25	3.4	0.30393858	0.01033391	0.22567440	0.00767293	0.02084750	0.00070881
76.5~81.0	78.75	3.3	0.38459377	0.01269159	0.30286760	0.00999463	0.04479786	0.00147833
81.0~85.5	83.25	3	0.48032697	0.01440981	0.39987220	0.01199617	0.09225611	0.00276768
85.5~90.0	87.75	2.8	0.59290963	0.01660147	0.52027820	0.01456779	0.18289955	0.00512119
90.0~94.5	92.25	2.6	0.72421164	0.01882950	0.66808524	0.01737022	0.35039901	0.00911037
94.5~99.0	96.75	3	0.87620130	0.02628604	0.84772476	0.02543174	0.65082265	0.01952468
99.0~103.5	101.25	3.2	1.05094534	0.03363025	1.06408215	0.03405063	1.17526395	0.03760845
103.5~108.0	105.75	3.5	1.25060887	0.04377131	1.32251888	0.04628816	2.06844934	0.07239573
108.0~112.5	110.25	3.7	1.47745544	0.05466585	1.62889463	0.06026910	3.55567269	0.13155989
112.5~117.0	114.75	3.8	1.73384702	0.06588619	1.98958946	0.07560440	5.98115455	0.22728387
117.0~121.5	119.25	4	2.02224398	0.08088976	2.41152594	0.09646104	9.86186471	0.39447459
121.5~126.0	123.75	3.2	2.34520510	0.07504656	2.90219131	0.09287012	15.96201442	0.51078446
126.0~130.5	128.25	2.5	2.70538760	0.06763469	3.46965960	0.08674149	25.39486212	0.63487155
130.5~135.0	132.75	2	3.10554709	0.06211094	4.12261376	0.08245228	39.76022989	0.79520460
135.0~139.5	137.25	1.5	3.54853761	0.05322806	4.87036787	0.07305552	61.32825258	0.91992379
139.5~144.0	141.75	0.8	4.03731161	0.03229849	5.72288920	0.04578311	93.28243589	0.74625949
144.0~148.5	146.25	0.6	4.57491995	0.02744952	6.69082042	0.04014492	140.0381523	0.84022891
148.5~153.0	150.75	0.4	5.16451191	0.02065805	7.78550170	0.03114201	207.6563282	0.83062531
153.0~157.5	155.25	0.3	5.80933519	0.01742801	9.01899288	0.02705698	304.3763572	0.91312907
157.5~162.0	159.75	0.2	6.51273590	0.01302547	10.40409560	0.02080819	441.2972985	0.88259460
162.0~166.5	164.25	0.09	7.27815856	0.00655034	11.95437544	0.01075894	633.2422991	0.56991807
166.5~171.0	168.75	0.04	8.10914612	0.00324366	13.68418407	0.00547367	899.8480079	0.35993920
Σ				0.79540066		0.93880018		8.90612579

附录 A 当量设计轴载换算计算

附表 A-11 车型 7 双联轴 ($c_2 = 1.0$)

区间	P_{mij}	ALDF_{mij} %	EALF_{mij} ($c_1 = 2.1, b = 4$) (沥青混合料层底拉应变、沥青混合料层永久变形量)	$\text{ALDF}_{mij} \times \text{EALF}_{mij}$	EALF_{mij} ($c_1 = 4.2, b = 5$) (路基顶面竖向压应变)	$\text{ALDF}_{mij} \times \text{EALF}_{mij}$	EALF_{mij} ($c_1 = 2.6, b = 5$) (路基顶面竖向压应变)	$\text{ALDF}_{mij} \times \text{EALF}_{mij}$
0.0~27.0	6.75	1.5	0.00004359	0.00000065	0.00000589	0.00000009	0.00000000	0.00000000
27.0~36.0	15.75	0.5	0.00129224	0.00000646	0.00040705	0.00000204	0.00000000	0.00000000
36.0~45.0	20.25	1	0.00353118	0.00003531	0.00143013	0.00001430	0.00000000	0.00000000
45.0~54.0	24.75	1	0.00787989	0.00007880	0.00390055	0.00003901	0.00000003	0.00000000
54.0~63.0	29.25	2	0.01537173	0.00030743	0.00899246	0.00017985	0.00000030	0.00000001
63.0~72.0	33.75	2	0.02724673	0.00054493	0.01839154	0.00036783	0.00000192	0.00000004
72.0~81.0	38.25	2	0.04495159	0.00089903	0.03438797	0.00068776	0.00000975	0.00000020
81.0~90.0	42.75	3	0.07013968	0.00210419	0.05996943	0.00179908	0.00004141	0.00000124
90.0~99.0	47.25	2	0.10467104	0.00209342	0.09891413	0.00197828	0.00015212	0.00000304
99.0~108.0	51.75	3	0.15061239	0.00451837	0.15588383	0.00467651	0.00049637	0.00001489
108.0~117.0	56.25	4	0.21023712	0.00840948	0.23651676	0.00946067	0.00146746	0.00005870
117.0~126.0	60.75	4	0.28602528	0.01144101	0.34752072	0.01390083	0.00399094	0.00015964
126.0~135.0	65.25	3	0.38066361	0.01141991	0.49676601	0.01490298	0.01010462	0.00030314
135.0~144.0	69.75	3	0.49704550	0.01491136	0.69337847	0.02080135	0.02404629	0.00072139
144.0~153.0	74.25	3	0.63827102	0.01914813	0.94783247	0.02843497	0.05420350	0.00162610
153.0~162.0	78.75	2	0.80764693	0.01615294	1.27204391	0.02544088	0.11647445	0.00232949
162.0~171.0	83.25	3	1.00868663	0.03026060	1.67946324	0.05038390	0.23986589	0.00719598
171.0~180.0	87.75	2	1.24511021	0.02490220	2.18516842	0.04370337	0.47553882	0.00951078
180.0~189.0	92.25	4	1.52084444	0.06083378	2.80595799	0.11223832	0.91103743	0.03644150
189.0~198.0	96.75	3	1.84002274	0.05520068	3.56044400	0.10681332	1.69213889	0.05076417
198.0~207.0	101.25	4	2.20698521	0.08827941	4.46914505	0.17876580	3.05568627	0.12222745
207.0~216.0	105.75	4	2.62627862	0.10505114	5.55457929	0.22218317	5.37796828	0.21511873
216.0~225.0	110.25	5	3.10265643	0.15513282	6.84135743	0.34206787	9.24474899	0.46223745
225.0~234.0	114.75	4	3.64107875	0.14564315	8.35627572	0.33425103	15.55100184	0.62204007
234.0~243.0	119.25	5	4.24671235	0.21233562	10.12840896	0.50642045	25.64084824	1.28204241
243.0~252.0	123.75	6	4.92493072	0.29549584	12.18920352	0.73135221	41.50123750	2.49007425
252.0~261.0	128.25	4	5.68131396	0.22725256	14.57257031	0.58290281	66.02664151	2.64106566
261.0~270.0	132.75	4	6.52164889	0.26086596	17.31497780	0.69259911	103.3765977	4.13506391
270.0~279.0	137.25	3	7.45192898	0.22355787	20.45554505	0.61366635	159.4534567	4.78360370
279.0~288.0	141.75	3	8.47835437	0.25435063	24.03613465	0.72108404	242.5343333	7.27603000
288.0~297.0	146.25	2	9.60733189	0.19214664	28.10144577	0.56202892	364.0991959	7.28198392
297.0~306.0	150.75	1	10.84547501	0.10845475	32.69910715	0.32699107	539.9064534	5.39906453
306.0~315.0	155.25	2	12.19960390	0.24399208	37.87977011	0.75759540	791.3785287	15.82757057
315.0~324.0	159.75	1	13.67674539	0.13676745	43.69720152	0.43697202	1147.372976	11.47372976
324.0~333.0	164.25	1	15.28413298	0.15284133	50.20837684	0.50208377	1646.429978	16.46429978
333.0~342.0	168.75	1	17.02920685	0.17029207	57.47357311	0.57473573	2339.604821	23.39604821
342.0~351.0	173.25	0.6	18.91961384	0.11351768	65.55646194	0.39333877	3294.014531	19.76408719
351.0~360.0	177.75	0.4	20.96320746	0.08385283	74.52420253	0.29809681	4597.251574	18.38900630
Σ				3.43309854		9.21296068		142.1344242

附表 A-12　车型 8　单轴单胎（$c_1=1.0$，$c_2=4.5$）

区间	P_{mij}	ALDF$_{mij}$ %	EALF$_{mij}$($b=4$)（沥青混合料层底拉应变、沥青混合料层永久变形量）	ALDF$_{mij}$ × EALF$_{mij}$	EALF$_{mij}$($b=5$)（路基顶面竖向压应变）	ALDF$_{mij}$ × EALF$_{mij}$	EALF$_{mij}$($b=13$)（无机结合料稳定层层底拉应力）	ALDF$_{mij}$ × EALF$_{mij}$
0.0~10.0	5	1	0.00002813	0.00000028	0.00000141	0.00000001	0.00000000	0.00000000
10.0~12.5	11.25	0.1	0.00072081	0.00000072	0.00008109	0.00000008	0.00000000	0.00000000
12.5~15.0	13.75	0.1	0.00160851	0.00000161	0.00022117	0.00000022	0.00000000	0.00000000
15.0~17.5	16.25	0.1	0.00313781	0.00000314	0.00050989	0.00000051	0.00000000	0.00000000
17.5~20.0	18.75	0.2	0.00556183	0.00001112	0.00104284	0.00000209	0.00000000	0.00000000
20.0~22.5	21.25	0.7	0.00917589	0.00006423	0.00194988	0.00001365	0.00000001	0.00000000
22.5~25.0	23.75	0.8	0.01431749	0.00011454	0.00340040	0.00002720	0.00000003	0.00000000
25.0~27.5	26.25	1.3	0.02136632	0.00027776	0.00560866	0.00007291	0.00000013	0.00000000
27.5~30.0	28.75	0.9	0.03074425	0.00027670	0.00883897	0.00007955	0.00000041	0.00000000
30.0~32.5	31.25	1.3	0.04291534	0.00055790	0.01341105	0.00017434	0.00000122	0.00000002
32.5~35.0	33.75	1.1	0.05838585	0.00064224	0.01970523	0.00021676	0.00000332	0.00000004
35.0~37.5	36.25	2.2	0.07770421	0.00170949	0.02816778	0.00061969	0.00000840	0.00000018
37.5~40.0	38.75	2.1	0.10146105	0.00213068	0.03931616	0.00082564	0.00001999	0.00000042
40.0~42.5	41.25	4	0.13028917	0.00521157	0.05374428	0.00214977	0.00004505	0.00000180
42.5~45.0	43.75	4	0.16486359	0.00659454	0.07212782	0.00288511	0.00009681	0.00000387
45.0~47.5	46.25	6.5	0.20590148	0.01338360	0.09522943	0.00618991	0.00019937	0.00001296
47.5~50.0	48.75	6.8	0.25416222	0.01728303	0.12390408	0.00842548	0.00039526	0.00002688
50.0~52.5	51.25	8	0.31044738	0.02483579	0.15910428	0.01272834	0.00075724	0.00006058
52.5~55.0	53.75	7	0.37560070	0.02629205	0.20188537	0.01413198	0.00140648	0.00009845
55.0~57.5	56.25	9	0.45050812	0.04054573	0.25341082	0.02280697	0.00253983	0.00022859
57.5~60.0	58.75	10	0.53609777	0.05360978	0.31495744	0.03149574	0.00447008	0.00044701
60.0~62.5	61.25	8	0.63333995	0.05066720	0.38792072	0.03103366	0.00768408	0.00061473
62.5~65.0	63.75	6	0.74324718	0.04459483	0.47382008	0.02842920	0.01292573	0.00077554
65.0~67.5	66.25	5	0.86687413	0.04334371	0.57430411	0.02871521	0.02131223	0.00106561
67.5~70.0	68.75	5.2	1.00531769	0.05227652	0.69115591	0.03594011	0.034449512	0.00179375
70.0~72.5	71.25	2.3	1.15971691	0.02667349	0.82629830	0.01900486	0.05488022	0.00126224
72.5~75.0	73.75	2.5	1.33125304	0.03328133	0.98179912	0.02454498	0.08592486	0.00214812
75.0~77.5	76.25	0.9	1.52114952	0.01369035	1.15987651	0.01043889	0.13253499	0.00119281
77.5~80.0	78.75	1.2	1.73067198	0.02076806	1.36290419	0.01635485	0.20159039	0.00241908
80.0~82.5	81.25	0.3	1.96112829	0.00588338	1.59341669	0.00478025	0.30263303	0.00090790
82.5~85.0	83.75	0.8	2.21386827	0.01771095	1.85411468	0.01483292	0.44876101	0.00359009
85.0~87.5	86.25	0.2	2.49028429	0.00498057	2.14787020	0.00429574	0.65778030	0.00131556
87.5~90.0	88.75	0.2	2.79181066	0.00558362	2.47773196	0.00495546	0.95367680	0.00190735
90.0~92.5	91.25	0.1	3.11992394	0.00311992	2.84693059	0.00284693	1.36848444	0.00136848
92.5~95.0	93.75	0.05	3.47614288	0.00173807	3.25888395	0.00162944	1.94463952	0.00097232
95.0~97.5	96.25	0.05	3.86202843	0.00193101	3.71720236	0.00185860	2.73792855	0.00136898
Σ				0.51978951		0.33250707		0.02358336

附表 A-13　车型 8　单轴双胎（$c_1 = 1.0$，$c_2 = 1.0$）

区间	P_{mij}	ALDF_{mij} %	$\text{EALF}_{mij}(b=4)$ (沥青混合料层底拉应变、沥青混合料层永久变形量)	$\text{ALDF}_{mij} \times \text{EALF}_{mij}$	$\text{EALF}_{mij}(b=4)$ (沥青混合料层底拉应变)	$\text{ALDF}_{mij} \times \text{EALF}_{mij}$	$\text{EALF}_{mij}(b=13)$ (无机结合料稳定层层底拉应力)	$\text{ALDF}_{mij} \times \text{EALF}_{mij}$
0.0~13.50	6.75	2.6	0.00002076	0.00000054	0.00000140	0.00000004	0.00000000	0.00000000
13.5~18.0	15.75	2	0.00061535	0.00001231	0.00009692	0.00000194	0.00000000	0.00000000
18.0~22.5	20.25	1.8	0.00168151	0.00003027	0.00034051	0.00000613	0.00000000	0.00000000
22.5~27.0	24.75	2.1	0.00375233	0.00007880	0.0009287	0.0000195	0.00000001	0.00000000
27.0~31.5	29.25	2.2	0.00731987	0.00016104	0.00214106	0.00004710	0.00000011	0.00000000
31.5~36.0	33.75	2.4	0.01297463	0.00031139	0.00437894	0.00010509	0.00000074	0.00000002
36.0~40.5	38.25	2.5	0.02140552	0.00053514	0.00818761	0.00020469	0.00000375	0.00000009
40.5~45.0	42.75	2.6	0.03339985	0.00086840	0.01427843	0.00037124	0.00001593	0.00000041
45.0~49.5	47.25	2.7	0.04984335	0.00134577	0.02355098	0.00063588	0.00005851	0.00000158
49.5~54.0	51.75	2.8	0.07172019	0.00200817	0.03711520	0.00103923	0.00019091	0.00000535
54.0~58.5	56.25	2.9	0.10011292	0.00290327	0.05631351	0.00163309	0.00056441	0.00001637
58.5~63.0	60.75	3.1	0.13620252	0.00122228	0.08274303	0.00256503	0.00153498	0.00004758
63.0~67.5	65.25	3.2	0.18126838	0.00580059	0.11827762	0.00378488	0.00388639	0.00012436
67.5~72.0	69.75	3.3	0.23668833	0.00781071	0.16509011	0.00544797	0.00924857	0.00030520
72.0~76.5	74.25	3.4	0.30393858	0.01033391	0.22567440	0.00767293	0.02084750	0.00070881
76.5~81.0	78.75	3.7	0.38459377	0.01422997	0.30286760	0.01120610	0.04479786	0.00165752
81.0~85.5	83.25	3.9	0.48032697	0.01873275	0.39987220	0.01559502	0.09225611	0.00359799
85.5~90.0	87.75	4.3	0.59290963	0.02549511	0.52027820	0.02237196	0.18289955	0.00786468
90.0~94.5	92.25	6.5	0.72421164	0.04707376	0.66808524	0.04342554	0.35039901	0.02277594
94.5~99.0	96.75	6.8	0.87620130	0.05958169	0.84772476	0.05764528	0.65082265	0.04425594
99.0~103.5	101.25	5.6	1.05094534	0.05885249	1.06408215	0.05958860	1.17526395	0.06581478
103.5~108.0	105.75	5.1	1.25060887	0.06378105	1.32251888	0.06744846	2.06844934	0.10549092
108.0~112.5	110.25	4.32	1.47745544	0.06382608	1.62889463	0.07036825	3.55567269	0.15360506
112.5~117.0	114.75	3.8	1.73384702	0.06588619	1.98958946	0.07560440	5.98115455	0.22728387
117.0~121.5	119.25	3.6	2.02224398	0.07280078	2.41152594	0.08681493	9.86186471	0.35502713
121.5~126.0	123.75	3.5	2.34520510	0.08208218	2.90219131	0.10157670	15.96201442	0.55867050
126.0~130.5	128.25	2.5	2.70538760	0.06763469	3.46965960	0.08674149	25.39486212	0.63487155
130.5~135.0	132.75	1.8	3.10554709	0.05589985	4.12261376	0.07420705	39.76022989	0.71568414
135.0~139.5	137.25	1.5	3.54853761	0.05322806	4.87036787	0.07305552	61.32825258	0.91992379
139.5~144.0	141.75	1.3	4.03731161	0.05248505	5.72288920	0.07439756	93.28243589	1.21267167
144.0~148.5	146.25	0.8	4.57491995	0.03659936	6.69082042	0.05352656	140.0381523	1.12030522
148.5~153.0	150.75	0.5	5.16451191	0.02582256	7.78550170	0.03892751	207.6563282	1.03828164
153.0~157.5	155.25	0.3	5.80933519	0.01742801	9.01899288	0.02705698	304.3763572	0.91312907
157.5~162.0	159.75	0.1	6.51273590	0.00651274	10.40409560	0.01040410	441.2972985	0.44129730
162.0~166.5	164.25	0.1	7.27815856	0.00727816	11.95437544	0.01195438	633.2422991	0.63324230
166.5~171.0	168.75	0.1	8.10914612	0.00810915	13.68418407	0.01368418	899.8480079	0.89984801
171.0~175.5	173.25	0.1	9.00933992	0.00900934	15.60868141	0.01560868	1266.928666	1.26692867
175.5~180.0	177.75	0.08	9.98247974	0.00798598	17.74385774	0.01419509	1768.173682	1.41453895
180.0~184.5	182.25	0.06	11.03240377	0.00661944	20.10655587	0.01206393	2447.247992	1.46834880
184.5~189.0	186.75	0.04	12.16304860	0.00486522	22.71449325	0.00908580	3360.37648	1.34415059
Σ				0.96824268		1.15008881		15.57047580

附表 A-14　车型 8　三联轴（$c_2 = 1.0$）

区间	P_{mij}	$ALDF_{mij}$ %	$EALF_{mij}$ ($c_1=3.2, b=4$) (沥青混合料层底拉应变、沥青混合料层永久变形量)	$ALDF_{mij} \times EALF_{mij}$	$EALF_{mij}$ ($c_1=8.7, b=5$) (路基顶面竖向压应变)	$ALDF_{mij} \times EALF_{mij}$	$EALF_{mij}$ ($c_1=3.8, b=5$) (路基顶面竖向压应变)	$ALDF_{mij} \times EALF_{mij}$
0.0~54.0	9	1.3	0.00020995	0.00000273	0.00005137	0.00000067	0.00000000	0.00000000
54.0~67.5	20.25	2.1	0.00538084	0.00011300	0.0029624	0.0006221	0.00000000	0.00000000
67.5~81.0	24.75	2.8	0.01200745	0.00033621	0.0080797	0.00022623	0.00000005	0.00000000
81.0~94.5	29.25	5.3	0.02342359	0.00124145	0.01862724	0.00098724	0.00000044	0.00000002
94.5~108.0	33.75	6.2	0.04151883	0.00257417	0.03809677	0.00236200	0.00000280	0.00000017
108.0~121.5	38.25	6.3	0.06849766	0.00431535	0.07123222	0.00448763	0.00001426	0.00000090
121.5~135.0	42.75	7.5	0.10687951	0.00801596	0.12422238	0.00931668	0.00006053	0.00000454
135.0~148.5	47.25	6.1	0.15949873	0.00972942	0.20489356	0.01249851	0.00022233	0.00001356
148.5~162.0	51.75	5.9	0.22950460	0.01354077	0.32290221	0.01905123	0.00072547	0.00004280
162.0~175.5	56.25	5.8	0.32036133	0.01858096	0.48992758	0.02841580	0.00214475	0.00012440
175.5~189.0	60.75	5.7	0.43584805	0.02484334	0.71986435	0.04103227	0.00583291	0.00033248
189.0~202.5	65.25	5.1	0.58005883	0.02958300	1.02901530	0.05247978	0.01476829	0.00075318
202.5~216.0	69.75	4.2	0.75740266	0.03181091	1.43628397	0.06032393	0.03514458	0.00147607
216.0~229.5	74.25	3.8	0.97260346	0.03695893	1.96336725	0.07460796	0.07922049	0.00301038
229.5~243.0	78.75	3.1	1.23070008	0.03815170	2.63494810	0.08168339	0.17023189	0.00527719
243.0~256.5	83.25	2.8	1.53704629	0.04303730	3.47888813	0.09740887	0.35057323	0.00981605
256.5~270.0	87.75	2.6	1.89731080	0.04933008	4.52642030	0.11768693	0.69501872	0.01807048
270.0~283.5	92.25	3.5	2.31747724	0.08111170	5.81234155	0.20343195	1.33151625	0.04660307
283.5~297.0	96.57	3.7	2.80384417	0.10374223	7.37520542	0.27288260	2.47312606	0.09150566
297.0~310.5	101.25	3.1	3.36302508	0.10425378	9.25751474	0.28698296	4.46600301	0.13844609
310.5~324.0	105.75	2.6	4.00194838	0.10405066	11.50591425	0.29915377	7.86010749	0.20436279
324.0~337.5	110.25	2.5	4.72785742	0.11819644	14.17138325	0.35428458	13.51155621	0.33778891
337.5~351.0	114.75	2.1	5.54831047	0.11651452	17.30942828	0.36349799	22.72838730	0.47729613
351.0~364.5	119.25	1.8	6.47118073	0.11648125	20.98027571	0.37764496	37.47508589	0.67455155
364.5~378.0	123.75	1.2	7.50465633	0.09005588	25.24906444	0.30298877	60.65565480	0.72786786
378.0~391.5	128.25	0.9	8.65724032	0.07791516	30.18603849	0.27167435	96.50047606	0.86850428
391.5~405.0	132.75	0.6	9.93775069	0.05962650	35.86673974	0.21520044	151.08887359	0.90653324
405.0~418.5	137.25	0.5	11.35532035	0.05677660	42.37220046	0.21186100	233.04735982	1.16523680
418.5~432.0	141.75	0.48	12.91939714	0.06201311	49.78913606	0.23898785	354.47325640	1.70147163
432.0~445.5	146.25	0.2	14.63974383	0.02927949	58.21013767	0.11642028	532.14497856	1.06428996
445.5~459.0	150.75	0.1	16.52643811	0.01652644	67.73386482	0.06773386	789.09404725	0.78909405
459.0~472.5	155.25	0.08	18.58987261	0.01487190	78.46523809	0.06277219	1156.63015728	0.92530413
472.5~486.0	159.75	0.04	20.84075488	0.00833630	90.51563172	0.03620625	1676.92973419	0.67077189
Σ				1.47191724		4.28491502		10.82855026

附表 A-15　车型 9　单轴单胎（$c_1=1.0$，$c_2=4.5$）

区间	P_{mij}	ALDF$_{mij}$ %	EALF$_{mij}$($b=4$)（沥青混合料层底拉应变、沥青混合料层永久变形量）	ALDF$_{mij}$ × EALF$_{mij}$	EALF$_{mij}$($b=5$)（路基顶面竖向压应变）	ALDF$_{mij}$ × EALF$_{mij}$	EALF$_{mij}$($b=13$)（无机结合料稳定层层底拉应力）	ALDF$_{mij}$ × EALF$_{mij}$
0.0~10.0	5	0	0.00002813	0.00000000	0.00000141	0.00000000	0.00000000	0.00000000
10.0~12.5	11.25	0	0.00072081	0.00000000	0.00008109	0.00000000	0.00000000	0.00000000
12.5~15.0	13.75	0.1	0.00160851	0.00000161	0.00022117	0.00000022	0.00000000	0.00000000
15.0~17.5	16.25	0.1	0.00313781	0.00000314	0.00050989	0.00000051	0.00000000	0.00000000
17.5~20.0	18.75	0.1	0.00556183	0.00000556	0.00104284	0.00000104	0.00000000	0.00000000
20.0~22.5	21.25	0.1	0.00917589	0.00000918	0.00194988	0.00000195	0.00000001	0.00000000
22.5~25.0	23.75	0.2	0.01431749	0.00002863	0.00340040	0.00000680	0.00000003	0.00000000
25.0~27.5	26.25	0.8	0.02136632	0.00017093	0.00560866	0.00004487	0.00000013	0.00000000
27.5~30.0	28.75	2.1	0.03074425	0.00064563	0.00883897	0.00018562	0.00000041	0.00000001
30.0~32.5	31.25	1.5	0.04291534	0.00064373	0.01341105	0.00020117	0.00000122	0.00000002
32.5~35.0	33.75	1.6	0.05838585	0.00093417	0.01970523	0.00031528	0.00000332	0.00000005
35.0~37.5	36.25	0.5	0.07770421	0.00038852	0.02816778	0.00014084	0.00000840	0.00000004
37.5~40.0	38.75	0.6	0.10146105	0.00060877	0.03931616	0.00023590	0.00001999	0.00000012
40.0~42.5	41.25	1.5	0.13028917	0.00195434	0.05374428	0.00080616	0.00004505	0.00000068
42.5~45.0	43.75	1.9	0.16486359	0.00313241	0.07212782	0.00137043	0.00009681	0.00000184
45.0~47.5	46.25	4.6	0.20590148	0.00947147	0.09522943	0.00438055	0.00019937	0.00000917
47.5~50.0	48.75	5.3	0.25416222	0.01347060	0.12390408	0.00656692	0.00039526	0.00002095
50.0~52.5	51.25	8.2	0.31044738	0.02545668	0.15910428	0.01304655	0.00075724	0.00006209
52.5~55.0	53.75	8.9	0.37560070	0.03342846	0.20188537	0.01796780	0.00140648	0.00012518
55.0~57.5	56.25	12	0.45050812	0.05406097	0.25341082	0.03040930	0.00253983	0.00030478
57.5~60.0	58.75	10	0.53609777	0.05360978	0.31495744	0.03149574	0.00447008	0.00044701
60.0~62.5	61.25	10.5	0.63333995	0.06650070	0.38792072	0.04073168	0.00768408	0.00080683
62.5~65.0	63.75	9.3	0.74324718	0.06912199	0.47382008	0.04406527	0.01292573	0.00120209
65.0~67.5	66.25	7.1	0.86687413	0.06154806	0.57430411	0.04077559	0.02131223	0.00151317
67.5~70.0	68.75	5.4	1.00531769	0.05428716	0.69115591	0.03732242	0.034449512	0.00186274
70.0~72.5	71.25	3.5	1.15971691	0.04059009	0.82629830	0.02892044	0.05488022	0.00192081
72.5~75.0	73.75	2	1.33125304	0.02662506	0.98179912	0.01963598	0.08592486	0.00171850
75.0~77.5	76.25	1	1.52114952	0.01521150	1.15987651	0.01159877	0.13253499	0.00132535
77.5~80.0	78.75	0.6	1.73067198	0.01038403	1.36290419	0.00817743	0.20159039	0.00120954
80.0~82.5	81.25	0.4	1.96112829	0.00784451	1.59341669	0.00637367	0.30263303	0.00121053
82.5~85.0	83.75	0.1	2.21386827	0.00221387	1.85411468	0.00185411	0.44876101	0.00044876
Σ				0.55235154		0.34663300		0.01419025

附表 A-16　车型 9　双联轴（$c_2 = 1.0$）

区间	P_{mij}	ALDF$_{mij}$ %	EALF$_{mij}$ ($c_1=2.1$, $b=4$) (沥青混合料层底拉应变、沥青混合料层永久变形量)	ALDF$_{mij}$ × EALF$_{mij}$	EALF$_{mij}$ ($c_1=4.2$, $b=5$) (路基顶面竖向压应变)	ALDF$_{mij}$ × EALF$_{mij}$	EALF$_{mij}$ ($c_1=2.6$, $b=5$) (路基顶面竖向压应变)	ALDF$_{mij}$ × EALF$_{mij}$
0.0~27.0	6.75	0.8	0.00004359	0.00000035	0.00000589	0.00000005	0.00000000	0.00000000
27.0~36.0	15.75	0.9	0.00129224	0.00001163	0.00040705	0.00000366	0.00000000	0.00000000
36.0~45.0	20.25	0.9	0.00353118	0.00003178	0.00143013	0.00001287	0.00000000	0.00000000
45.0~54.0	24.75	1.5	0.00787989	0.00011820	0.00390055	0.00005851	0.00000003	0.00000000
54.0~63.0	29.25	2	0.01537173	0.00030743	0.00899246	0.00017985	0.00000030	0.00000001
63.0~72.0	33.75	2.5	0.02724673	0.00068117	0.01839154	0.00045979	0.00000192	0.00000005
72.0~81.0	38.25	3.8	0.04495159	0.00170816	0.03438797	0.00130674	0.00000975	0.00000037
81.0~90.0	42.75	3	0.07013968	0.00210419	0.05996943	0.00179908	0.00004141	0.00000124
90.0~99.0	47.25	2.2	0.10467104	0.00230276	0.09891413	0.00217611	0.00015212	0.00000335
99.0~108.0	51.75	1.7	0.15061239	0.00256041	0.15588383	0.00265003	0.00049637	0.00000844
108.0~117.0	56.25	2.4	0.21023712	0.00504569	0.23651676	0.00567640	0.00146746	0.00003522
117.0~126.0	60.75	2.9	0.28602528	0.00829573	0.34752072	0.01007810	0.00399094	0.00011574
126.0~135.0	65.25	3.6	0.38066361	0.01370389	0.49676601	0.01788358	0.01010462	0.00036377
135.0~144.0	69.75	5.1	0.49704550	0.02534932	0.69337847	0.03536230	0.02404629	0.00122636
144.0~153.0	74.25	6.2	0.63827102	0.03957280	0.94783247	0.05876561	0.05420350	0.00336062
153.0~162.0	78.75	7.3	0.80764693	0.05895823	1.27204391	0.09285921	0.11647445	0.00850263
162.0~171.0	83.25	8.4	1.00868663	0.08472968	1.67946324	0.14107491	0.23986589	0.02014873
171.0~180.0	87.75	9.6	1.24511021	0.11953058	2.18516842	0.20977617	0.47553882	0.04565173
180.0~189.0	92.25	11.2	1.52084444	0.17033458	2.80595799	0.31426729	0.91103743	0.10203619
189.0~198.0	96.75	8.5	1.84002274	0.15640193	3.56044400	0.30263774	1.69213889	0.14383181
198.0~207.0	101.25	6	2.20698521	0.13241911	4.46914505	0.26814870	3.05568627	0.18334118
207.0~216.0	105.75	4	2.62627862	0.10505114	5.55457929	0.22218317	5.37796828	0.21511873
216.0~225.0	110.25	2.5	3.10265643	0.07756641	6.84135743	0.17103394	9.24474899	0.23111872
225.0~234.0	114.75	1.5	3.64107875	0.05461618	8.35627572	0.12534414	15.55100184	0.23326503
234.0~243.0	119.25	0.9	4.24671235	0.03822041	10.12840896	0.09115568	25.64084824	0.23076763
243.0~252.0	123.75	0.5	4.92493072	0.02462465	12.18920352	0.06094602	41.50123750	0.20750619
252.0~261.0	128.25	0.1	5.68131396	0.00568131	14.57257031	0.01457257	66.02664151	0.06602664
Σ				1.12992674		2.15041222		1.69243037

附录A 当量设计轴载换算计算

附表A-17 车型9 三联轴（$c_2 = 1.0$）

区间	P_{mij}	$ALDF_{mij}$ %	$EALF_{mij}$ ($c_1 = 3.2$, $b = 4$) (沥青混合料层底拉应变、沥青混合料层永久变形量)	$ALDF_{mij} \times EALF_{mij}$	$EALF_{mij}$ ($c_1 = 8.7$, $b = 5$) (路基顶面竖向压应变)	$ALDF_{mij} \times EALF_{mij}$	$EALF_{mij}$ ($c_1 = 3.8$, $b = 5$) (路基顶面竖向压应变)	$ALDF_{mij} \times EALF_{mij}$
0.0~54.0	9	0.3	0.00020995	0.00000063	0.00005137	0.00000015	0.00000000	0.00000000
54.0~67.5	20.25	1.9	0.00538084	0.00010224	0.0029624	0.00005629	0.00000000	0.00000000
67.5~81.0	24.75	1.8	0.01200745	0.00021613	0.0080797	0.00014543	0.00000005	0.00000000
81.0~94.5	29.25	2.4	0.02342359	0.00056217	0.01862724	0.00044705	0.00000044	0.00000001
94.5~108.0	33.75	2.3	0.04151883	0.00095493	0.03809677	0.00087623	0.00000280	0.00000006
108.0~121.5	38.25	1.6	0.06849766	0.00109596	0.07123222	0.00113972	0.00001426	0.00000023
121.5~135.0	42.75	1.7	0.10687951	0.00181695	0.12422238	0.00211178	0.00006053	0.00000103
135.0~148.5	47.25	1.5	0.15949873	0.00239248	0.20489356	0.00307340	0.00022233	0.00000334
148.5~162.0	51.75	1.6	0.22950460	0.00367207	0.32290221	0.00516644	0.00072547	0.00001161
162.0~175.5	56.25	1.6	0.32036133	0.00512578	0.48992758	0.00783884	0.00214475	0.00003432
175.5~189.0	60.75	1.7	0.43584805	0.00740942	0.71986435	0.01223769	0.00583291	0.00009916
189.0~202.5	65.25	1.9	0.58005883	0.01102112	1.02901530	0.01955129	0.01476829	0.00028060
202.5~216.0	69.75	2	0.75740266	0.01514805	1.43628397	0.02872568	0.03514458	0.00070289
216.0~229.5	74.25	2.9	0.97260346	0.02820550	1.96336725	0.05693765	0.07922049	0.00229739
229.5~243.0	78.75	3	1.23070008	0.03692100	2.63494810	0.07904844	0.17023189	0.00510696
243.0~256.5	83.25	5.8	1.53704629	0.08914868	3.47888813	0.20177551	0.35057323	0.02033325
256.5~270.0	87.75	6	1.89731080	0.11383865	4.52642030	0.27158522	0.69501872	0.04170110
270.0~283.5	92.25	8.2	2.31747724	0.19003313	5.81234155	0.47661201	1.33151625	0.10918433
283.5~297.0	96.57	8.3	2.80384417	0.23271907	7.37520542	0.61214205	2.47312606	0.20526946
297.0~310.5	101.25	9.2	3.36302508	0.30939831	9.25751474	0.85169136	4.46600301	0.41087228
310.5~324.0	105.75	9.3	4.00194838	0.37218120	11.50591425	1.07005002	7.86010749	0.73099000
324.0~337.5	110.25	7	4.72785742	0.33095002	14.17138325	0.99199683	13.51155621	0.94580893
337.5~351.0	114.75	6.9	5.54831047	0.38283342	17.30942828	1.19435055	22.72838730	1.56825872
351.0~364.5	119.25	3.2	6.47118073	0.20707778	20.98027571	0.67136882	37.47508589	1.19920275
364.5~378.0	123.75	3.1	7.50465633	0.23264435	25.24906444	0.78272100	60.65565480	1.88032530
378.0~391.5	128.25	1.3	8.65724032	0.11254412	30.18603849	0.39241850	96.50047606	1.25450619
391.5~405.0	132.75	1.2	9.93775069	0.11925301	35.86673974	0.43040088	151.08887359	1.81306648
405.0~418.5	137.25	0.5	11.35532035	0.05677660	42.37220046	0.21186100	233.04735982	1.16523680
418.5~432.0	141.75	0.4	12.91939714	0.05167759	49.78913606	0.19915654	354.47325640	1.41789303
432.0~445.5	146.25	0.4	14.63974383	0.05855898	58.21013767	0.23284055	532.14497856	2.12857991
445.5~459.0	150.75	0.3	16.52643811	0.04957931	67.73386482	0.20320159	789.09404725	2.36728214
459.0~472.5	155.25	0.3	18.58987261	0.05576962	78.46523809	0.23539571	1156.63015728	3.46989047
472.5~486.0	159.75	0.2	20.84075488	0.04168151	90.51563172	0.18103126	1676.92973419	3.35385947
486.0~499.5	164.25	0.1	23.29010740	0.02329011	104.0030663	0.10400307	2406.32073659	2.40632074
499.5~513.0	168.75	0.1	25.94926758	0.02594927	119.0524015	0.11905240	3419.42242998	3.41942243
Σ				3.17054917		9.65101097		29.91654137

附表 A-18　车型 10　单轴单胎（$c_1 = 1.0$，$c_2 = 4.5$）

区间	P_{mij}	ALDF_{mij} %	$\text{EALF}_{mij}(b=4)$（沥青混合料层底拉应变、沥青混合料层永久变形量）	$\text{ALDF}_{mij} \times \text{EALF}_{mij}$	$\text{EALF}_{mij}(b=5)$（路基顶面竖向压应变）	$\text{ALDF}_{mij} \times \text{EALF}_{mij}$	$\text{EALF}_{mij}(b=13)$（无机结合料稳定层层底拉应力）	$\text{ALDF}_{mij} \times \text{EALF}_{mij}$
0.0~10.0	5	0	0.00002813	0.00000000	0.00000141	0.00000000	0.00000000	0.00000000
10.0~12.5	11.25	0.2	0.00072081	0.00000144	0.00008109	0.00000016	0.00000000	0.00000000
12.5~15.0	13.75	0.4	0.00160851	0.00000643	0.00022117	0.00000088	0.00000000	0.00000000
15.0~17.5	16.25	1	0.00313781	0.00003138	0.00050989	0.00000510	0.00000000	0.00000000
17.5~20.0	18.75	2	0.00556183	0.00011124	0.00104284	0.00002086	0.00000000	0.00000000
20.0~22.5	21.25	1	0.00917589	0.00009176	0.00194988	0.00001950	0.00000001	0.00000000
22.5~25.0	23.75	2	0.01431749	0.00028635	0.00340040	0.00006801	0.00000003	0.00000000
25.0~27.5	26.25	2	0.02136632	0.00042733	0.00560866	0.00011217	0.00000013	0.00000000
27.5~30.0	28.75	1	0.03074425	0.00030744	0.00883897	0.00008839	0.00000041	0.00000000
30.0~32.5	31.25	2	0.04291534	0.00085831	0.01341105	0.00026822	0.00000122	0.00000002
32.5~35.0	33.75	3	0.05838585	0.00175158	0.01970523	0.00059116	0.00000332	0.00000010
35.0~37.5	36.25	6	0.07770421	0.00466225	0.02816778	0.00169007	0.00000840	0.00000050
37.5~40.0	38.75	8	0.10146105	0.00811688	0.03931616	0.00314529	0.00001999	0.00000160
40.0~42.5	41.25	12	0.13028917	0.01563470	0.05374428	0.00644931	0.00004505	0.00000541
42.5~45.0	43.75	12	0.16486359	0.01978363	0.07212782	0.00865534	0.00009681	0.00001162
45.0~47.5	46.25	11	0.20590148	0.02264916	0.09522943	0.01047524	0.00019937	0.00002193
47.5~50.0	48.75	11	0.25416222	0.02795784	0.12390408	0.01362945	0.00039526	0.00004348
50.0~52.5	51.25	8	0.31044738	0.02483579	0.15910428	0.01272834	0.00075724	0.00006058
52.5~55.0	53.75	6	0.37560070	0.02253604	0.20188537	0.01211312	0.00140648	0.00008439
55.0~57.5	56.25	2	0.45050812	0.00901016	0.25341082	0.00506822	0.00253983	0.00005080
57.5~60.0	58.75	2	0.53609777	0.01072196	0.31495744	0.00629915	0.00447008	0.00008940
60.0~62.5	61.25	1	0.63333995	0.00633340	0.38792072	0.00387921	0.00768408	0.00007684
62.5~65.0	63.75	1	0.74324718	0.00743247	0.47382008	0.00473820	0.01292573	0.00012926
65.0~67.5	66.25	1	0.86687413	0.00866874	0.57430411	0.00574304	0.02131223	0.00021312
67.5~70.0	68.75	0.8	1.00531769	0.00804254	0.69115591	0.00552925	0.034449512	0.00027596
70.0~72.5	71.25	0.7	1.15971691	0.00811802	0.82629830	0.00578409	0.05488022	0.00038416
72.5~75.0	73.75	0.5	1.33125304	0.00665627	0.98179912	0.00490900	0.08592486	0.00042962
75.0~77.5	76.25	0.6	1.52114952	0.00912690	1.15987651	0.00695926	0.13253499	0.00079521
77.5~80.0	78.75	0.5	1.73067198	0.00865336	1.36290419	0.00681452	0.20159039	0.00100795
80.0~82.5	81.25	0.4	1.96112829	0.00784451	1.59341669	0.00637367	0.30263303	0.00121053
82.5~85.0	83.75	0.5	2.21386827	0.01106934	1.85411468	0.00927057	0.44876101	0.00224381
85.0~87.5	86.25	0.4	2.49028429	0.00996114	2.14787020	0.00859148	0.65778030	0.00263112
Σ				0.26168836		0.15002026		0.00976742

附表 A-19　车型 10　单轴双胎（$c_1 = 1.0$，$c_2 = 1.0$）

区间	P_{mij}	ALDF_{mij} %	EALF_{mij}（$b=4$）（沥青混合料层底拉应变、沥青混合料层永久变形量）	$\text{ALDF}_{mij} \times \text{EALF}_{mij}$	EALF_{mij}（$b=4$）（沥青混合料层底拉应变）	$\text{ALDF}_{mij} \times \text{EALF}_{mij}$	EALF_{mij}（$b=13$）（无机结合料稳定层层底拉应力）	$\text{ALDF}_{mij} \times \text{EALF}_{mij}$
0.0 ~ 13.50	6.75	0.02	0.00002076	0.00000000	0.00000140	0.00000000	0.00000000	0.00000000
13.5 ~ 18.0	15.75	0.01	0.00061535	0.00000006	0.00009692	0.00000001	0.00000000	0.00000000
18.0 ~ 22.5	20.25	0.02	0.00168151	0.00000034	0.00034051	0.00000007	0.00000000	0.00000000
22.5 ~ 27.0	24.75	0.03	0.00375233	0.00000113	0.0009287	0.00000028	0.00000001	0.00000000
27.0 ~ 31.5	29.25	0.4	0.00731987	0.00002928	0.00214106	0.00000856	0.00000011	0.00000000
31.5 ~ 36.0	33.75	0.6	0.01297463	0.00007785	0.00437894	0.00002627	0.00000074	0.00000000
36.0 ~ 40.5	38.25	0.9	0.02140552	0.00019265	0.00818761	0.00007369	0.00000375	0.00000003
40.5 ~ 45.0	42.75	0.8	0.03339985	0.00026720	0.01427843	0.00011423	0.00001593	0.00000013
45.0 ~ 49.5	47.25	0.7	0.04984335	0.00034890	0.02355098	0.00016486	0.00005851	0.00000041
49.5 ~ 54.0	51.75	0.6	0.07172019	0.00043032	0.03711520	0.00022269	0.00019091	0.00000115
54.0 ~ 58.5	56.25	0.06	0.10011292	0.00006007	0.05631351	0.00003379	0.00056441	0.00000034
58.5 ~ 63.0	60.75	0.9	0.13620252	0.00122582	0.08274303	0.00074469	0.00153498	0.00001381
63.0 ~ 67.5	65.25	1.1	0.18126838	0.00199395	0.11827762	0.00130105	0.00388639	0.00004275
67.5 ~ 72.0	69.75	1.2	0.23668833	0.00284026	0.16509011	0.00198108	0.00924857	0.00011098
72.0 ~ 76.5	74.25	1.3	0.30393858	0.00395120	0.22567440	0.00293377	0.02084750	0.00027102
76.5 ~ 81.0	78.75	1.1	0.38459377	0.00423053	0.30286760	0.00333154	0.04479786	0.00049278
81.0 ~ 85.5	83.25	1.5	0.48032697	0.00720490	0.39987220	0.00599808	0.09225611	0.00138384
85.5 ~ 90.0	87.75	1.3	0.59290963	0.00770783	0.52027820	0.00676362	0.18289955	0.00237769
90.0 ~ 94.5	92.25	2.9	0.72421164	0.02100214	0.66808524	0.01937447	0.35039901	0.01016157
94.5 ~ 99.0	96.75	2.7	0.87620130	0.02365744	0.84772476	0.02288857	0.65082265	0.01757221
99.0 ~ 103.5	101.25	4.7	1.05094534	0.04939443	1.06408215	0.05001186	1.17526395	0.05523741
103.5 ~ 108.0	105.75	4.8	1.25060887	0.06002923	1.32251888	0.06348091	2.06844934	0.09928557
108.0 ~ 112.5	110.25	9.2	1.47745544	0.13592590	1.62889463	0.14985831	3.55567269	0.32712189
112.5 ~ 117.0	114.75	8.02	1.73384702	0.13905453	1.98958946	0.15956507	5.98115455	0.47968860
117.0 ~ 121.5	119.25	9.2	2.02224398	0.18604645	2.41152594	0.22186039	9.86186471	0.90729155
121.5 ~ 126.0	123.75	9.4	2.34520510	0.22044928	2.90219131	0.27280598	15.96201442	1.50042936
126.0 ~ 130.5	128.25	7.2	2.70538760	0.19478791	3.46965960	0.24981549	25.39486212	1.82843007
130.5 ~ 135.0	132.75	7.6	3.10554709	0.23602158	4.12261376	0.31331865	39.76022989	3.02177747
135.0 ~ 139.5	137.25	5	3.54853761	0.17742688	4.87036787	0.24351839	61.32825258	3.06641263
139.5 ~ 144.0	141.75	5.4	4.03731161	0.21801483	5.72288920	0.30903602	93.28243589	5.03725154
144.0 ~ 148.5	146.25	3.3	4.57491995	0.15097236	6.69082042	0.22079707	140.03815226	4.62125902
148.5 ~ 153.0	150.75	3.1	5.16451191	0.16009987	7.78550170	0.24135055	207.65632822	6.43734617
153.0 ~ 157.5	155.25	1.4	5.80933519	0.08133069	9.01899288	0.12626590	304.37635718	4.26126900
157.5 ~ 162.0	159.75	1.1	6.51273590	0.07164009	10.40409560	0.11444505	441.29729847	4.85427028

(续)

区间	P_{mij}	$ALDF_{mij}$ %	$EALF_{mij}$ ($b=4$)(沥青混合料层底拉应变、沥青混合料层永久变形量)	$ALDF_{mij} \times EALF_{mij}$	$EALF_{mij}$ ($b=4$)(沥青混合料层底拉应变)	$ALDF_{mij} \times EALF_{mij}$	$EALF_{mij}$ ($b=13$)(无机结合料稳定层层底拉应力)	$ALDF_{mij} \times EALF_{mij}$
162.0~166.5	164.25	0.8	7.27815856	0.05822527	11.95437544	0.09563500	633.24229910	5.06593839
166.5~171.0	168.75	0.6	8.10914612	0.04865488	13.68418407	0.08210510	899.84800789	5.39908805
171.0~175.5	173.25	0.4	9.00933992	0.03603736	15.60868141	0.06243473	1266.92866578	5.06771466
175.5~180.0	177.75	0.3	9.98247974	0.02994744	17.74385774	0.05323157	1768.17368242	5.30452105
180.0~184.5	182.25	0.08	11.03240377	0.00882592	20.10655587	0.01608524	2447.24799220	1.95779839
184.5~189.0	186.75	0.09	12.16304860	0.01094674	22.71449325	0.02044304	3360.37648008	3.02433883
189.0~193.5	191.25	0.06	13.37844924	0.00802707	25.58628418	0.01535177	4579.50744855	2.74770447
193.5~198.0	195.75	0.04	14.68273914	0.00587310	28.74146186	0.01149658	6196.16364571	2.47846626
198.0~202.5	200.25	0.01	16.08015013	0.00160802	32.20050063	0.00322005	8326.12299033	0.83261230
202.5~207.0	204.75	0.03	17.57501247	0.00527250	35.98483802	0.01079545	11115.03502662	3.33451051
207.0~211.5	209.25	0.02	19.17175483	0.00383435	40.11689699	0.00802338	14745.21354911	2.94904271
211.5~216.0	213.75	0.01	20.87490432	0.00208749	44.62010799	0.00446201	19443.73100596	1.94437310
Σ				2.37575602		3.18537491		76.63560800

附表 A-20　车型 10　双联轴（$c_2=1.0$）

区间	P_{mij}	$ALDF_{mij}$ %	$EALF_{mij}$ ($c_1=2.1$, $b=4$)(沥青混合料层底拉应变、沥青混合料层永久变形量)	$ALDF_{mij} \times EALF_{mij}$	$EALF_{mij}$ ($c_1=4.2$, $b=5$)(路基顶面竖向压应变)	$ALDF_{mij} \times EALF_{mij}$	$EALF_{mij}$ ($c_1=2.6$, $b=5$)(路基顶面竖向压应变)	$ALDF_{mij} \times EALF_{mij}$
0.0~27.0	6.75	0.6	0.00004359	0.00000026	0.00000589	0.00000004	0.00000000	0.00000000
27.0~36.0	15.75	0.3	0.00129224	0.00000388	0.00040705	0.00000122	0.00000000	0.00000000
36.0~45.0	20.25	0.8	0.00353118	0.00002825	0.00143013	0.00001144	0.00000000	0.00000000
45.0~54.0	24.75	0.6	0.00787989	0.00004728	0.00390055	0.0000234	0.00000003	0.00000000
54.0~63.0	29.25	1.5	0.01537173	0.00023058	0.00899246	0.00013489	0.00000030	0.00000000
63.0~72.0	33.75	2	0.02724673	0.00054493	0.01839154	0.00036783	0.00000192	0.00000004
72.0~81.0	38.25	1	0.04495159	0.00044952	0.03438797	0.00034388	0.00000975	0.00000010
81.0~90.0	42.75	2.5	0.07013968	0.00175349	0.05996943	0.00149924	0.00004141	0.00000104
90.0~99.0	47.25	2	0.10467104	0.00209342	0.09891413	0.00197828	0.00015212	0.00000304
99.0~108.0	51.75	2	0.15061239	0.00301225	0.15588383	0.00311768	0.00049637	0.00000993
108.0~117.0	56.25	2.1	0.21023712	0.00441498	0.23651676	0.00496685	0.00146746	0.00003082
117.0~126.0	60.75	2.3	0.28602528	0.00657858	0.34752072	0.00799298	0.00399094	0.00009179
126.0~135.0	65.25	2	0.38066361	0.00761327	0.49676601	0.00993532	0.01010462	0.00020209
135.0~144.0	69.75	3	0.49704550	0.01491136	0.69337847	0.02080135	0.02404629	0.00072139
144.0~153.0	74.25	6	0.63827102	0.03829626	0.94783247	0.05686995	0.05420350	0.00335221
153.0~162.0	78.75	5	0.80764693	0.04038235	1.27204391	0.06360220	0.11647445	0.00582372

(续)

区间	P_{mij}	ALDF$_{mij}$ %	EALF$_{mij}$ ($c_1=2.1$, $b=4$) (沥青混合料层底拉应变、沥青混合料层永久变形量)	ALDF$_{mij}$ × EALF$_{mij}$	EALF$_{mij}$ ($c_1=4.2$, $b=5$) (路基顶面竖向压应变)	ALDF$_{mij}$ × EALF$_{mij}$	EALF$_{mij}$ ($c_1=2.6$, $b=5$) (路基顶面竖向压应变)	ALDF$_{mij}$ × EALF$_{mij}$
162.0~171.0	83.25	9	1.00868663	0.09078180	1.67946324	0.15115169	0.23986589	0.02158793
171.0~180.0	87.75	10	1.24511021	0.12451102	2.18516842	0.21851684	0.47553882	0.04755388
180.0~189.0	92.25	9	1.52084444	0.13687600	2.80595799	0.25253622	0.91103743	0.08199337
189.0~198.0	96.75	11	1.84002274	0.20240250	3.56044400	0.39164884	1.69213889	0.18613528
198.0~207.0	101.25	8	2.20698521	0.17655882	4.46914505	0.35753160	3.05568627	0.24445490
207.0~216.0	105.75	7	2.62627862	0.18383950	5.55457929	0.38882055	5.37796828	0.37645778
216.0~225.0	110.25	3	3.10265643	0.09307969	6.84135743	0.20524072	9.24474899	0.27734247
225.0~234.0	114.75	2	3.64107875	0.07282157	8.35627572	0.16712551	15.55100184	0.31102004
234.0~243.0	119.25	2	4.24671235	0.08493425	10.12840896	0.20256818	25.64084824	0.51281696
243.0~252.0	123.75	2	4.92493072	0.09849861	12.18920352	0.24378407	41.50123750	0.83002475
252.0~261.0	128.25	1	5.68131396	0.05681314	14.57257031	0.14572570	66.02664151	0.66026642
261.0~270.0	132.75	1	6.52164889	0.06521649	17.31497780	0.17314978	103.3765977	1.03376598
270.0~279.0	137.25	0.8	7.45192898	0.05961543	20.45554505	0.16364436	159.4534567	1.27562765
279.0~288.0	141.75	0.5	8.47835437	0.04239177	24.03613465	0.12018067	242.5343333	1.21267167
Σ				1.60870126		3.35327129		7.08185524

附表 A-21　车型 10　三联轴（$c_2=1.0$）

区间	P_{mij}	ALDF$_{mij}$ %	EALF$_{mij}$ ($c_1=3.2$, $b=4$) (沥青混合料层底拉应变、沥青混合料层永久变形量)	ALDF$_{mij}$ × EALF$_{mij}$	EALF$_{mij}$ ($c_1=8.7$, $b=5$) (路基顶面竖向压应变)	ALDF$_{mij}$ × EALF$_{mij}$	EALF$_{mij}$ ($c_1=3.8$, $b=5$) (路基顶面竖向压应变)	ALDF$_{mij}$ × EALF$_{mij}$
0.0~54.0	9	0.6	0.00020995	0.00000126	0.00005137	0.00000031	0.00000000	0.00000000
54.0~67.5	20.25	1	0.00538084	0.00005381	0.0029624	0.0002962	0.00000000	0.00000000
67.5~81.0	24.75	1	0.01200745	0.00012007	0.0080797	0.00008080	0.00000005	0.00000000
81.0~94.5	29.25	1	0.02342359	0.00023424	0.01862724	0.00018627	0.00000044	0.00000000
94.5~108.0	33.75	1	0.04151883	0.00041519	0.03809677	0.00038097	0.00000280	0.00000003
108.0~121.5	38.25	1	0.06849766	0.00068498	0.07123222	0.00071232	0.00001426	0.00000014
121.5~135.0	42.75	1.2	0.10687951	0.00128255	0.12422238	0.00149067	0.00006053	0.00000073
135.0~148.5	47.25	1.3	0.15949873	0.00207348	0.20489356	0.00266362	0.00022233	0.00000289
148.5~162.0	51.75	1.4	0.22950460	0.00321306	0.32290221	0.00452063	0.00072547	0.00001016
162.0~175.5	56.25	1.6	0.32036133	0.00512578	0.48992758	0.00783884	0.00214475	0.00003432
175.5~189.0	60.75	2	0.43584805	0.00871696	0.71986435	0.01439729	0.00583291	0.00011666
189.0~202.5	65.25	2	0.58005883	0.01160118	1.02901530	0.02058031	0.01476829	0.00029537
202.5~216.0	69.75	1.6	0.75740266	0.01211844	1.43628397	0.02298054	0.03514458	0.00056231
216.0~229.5	74.25	1.6	0.97260346	0.01556166	1.96336725	0.03141388	0.07922049	0.00126753

区间	P_{mij}	ALDF$_{mij}$ %	EALF$_{mij}$ ($c_1=3.2$, $b=4$) (沥青混合料层底拉应变、沥青混合料层永久变形量)	ALDF$_{mij}$ × EALF$_{mij}$	EALF$_{mij}$ ($c_1=8.7$, $b=5$) (路基顶面竖向压应变)	ALDF$_{mij}$ × EALF$_{mij}$	EALF$_{mij}$ ($c_1=3.8$, $b=5$) (路基顶面竖向压应变)	ALDF$_{mij}$ × EALF$_{mij}$
229.5~243.0	78.75	1.1	1.23070008	0.01353770	2.63494810	0.02898443	0.17023189	0.00187255
243.0~256.5	83.25	2	1.53704629	0.03074093	3.47888813	0.06957776	0.35057323	0.00701146
256.5~270.0	87.75	2.2	1.89731080	0.04174084	4.52642030	0.09958125	0.69501872	0.01529040
270.0~283.5	92.25	2.5	2.31747724	0.05793693	5.81234155	0.14530854	1.33151625	0.03328791
283.5~297.0	96.57	2.7	2.80384417	0.07570379	7.37520542	0.19913055	2.47312606	0.06677440
297.0~310.5	101.25	4	3.36302508	0.13452100	9.25751474	0.37030059	4.46600301	0.17864012
310.5~324.0	105.75	6	4.00194838	0.24011690	11.50591425	0.69035485	7.86010749	0.47160645
324.0~337.5	110.25	8	4.72785742	0.37822859	14.17138325	1.13371066	13.51155621	1.08092450
337.5~351.0	114.75	12	5.54831047	0.66579726	17.30942828	2.07713139	22.72838730	2.72740648
351.0~364.5	119.25	12	6.47118073	0.77654169	20.98027571	2.51763309	37.47508589	4.49701031
364.5~378.0	123.75	10	7.50465633	0.75046563	25.24906444	2.52490644	60.65565480	6.06556548
378.0~391.5	128.25	7	8.65724032	0.60600682	30.18603849	2.11302269	96.50047606	6.75503332
391.5~405.0	132.75	4	9.93775069	0.39751003	35.86673974	1.43466959	151.08887359	6.04355459
405.0~418.5	137.25	1.5	11.35532035	0.17032981	42.37220046	0.63558301	233.04735982	3.49571040
418.5~432.0	141.75	1.5	12.91939714	0.19379096	49.78913606	0.74683704	354.47325640	5.31709885
432.0~445.5	146.25	1.4	14.63974383	0.20495641	58.21013767	0.81494193	532.14497856	7.45002970
445.5~459.0	150.75	1.2	16.52643811	0.19831726	67.73386482	0.81280638	789.09404725	9.46912857
459.0~472.5	155.25	0.6	18.58987261	0.11153924	78.46523809	0.47079143	1156.63015728	6.93978094
472.5~486.0	159.75	0.6	20.84075488	0.12504453	90.51563172	0.54309379	1676.92973419	10.06157841
486.0~499.5	164.25	0.5	23.29010740	0.11645054	104.0030663	0.52001533	2406.32073659	12.03160368
499.5~513.0	168.75	0.4	25.94926758	0.10379707	119.0524015	0.47620961	3419.42242998	13.67768972
513.0~526.5	173.25	0.3	28.85988775	0.08648966	135.7955283	0.40738658	4814.32892997	14.44298679
526.5~540.0	177.75	0.2	31.94393518	0.06388787	154.3715624	0.30874312	6719.059993	13.43811999
Σ				5.60465412		19.24799611		124.2699955

附表 A-22 当量设计轴载换算系数（EALF$_m$）

设计指标	沥青混合料层底拉应变、沥青混合料层永久变形量	路基顶面竖向压应变	无机结合料稳定层层底拉应力
车型2	0.70095356	0.78134202	11.47921873
车型3	1.73178008	1.83331645	14.9975586
车型4	0.9672504	1.2423559	2.89267877
车型6	2.03776728	2.52043212	142.1722938
车型7	4.85602711	10.58948298	151.12181865
车型8	2.95994943	5.76695101	26.42260943
车型9	4.85282745	12.14805619	31.62316199
车型10	8.42386780	22.41551704	198.5813755

附录 B 沥青路面结构程序计算书

1. 输入文件

4	结构体系数（即计算或演算结构的数目）
6	结构层数
10000., 0.25, 4.0, 0.	各层弯沉计算模量（MPa）、泊松比、厚度（cm）、界面接触系数（0-完全连续，1-完全光滑，0-1-非连续非光滑）
11000., 0.25, 6.0, 0.	同上
9000., 0.25, 15., 0.	同上
300., 0.35, 20., 0.	同上
12000., 0.25, 30., 0.	同上
72.0, 0.45	土基模量（MPa），泊松比
2, 0	垂直荷载数、水平荷载数
0.707, 10.65, 0.0, 15.975	垂直荷载单位压力（MPa）、荷载圆半径（cm）、荷载位置 x 坐标（cm）、y 坐标（cm）
0.707, 10.65, 0.0, −15.975	同上
11	拉应力计算点数
1, 0.0, −15.795, 0.0	计算点层位、x 坐标（cm）、Y 坐标（cm）
1, 0.0, −15.795, 0.0	同上
2, 0.0, −15.795, 0.0	同上
2, 0.0, −15.795, 0.0	同上
2, 0.0, −15.795, 0.0	同上
3, 0.0, −15.795, 0.0	同上
3, 0.0, −15.795, 0.0	同上
4, 0.0, −15.795, 0.0	同上
5, 0.0, −15.795, 0.0	同上
5, 0.0, −15.795, 0.0	同上
6, 0.0, −15.795, 0.0	同上

6
10000., 0.25, 4.0, 0.
11000., 0.25, 6.0, 0.
9001., 0.25, 15., 0.
300., 0.35, 20., 0.
12000., 0.25, 30., 0.
72.0, 0.45
2, 0
0.707, 10.65, 0.0, 15.975
0.707, 10.65, 0.0, −15.975
11
1, 0.0, −5.325, 0.0
1, 0.0, −5.325, 0.0
2, 0.0, −5.325, 0.0
2, 0.0, −5.325, 0.0
2, 0.0, −5.325, 0.0

3, 0.0, -5.325, 0.0
3, 0.0, -15.795, 0.0
4, 0.0, -5.325, 0.0
5, 0.0, -5.325, 0.0
5, 0.0, -5.325, 0.0
6, 0.0, -5.325, 0.0
6
10000., 0.25, 4.0, 0.
11000., 0.25, 6.0, 0.
9002., 0.25, 15., 0.
300., 0.35, 20., 0.
12000., 0.25, 30., 0.
72.0, 0.45
2, 0
0.707, 10.65, 0.0, 15.975
0.707, 10.65, 0.0, -15.975
11
1, 0.0, 0.0, 0.0
1, 0.0, 0.0, 2.0
2, 0.0, 0.0, 4.0
2, 0.0, 0.0, 6.0
2, 0.0, 0.0, 8.0
3, 0.0, 0.0, 10.0
3, 0.0, 0.0, 20.0
4, 0.0, 0.0, 25.0
5, 0.0, 0.0, 55.0
5, 0.0, 0.0, 75.0
6, 0.0, 0.0, 75.0
6
10000., 0.25, 4.0, 0.
11000., 0.25, 6.0, 0.
9003., 0.25, 15., 0.
300., 0.35, 20., 0.
12000., 0.25, 30., 0.
72.0, 0.45
2, 0
0.707, 10.65, 0.0, 15.975
0.707, 10.65, 0.0, -15.975
11
1, 0.0, -2.6625, 0.0
1, 0.0, -2.6625, 2.0
2, 0.0, -2.6625, 4.0
2, 0.0, -2.6625, 6.0
2, 0.0, -2.6625, 8.0
3, 0.0, -2.6625, 10.0
3, 0.0, -2.6625, 20.0
4, 0.0, -2.6625, 25.0

5, 0.0, -2.6625, 55.0
5, 0.0, -2.6625, 75.0
6, 0.0, -2.6625, 75.0

2. 输出文件

结构编号 1

层位	截面连续状态	模量	泊松比	厚度	截面接触系数
1	完全连续	.1000E+05	0.2500E+00	0.4000E+01	0.0000E+00
2	完全连续	.1100E+05	0.2500E+00	0.6000E+01	0.0000E+00
3	完全连续	.0000E+04	0.2500E+00	0.1500E+02	0.0000E+00
4	完全连续	.3000E+03	0.3500E+00	0.2000E+02	0.0000E+00
5	完全连续	.1200E+05	0.2500E+00	0.3000E+02	0.0000E+00
6		.7200E+02	0.4500E+00		

荷载号	单位正压力	荷载半径	位置 x	位置 y
1	0.7070	10.6500	.0000	15.9750
2	0.7070	10.6500	.0000	-15.9750

计算点位	层位	位置 x	位置 y	位置 z
1	1	.0000	-15.7950	.0000
2	1	.0000	-15.7950	2.0000
3	2	.0000	-15.7950	4.0000
4	2	.0000	-15.7950	6.0000
5	2	.0000	-15.7950	8.0000
6	3	.0000	-15.7950	10.0000
7	3	.0000	-15.7950	20.0000
8	4	.0000	-15.7950	25.0000
9	5	.0000	-15.7950	55.0000
10	5	.0000	-15.7950	75.0000
11	6	.0000	-15.7950	75.0000

总应力（R T Z YZ XZ XY）MPa；位移（u v w）；现场实测弯沉

	R	T	Z	YZ	XZ	XY	u	v	w	实测
1	-.9191	-.8137	-.7070	.0000	.0000	.0000；	.0000	.0004	.0173；	.0071
2	-.6871	-.6091	-.6984	.0124	.0000	.0000；	.0000	.0004	.0172；	.0071
3	-.5166	-.4573	-.6623	.0231	.0000	.0000；	.0000	.0003	.0172；	.0070
4	-.3363	-.3009	-.5962	.0000	.0330	.0000；	.0000	.0002	.0171；	.0070
5	-.1922	-.1780	-.5115	.0409	.0000	.0000；	.0000	.0001	.0170；	.0069
6	-.0838	-.0875	-.4239	.0464	.0000	.0000；	.0000	.0001	.0169；	.0069
7	0.2270	.1678	-.1131	.0349	.0000	.0000；	.0000	-.0002	.0166；	.0067
8	-.0141	-.0173	-.0587	.0050	.0000	.0000；	.0000	-.0004	.0165；	.0066
9	-.0151	-.0150	-.0268	.0120	.0000	.0000；	.0000	.0000	.0141；	.0051
10	.1951	.1870	-.0046	.0002	.0000	.0000；	.0000	-.0002	.0140；	.0050
11	-.0021	-.0022	-.0046	.0002	.0000	.0000；	.0000	-.0002	.0140；	.0050

总应变（R T Z YZ XZ XY）

	R	T	Z	YZ	XZ	XY
1	-.5389E-04	-.4072E-04	-.2738E-04	.0000E+00	.0000E+00	.0000E+00

2	-.3602E-04	-.2628E-04	-.3743E-04	.1547E-05	.0000E+00	.0000E+00
3	-.2152E-04	-.1478E-04	-.3807E-04	.2625E-05	.0000E+00	.0000E+00
4	-.1018E-04	-.6161E-05	-.3927E-04	.3751E-05	.0000E+00	.0000E+00
5	-.1804E-05	-.1846E-06	-.3809E-04	.4643E-05	.0000E+00	.0000E+00
6	.4897E-05	.4382E-05	-.4235E-04	.6451E-05	.0000E+00	.0000E+00
7	.2371E-04	.1548E-04	-.2353E-04	.4844E-05	.0000E+00	.0000E+00
8	.4170E-04	.2714E-04	-.1590E-03	.2255E-04	.0000E+00	.0000E+00
9	-.3841E-06	-.3737E-06	-.1610E-05	.1254E-05	.0000E+00	.0000E+00
10	.1246E-04	.1161E-04	-.8340E-05	.2358E-07	.0000E+00	.0000E+00
11	.1258E-04	.1161E-04	-.3646E-04	.4558E-05	.0000E+00	.0000E+00

主应力（1 2 3）和主应变（1 2 3）

1	-.7070	-.8137	-.9191：	-.2738E-04	-.4072E-04	-.5389E-04
2	-.6075	-.6871	-.7000：	-.2607E-04	-.3602E-04	-.3764E-04
3	-.4547	-.5166	-.6649：	-.1449E-04	-.2152E-04	-.3837E-04
4	-.2972	-.3363	-.5999：	-.5747E-05	-.1018E-04	-.4014E-04
5	-.1730	-.1922	-.5165：	.3758E-06	-.1804E-05	-.3865E-04
6	-.0812	-.0838	-.4302：	.5256E-05	.4897E-05	-.4322E-04
7	.2270	.1721	-.1174：	.2371E-04	.1607E-04	-.2413E-04
8	-.0141	.0167	-.0593：	.4170E-04	.2984E-04	-.1617E-03
9	-.0075	-.0151	-.0343：	.4085E-06	-.3841E-06	-.2389E-05
10	.1951	.1870	-.0046：	.1246E-04	.1161E-04	-.8340E-05
11	-.0021	-.0021	-.0046：	.1258E-04	.1204E-04	-.3689E-04

结构编号 2

层位	截面连续状态	模量	泊松比	厚度	截面接触系数
1	完全连续	.1000E+05	0.2500E+00	0.4000E+01	0.0000E+00
2	完全连续	.1100E+05	0.2500E+00	0.6000E+01	0.0000E+00
3	完全连续	.0000E+04	0.2500E+00	0.1500E+02	0.0000E+00
4	完全连续	.3000E+03	0.3500E+00	0.2000E+02	0.0000E+00
5	完全连续	.1200E+05	0.2500E+00	0.3000E+02	0.0000E+00
6		.7200E+02	0.4500E+00		

荷载号	单位正压力	荷载半径	位置 x	位置 y
1	0.7070	10.6500	.0000	15.9750
2	0.7070	10.6500	.0000	-15.9750

计算点位	层位	位置 x	位置 y	位置 z
1	1	.0000	-5.3250	.0000
2	1	.0000	-5.3250	2.0000
3	2	.0000	-5.3250	4.0000
4	2	.0000	-5.3250	6.0000
5	2	.0000	-5.3250	8.0000
6	3	.0000	-5.3250	10.0000
7	3	.0000	-5.3250	20.0000
8	4	.0000	-5.3250	25.0000
9	5	.0000	-5.3250	55.0000
10	5	.0000	-5.3250	75.0000
11	6	.0000	-5.3250	75.0000

总应力（R T Z YZ XZ XY）MPa；位移（u v w）；现场实测弯沉

1	-.7899	-.4629	-.3535	.0000	.0000	.0000；	.0000	.0000	.0172；.0070
2	-.5347	-.4313	-.3302	-.2080	.0000	.0000；	.0000	.0001	.0172；.0070
3	-.4142	-.4002	-.3041	-.1845	.0000	.0000；	.0000	.0001	.0171；.0070
4	-.2823	-.3286	-.2768	-.1512	.0000	.0000；	.0000	.0001	.0171；.0070
5	-.1716	-.2525	-.2487	-.1155	.0000	.0000；	.0000	.0001	.0171；.0070
6	-.0718	-.1572	-.2202	-.0795	.0000	.0000；	.0000	.0001	.0171；.0070
7	0.2407	.1571	-.0901	-.0122	.0000	.0000；	.0000	-.0001	.0169；.0068
8	-.0152	-.0196	-.0616	.0009	.0000	.0000；	.0000	-.0001	.0167；.0068
9	-.0158	-.0150	-.0288	.0042	.0000	.0000；	.0000	.0000	.0142；.0051
10	.2013	.1956	-.0046	.0001	.0000	.0000；	.0000	-.0001	.0141；.0051
11	-.0021	-.0022	-.0046	.0001	.0000	.0000；	.0000	-.0001	.0141；.0051

总应变（R T Z YZ XZ XY）

1	-.5858E-04	-.1770E-04	-.4031E-05	.0000E+00	.0000E+00	.0000E+00
2	-.3443E-04	-.2151E-04	-.8870E-05	-.2600E-04	.0000E+00	.0000E+00
3	-.2165E-04	.2005E-04	-.9141E-05	.2096E-04	.0000E+00	.0000E+00
4	-.1191E-04	-.1176E-04	-.1128E-04	.1718E-05	.0000E+00	.0000E+00
5	-.4221E-05	-.1340E-04	-.1297E-04	.1313E-04	.0000E+00	.0000E+00
6	.2502E-05	-.9360E-05	-.1810E-04	-.1104E-04	.0000E+00	.0000E+00
7	.2489E-04	.1327E-04	-.2106E-04	-.1701E-05	.0000E+00	.0000E+00
8	.44070E-04	.2416E-04	-.1646E-03	.4012E-05	.0000E+00	.0000E+00
9	-.3830E-06	-.3985E-06	-.1741E-05	.4348E-06	.0000E+00	.0000E+00
10	.1280E-04	.1220E-04	-.8655E-05	.8070E-08	.0000E+00	.0000E+00
11	.1280E-04	.1231E-04	-.3754E-04	.1560E-05	.0000E+00	.0000E+00

主应力（1 2 3）和主应变（1 2 3）

1	-.3535	-.4629	-.7899；	-.4031E-05	-.1770E-04	-.5858E-04
2	-.1667	-.5347	-.5948；	.1157E-04	-.3443E-04	-.4194E-04
3	-.1615	-.4142	-.5428；	.7065E-05	-.2165E-04	-.3626E-04
4	-.1493	-.2823	-.4561；	.3214E-05	-.1191E-04	-.3165E-04
5	-.1350	-.1716	-.3661；	-.5481E-07	-.4211E-05	-.2632E-04
6	-.0718	-.1032	-.2742；	.2502E-05	-.1858E-05	-.2560E-04
7	.2407	.1577	-.10907；	.2489E-04	.1335E-04	-.2114E-04
8	-.0152	-.0196	-.0616；	.4407E-04	.2424E-04	-.1647E-03
9	-.0147	-.0158	-.0301；	-.2770E-06	-.3830E-06	-.1870E-05
10	.2013	.1956	-.0046；	.1280E-04	.1220E-04	-.8655E-05
11	-.0021	-.0022	-.0046；	.1280E-04	.1236E-04	-.3759E-04

结构编号 3

层位	截面连续状态	模量	泊松比	厚度	截面接触系数
1	完全连续	.1000E+05	0.2500E+00	0.4000E+01	0.0000E+00
2	完全连续	.1100E+05	0.2500E+00	0.6000E+01	0.0000E+00
3	完全连续	.0000E+04	0.2500E+00	0.1500E+02	0.0000E+00
4	完全连续	.3000E+03	0.3500E+00	0.2000E+02	0.0000E+00

5	完全连续	.1200E+05	0.2500E+00	0.3000E+02	0.0000E+00
6		.7200E+02	0.4500E+00		

荷载号	单位正压力	荷载半径	位置 x	位置 y
1	0.7070	10.6500	.0000	15.9750
2	0.7070	10.6500	.0000	−15.9750

计算点位	层位	位置 x	位置 y	位置 z
1	1	.0000	.0000	.0000
2	1	.0000	.0000	2.0000
3	2	.0000	.0000	4.0000
4	2	.0000	.0000	6.0000
5	2	.0000	.0000	8.0000
6	3	.0000	.0000	10.0000
7	3	.0000	.0000	20.0000
8	4	.0000	.0000	25.0000
9	5	.0000	.0000	55.0000
10	5	.0000	.0000	75.0000
11	6	.0000	.0000	75.0000

总应力（R T Z YZ XZ XY）MPa；位移（u v w）；现场实测弯沉

1	−.5553	−.1816	−.0000	.0000	.0000	.0000；	.0000	.0000	.0169；	.0069
2	−.4415	−.3105	−.0064	.0000	.0000	.0000；	.0000	.0000	.0170；	.0069
3	−.3700	−.3819	−.0405	.0000	.0000	.0000；	.0000	.0000	.0170；	.0069
4	−.2636	−.3546	−.0837	.0000	.0000	.0000；	.0000	.0000	.0170；	.0069
5	−.1661	−.2917	−.1151	.0000	.0000	.0000；	.0000	.0000	.0170；	.0069
6	−.0691	−.1886	−.1296	.0000	.0000	.0000；	.0000	.0000	.0170；	.0069
7	0.2411	.1496	−.0812	.0000	.0000	.0000；	.0000	.0000	.0169；	.0068
8	−.0154	−.0202	−.0616	.0000	.0000	.0000；	.0000	.0000	.0168；	.0068
9	−.0159	−.0161	−.0291	.0000	.0000	.0000；	.0000	.0000	.0142；	.0052
10	.2019	.1966	−.0047	.0000	.0000	.0000；	.0000	.0000	.0141；	.0051
11	−.0022	−.0022	−.0047	.0000	.0000	.0000；	.0000	.0000	.0141；	.0051

总应变（R T Z YZ XZ XY）

1	−.5099E−04	−.4275E−05	.1842E−04	.0000E+00	.0000E+00	.0000E+00
2	−.3623E−04	−.1986E−04	.1816E−04	.0000E+00	.0000E+00	.0000E+00
3	−.2404E−04	−.2539E−04	.1341E−04	.0000E+00	.0000E+00	.0000E+00
4	−.1400E−04	−.2435E−04	.6444E−05	.0000E+00	.0000E+00	.0000E+00
5	−.5851E−05	−.2012E−04	−.6492E−07	.0000E+00	.0000E+00	.0000E+00
6	.1165E−05	−.1544E−04	−.7239E−05	.0000E+00	.0000E+00	.0000E+00
7	.2489E−04	.1218E−04	.1988E−04	.0000E+00	.0000E+00	.0000E+00
8	.4419E−04	.2263E−04	.1639E−03	.0000E+00	.0000E+00	.0000E+00
9	−.3831E−06	−.4012E−06	.1758E−05	.0000E+00	.0000E+00	.0000E+00
10	.1282E−04	.1228E−04	−.8960E−05	.0000E+00	.0000E+00	.0000E+00
11	.1282E−04	.1228E−04	−.3758E−04	.0000E+00	.0000E+00	.0000E+00

主应力（1 2 3）和主应变（1 2 3）

1	.0000	-.1816	-.5553；	.1842E-04	-.4275E-05	-.5099E-04
2	-.0064	-.3105	-.4415；	.1816E-04	-.1986E-04	-.3623E-04
3	-.0405	-.3700	-.3819；	.1341E-04	-.2404E-04	-.2539E-04
4	-.0837	-.2636	-.3546；	.6444E-05	-.1400E-04	-.2435E-04
5	-.1151	-.1661	-.2917；	-.6492E-07	-.5851E-05	-.2012E-04
6	-.0691	-.1296	-.1886；	.1165E-05	-.7239E-05	-.1544E-04
7	.2411	.1496	-.0812；	.2489E-04	.1218E-04	-.1988E-04
8	-.0154	-.0202	-.0616；	.4419E-04	.2263E-04	-.1639E-03
9	-.0159	-.0161	-.0291；	-.3831E-06	-.4012E-06	-.1758E-05
10	.2019	.1966	-.0047；	.1282E-04	.1228E-04	-.8690E-05
11	-.0022	-.0022	-.0047；	.1282E-04	.1228E-04	-.3758E-04

结构编号 4

层位	截面连续状态	模量	泊松比	厚度	截面接触系数
1	完全连续	.1000E+05	0.2500E+00	0.4000E+01	0.0000E+00
2	完全连续	.1100E+05	0.2500E+00	0.6000E+01	0.0000E+00
3	完全连续	.0000E+04	0.2500E+00	0.1500E+02	0.0000E+00
4	完全连续	.3000E+03	0.3500E+00	0.2000E+02	0.0000E+00
5	完全连续	.1200E+05	0.2500E+00	0.3000E+02	0.0000E+00
6		.7200E+02	0.4500E+00		

荷载号	单位正压力	荷载半径	位置 x	位置 y
1	0.7070	10.6500	.0000	15.9750
2	0.7070	10.6500	.0000	-15.9750

计算点位	层位	位置 x	位置 y	位置 z
1	1	.0000	-2.6625	.0000
2	1	.0000	-2.6625	2.0000
3	2	.0000	-2.6625	4.0000
4	2	.0000	-2.6625	6.0000
5	2	.0000	-2.6625	8.0000
6	3	.0000	-2.6625	10.0000
7	3	.0000	-2.6625	20.0000
8	4	.0000	-2.6625	25.0000
9	5	.0000	-2.6625	55.0000
10	5	.0000	-2.6625	75.0000
11	6	.0000	-2.6625	75.0000

总应力（R T Z YZ XZ XY）MPa；位移（u v w）；现场实测弯沉

	R	T	Z	YZ	XZ	XY	u	v	w	
1	-.5675	-.1662	-.0000	.0000	.0000	.0000	.0000	.0000	.0170；	.0069
2	-.4549	-.3573	-.0283	-.0573	.0000	.0000	.0000	.0001	.0170；	.0069
3	-.3789	-.4005	-.0900	-.0954	.0000	.0000	.0000	.0001	.0170；	.0069
4	-.2677	-.3519	-.1313	-.0901	.0000	.0000	.0000	.0001	.0171；	.0070

5	-.1672	-.2820	-.1509	-.0712	.0000	.0000；	.0000	.0001	.0171： .0070
6	-.0697	-.1802	-.1543	-.0493	.0000	.0000；	.0000	.0000	.0170： .0069
7	0.2407	.1571	-.0901	-.0122	.0000	.0000；	.0000	-.0001	.0169： .0068
8	-.0153	-.0200	-.0616	.0004	.0000	.0000；	.0000	-.0001	.0168： .0068
9	-.0159	-.0160	-.0290	.0021	.0000	.0000；	.0000	.0000	.0142： .0052
10	.2017	.1964	-.0047	.0000	.0000	.0000；	.0000	.0000	.0141： .0051
11	-.0022	-.0022	-.0047	.0000	.0000	.0000；	.0000	.0000	.0141： .0051

总应变（R T Z YZ XZ XY）

	R	T	Z	YZ	XZ	XY
1	-.5260E-04	-.2432E-05	.1834E-04	.0000E+00	.0000E+00	.0000E+00
2	-.3585E-04	-.2366E-04	.1748E-04	-.7160E+00	.0000E+00	.0000E+00
3	-.2330E-04	-.2575E-04	.9534E-05	-.1084E-04	.0000E+00	.0000E+00
4	-.1335E-04	-.2292E-04	.2143E-05	-.1024E-04	.0000E+00	.0000E+00
5	-.5363E-05	-.1841E-04	-.3507E-05	-.8089E-05	.0000E+00	.0000E+00
6	.1551E-05	-.1380E-04	-.1021E-04	-.6846E-05	.0000E+00	.0000E+00
7	.2489E-04	.1327E-04	-.2106E-04	-.1701E-05	.0000E+00	.0000E+00
8	.4419E-04	.2303E-04	-.1642E-03	.1736E-05	.0000E+00	.0000E+00
9	-.3830E-06	-.4003E-06	-.1754E-05	.2182E-06	.0000E+00	.0000E+00
10	.1282E-04	.1226E-04	-.8682E-05	.4045E-08	.0000E+00	.0000E+00
11	.1282E-04	.1226E-04	-.3754E-04	.7820E-06	.0000E+00	.0000E+00

主应力（1 2 3）和主应变（1 2 3）

	1	2	3	1	2	3
1	.0000	-.1662	-.5675：	.1834E-04	-.2432E-05	-.5260E-04
2	-.0186	-.3670	-.4549：	.1869E-04	-.2487E-04	-.3585E-04
3	-.0630	-.3789	-.4274：	.1260E-04	-.2330E-04	-.2881E-04
4	-.0992	-.2677	-.3840：	.5795E-05	-.1335E-04	-.2658E-04
5	-.1197	-.1672	-.3132：	.4062E-07	-.5363E-05	-.2195E-04
6	-.0697	-.1163	-.2182：	.1551E-05	-.4926E-05	-.1908E-04
7	.2407	.1577	-.0907：	.2489E-04	.1335E-04	-.2114E-04
8	-.0153	-.0200	-.0616：	.4419E-04	.2305E-04	-.1642E-03
9	-.0157	-.0159	-.0294：	-.3660E-06	-.3830E-06	-.1789E-05
10	.2017	.1964	-.0047：	.1282E-04	.1226E-04	-.8682E-05
11	-.0022	-.0022	-.0047：	.1282E-04	.1227E-04	-.3758E-04

参 考 文 献

[1] 交通运输部. 公路工程技术标准：JTG B 01—2014 [S]. 北京：人民交通出版社，2014.
[2] 交通运输部. 公路路线设计规范：JTG D 20—2017 [S]. 北京：人民交通出版社，2017.
[3] 住建部. 城市道路工程设计规范：CJJ 37—2016 [S]. 北京：中国建筑工业出版社，2016.
[4] 交通部. 公路建设环境影响评价：JTG B 03—2006 [S]. 北京：人民交通出版社，2006.
[5] 交通运输部. 公路路基设计规范：JTG D 30—2015 [S]. 北京：人民交通出版社，2015.
[6] 交通运输部. 公路路基施工技术规范：JTG/T 3610—2019 [S]. 北京：人民交通出版社，2019.
[7] 交通运输部. 公路路面基层施工技术细则：JTG/T F 20—2015 [S]. 北京：人民交通出版社，2015.
[8] 交通运输部. 公路沥青路面设计规范：JTG D 50—2017 [S]. 北京：人民交通出版社，2017.
[9] 交通部. 公路沥青路面施工技术规范：JTG F 40—2004 [S]. 北京：人民交通出版社，2004.
[10] 交通运输部. 公路水泥混凝土路面设计规范：JTG D 40—2011 [S]. 北京：人民交通出版社，2015.
[11] 交通运输部. 公路水泥混凝土路面施工技术细则：JTG/T F 30—2014 [S]. 北京：人民交通出版社，2014.
[12] 交通运输部. 公路桥涵设计通用规范：JTG D 60—2015 [S]. 北京：人民交通出版社，2015.
[13] 交通运输部. 公路钢筋混凝土及预应力混凝土桥涵设计规范：JTG 3362—2018 [S]. 北京：人民交通出版社，2018.
[14] 交通运输部. 公路桥涵地基与基础设计规范：JTG 3363—2019 [S]. 北京：人民交通出版社，2020.
[15] 交通部. 公路圬工桥涵设计规范：JTG D 61—2005 [S]. 北京：人民交通出版社，2005.
[16] 水利部. 水工挡土墙设计规范：SL 379—2007 [S]. 北京：中国水利水电出版社，2007.
[17] 杨少伟，等. 道路勘测设计 [M]. 3版. 北京：人民交通出版社，2009.
[18] 张金水. 道路勘测与设计 [M]. 2版. 上海：同济大学出版社，2009.
[19] 黄晓明. 路基路面工程 [M]. 5版. 北京：人民交通出版社，2017.
[20] 宋金华，董鹏，马立杰. 路基路面工程 [M]. 2版. 北京：人民交通出版社，2019.
[21] 陆鼎中，程家驹. 路基路面工程 [M]. 2版. 上海：同济大学出版社，2009.